나만의 주제별 **영단어 학습 플래너**

저자
신문섭
안세정
황우연

중등 심화

신문섭 혜화여자고등학교 교사
서울대학교 사범대학 영어교육과 졸업

안세정 중경고등학교 교사
서울대학교 사범대학 영어교육과 졸업

황우연 잠일고등학교 교사
서울대학교 사범대학 영어교육과 졸업

VOCA PLANNER 중등 심화

지은이 신문섭, 안세정, 황우연
펴낸이 정규도
펴낸곳 (주)다락원

초판 1쇄 인쇄 2019년 1월 28일
초판 8쇄 발행 2024년 12월 27일

편집 정연순, 김민주, 서민정
디자인 박나래
영문 감수 Michael A. Putlack

다락원 경기도 파주시 문발로 211
내용 문의 (02)736-2031 내선 501
구입 문의 (02)736-2031 내선 250~252
Fax (02)732-2037
출판 등록 1977년 9월 16일 제406-2008-000007호

ISBN 978-89-277-0842-1 54740
978-89-277-0840-7 54740 (set)

http://www.darakwon.co.kr

다락원 홈페이지를 방문하시면 상세한 출판 정보와 함께 MP3 자료 등의 다양한 어학 정보를 얻으실 수 있습니다.

인사말

★ 주제별로 핵심 어휘만 쏙쏙 뽑은 VOCA PLANNER ★

VOCA PLANNER 시리즈는 최신 2015년 개정 교육과정 초·중·고 권장 어휘와 주요 중·고등 교과서 및 수능 기출, 모의평가, 학력평가에 나온 어휘들을 철저히 분석하여 중·고등학생이 꼭 알아야 할 필수 어휘들을 각 레벨에 맞게 선정하여 주제별로 분류했습니다. **VOCA PLANNER** 시리즈는 〈중등 필수〉, 〈중등 심화〉, 〈고등 필수〉, 〈수능 필수〉 단계로 총 4권으로 구성되어 있습니다. 각 권 사이의 단어 중복률은 10~20%로, 다음 단계의 책으로 넘어가더라도 중요 어휘는 한 번 더 점검할 수 있도록 했습니다.
또한 단순히 큰 주제별로 단어 수십 개씩을 모아놓은 것이 아니라, 소주제로 주제를 세분화하여 어휘의 뜻을 주제에 맞게 연상하여 학습할 수 있도록 했습니다. 주제에 맞는 유용한 예문과 다양한 팁, 생생한 사진 등을 보며 흥미 있게 어휘를 학습할 수 있을 것입니다.

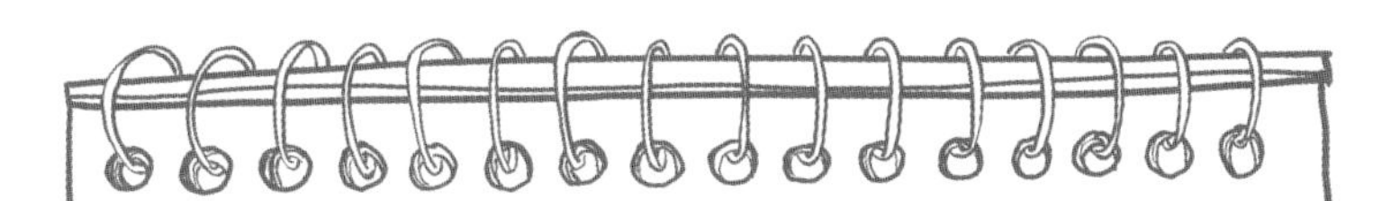

VOCA PLANNER 단계

중등 필수
>> 어휘 1,000개 수록
>> 대상 중1~중2 | 중학생이 기본적으로 알아야 할 초·중급 어휘

중등 심화
>> 어휘 1,000개 수록
>> 대상 중3~예비고 | 중학 고급 ~ 예비고 수준의 어휘

고등 필수
>> 어휘 1,500개 수록
>> 대상 고1~고2 | 고등학생이 꼭 알아야 할 고등 기본 어휘

수능 필수
>> 어휘 1,500개 수록
>> 대상 고3~수능 대비 | 수능 및 모평에 자주 등장하는 필수 어휘

VOCA PLANNER 특징 및 활용법

VOCA PLANNER 중등 심화 는 최신 2015년 개정 교육과정 권장 어휘와 주요 8종 중학 교과서에 나온 어휘를 철저히 분석하여 중학생이 꼭 알아야 할 필수·심화 어휘들로 구성했습니다.

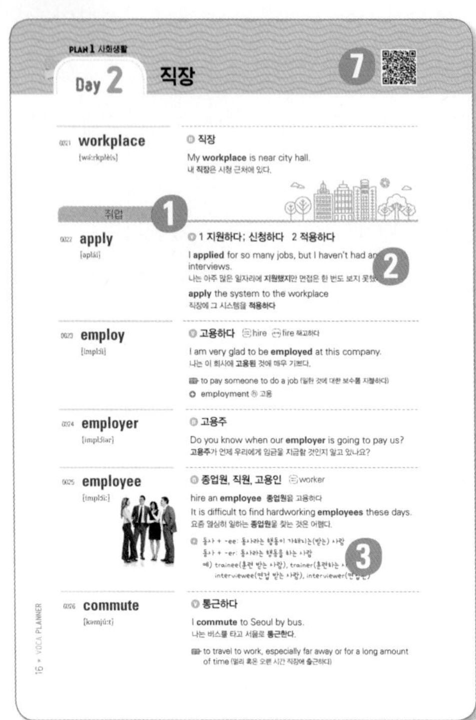

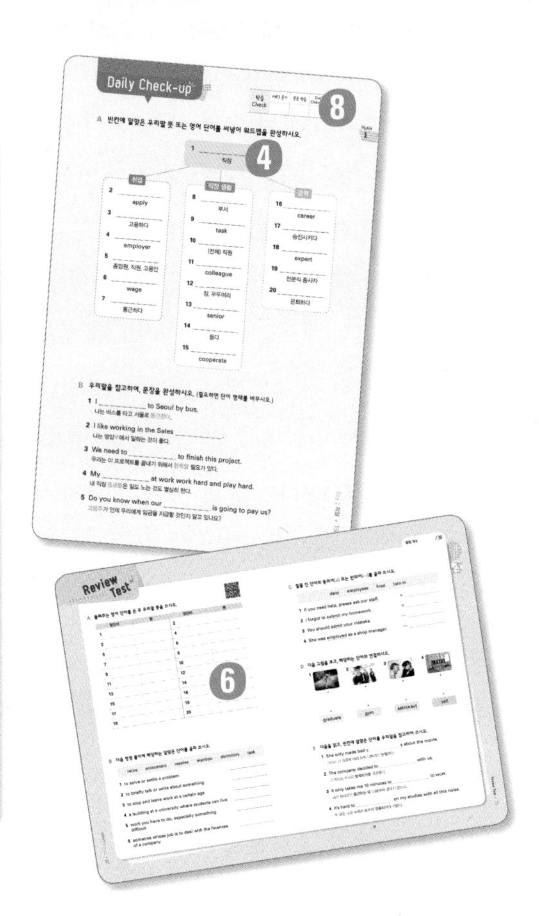

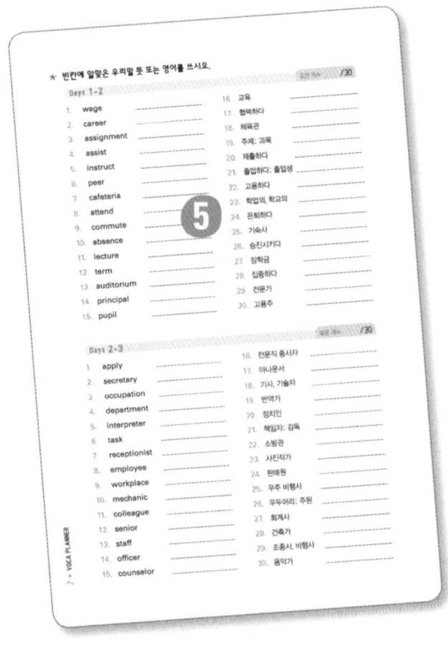

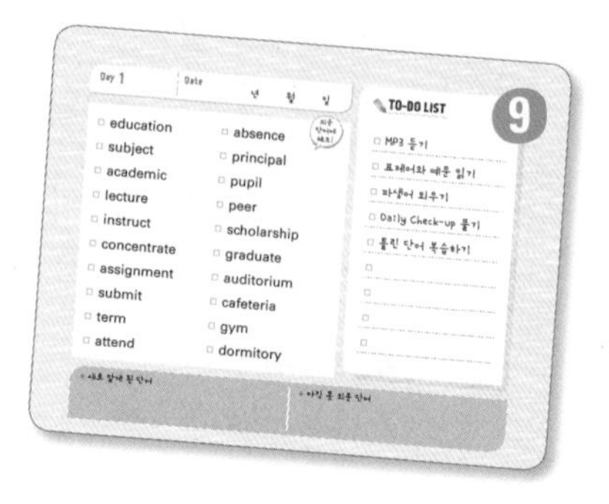

VOCA PLANNER 100% 활용하기!

❶ 소주제별로 관련 표제어가 묶여 있어 어휘 뜻 암기에 효과적

소주제로 묶여 서로 연관된 어휘들의 뜻을 연상하면서 암기합니다.

❷ 표제어의 뜻을 잘 보여주는 최적의 예문

어휘의 뜻을 잘 보여주는 예문을 읽어보며 어휘의 쓰임을 익힙니다.

❸ 어휘 학습에 도움을 주는 다양한 팁 제공

비슷한 단어의 뉘앙스 차이, 영영 풀이, 어원, 동·반의어, 파생어 등 다양한 팁을 읽어 보며 어휘를 확실하게 익힙니다.

❹ 워드맵과 문장 빈칸 채우기로 확실한 복습

소주제에 맞춰 분류한 워드맵과 본문에 나온 문장의 빈칸 채우기 연습으로 어휘를 철저하게 복습합니다.

❺ 매일매일 누적 테스트

Days 1–2, Days 2–3 방식으로 하루씩 누적한 테스트로 앞에 학습한 어휘도 누적하여 복습합니다.

❻ 다양한 문제 유형으로 구성된 Review Test

받아쓰기, 영영 풀이, 동·반의어, 그림 연결하기, 문장 빈칸 완성의 5가지 유형의 문제를 통해 매 PLAN마다 핵심 어휘들을 최종으로 한 번 더 점검합니다.

❼ 매 Day별 MP3 음원을 QR 코드로 찍어 바로 듣기

〈표제어 전체 듣기〉, 〈표제어 개별 듣기〉, 〈표제어+우리말 뜻 듣기〉, 〈표제어+우리말 뜻+예문 듣기〉 총 4가지 버전의 MP3를 제공합니다. 표제어만 들어보며 뜻을 떠올려보고, 〈표제어+우리말 뜻 듣기〉로 뜻 확인 후, 예문까지 모두 들으며 어휘의 쓰임과 발음을 확실하게 학습합니다.

이래서 나만의 VOCA PLANNER!

❽ Day별 학습 진도 체크 표

하루하루 해야 할 학습 진도표에 학습 여부를 체크하면서 학습하세요!

❾ 나만의 어휘 학습 플래너

매일매일 나만의 어휘 학습 계획을 세워 체크하고, 외운 단어와 외우지 못한 단어 등을 한 번 더 점검해 볼 수 있어요.

온라인 부가자료 (www.darakwon.co.kr)

다락원 홈페이지에서 무료로 다양한 부가자료를 다운로드하거나 웹에서 이용할 수 있습니다.

✓ 각종 추가 복습 테스트지 제공

✓ 4가지 버전의 MP3 듣기 파일

- 표제어 전체 듣기 | 표제어 개별 듣기 | 표제어+우리말 뜻 듣기 | 표제어+우리말 뜻+예문 듣기

✓ 5가지 유형의 문제 출제가 가능한 문제출제프로그램 제공

- 영어 단어 쓰기 | 우리말 뜻 쓰기 | 영영 풀이를 보고 단어 쓰기 | 문장이나 어구 빈칸 채우기 | 음성 받아쓰기(단어를 듣고 단어와 우리말 뜻 쓰기)

학습하기 전 알아두기

n 명사 | pron 대명사 | v 동사 | a 형용사 | ad 부사 | prep 전치사 | conj 접속사

어원과 팁 표시 | 예문의 핵심 표현 및 어구 | 영영 영영 풀이 표시 | + 파생어 표시

VOCA PLANNER 중등 심화 목차

VOCA PLANNER 학습 계획표

매일매일 계획을 세워 Day별로 날짜를 쓰면서 단어를 외워보세요. 한 책을 다 학습한 후 2회독하면 더욱 더 중등 심화 어휘를 내 것으로 만들 수 있어요.

		1회독	2회독
PLAN 1	Day 1	년 월 일	년 월 일
	Day 2	년 월 일	년 월 일
	Day 3	년 월 일	년 월 일
	Day 4	년 월 일	년 월 일
PLAN 2	Day 5	년 월 일	년 월 일
	Day 6	년 월 일	년 월 일
	Day 7	년 월 일	년 월 일
	Day 8	년 월 일	년 월 일
PLAN 3	Day 9	년 월 일	년 월 일
	Day 10	년 월 일	년 월 일
	Day 11	년 월 일	년 월 일
PLAN 4	Day 12	년 월 일	년 월 일
	Day 13	년 월 일	년 월 일
	Day 14	년 월 일	년 월 일
	Day 15	년 월 일	년 월 일
PLAN 5	Day 16	년 월 일	년 월 일
	Day 17	년 월 일	년 월 일
	Day 18	년 월 일	년 월 일
	Day 19	년 월 일	년 월 일
PLAN 6	Day 20	년 월 일	년 월 일
	Day 21	년 월 일	년 월 일
	Day 22	년 월 일	년 월 일
PLAN 7	Day 23	년 월 일	년 월 일
	Day 24	년 월 일	년 월 일
	Day 25	년 월 일	년 월 일
	Day 26	년 월 일	년 월 일

		1회독			2회독		
PLAN 8	Day 27	년	월	일	년	월	일
	Day 28	년	월	일	년	월	일
	Day 29	년	월	일	년	월	일
PLAN 9	Day 30	년	월	일	년	월	일
	Day 31	년	월	일	년	월	일
	Day 32	년	월	일	년	월	일
	Day 33	년	월	일	년	월	일
PLAN 10	Day 34	년	월	일	년	월	일
	Day 35	년	월	일	년	월	일
	Day 36	년	월	일	년	월	일
PLAN 11	Day 37	년	월	일	년	월	일
	Day 38	년	월	일	년	월	일
	Day 39	년	월	일	년	월	일
	Day 40	년	월	일	년	월	일
PLAN 12	Day 41	년	월	일	년	월	일
	Day 42	년	월	일	년	월	일
	Day 43	년	월	일	년	월	일
PLAN 13	Day 44	년	월	일	년	월	일
	Day 45	년	월	일	년	월	일
	Day 46	년	월	일	년	월	일
	Day 47	년	월	일	년	월	일
PLAN 14	Day 48	년	월	일	년	월	일
	Day 49	년	월	일	년	월	일
	Day 50	년	월	일	년	월	일

PLAN 1
사회생활

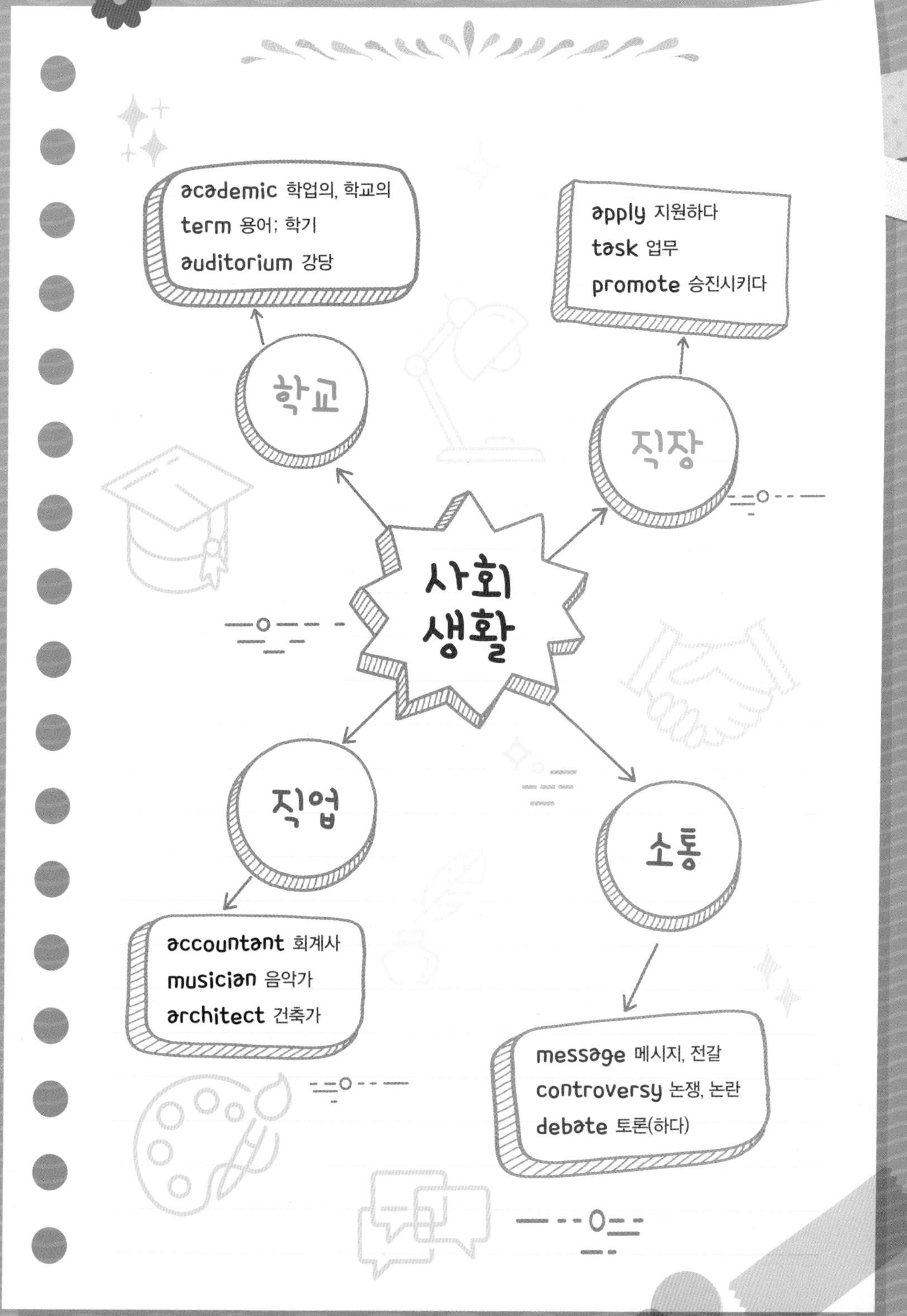

사회생활

학교

academic 학업의, 학교의
term 용어; 학기
auditorium 강당

직장

apply 지원하다
task 업무
promote 승진시키다

직업

accountant 회계사
musician 음악가
architect 건축가

소통

message 메시지, 전갈
controversy 논쟁, 논란
debate 토론(하다)

Day 1 학교

수업과 과제

0001 **education** [èdʒukéiʃən]

ⓝ 교육

primary/secondary **education** 초등/중등 **교육**

Education is one of the most important things in our lives.
교육은 우리 삶에서 가장 중요한 것 중 하나이다.

⊕ educational ⓐ 교육의

0002 **subject** [sʌ́bdʒikt]

ⓝ 1 주제 2 과목

a **subject** for discussion 토론 **주제**

My favorite **subject** is music because I love to sing.
나는 노래하는 것을 좋아하기 때문에 가장 좋아하는 **과목**은 음악이다.

0003 **academic** [ӕkədémik]

ⓐ 학업의, 학교의

academic ability **학업** 능력

I will be busy with a lot of schoolwork this **academic** year.
나는 이번 **학**년도에 많은 학업으로 바쁠 것이다.

0004 **lecture** [léktʃər]

ⓝ (특히 대학) 강의, 강연

How did you like the **lecture** on art history?
미술사에 관한 **강의**는 어땠니?

0005 **instruct** [instrʌ́kt]

ⓥ 1 가르치다 2 지시하다

Mr. Smith **instructed** us for a month since our homeroom teacher was sick.
담임 선생님이 아프셔서 Smith 선생님이 우리를 한 달 동안 **가르치셨다**.

The teacher **instructed** us to write our names in our schoolbooks.
선생님은 우리에게 교과서에 이름을 쓰라고 **지시하셨다**.

⊕ instructor ⓝ 강사 | instruction ⓝ 설명; 지시

0006 **concentrate** [kɑ́:nsəntrèit]

ⓥ 집중하다 ⊜ focus

I need to **concentrate** on my studies so that I can pass the exam.
시험에 합격하기 위해서 나는 공부에 **집중해야** 한다.

⊕ concentration ⓝ 집중

0007 **assignment** [əsáinmənt]

ⓝ 과제 ⊜ task

We must work as a team on this **assignment**.
우리는 이번 **과제**에 팀으로 함께 해야 한다.

영영 work given to someone as part of studies
(학업의 부분으로 누군가에게 주어지는 일)

0008 **submit** [səbmít]

ⓥ 제출하다 ⊜ turn in, hand in

Please **submit** your reports by this Friday.
이번 주 금요일까지 보고서를 **제출해주세요**.

학교생활

0009 **term** [tə:rm]

ⓝ 1 용어 2 학기

Did you memorize all the **terms** for the history quiz?
너는 역사 쪽지 시험에 나올 모든 **용어들**을 다 외웠니?

the spring / fall **term** 봄 / 가을 **학기**

0010 **attend** [ətén d]

ⓥ 참석하다; (~에) 다니다

Are you going to **attend** the meeting?
너는 회의에 **참석할** 예정이니?

We **attended** the same school. 우리는 같은 학교에 **다녔다**.

⊕ attendance ⓝ 출석, 참석

0011 **absence** [ǽbsəns]

ⓝ 결석, 결근

absence from work 결근

Do you have a good excuse for your **absence** yesterday?
너는 어제 **결석**에 대해 타당한 사유가 있니?

⊕ absent ⓐ 결석한, 결근한

0012 **principal** [prínsəpəl]

ⓝ 교장 ⓐ 주요한, 주된 ⊜ main

Our **principal** has been teaching for over 30 years.
우리 **교장 선생님**은 30년 이상을 가르쳐 오셨다.

a **principal** cause of success 성공의 **주된** 원인

0013 **pupil** [pjú:pəl]

ⓝ 학생 ⊜ student

How many **pupils** are in your class?
너의 반에 몇 명의 **학생들**이 있니?

영영 a child or young person who goes to school

0014 **peer**
[piər]

ⓝ 또래

peer pressure **또래** 집단이 주는 압박감

It is important to meet **peers** who are wise.
지혜로운 **또래 친구들**을 만나는 것은 중요하다.

0015 **scholarship**
[skɑ́:lərʃip]

ⓝ 장학금

full **scholarship** 전액 **장학금**

My daughter received a **scholarship** for college.
내 딸이 대학 **장학금**을 받았다.

영영 money that is given to someone by a school or institution to help pay for that person's education
(학교나 기관에서 누군가에게 교육비를 지원해주는 돈)

0016 **graduate**
ⓥ [grǽʤuèit]
ⓝ [grǽʤəwət]

ⓥ 졸업하다 ⓝ 졸업생

He **graduated** from Oxford University last year.
그는 작년에 옥스퍼드 대학을 **졸업했다**.

a history **graduate** 역사 전공 **졸업생**

➕ graduation ⓝ 졸업(식)

학교 건물

0017 **auditorium**
[ɔ̀:ditɔ́:riəm]

ⓝ 강당

The students gathered in the **auditorium**.
학생들이 **강당**에 모였다.

0018 **cafeteria**
[kæ̀fətíriə]

ⓝ 구내식당

a school **cafeteria** 교내 **식당**

Josh went to the **cafeteria** to have lunch.
Josh는 점심을 먹으러 **구내식당**에 갔다.

0019 **gym**
[ʤim]

ⓝ 체육관

I play badminton in the **gym** after school.
나는 방과 후에 **체육관**에서 배드민턴을 친다.

'체육관'은 gymnasium, '체조'는 gymnastics이다. 두 단어 모두 gym으로 표기할 수 있다.

0020 **dormitory**
[dɔ́:rmətɔ̀:ri]

ⓝ 기숙사

the boy's/girl's **dormitory** 남학생/여학생 **기숙사**

I lived in a **dormitory** in college.
나는 대학 시절 **기숙사** 생활을 했다.

영영 a building at a university where students can live

Daily Check-up

학습 Check	MP3 듣기	본문 학습	Daily Check-up

A 빈칸에 알맞은 우리말 뜻 또는 영어 단어를 써넣어 워드맵을 완성하시오.

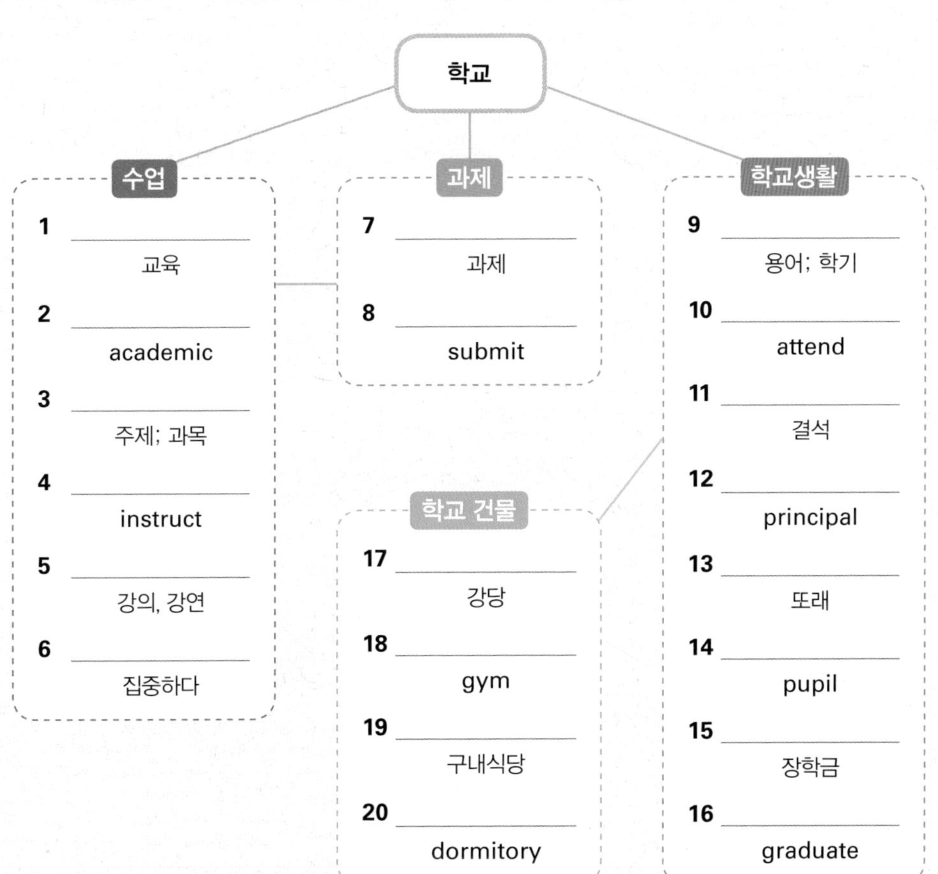

B 우리말을 참고하여, 어구 또는 문장을 완성하시오. (필요하면 단어 형태를 바꾸시오.)

1 secondary ______________ 중등 교육

2 My daughter received a ______________ for college.
내 딸이 대학 장학금을 받았다.

3 It is important to meet ______________ who are wise.
지혜로운 또래 친구들을 만나는 것은 중요하다.

4 Please ______________ your reports by this Friday.
이번 주 금요일까지 보고서를 제출해주세요.

5 Did you memorize all the ______________ for the history quiz?
너는 역사 쪽지 시험에 나올 모든 용어들을 다 외웠니?

Day 2 직장

0021 **workplace** [wə́:rkplèis]

ⓝ 직장

My **workplace** is near city hall.
내 **직장**은 시청 근처에 있다.

취업

0022 **apply** [əplái]

ⓥ 1 지원하다; 신청하다 2 적용하다

I **applied** for so many jobs, but I haven't had any interviews.
나는 아주 많은 일자리에 **지원했지**만 면접은 한 번도 보지 못했다.

apply the system to the workplace
직장에 그 시스템을 **적용하다**

0023 **employ** [implɔ́i]

ⓥ 고용하다 ⊜hire ↔fire 해고하다

I am very glad to be **employed** at this company.
나는 이 회사에 **고용된** 것에 매우 기쁘다.

영영 to pay someone to do a job (일한 것에 대한 보수를 지불하다)

⊕ employment ⓝ 고용

0024 **employer** [implɔ́iər]

ⓝ 고용주

Do you know when our **employer** is going to pay us?
고용주가 언제 우리에게 임금을 지급할 것인지 알고 있나요?

0025 **employee** [implɔií:]

ⓝ 종업원, 직원, 고용인 ⊜worker

hire an **employee** **종업원**을 고용하다

It is difficult to find hardworking **employees** these days.
요즘 열심히 일하는 **종업원**을 찾는 것은 어렵다.

동사 + -ee: 동사라는 행동이 가해지는(받는) 사람
동사 + -er: 동사라는 행동을 하는 사람
예) trainee(훈련 받는 사람), trainer(훈련하는 사람)
interviewee(면접 받는 사람), interviewer(면접관)

0026 **commute** [kəmjú:t]

ⓥ 통근하다

I **commute** to Seoul by bus.
나는 버스를 타고 서울로 **통근한다**.

영영 to travel to work, especially far away or for a long amount of time (멀리 혹은 오랜 시간 직장에 출근하다)

0027 **wage** [weidʒ]

ⓝ 임금 ⊜pay

wage gap between the rich and poor 빈부 간의 **임금** 차이

Our **wages** are paid every other week on Monday.
우리 **임금**은 2주마다 월요일에 지급된다.

wage: 일을 시간 단위로 계산하여 주는 임금
salary(봉급): 연간 정해진 임금을 매월 지급하는 월급

직장 생활

0028 **task** [tæsk]

ⓝ 업무, 일 ⊜job

The goal of the **task** is to improve the system.
그 **업무**의 목표는 시스템을 향상시키는 것이다.

영영 work you have to do, especially something difficult

0029 **department** [dipɑ́ːrtmənt]

ⓝ 부서

the Marketing **Department** 마케팅 **부서**

I like working in the Sales **Department**.
나는 영업**부**에서 일하는 것이 좋다.

0030 **staff** [stæf]

ⓝ (전체) 직원 ⊜employees

The hotel **staff** helped me find my lost phone.
호텔 **직원들**은 내 잃어버린 전화를 찾는 데 도움을 주었다.

0031 **chief** [tʃiːf]

ⓝ (조직 등의) 장, 우두머리 ⊜head
ⓐ 1 최고위자인 2 주된

The police **chief** came to our school to give a special lecture. 경찰서**장**님이 특별 강연을 하러 우리 학교에 오셨다.

chief nurse **수**간호사

What was the **chief** cause of the accident?
그 사고의 **주된** 원인은 무엇이었나?

0032 **senior** [síːnjər]

ⓝ 상급자 ⓐ 상급의, 고위의 ↔junior 하급자; 부하의

His **senior** at work is kind and humorous.
그의 직장 **상급자**는 친절하고 유머가 넘친다.

senior staff **상급** 직원

0033 **colleague** [kɑ́ːliːg]

ⓝ 동료 ⊜co-worker

My **colleagues** at work work hard and play hard.
내 직장 **동료들**은 일도 노는 것도 열심히 한다.

0034 **cooperate**
[kouɑ́:pərèit]

ⓥ 협력하다 ⊜collaborate

We need to **cooperate** to finish this project.
우리는 이 프로젝트를 끝내기 위해서 **협력할** 필요가 있다.

⊕ cooperation ⓝ 협력
co(함께) + operate(일하다) → 함께 일하다 → 협력하다

0035 **assist**
[əsíst]

ⓥ 돕다 ⊜help

We will **assist** you in training new employees.
저희는 새 직원들을 훈련하는 데 **도움을 드릴** 것입니다.

⊕ assistance ⓝ 도움

경력

0036 **career**
[kəríər]

ⓝ 1 직업 2 경력

My mother started her **career** as a swimming instructor.
어머니는 수영 강사로 **일**을 시작하셨다.

a **career** in music 음악계에서의 **경력**

영영 a job that someone does for a long period of time

0037 **promote**
[prəmóut]

ⓥ 1 승진시키다 2 촉진하다

I was **promoted** after working for 10 years.
나는 10년 동안 일한 후 **승진했다.**

promote sales 판매를 **촉진하다**

0038 **professional**
[prəféʃənl]

ⓝ 전문직 종사자 ⓐ 1 직업의 2 전문가의, 프로의

It takes time to become a **professional**.
전문직 종사자가 되려면 시간이 걸린다.

a **professional** soccer player **프로** 축구 선수

0039 **expert**
[ékspə:rt]

ⓝ 전문가

She is an **expert** on beauty and skin care.
그녀는 미용과 피부 관리에 **전문가**이다.

0040 **retire**
[ritáiər]

ⓥ 은퇴하다

When I **retire**, I'm going to buy a house in Hawaii and surf all day.
나는 **은퇴하면** 하와이에 집을 사서 하루 종일 서핑을 할 것이다.

영영 to stop and leave work at a certain age
⊕ retirement ⓝ 은퇴

Daily Check-up

학습 Check	MP3 듣기	본문 학습	Daily Check-up	누적 테스트 Days 1-2

A 빈칸에 알맞은 우리말 뜻 또는 영어 단어를 써넣어 워드맵을 완성하시오.

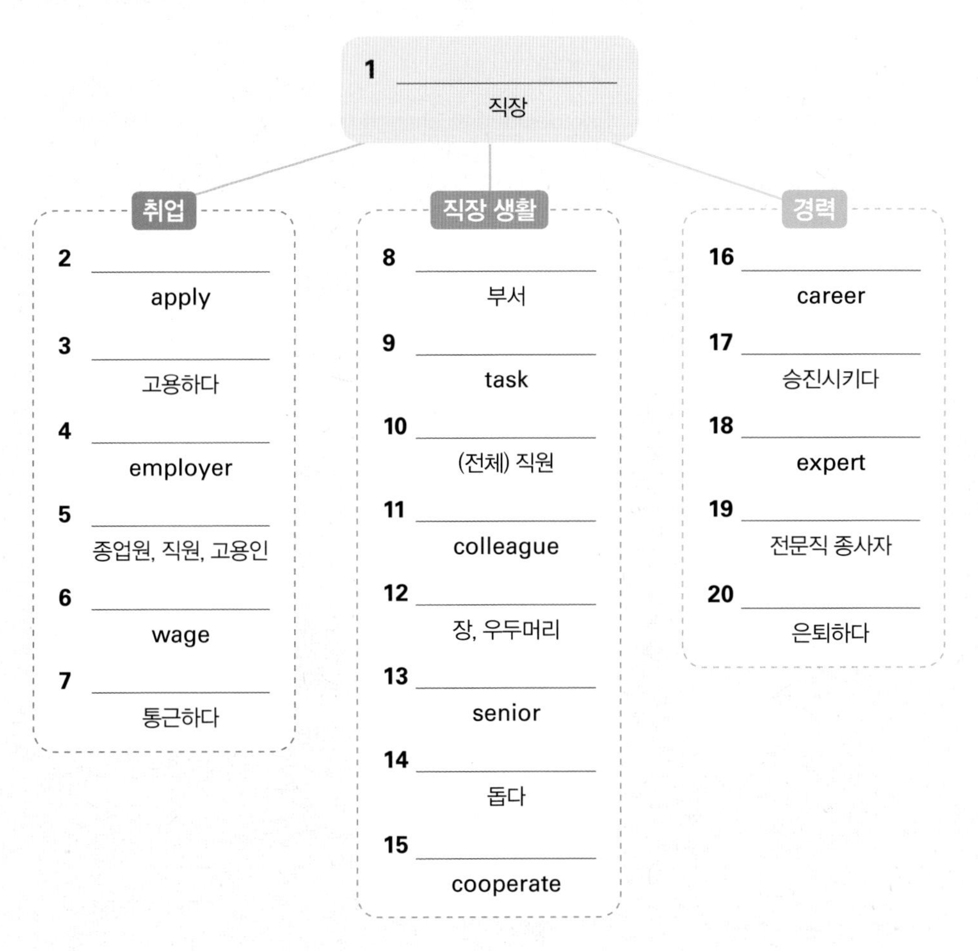

B 우리말을 참고하여, 문장을 완성하시오. (필요하면 단어 형태를 바꾸시오.)

1 I ________ to Seoul by bus.
나는 버스를 타고 서울로 통근한다.

2 I like working in the Sales ________.
나는 영업부에서 일하는 것이 좋다.

3 We need to ________ to finish this project.
우리는 이 프로젝트를 끝내기 위해서 협력할 필요가 있다.

4 My ________ at work work hard and play hard.
내 직장 동료들은 일도 노는 것도 열심히 한다.

5 Do you know when our ________ is going to pay us?
고용주가 언제 우리에게 임금을 지급할 것인지 알고 있나요?

Day 3 직업

0041 **occupation**
[ά:kjəpéiʃən]

ⓝ 직업 ⊜job

She decided to change her **occupation** to become a librarian.
그녀는 사서가 되기 위해 **직업**을 바꾸기로 결정했다.

occupation은 직업을 다소 격식 있게 표현할 때 쓰며, profession은 의사, 변호사처럼 특정한 전문 지식을 요하는 직업을 나타낸다.

정치 · 경제 · 우주 · 항공

0042 **politician**
[pὰ:lətíʃən]

ⓝ 정치인

Politicians try to win elections.
정치인들은 선거에서 이기려고 노력한다.

+ politics ⓝ 정치

0043 **officer**
[ɔ́:fisər]

ⓝ 1 장교 2 (정부나 큰 조직의) 관리; 임원

a retired navy **officer** 퇴역한 해군 **장교**

Prison **officers** are responsible for keeping the prison safe.
교도**관**은 감옥을 안전하게 지키는 책임을 지고 있다.

0044 **accountant**
[əkáuntənt]

ⓝ 회계사

Accountants are very good with numbers.
회계사는 숫자(계산)에 매우 강하다.

영영 someone whose job is to deal with the finances of a company (기업의 재정을 다루는 일을 하는 사람)

0045 **astronaut**
[ǽstrənɔ̀:t]

ⓝ 우주 비행사

Astronauts have to train hard to walk in space.
우주 비행사들은 우주에서 걷기 위해서 열심히 훈련해야 한다.

0046 **pilot**
[páilət]

ⓝ 조종사, 비행사

a fighter **pilot** 전투기 **조종사**

Amelia Earhart was the first female **pilot** to fly across the Atlantic Ocean.
어밀리아 에어하트는 대서양을 횡단 비행한 첫 여성 **비행사**였다.

방송 · 출판 · 예술

0047 **announcer**
[ənáunsər]

ⓝ 아나운서, 방송 진행자

The **announcer** reported the news in a clear voice.
아나운서는 또렷한 목소리로 뉴스를 보도했다.

⊕ announce ⓥ 발표하다; 방송하다

0048 **interpreter**
[intə́:rprətər]

ⓝ 통역사

The president spoke through an **interpreter**.
대통령은 **통역사**를 통해 말했다.

⊕ interpret ⓥ 해석하다; 통역하다

0049 **translator**
[trænsléitər / trænzléitər]

ⓝ 번역가

Poems are the most difficult works to translate for **translators**.
시는 **번역가들**이 번역하기 제일 까다로운 작품이다.

⊕ translate ⓥ 번역하다

0050 **musician**
[mjuzíʃən]

ⓝ 음악가

Many **musicians** know how to play an instrument and compose music.
많은 **음악가들**은 악기 연주와 작곡하는 법을 안다.

0051 **photographer**
[fətɑ́:grəfər]

ⓝ 사진작가

Photographers are skilled at capturing special moments in pictures.
사진작가들은 특별한 순간을 사진에 담는 것에 노련하다.

0052 **director**
[dəréktər / dairéktər]

ⓝ 1 책임자 ⊜ head 2 (영화 · 연극 등의) 감독

The **director** of education is responsible for choosing the best textbooks.
교육 **국장**은 가장 좋은 교과서를 선정하는 책임을 지고 있다.

a movie **director** 영화**감독**

영영 1 a person who manages a part of a company or an organization (기업이나 조직의 한 부분을 관리하는 사람)

기술 · 사무 · 영업

0053 **architect**
[ɑ́:rkətèkt]

ⓝ 건축가

Gaudi was the famous **architect** who designed the Sagrada Familia.
가우디는 사그라다 파밀리아 성당을 설계한 유명한 **건축가**였다.

0054 **firefighter**
[fáiərfaitər]

ⓝ 소방관 ⊜fireman

The **firefighter** rescued the baby inside the burning house.
소방관은 불타는 집 안에 있던 아기를 구출했다.

0055 **mechanic**
[məkǽnik]

ⓝ (특히 차량 엔진) 정비공

I'm going to the **mechanic** to get my car fixed.
나는 자동차 수리를 받기 위해 **정비공**에게 가고 있다.

영영 a person who repairs machines, especially car engines

⊕ mechanical ⓐ 기계로 작동되는

0056 **engineer**
[èndʒəníər]

ⓝ 기사, 기술자; 공학자

a mechanical **engineer** 기계 **공학자**

The sound **engineer** checked the sound system before the recording.
음향 **기사**는 녹음 전에 음향 시스템을 점검했다.

영영 a person who designs or builds roads, bridges, machines, etc.

0057 **receptionist**
[risépʃənist]

ⓝ (호텔 · 회사 등의) 접수 담당자

The **receptionist** at the hotel helped us book a taxi to the airport.
호텔 **접수 담당자**는 우리가 공항까지 가는 택시를 예약하는 것을 도와주었다.

영영 a person who performs office tasks such as taking calls and receiving visitors (전화를 받거나 손님을 응대하는 일을 하는 사람)

0058 **secretary**
[sékrətèri]

ⓝ 비서

Secretaries should have excellent computer skills.
비서들은 훌륭한 컴퓨터 사용 기술이 있어야 한다.

0059 **counselor**
[káunsələr]

ⓝ 상담 전문가

a marriage **counselor** 결혼 **상담 전문가**

My guidance **counselor** helped me adjust to my new school.
상담 선생님은 내가 새로운 학교에 적응할 수 있도록 도와주셨다.

0060 **salesperson**
[séilzpə̀:rsn]

ⓝ 판매원

Did you ask the **salesperson** if there is a smaller size for these shoes?
너는 **판매원**에게 이 신발의 더 작은 치수가 있는지 물어봤니?

Daily Check-up

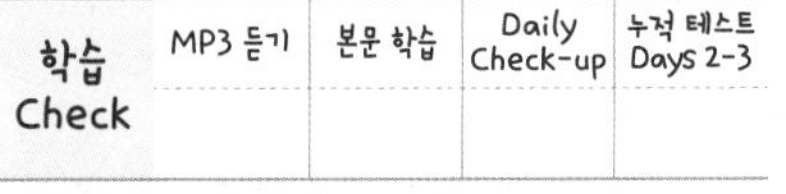

A 빈칸에 알맞은 우리말 뜻 또는 영어 단어를 써넣어 워드맵을 완성하시오.

1 ______________ 직업

정치 · 경제

2 ______________ 정치인

3 ______________ officer

4 ______________ 회계사

우주 · 항공

5 ______________ 우주 비행사

6 ______________ pilot

방송 · 출판 · 예술

7 ______________ 아나운서, 방송 진행자

8 ______________ interpreter

9 ______________ 번역가

10 ______________ photographer

11 ______________ 음악가

12 ______________ 책임자; 감독

기술 · 사무 · 영업

13 ______________ 소방관

14 ______________ architect

15 ______________ 기술자; 공학자

16 ______________ mechanic

17 ______________ 접수 담당자

18 ______________ counselor

19 ______________ 비서

20 ______________ 판매원

B 우리말을 참고하여, 어구 또는 문장을 완성하시오. (필요하면 단어 형태를 바꾸시오.)

1 a retired navy ______________ 퇴역한 해군 장교

2 ______________ try to win elections.
정치인들은 선거에서 이기려고 노력한다.

3 I'm going to the ______________ to get my car fixed.
나는 자동차 수리를 받기 위해 정비공에게 가고 있다.

4 Poems are the most difficult works to translate for ______________.
시는 번역가들이 번역하기 제일 까다로운 작품이다.

5 She decided to change her ______________ to become a librarian.
그녀는 사서가 되기 위해 직업을 바꾸기로 결정했다.

Day 4 소통

0061 **communicate** [kəmjú:nəkèit]

ⓥ 의사소통하다

Nowadays, people can easily **communicate** with people in other countries.
요즘에 사람들은 다른 나라에 사는 사람들과 쉽게 **의사소통할** 수 있다.

⊕ communication ⓝ 의사소통

의사 전달

0062 **message** [mésidʒ]

ⓝ 메시지, 전갈

Please deliver this **message** to him.
이 **메시지**를 그에게 전달해주세요.

I got a text **message** from her.
나는 그녀에게서 문자 **메시지**를 받았다.

0063 **mention** [ménʃən]

ⓥ 언급하다 ⓝ 언급

She **mentioned** her work experience abroad during the interview.
그녀는 면접에서 해외 근무 경험을 **언급했다**.

He made no **mention** of the incident.
그는 그 사건에 대해 어떤 **언급**도 하지 않았다.

영영 ⓥ to briefly talk or write about something or someone

0064 **comment** [kɑ́:ment]

ⓝ 논평, 의견 ⓥ 논평하다

The professor's **comments** on my paper were too long to read. 내 리포트에 적힌 교수님의 **평**은 읽기에 너무 길었다.

The movie critic **commented** about the actor's acting.
영화 평론가는 그 배우의 연기에 대해 **논평했다**.

0065 **refer** [rifə́:r]

ⓥ 1 참조하다 2 언급하다

Please **refer** to our website for more details.
더 많은 자세한 사항은 저희 웹사이트를 **참조하세요**.

The president **referred** to famous people in his speech.
대통령은 그의 연설에서 유명인들을 **언급했다**.

0066 **remark** [rimɑ́:rk]

ⓝ 발언 ⓥ 발언하다, 말하다

make a rude **remark** 무례한 **발언**을 하다

He **remarked** on how dirty the playground was.
그는 놀이터가 얼마나 더러운지에 대해 **말했다**.

0067 **misunderstand**
[mìsʌndərstǽnd]
misunderstand–misunderstood–misunderstood

ⓥ 오해하다

Please don't **misunderstand** what I'm saying.
내가 얘기하는 걸 **오해하지** 말아줘.

⊕ misunderstanding ⓝ 오해

논쟁과 갈등

0068 **controversy**
[kάːntrəvə̀ːrsi]

ⓝ 논쟁, 논란 ⊜argument

There was a **controversy** about where to build the new public library.
새 공립 도서관을 어디에 지을지에 대한 **논쟁**이 있었다.

⊕ controversial ⓐ 논란이 많은

0069 **conflict**
ⓝ [kάːnflikt]
ⓥ [kənflíkt]

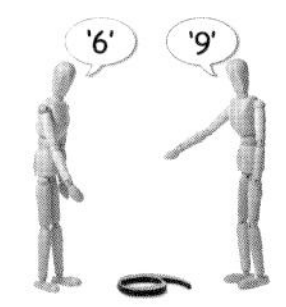

ⓝ 갈등, 충돌 ↔agreement 동의 ⓥ 대립하다, 충돌하다

Their different opinions resulted in a **conflict**.
그들의 서로 다른 의견이 **갈등**으로 이어졌다.

My idea **conflicted** with the rest of my family's.
내 생각은 나머지 가족들의 생각과 **충돌했다**.

0070 **against**
[əgénst]

prep ~에 반대하여

The manager was **against** the idea of firing some of the employees.
매니저는 직원 일부를 해고하자는 생각에 **반대했다**.

0071 **oppose**
[əpóuz]

ⓥ 반대하다

Many people **opposed** the idea of animal testing.
많은 사람들이 동물 실험 계획에 **반대했다**.

영영 to be against an idea that is different from yours
(당신의 생각과 다른 생각에 반대하다)

⊕ opposition ⓝ 반대

0072 **complain**
[kəmpléin]

ⓥ 불평하다, 항의하다

My neighbors **complained** about my children making noise. 내 이웃들은 내 아이들이 시끄럽게 한다고 **불평했다**.

complain about ~: ~에 대해 불평하다

⊕ complaint ⓝ 불평, 항의

0073 **yell**
[jel]

ⓥ 소리 지르다 ⊜shout ↔whisper 속삭이다

The teacher **yelled** at the students to pay attention.
선생님은 학생들에게 집중하라고 **소리쳤다**.

갈등 해소

0074 **debate**

[dibéit]

ⓝ 토론, 논쟁 ⓥ 토론하다, 논쟁하다

intense **debate** 격렬한 **논쟁**

People do not want to **debate** religious matters.
사람들은 종교적인 문제에 대해서 **토론하고** 싶어 하지 않는다.

0075 **negotiate**

[nigóuʃièit]

ⓥ 협상하다

The police had to **negotiate** with the terrorist.
경찰은 테러리스트와 **협상해야** 했다.

+ negotiation ⓝ 협상, 교섭

0076 **consult**

[kənsʌ́lt]

ⓥ 상담하다, 상의하다

Will you **consult** with me before making any important decisions?
중요한 결정을 내리기 전에 나와 **상의하겠니**?

Consult with a doctor before taking any drugs.
어떤 약이든 복용하기 전에 의사와 **상의하세요**.

0077 **admit**

[ədmít]

ⓥ 인정하다, 시인하다 ↔ deny 부인하다

Josh refused to **admit** that it was his mistake.
Josh는 그것이 자신의 실수였다고 **인정하기를** 거부했다.

0078 **respond**

[rispɑ́:nd]

ⓥ 1 대답하다 2 대응하다

Please **respond** to the email if you would like a refund.
환불을 원하시면 이메일에 **답변 주세요**.

They discussed how to **respond** to the threats.
그들은 그 위협에 어떻게 **대응할지** 논의했다.

+ response ⓝ 대답; 대응

0079 **apology**

[əpɑ́:lədʒi]

ⓝ 사과

Korea demanded a sincere **apology** from the Japanese government.
한국은 일본 정부로부터 진심어린 **사과**를 요구했다.

+ apologize ⓥ 사과하다

0080 **resolve**

[rizɑ́:lv]

ⓥ 해결하다

They want to immediately **resolve** the matter.
그들은 그 문제를 즉시 **해결하길** 원한다.

영영 to solve or settle a problem (문제를 풀거나 해결하다)

Daily Check-up

학습 Check	MP3 듣기	본문 학습	Daily Check-up	누적 테스트 Days 3-4	Review Test

A 빈칸에 알맞은 우리말 뜻 또는 영어 단어를 써넣어 워드맵을 완성하시오.

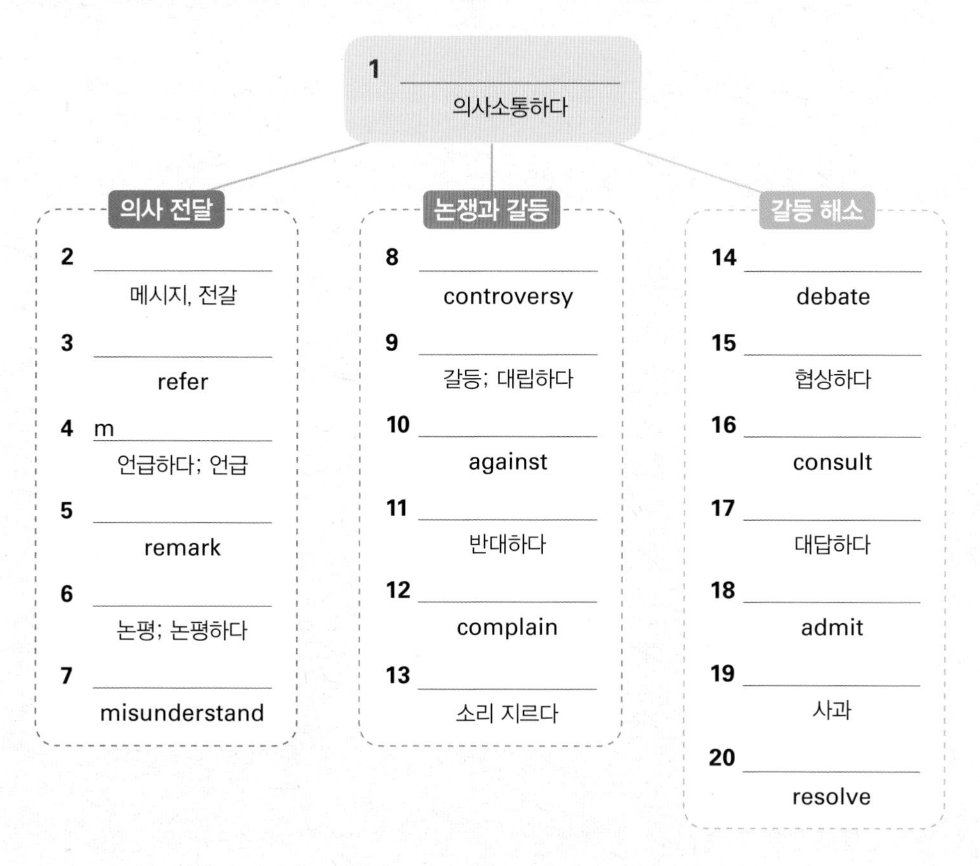

B 우리말을 참고하여, 문장을 완성하시오. (필요하면 단어 형태를 바꾸시오.)

1 Please don't ______________ what I'm saying.
내가 얘기하는 걸 오해하지 말아줘.

2 The police had to ______________ with the terrorist.
경찰은 테러리스트와 협상해야 했다.

3 People do not want to ______________ religious matters.
사람들은 종교적인 문제에 대해서 토론하고 싶어 하지 않는다.

4 They want to immediately ______________ the matter.
그들은 그 문제를 즉시 해결하길 원한다.

5 There was a ______________ about where to build the new public library.
새 공립 도서관을 어디에 지을지에 대한 논쟁이 있었다.

A 들려주는 영어 단어를 쓴 후 우리말 뜻을 쓰시오.

영단어	뜻	영단어	뜻
1		2	
3		4	
5		6	
7		8	
9		10	
11		12	
13		14	
15		16	
17		18	
19		20	

B 다음 영영 풀이에 해당하는 알맞은 단어를 골라 쓰시오.

retire accountant resolve mention dormitory task

1 to solve or settle a problem ______

2 to briefly talk or write about something ______

3 to stop and leave work at a certain age ______

4 a building at a university where students can live ______

5 work you have to do, especially something difficult ______

6 someone whose job is to deal with the finances of a company ______

C **밑줄 친 단어의 동의어(=) 또는 반의어(↔)를 골라 쓰시오.**

deny   employees   fired   turn in

1 If you need help, please ask our staff. = ______________

2 I forgot to submit my homework. = ______________

3 You should admit your mistake. ↔ ______________

4 She was employed as a shop manager. ↔ ______________

D **다음 그림을 보고, 해당하는 단어와 연결하시오.**

1 

2 

3 

4 

graduate   gym   astronaut   yell

E **다음을 읽고, 빈칸에 알맞은 단어를 우리말을 참고하여 쓰시오.**

1 She only made bad c______________s about the movie.
그녀는 그 영화에 대해 오직 나쁘게만 **논평**했다.

2 The company decided to ______________ with us.
그 회사는 우리와 **협력하기로** 결정했다.

3 It only takes me 10 minutes to ______________ to work.
내가 회사까지 **통근하는 데** 10분밖에 걸리지 않는다.

4 It's hard to ______________ on my studies with all this noise.
이 모든 소음 속에서 공부에 **집중하기가** 어렵다.

PLAN 2
가정생활

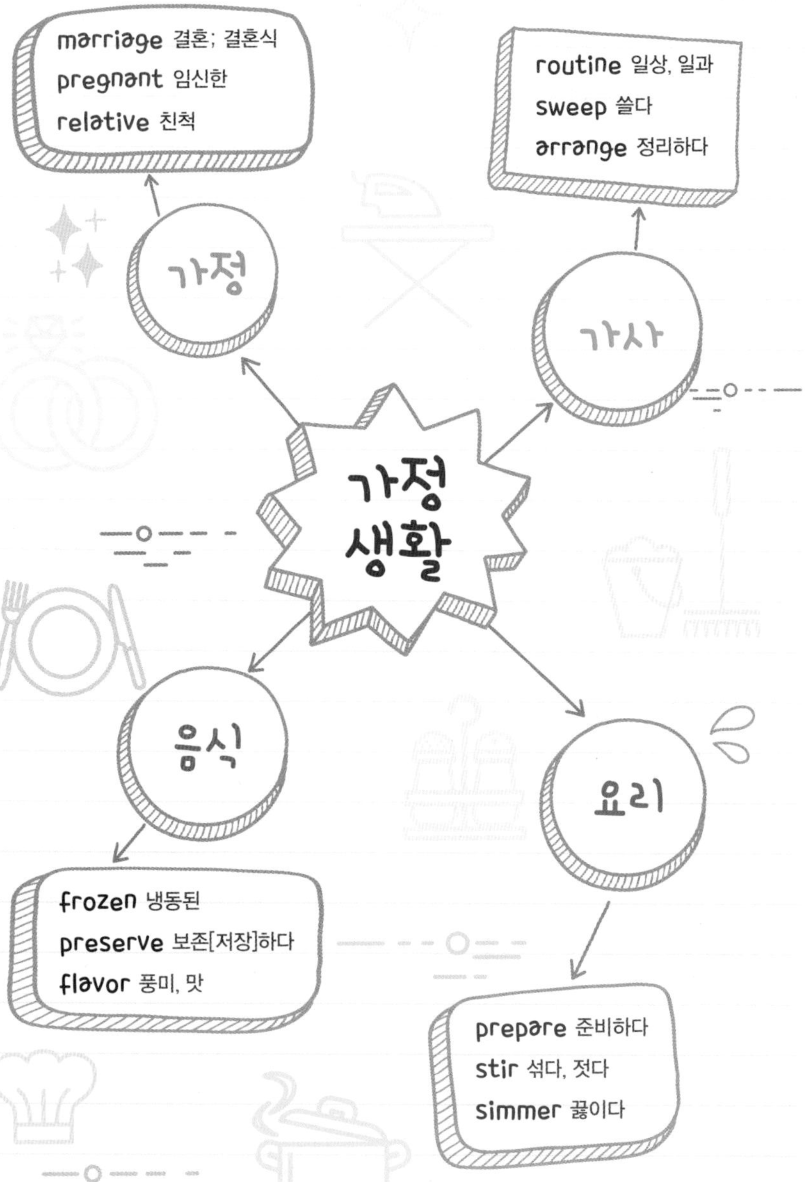

가정생활

가정

marriage 결혼; 결혼식
pregnant 임신한
relative 친척

가사

routine 일상, 일과
sweep 쓸다
arrange 정리하다

음식

frozen 냉동된
preserve 보존[저장]하다
flavor 풍미, 맛

요리

prepare 준비하다
stir 섞다, 젓다
simmer 끓이다

Day 5 가정

성장 과정

0081 **infant** [ínfənt]

ⓝ 유아, 젖먹이 ⓐ 유아의

Her youngest child was ill as an **infant**.
그녀의 가장 어린 자녀는 **젖먹이**일 때 아팠다.

infant seats 유아석

갓 태어난 아기는 newborn이라고 하며, infant는 태어난 지 두 달에서 1년 정도 된 아기를 가리킨다. baby는 newborn, infant, toddler 등 1~4세 사이의 모든 아이를 일컫는다.

0082 **toddler** [tά:dlər]

ⓝ 아장아장 걷는 아기

All **toddlers** learn how to walk on their own.
모든 **아장아장 걷는 아기들**은 스스로 걷는 법을 배운다.

영영 a baby who is just learning to walk on his own

toddler는 걸음마를 배우기 시작한 아기를 나타낸다.

0083 **childhood** [tʃáildhùd]

ⓝ 어린 시절

friends from **childhood** 죽마지우(어릴 때의 친구)

In my early **childhood**, I was separated from my parents.
아주 **어린 시절**에 나는 부모님과 헤어져 살았다.

0084 **teenager** [tí:nèidʒər]

ⓝ 청소년, 십대

What were you like as a **teenager**?
당신은 **청소년**일 때 어땠나요?

0085 **adult** [ədʌ́lt / ǽdʌlt]

ⓝ 성인, 어른 ⊜ grown-up

Not all children become mature **adults**.
모든 아이들이 성숙한 **어른**이 되는 것은 아니다.

⊕ adulthood ⓝ 성인(기)

0086 **elderly** [éldərli]

ⓐ 연세 드신 ⊜ old ↔ young 어린

an **elderly** couple 노부부

The **elderly** woman became pale after taking a walk.
연세 드신 부인은 산책 후 안색이 창백해졌다.

⊕ the elderly 연세 드신 분들, 노인들

elderly는 old보다 정중하게 표현할 때 쓴다.

결혼

0087 **bride**
[braid]

ⓝ 신부

The **bride** looked beautiful in her white wedding dress.
하얀 웨딩드레스를 입은 **신부**는 아름다워 보였다.

0088 **bridegroom**
[bráidgrù:m]

ⓝ 신랑 ⊜groom

The **bridegroom** arrived late at the church on his wedding day.
신랑은 자신의 결혼식 날 (결혼식이 열리는) 교회에 늦게 도착했다.

0089 **marriage**
[mǽridʒ]

ⓝ 1 결혼 (생활) 2 결혼식 ⊜wedding

Most couples dream of happy **marriages**.
대부분의 연인들은 행복한 **결혼 생활**을 꿈꾼다.

The **marriage** of the century took place in Buckingham Palace. 세기의 **결혼식**이 버킹엄 궁전에서 거행되었다.

영영 1 a relationship between a husband and a wife
(남편과 아내 사이의 관계)

0090 **divorce**
[divɔ́:rs]

ⓝ 이혼 ↔marriage ⓥ 이혼하다

My parents got a **divorce** when I was three years old.
내가 3살 때 우리 부모님은 **이혼**하셨다.

They agreed to **divorce**. 그들은 **이혼하기**로 합의했다.

출산과 양육

0091 **pregnant**
[prégnənt]

ⓐ 임신한

be five months **pregnant** **임신** 5개월이다

These are seats for **pregnant** women.
이곳은 **임신한** 여성들을 위한 자리이다.

⊕ pregnancy ⓝ 임신

0092 **give birth to**

출산하다 ⊜bear

She **gave birth to** healthy twins.
그녀는 건강한 쌍둥이를 **출산했다**.

0093 **take care of**

~을 돌보다; ~에 신경을 쓰다

My nanny **took care of** me because my parents were busy working.
부모님이 일하느라 바쁘셔서 보모가 나를 **돌봐주셨다**.

0094 **feed**
[fiːd]
feed-fed-fed

ⓥ 음식을 먹이다; 먹이를 주다

I can't **feed** my baby now because he is about to fall asleep.
아기가 막 잠이 들 것 같아서 지금 아기에게 **젖을 먹일** 수가 없다.

0095 **adopt**
[ədɑ́ːpt]

ⓥ 1 입양하다 2 채택하다

adopt a child 아이를 **입양하다**

I want to **adopt** this kitten before someone else does.
다른 사람이 이 새끼 고양이를 입양하기 전에 내가 **입양하고** 싶다.

adopt a new system 새 시스템을 **채택하다**

⊕ adoption ⓝ 입양; 채택

가족과 친척

0096 **relative**
[rélətiv]

ⓝ 친척 ⓐ 비교상의; 상대적인

Our **relatives** come together during the holidays and have a good time.
우리 **친척들**은 휴가 동안 모여서 즐거운 시간을 보낸다.

the **relative** advantages of the two plans
두 계획의 **상대적인** 장점들

영영 ⓝ a family member, either from one's mom's or dad's side of the family

0097 **cousin**
[kʌ́zn]

ⓝ 사촌

I have a close relationship with my **cousins**.
나는 **사촌들**과 친하게 지낸다.

0098 **nephew**
[néfjuː]

ⓝ (남자) 조카

My **nephew** is taller than me.
내 **조카**는 나보다 키가 크다.

0099 **niece**
[niːs]

ⓝ (여자) 조카

My **niece** always calls me by my nickname.
내 **조카**는 항상 내 별명으로 나를 부른다.

0100 **ancestor**
[ǽnsestər]

ⓝ 조상 ↔ descendant 후손

My **ancestors** came to America in order to make their dreams come true.
우리 **조상들**은 그들의 꿈을 실현하기 위해서 미국으로 왔다.

an(먼저, 앞서) + cest(가다) + or(사람) → 먼저 간 사람 → 조상

Daily Check-up

학습 Check	MP3 듣기	본문 학습	Daily Check-up	누적 테스트 Days 4-5

A 빈칸에 알맞은 우리말 뜻 또는 영어를 써넣어 워드맵을 완성하시오.

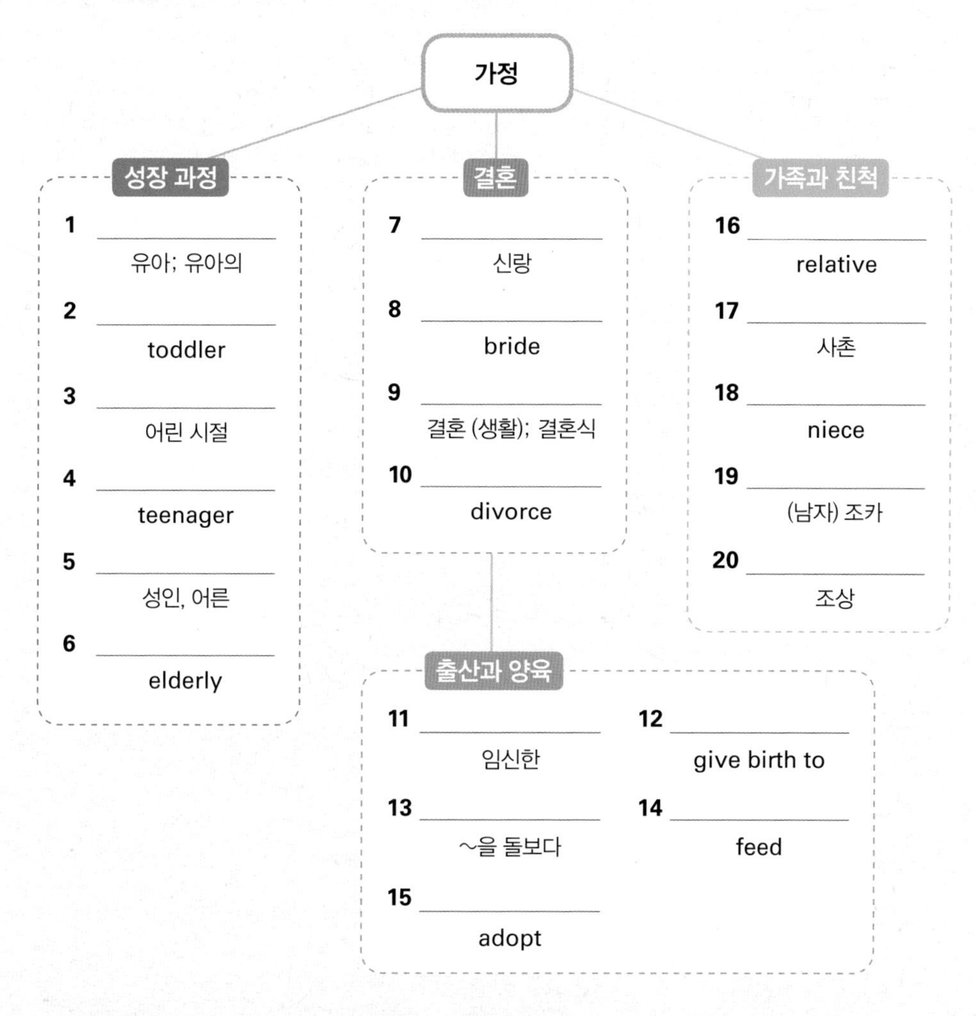

B 우리말을 참고하여, 어구 또는 문장을 완성하시오. (필요하면 단어 형태를 바꾸시오.)

1 an ____________ couple 노부부

2 She ____________ healthy twins.
그녀는 건강한 쌍둥이를 출산했다.

3 In my early ____________, I was separated from my parents.
아주 어린 시절에 나는 부모님과 헤어져 살았다.

4 The ____________ looked beautiful in her white wedding dress.
하얀 웨딩드레스를 입은 신부는 아름다워 보였다.

5 I want to ____________ this kitten before someone else does.
다른 사람이 이 새끼 고양이를 입양하기 전에 내가 입양하고 싶다.

Day 6 가사

0101 **housework**
[háuswərk]

ⓝ 가사, 집안일

There is a lot of **housework** to be done before the party. 파티 전까지 해야 할 **집안일**이 많다.

do (the) housework 집안일을 하다

일상

0102 **routine**
[ru:tí:n]

ⓝ (판에 박힌) 일상, 일과 ⓐ 일상적인, 판에 박힌

a daily **routine** **일상**(매일 똑같이 하는 일)

Cleaning the home is a **routine** job.
집 청소는 **일상적인** 일이다.

영영 ⓝ a task or job that a person does every day

0103 **chore**
[tʃɔ:r]

ⓝ (정기적으로 하는) 일, 허드렛일

household [domestic] **chores** 집안**일**

Each of the children is responsible for a **chore** each week. 아이들 각자 매주 **할 일**이 정해져 있다.

0104 **make one's bed**

잠자리를 정돈하다

I am not used to **making my bed** right after I get out of bed.
나는 침대에서 일어나자마자 바로 **잠자리를 정돈하는 것이** 익숙지 않다.

0105 **set the table**

상을 차리다

She broke the wine glass while **setting the table**.
그녀는 **상을 차리다가** 와인 잔을 깼다.

0106 **do the dishes**

설거지하다

Doing the dishes is never fun.
설거지를 하는 것은 절대 즐겁지 않다.

0107 **laundry**
[lɔ́:ndri]

ⓝ 세탁물; 세탁

fold the **laundry** **빨래**를 개다

Separate the colored clothes from the whites when doing the **laundry**.
빨래를 할 때는 색깔 있는 옷과 하얀 옷을 분리하세요.

laundry는 빨아야 할 세탁물과 방금 빤 빨래 모두를 뜻한다.

0108 **iron**
[áiərn]

ⓝ 다리미 ⓥ 다리미질을 하다

a steam **iron** 스팀 **다리미**

This shirt needs to be **ironed** because I need to wear it to the meeting.
나는 이 셔츠를 회의에 입고 가야 하기 때문에 **다리미질해야** 한다.

0109 **dust**
[dʌst]

ⓝ 먼지 ⓥ (손이나 솔로) 먼지를 털다

I am allergic to fine **dust**, so I have to wear a mask.
나는 미세 **먼지**에 알레르기가 있어서 마스크를 착용해야 한다.

Be careful when you **dust** those vases.
저기 화병들에 쌓인 **먼지를 털** 때는 조심하세요.

영영 ⓝ very small pieces of dirt on a surface or in the air
(표면이나 공기 중에 있는 아주 작은 먼지)

0110 **broom**
[bru:m]

ⓝ 빗자루

He picked up the **broom** to clean the floor.
그는 바닥을 청소하기 위해서 **빗자루**를 들었다.

0111 **sweep**
[swi:p]
sweep-swept-swept

ⓥ (빗자루 또는 손으로) 쓸다

It is your duty to **sweep** the floor.
네가 할 일은 바닥을 **쓰는** 것이다.

0112 **scrub**
[skrʌb]

ⓥ (보통 비눗물과 솔로) 문질러 청소하다

I had to **scrub** the floor all day long as punishment.
나는 벌로 하루 종일 바닥을 **문질러 청소해야**만 했다.

0113 **wipe**
[waip]

ⓥ (천·수건 등으로) 닦다

Could you **wipe** the table, please?
식탁 좀 **닦아주시**겠어요?

Please **wipe** your mouth with this napkin.
이 냅킨으로 당신의 입을 **닦으세요**.

0114 **vacuum**
[vǽkjuəm]

ⓝ 진공청소기 ⓥ 진공청소기로 청소하다

I want a new **vacuum** for Christmas.
나는 크리스마스에 새 **진공청소기**를 받고 싶다.

This carpet needs to be **vacuumed** every day.
이 카펫은 매일 **진공청소기로 청소해야** 한다.

0115 **messy**
[mési]

ⓐ 지저분한, 어질러진 ⊜dirty

a **messy** room **지저분한** 방

Nobody wants to live in a **messy** house.
그 누구도 **지저분한** 집에서 살고 싶어 하지 않는다.

⊕ mess ⓝ 엉망진창

0116 **tidy**
[táidi]

ⓐ 깔끔한, 잘 정돈된 ⊜neat ⓥ 정리[정돈]하다

Alex always tries to keep his house **tidy**.
Alex는 항상 자신의 집을 **깔끔하게** 유지하려고 노력한다.

tidy up a desk 책상을 **정돈하다**

⊕ tidiness ⓝ 청결, 정돈

0117 **arrange**
[əréindʒ]

ⓥ 1 정리하다, 배열하다 2 준비하다

Arrange the books in alphabetical order.
책을 알파벳순으로 **정리하세요.**

arrange a meeting 회의를 **준비하다**

영영 1 to put something in order or in place
(어떤 것을 순서대로 또는 제자리에 두다)

⊕ arrangement ⓝ 정리, 배열

0118 **mend**
[mend]

ⓥ 수리하다, 고치다

He spent a lot of time **mending** the roof.
그는 지붕을 **고치는** 데 많은 시간을 보냈다.

The tailor **mended** the gentleman's suit precisely.
재단사는 신사의 양복을 꼼꼼하게 **고쳤다.**

고장 나거나 찢어지거나 잘 작동이 안 되는 것을 고칠 때 영국 영어에서는 mend, 미국 영어에서는 repair, fix를 주로 쓴다.

0119 **throw away**

(더 이상 필요 없는 것을) 버리다

Don't **throw away** the leftovers. I can eat them for breakfast tomorrow.
남은 음식을 **버리지** 마세요. 내일 아침으로 제가 먹을 수 있으니까요.

0120 **trash**
[træʃ]

ⓝ 쓰레기

Pick up your **trash** and put it in the **trash** can.
네 **쓰레기**를 주워서 **쓰레기**통에 넣어라.

영국 영어에서는 쓰레기를 보통 rubbish라고 한다.

Daily Check-up

학습 Check	MP3 듣기	본문 학습	Daily Check-up	누적 테스트 Days 5-6

A 빈칸에 알맞은 우리말 뜻 또는 영어를 써넣어 워드맵을 완성하시오.

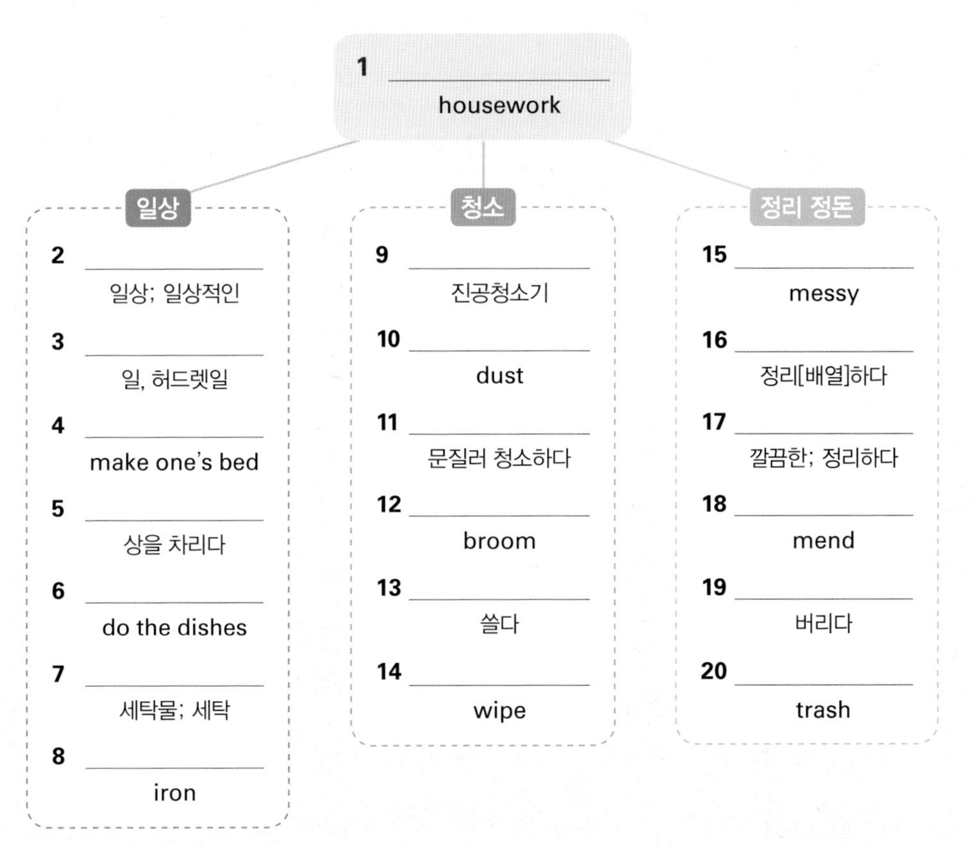

B 우리말을 참고하여, 문장을 완성하시오. (필요하면 단어 형태를 바꾸시오.)

1 ______ is never fun.
설거지를 하는 것은 절대 즐겁지 않다.

2 Cleaning the home is a ______ job.
집 청소는 일상적인 일이다.

3 This carpet needs to be ______ every day.
이 카펫은 매일 진공청소기로 청소해야 한다.

4 Nobody wants to live in a ______ house.
그 누구도 지저분한 집에서 살고 싶어 하지 않는다.

5 I am not used to ______ right after I get out of bed.
나는 침대에서 일어나자마자 바로 잠자리를 정돈하는 것이 익숙지 않다.

Day 7 음식

식사

0121 **meal**
[mi:l]

ⓝ 식사

miss [skip] a **meal** 끼니를 거르다

What about going out for a **meal** this evening?
오늘 저녁에 **식사**하러 나가는 게 어때요?

0122 **cuisine**
[kwizí:n]

ⓝ 1 요리법 2 (비싼 식당의) 요리

traditional **cuisine** 전통 **요리법**

A three-course meal is typical in French **cuisine**.
3코스 식사는 프랑스 **요리**에서 일반적이다.

0123 **digest**
[dàidʒést]

ⓥ 소화하다, 소화시키다

Many adults around the world can't **digest** milk well.
전 세계의 많은 성인들이 우유를 잘 **소화시키지** 못한다.

⊕ digestion ⓝ 소화

di(떨어져) + gest(옮기다) → 따로 떨어져 분해하여 옮기다 → 소화하다

0124 **vegetarian**
[vèdʒətériən]

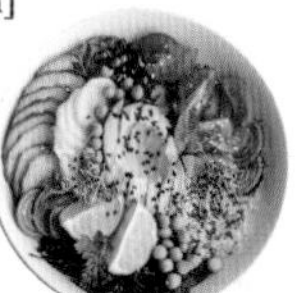

ⓝ 채식주의자 ⓐ 채식주의(자)의

People who can't live a day without meat can never become **vegetarians**.
고기 없이 하루도 못 사는 사람들은 절대 **채식주의자**가 될 수 없다.

a **vegetarian** diet **채식주의** 식단

영영 a person who does not eat meat or fish

0125 **dairy**
[déri / déəri]

ⓐ 1 유제품의 2 낙농(업)의

Some people don't know that ice cream is a **dairy** product.
어떤 사람들은 아이스크림이 **유제품**이라는 것을 모르고 있다.

dairy farm **낙농장**

0126 **beverage**
[bévəridʒ]

ⓝ (물 외의) 음료 ⊜ drink

a sugary **beverage** 설탕이 든 **음료**

Don't forget to order a cold **beverage**.
차가운 **음료** 한 잔 주문하는 것 잊지 말아줘.

음식의 상태

0127 **frozen** [fróuzn]

ⓐ 냉동된

frozen fish 냉동 생선

Frozen yogurt is one of my favorite desserts.
얼린 요구르트는 내가 아주 좋아하는 후식 중 하나이다.

+ freeze ⓥ 얼다; 냉동하다

0128 **instant** [ínstənt]

ⓐ 1 즉각적인 2 (식품이) 인스턴트의 ⓝ 순간

The restaurant was an **instant** success.
그 식당은 **즉각적인** 성공을 거두었다.

Instant coffee's taste usually has a bad reputation.
인스턴트커피의 맛은 대개 평판이 좋지 않다.

For an **instant**, I was really scared.
한**순간** 나는 정말 무서웠다.

0129 **processed** [prɑ́:sest]

ⓐ 가공된, 가공 처리한

processed meat 가공육

Consuming **processed** foods can cause cancer.
가공 식품 섭취는 암을 유발할 수 있다.

+ process ⓥ 가공하다 ⓝ 과정

0130 **raw** [rɔ:]

ⓐ 익히지 않은, 날것의

raw meat **날**고기

Raw fish is used to make sushi.
스시를 만드는 데 **날**생선을 사용한다.

0131 **rare** [reər]

ⓐ 1 드문 2 (고기가) 살짝 익힌

It is **rare** to see an Italian restaurant in this city.
이 도시에서는 이탈리아 식당을 보기가 **힘들다**.

Steak lovers prefer their steak **rare**.
스테이크 애호가들은 **살짝 익힌** 스테이크를 선호한다.

medium 중간 정도 구운, well-done 완전히 익힌

0132 **fresh** [freʃ]

ⓐ 신선한, 갓 딴 ↔ rotten 썩은

fresh fruits and vegetables **신선한** 과일과 채소

This restaurant serves **fresh** milk at breakfast.
이 식당은 아침 식사에 **신선한** 우유를 제공한다.

0133 **rotten** [rɑ́:tn]

ⓐ 썩은, 부패한 ≡ decayed

If you eat **rotten** food, you can get food poisoning.
부패한 음식을 먹으면 식중독에 걸릴 수 있다.

음식의 보관

0134 **container**
[kəntéinər]

ⓝ 용기, 그릇

Put the leftovers in an airtight **container**.
남은 음식을 밀폐 **용기**에 담아주세요.

영영 a box or bottle used for storing something

0135 **package**
[pǽkidʒ]

ⓝ (포장용) 상자, 봉지 ⓥ 포장하다

a **package** of frozen strawberries 냉동 딸기 한 **봉지**
Please **package** the products carefully.
조심히 그 상품들을 **포장해주세요**.

0136 **refrigerator**
[rifrídʒərèitər]

ⓝ 냉장고

Please store all the fruit in the **refrigerator** except for the bananas.
바나나를 제외한 모든 과일은 **냉장고**에 보관하세요.

0137 **preserve**
[prizə́ːrv]

ⓥ 1 보존하다 2 저장하다 ⓝ 설탕 절임, 잼

preserve the environment 환경을 **보존하다**
People used salt to **preserve** food.
사람들은 음식을 **보존[저장]하기** 위해 소금을 사용했다.
mango **preserves** 망고 **잼**

+ preservation ⓝ 보존; 저장

맛과 영양

0138 **flavor**
[fléivər]

ⓝ 풍미, 맛 ⊜ taste

a sweet / spicy **flavor** 단 / 매운**맛**
The ice cream shop is famous for its 45 **flavors**.
그 아이스크림 가게는 45가지의 **맛**으로 유명하다.

0139 **tasty**
[téisti]

ⓐ 맛있는 ⊜ delicious

Dad made **tasty** hamburgers for us.
아빠는 우리에게 **맛있는** 햄버거를 만들어주셨다.

+ taste ⓥ ~ 맛이 나다 ⓝ 맛

0140 **nutrition**
[nutríʃən]

ⓝ 영양; 영양물

Did you check the **nutrition** label on the bag of chips?
너는 과자 봉지에 적힌 식품 **영양** 라벨을 확인했니?

+ nutritious ⓐ 영양가가 높은

Daily Check-up

학습 Check	MP3 듣기	본문 학습	Daily Check-up	누적 테스트 Days 6-7

A 빈칸에 알맞은 우리말 뜻 또는 영어 단어를 써넣어 워드맵을 완성하시오.

B 우리말을 참고하여, 문장을 완성하시오. (필요하면 단어 형태를 바꾸시오.)

1 Don't forget to order a cold ______________.
차가운 음료 한 잔 주문하는 것 잊지 말아줘.

2 People used salt to ______________ food.
사람들은 음식을 보존하기 위해 소금을 사용했다.

3 Consuming ______________ foods can cause cancer.
가공 식품 섭취는 암을 유발할 수 있다.

4 Many adults around the world can't ______________ milk well.
전 세계의 많은 성인들이 우유를 잘 소화시키지 못한다.

5 The ice cream shop is famous for its 45 ______________.
그 아이스크림 가게는 45가지의 맛으로 유명하다.

Day 8 요리

재료 준비

0141 **prepare** [pripέər]

ⓥ 준비하다

Kelly is busy **preparing** dinner now.
Kelly는 지금 저녁 식사를 **준비하느라** 바쁘다.

I'm **preparing** for the interview.
나는 인터뷰를 **준비하고** 있다.

+ preparation ⓝ 준비

0142 **ingredient** [ingríːdiənt]

ⓝ (요리의) 재료

the basic **ingredients** of chicken salad
치킨 샐러드의 기본 **재료들**

Instant ramen is packaged with ready-made **ingredients**.
인스턴트 라면은 이미 만들어진 **재료**로 포장되어 있다.

0143 **measure** [méʒər]

ⓥ 측정하다

Measure a half cup of coconut milk and put it in the bowl.
코코넛 우유 반 컵을 **측정해서** 그릇에 넣으세요.

+ measurement ⓝ 측정, 측량

0144 **peel** [piːl]

ⓥ 껍질을 벗기다 ⓝ (과일·채소 등의) 껍질

Peel the potatoes and cut them in half.
감자 **껍질을 벗기고** 반으로 자르세요.

Be careful of the banana **peel**.
바나나 **껍질**을 조심하세요.

0145 **slice** [slais]

ⓝ 얇은 조각 ⊜piece ⓥ 얇게 썰다

a **slice** of cheese 치즈 한 **조각**

Slice the onions and put them into the salad.
양파를 **얇게 썰어서** 샐러드에 넣어주세요.

0146 **chop** [tʃɑːp]

ⓥ (토막으로) 썰다 ⊜cut

You need to **chop** the meat into small cubes before you start frying it.
고기 튀기는 것을 시작하기 전에 고기를 작은 네모 모양으로 **썰어야** 한다.

조리 과정

0147 **pour** [pɔːr]

ⓥ 붓다, 따르다

Pour the sauce into a pan and keep it warm over low heat. 소스를 팬에 **붓고** 약한 불로 식지 않게 하세요.

pour: 어떤 목적을 가지고 물이나 음료 등을 따라주는 것
spill(흘리다): 뜻하지 않게 사고로 물이나 음료 등을 따라주면서 흘리는 것

0148 **mix** [miks]

ⓥ 섞다, 혼합하다

Mix milk with bananas for breakfast.
아침 식사로 우유와 바나나를 **섞으세요.**

Mix red with white if you need to use a pink color.
분홍색을 사용해야 한다면 빨간색과 하얀색을 **혼합하세요.**

0149 **blend** [blend]

ⓥ 섞다, 혼합하다

Don't **blend** an egg into the red pasta sauce I made.
내가 만든 빨간 파스타 소스에 계란을 **섞지** 마.

blender ⓝ 믹서기

mix는 음식과 재료뿐 아니라 색깔, 감정 등에도 사용하며, blend는 요리와 관련해서 재료 등을 섞을 때 mix 보다 좀 더 완전히 섞는 것을 의미한다.

0150 **stir** [stəːr]

ⓥ (저어 가며) 섞다, 젓다

Stir the ice cubes carefully since the glass is fragile.
유리컵이 깨지기 쉽기 때문에 얼음 조각을 조심히 **저어주세요.**

영영 to mix liquids or food with a spoon or other objects

0151 **grind** [graind]

ⓥ 갈다, 빻다 ⊜ crush

Please **grind** these coffee beans for me.
저에게 이 커피콩을 **갈아주세요.**

0152 **add** [æd]

ⓥ 1 추가하다 2 (수·양을) 더하다

Add some more spices to the beef if you want spicy food. 매콤한 음식을 원하면 소고기에 향신료를 좀 더 **추가하세요.**

If you **add** 9 to 21, you get 30. 21에 9를 **더하면** 30이 된다.

조리 방법

0153 **boil** [bɔil]

ⓥ 1 끓다, 끓이다 2 삶다

Did you wash the pot after **boiling** water in it?
너는 물을 **끓인** 후에 냄비를 씻었니?

boiled eggs **삶은** 달걀

0154 **simmer**
[símər]

ⓥ (부글부글 계속) 끓이다

Simmer the turkey in the pan for over 5 hours.
냄비에 칠면조를 5시간 이상 **계속 끓이세요.**

영영 to boil gently on low heat for a long period of time
(오랜 시간 동안 약한 불에 은근히 끓이다)

0155 **grill**
[gril]

ⓝ 석쇠 ⓥ 석쇠에 굽다

outdoor **grill** 야외용 **석쇠**
Grilled chicken is my mom's favorite dish.
석쇠에 구운 닭고기는 엄마가 제일 좋아하시는 요리다.

0156 **roast**
[roust]

ⓥ 굽다

Let's **roast** a lamb for our special guests tomorrow.
내일 특별한 손님들을 위해 양고기를 **구웁시다.**

roast는 고기나 생선 등을 오븐이나 불 위에 굽는 것을 뜻함

0157 **bake**
[beik]

ⓥ 굽다

I usually **bake** a lot of cookies for Christmas parties.
나는 보통 크리스마스 파티를 위해 많은 쿠키를 **굽는다.**

영영 to make food such as bread and cake by using an oven
(빵이나 케이크와 같은 음식을 오븐을 이용해서 만들다)

0158 **steam**
[sti:m]

ⓥ 찌다 ⓝ 김, 증기

I need to **steam** some vegetables to serve with the steak.
나는 스테이크에 곁들일 채소를 좀 **쪄야** 한다.
Be careful of the **steam** when you remove the lid.
뚜껑을 열 때 **증기**를 조심하세요.

0159 **seasoning**
[sí:zəniŋ]

ⓝ 양념, 조미료

artificial **seasoning** 화학**조미료**
Do you want me to add more **seasonings** to this dish?
이 요리에 **양념**을 더 추가할까요?

영영 salt, pepper, spices, etc. used in cooking to add flavors
(풍미를 더하기 위해 요리에 사용되는 소금, 후추, 향신료 등)

0160 **decorate**
[dékərèit]

ⓥ 장식하다

I want to **decorate** my birthday cake with fresh flowers.
내 생일 케이크를 싱싱한 꽃으로 **장식하고** 싶다.

⊕ decoration ⓝ 장식(품)

Daily Check-up

학습 Check	MP3 듣기	본문 학습	Daily Check-up	누적 테스트 Days 7-8	Review Test

A 빈칸에 알맞은 우리말 뜻 또는 영어 단어를 써넣어 워드맵을 완성하시오.

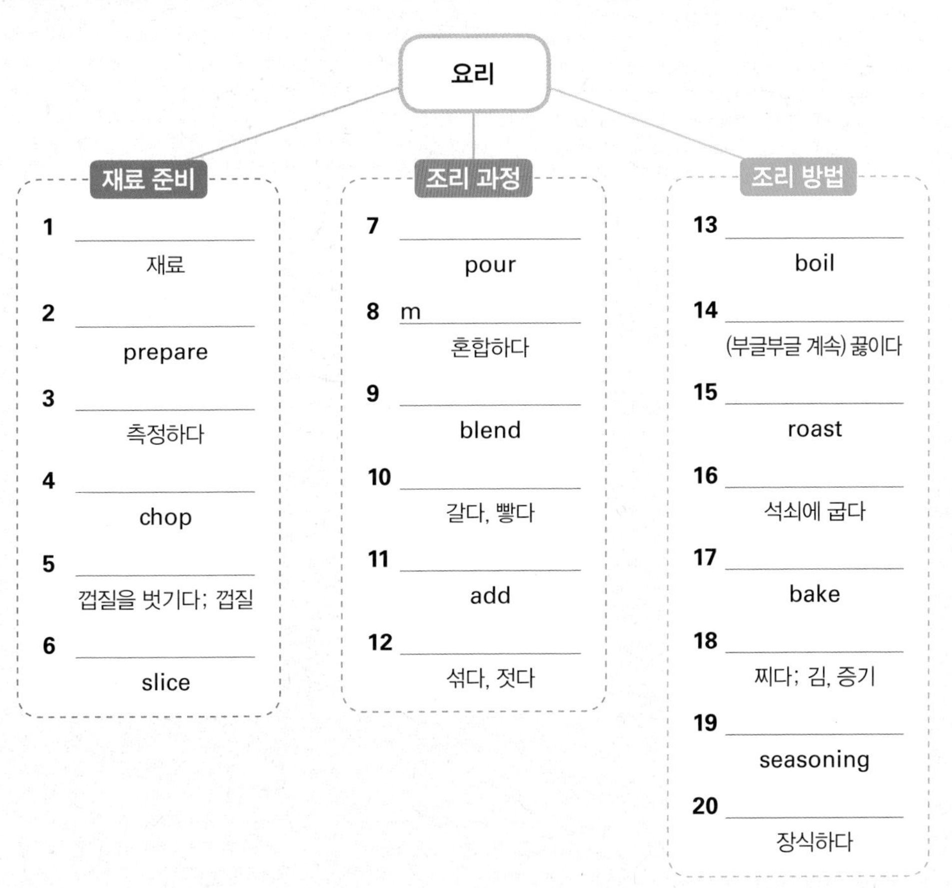

B 우리말을 참고하여, 문장을 완성하시오. (필요하면 단어 형태를 바꾸시오.)

1 Please ______________ these coffee beans for me.
저에게 이 커피콩을 갈아주세요.

2 ______________ the turkey in the pan for over 5 hours.
냄비에 칠면조를 5시간 이상 계속 끓이세요.

3 ______________ a half cup of coconut milk and put it in the bowl.
코코넛 우유 반 컵을 측정해서 그릇에 넣으세요.

4 I usually ______________ a lot of cookies for Christmas parties.
나는 보통 크리스마스 파티를 위해 많은 쿠키를 굽는다.

5 Do you want me to add more ______________ to this dish?
이 요리에 양념을 더 추가할까요?

A 들려주는 영어 단어와 어구를 쓴 후 우리말 뜻을 쓰시오.

영단어	뜻	영단어	뜻
1		2	
3		4	
5		6	
7		8	
9		10	
11		12	
13		14	
15		16	
17		18	
19		20	

B 다음 영영 풀이에 해당하는 알맞은 단어를 골라 쓰시오.

arrange   routine   vegetarian   relative   simmer   container

1 a person who does not eat meat or fish ____________

2 to put something in order or in place ____________

3 a task or job that a person does every day ____________

4 a box or bottle used for storing something ____________

5 to boil gently on low heat for a long period of time ____________

6 a family member, either from one's mom's or dad's side of the family ____________

C 밑줄 친 단어의 동의어(=) 또는 반의어(↔)를 골라 쓰시오.

dirty rotten neat divorce

1 Her room is always tidy and clean. = ______________

2 My mom can't stand to see my messy room. = ______________

3 His marriage lasted for only a year. ↔ ______________

4 I bought fresh eggs from the farm. ↔ ______________

D 다음 그림을 보고, 해당하는 단어와 연결하시오.

1  •

2 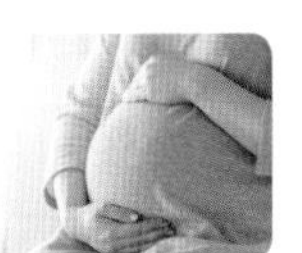 •

3  •

4  •

• pregnant

• laundry

• vacuum

• grill

E 다음을 읽고, 빈칸에 알맞은 단어를 우리말을 참고하여 쓰시오.

1 My brother wanted to ______________ a puppy.
내 남동생은 강아지를 **입양하고** 싶어 했다.

2 The ______________ couple sat down on a bench.
노부부는 벤치에 앉았다.

3 I need to have my pants ______________ed before wearing them.
나는 내 바지를 입기 전에 **수선해야** 한다.

4 I receive my allowance if I do my household c______________s.
집안**일**을 하면 나는 용돈을 받는다.

PLAN 3
신체 활동

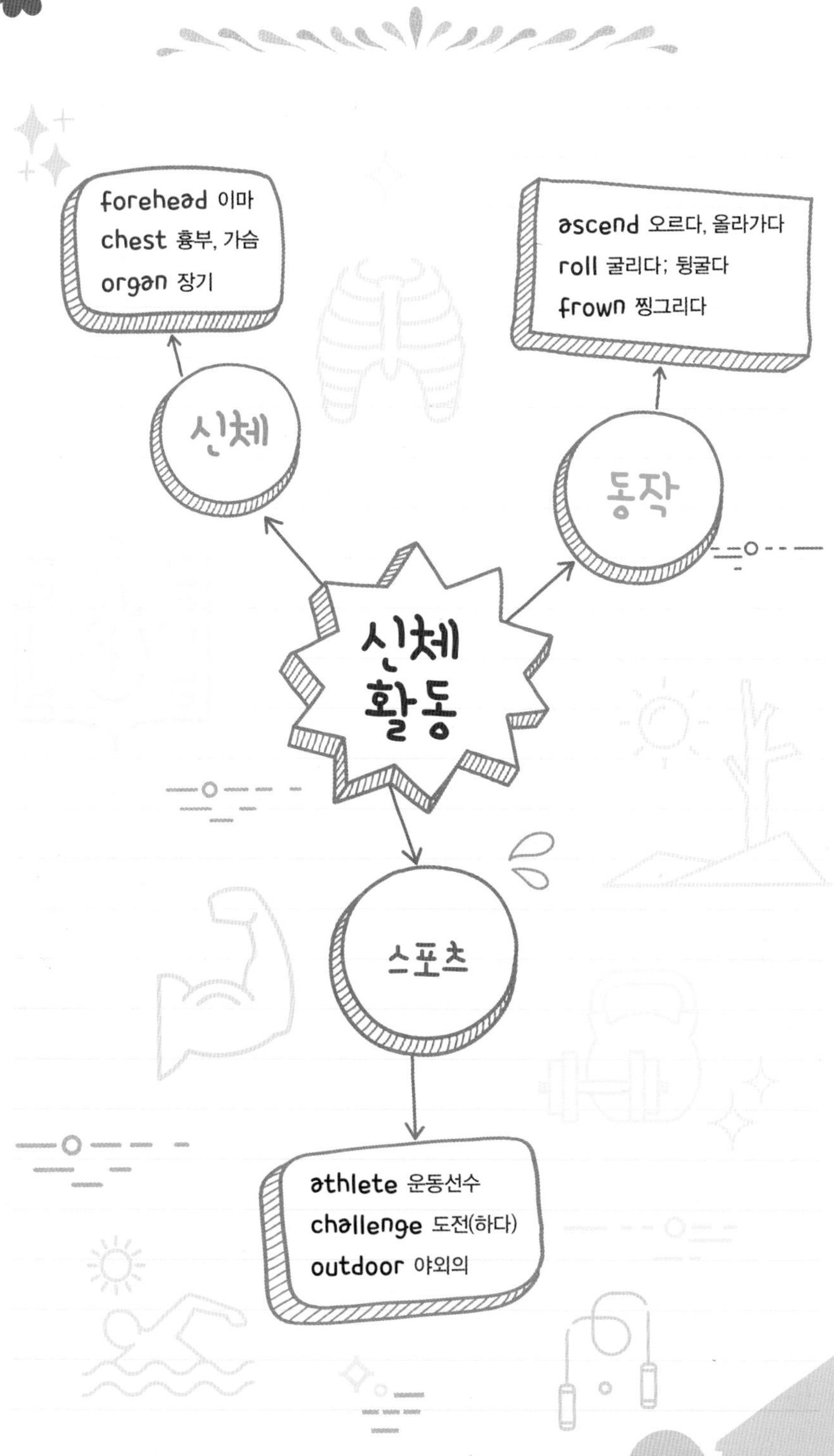

신체 활동

신체

forehead 이마
chest 흉부, 가슴
organ 장기

동작

ascend 오르다, 올라가다
roll 굴리다; 뒹굴다
frown 찡그리다

스포츠

athlete 운동선수
challenge 도전(하다)
outdoor 야외의

Day 9 신체

머리 · 얼굴

0161 **skull**
[skʌl]

ⓝ 두개골; 머리

A Neanderthal **skull** is different from that of modern humans.
네안데르탈인의 **두개골**은 현재 인류의 두개골과 다르다.

영영 the bones that form one's head and face
(머리와 얼굴을 형성하는 뼈)

0162 **forehead**
[fóərhèd]

ⓝ 이마

Harry Potter is famous for the scar on his **forehead**.
해리 포터는 **이마**에 있는 흉터로 유명하다.

영영 the widest part of the face above the eyebrows
(눈썹 위에 얼굴의 가장 넓은 부분)

0163 **eyebrow**
[áibràu]

ⓝ 눈썹

raise an **eyebrow** (놀람 · 의심으로) **눈썹**을 치켜 올리다
I can move my **eyebrows** like a worm.
나는 내 **눈썹**을 지렁이처럼 움직일 수 있다.

0164 **cheek**
[tʃi:k]

ⓝ 볼, 뺨

rosy **cheeks** 장밋빛[붉은] **뺨**
She kissed her daughter on the **cheek**.
그녀는 딸의 **볼**에 키스했다.

0165 **chin**
[tʃin]

ⓝ 턱

double **chin** 이중 **턱**
Look on the bright side and keep your **chin** up.
밝은 면만 보고 기운 내(턱을 들어).

(keep your) chin up: '기운 내', '용기를 내'라고 말할 때 쓰는 표현으로 Chin up!으로도 쓸 수 있다.

0166 **gum**
[gʌm]

ⓝ (주로 복수로) 잇몸

gum disease **잇몸**병
You have to brush your **gums** when brushing your teeth.
이를 닦을 때 **잇몸**도 닦아야 한다.

0167 **tongue**
[tʌŋ]

ⓝ 1 혀 2 언어

Don't stick out your **tongue**. **혀**를 내밀지 마.

mother **tongue** 모국어

0168 **throat**
[θróut]

ⓝ 목구멍, 목

clear one's **throat** **목**을 가다듬다, 헛기침을 하다

It's no wonder you are suffering from a sore **throat** after singing for hours.
몇 시간째 노래하고 나서 네가 **인후**염에 걸린 건 놀랄 만한 일이 아니다.

sore throat 인후염

몸

0169 **chest**
[tʃest]

ⓝ 흉부, 가슴

I have been having **chest** pains since after the fire.
화재 이후로 나는 **흉부** 통증을 계속 앓고 있다.

영영 the front of the body between the neck and the waist

0170 **breast**
[brest]

ⓝ 가슴, 유방

breast cancer **유방**암

Breast milk is the best food to help your baby grow.
모유는 아기의 성장을 돕는 최고의 음식이다.

breast milk 모유

0171 **buttock**
[bʌ́tək]

ⓝ (주로 복수로) 엉덩이

My mom said that the birthmark on my **buttocks** will disappear when I grow old.
내 **엉덩이**에 있는 반점은 내가 성인이 되면 없어질 거라고 엄마가 말했다.

0172 **thigh**
[θai]

ⓝ 허벅지

Exercising my inner **thighs** is so hard.
허벅지 안쪽을 운동하는 것은 매우 힘들다.

0173 **knee**
[niː]

ⓝ 무릎

Did you hurt your **knee** when you fell down?
네가 넘어졌을 때 **무릎**을 다쳤니?

He fell to his **knees** and cried for joy.
그는 **무릎**을 꿇고 기쁨의 눈물을 흘렸다.

fall to one's knees 무릎을 꿇다

⊕ kneel ⓥ 무릎을 꿇다

0174 **muscle**
[mʌ́səl]

ⓝ 근육

Physical exercise will develop **muscles**.
신체 운동은 **근육**을 발달시킬 것이다.

⊕ muscular ⓐ 근육의; 근육질의

0175 **palm**
[pɑːm]

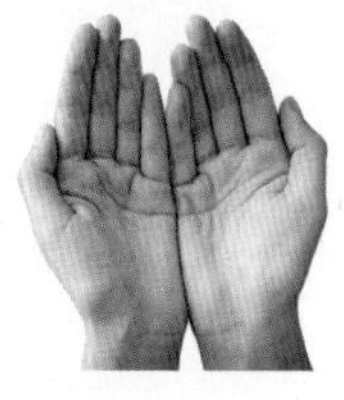

ⓝ 손바닥

His **palms** became sweaty as he approached his first love. 그는 첫사랑에게 다가가자 **손바닥**이 땀에 젖었다.

영영 the inside part of the hand

몸속

0176 **organ**
[ɔ́ːrgən]

ⓝ 장기

organ transplant **장기** 이식

Everyone in my family signed up to be an **organ** donor.
우리 가족 모두는 **장기** 기증자로 등록했다.

영영 a separate part of the body, such as the heart or the brain
(심장, 뇌와 같은 신체의 분리된 부분)

0177 **stomach**
[stʌ́mək]

ⓝ 위, 복부 ⊜ belly

You should not drink coffee on an empty **stomach**.
공**복**에 커피를 마셔서는 안 된다.

If you eat too much ice cream, you'll get an upset **stomach**. 아이스크림을 너무 많이 먹으면 **배**탈이 날 거야.

⊕ stomachache ⓝ 복통

0178 **kidney**
[kídni]

ⓝ 신장, 콩팥

My grandfather had a **kidney** transplant in his 40s.
우리 할아버지는 40대에 **신장** 이식 수술을 받으셨다.

영영 the bean-shaped organ in the body that cleans the blood and removes waste (피를 정화하고 노폐물을 제거하는 콩 모양의 장기)

0179 **liver**
[lívər]

ⓝ 간

Alcohol has a direct effect on the **liver**.
술은 **간**에 직접적인 영향을 끼친다.

0180 **lung**
[lʌŋ]

ⓝ 폐

Secondhand smoking can cause **lung** cancer.
간접흡연은 **폐**암을 유발할 수 있다.

Daily Check-up

학습 Check	MP3 듣기	본문 학습	Daily Check-up	누적 테스트 Days 8-9

PLAN 3

A 빈칸에 알맞은 우리말 뜻 또는 영어 단어를 써넣어 워드맵을 완성하시오.

B 우리말을 참고하여, 문장을 완성하시오. (필요하면 단어 형태를 바꾸시오.)

1 Exercising my inner ____________ is so hard.
허벅지 안쪽을 운동하는 것은 매우 힘들다.

2 Harry Potter is famous for the scar on his ____________.
해리 포터는 이마에 있는 흉터로 유명하다.

3 Secondhand smoking can cause ____________ cancer.
간접흡연은 폐암을 유발할 수 있다.

4 My grandfather had a ____________ transplant in his 40s.
우리 할아버지는 40대에 신장 이식 수술을 받으셨다.

5 You have to brush your ____________ when brushing your teeth.
이를 닦을 때 잇몸도 닦아야 한다.

Day 10 동작

전신 · 다리 동작

0181 **ascend**
[əsénd]

ⓥ 오르다, 올라가다 ⊜ climb

ascend the stairs 계단을 **오르다**

The first person to **ascend** Mount Everest was Edmund Hillary.
에베레스트산을 최초로 **오른** 사람은 에드먼드 힐러리였다.

a(~에) + scend(오르다) → (~에) 오르다

0182 **descend**
[disénd]

ⓥ 내려오다 ↔ ascend 오르다

The paragliders **descended** from the sky and landed safely in the park.
패러글라이더들은 하늘에서 **내려와** 공원에 안전하게 착륙했다.

0183 **creep**
[kri:p]
creep-crept-crept

ⓥ 살금살금 움직이다

The boy **crept** downstairs to see Santa Claus.
남자아이는 산타클로스를 보기 위해 아래층으로 **살금살금 내려갔다.**

0184 **stretch**
[stretʃ]

ⓥ 1 늘이다; 늘어지다 2 기지개를 켜다; 뻗다

Don't scrub or **stretch** the sweater.
스웨터를 문질러 빨거나 **늘이지** 말아라.

The cat **stretched** its arms after waking up from its nap.
고양이가 낮잠에서 깬 후 팔을 **쭉 뻗었다.**

영영 2 to make the arms, legs, or body straighter and longer

0185 **kneel**
[ni:l]
kneel-knelt[kneeled]-knelt[kneeled]

ⓥ 무릎을 꿇다

The knight **knelt** before the queen to show his respect.
기사는 존경을 표하기 위해 여왕 앞에서 **무릎을 꿇었다.**

0186 **bend**
[bend]
bend-bent-bent

ⓥ 1 굽히다 2 구부리다

My knees keep making a sound whenever I **bend** them.
무릎을 **굽힐** 때마다 내 무릎에서 계속 소리가 난다.

bend a wire into a U shape
철사를 U자 모양으로 **구부리다**

0187 **bounce**
[bauns]

Ⓥ 1 튀다; 튀기다 2 깡충깡충 뛰다 ⊜jump

bounce a ball 공을 **튀기다**

The students **bounced** up and down because they were excited about summer break.
학생들은 여름 방학에 신이 나서 **깡충깡충 뛰었다.**

0188 **roll**
[roul]

Ⓥ 1 구르다; 굴리다 2 뒹굴다

We **rolled** the ball down the hill.
우리는 공을 언덕 아래로 **굴렸다.**

The dog **rolled** over in front of its owner because it was in need of attention.
개는 주인의 관심을 받고 싶어서 주인 앞에서 **뒹굴었다.**

손 · 팔 동작

0189 **lay**
[lei]
lay-laid-laid

Ⓥ (조심스럽게) 놓다[두다]

Could you **lay** my baby down on the bed?
아기를 침대에 내려 **놓아**줄 수 있나요?

lay down ~: ~을 놓다

영영 to put someone or something down carefully in a place

0190 **fold**
[fould]

Ⓥ 접다, 개키다

Fold the paper to make a triangle.
종이를 **접어서** 삼각형을 만드세요.

Fold your laundry before you go out.
외출하기 전에 빨래를 **개렴.**

⊕ foldable ⓐ 접을 수 있는

0191 **bind**
[baind]
bind-bound-bound

Ⓥ 묶다

Bind these files together.
이 서류들을 하나로 **묶어주세요.**

0192 **squeeze**
[skwi:z]

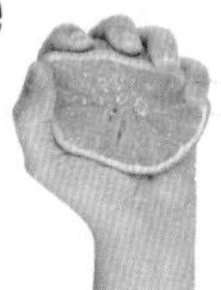

Ⓥ (특히 손가락으로 꼭) 짜다

I'm going to **squeeze** these oranges to make fresh orange juice.
나는 이 오렌지들을 **짜서** 신선한 오렌지 주스를 만들 거야.

0193 **dig**
[dig]
dig-dug-dug

Ⓥ (구멍 등을) 파다

She **dug** a hole in the middle of the sandcastle to build a waterway.
그녀는 수로를 만들기 위해 모래성 중앙에 구멍을 **팠다.**

0194 **pull**
[pul]

ⓥ 당기다, 끌다 ↔ push 밀다

Please **pull** the door; don't push it.
그 문을 밀지 말고 **당기세요.**

If you **pull** my cat's tail, you will get scratched.
내 고양이 꼬리를 **잡아당기면**, 고양이가 널 할퀼 거야.

0195 **drag**
[dræg]

ⓥ 끌다, 끌고 가다

He **dragged** the garbage to the garbage truck.
그는 쓰레기를 쓰레기차로 **끌고 갔다.**

영영 to pull something or someone along the ground

0196 **lift**
[lift]

ⓥ 들어 올리다 ⊜ raise

It's not possible to **lift** and move the furniture on my own. 나 혼자서 가구를 **들어 올려서** 옮기는 것은 불가능하다.

얼굴 · 입 동작

0197 **frown**
[fraun]

ⓥ 얼굴을 찡그리다; 눈살을 찌푸리다

He **frowned** as a sign of disapproval.
그는 못마땅함의 표시로 **얼굴을 찡그렸다.**

0198 **blow**
[blou]
blow-blew-blown

ⓥ 1 (바람이) 불다 2 (입으로) 불다

A cold wind **blew** from the north.
찬 바람이 북쪽에서 **불어 왔다.**

He **blew** out the candles after making a birthday wish.
그는 생일 소원을 빌고 난 후 초를 **불어서** 껐다.

blow out ~: ~을 불어서 끄다

0199 **blink**
[bliŋk]

ⓥ 눈을 깜박이다 ⓝ 깜박거림; 일순간

Do you know how many times we can **blink** our eyes in a second?
1초 동안 우리가 눈을 몇 번 **깜박일** 수 있는지 알고 있니?

in the **blink** of an eye 눈 **깜박**할 사이에

0200 **chew**
[tʃuː]

ⓥ (음식을) 씹다; 물어뜯다

Tooth pain can make it hard to **chew.**
치통은 음식을 **씹기** 어렵게 할 수 있다.

My puppy **chewed** my favorite shoes.
내 강아지가 내가 가장 좋아하는 신발을 **물어뜯었다.**

chew: 음식을 쉽게 소화하기 위해 계속 씹는다는 의미
bite: 음식을 이로 베어 문다는 의미

Daily Check-up

학습 Check	MP3 듣기	본문 학습	Daily Check-up	누적 테스트 Days 9-10

A **빈칸에 알맞은 우리말 뜻 또는 영어 단어를 써넣어 워드맵을 완성하시오.**

B **우리말을 참고하여, 어구 또는 문장을 완성하시오.** (필요하면 단어 형태를 바꾸시오.)

1 ______________ the stairs 계단을 오르다

2 The boy ______________ downstairs to see Santa Claus.
남자아이는 산타클로스를 보기 위해 아래층으로 살금살금 내려갔다.

3 The knight ______________ before the queen to show his respect.
기사는 존경을 표하기 위해 여왕 앞에서 무릎을 꿇었다.

4 He ______________ out the candles after making a birthday wish.
그는 생일 소원을 빌고 난 후 초를 불어서 껐다.

5 I'm going to ______________ these oranges to make fresh orange juice.
나는 이 오렌지들을 짜서 신선한 오렌지 주스를 만들 거야.

Day 11 스포츠

시합 · 경기

0201 **match** [mætʃ]

ⓝ 시합, 경기 ⊜game

a tennis **match** 테니스 **시합**

Mexico lost the final **match** against Korea.
멕시코는 한국을 상대로 마지막 **경기**에서 졌다.

0202 **athlete** [ǽθliːt]

ⓝ 운동선수

Olympic **athletes** 올림픽 출전 **선수**

Michael Jordan is one of the most famous **athletes** in basketball history.
마이클 조던은 농구 역사상 가장 유명한 **운동선수** 중 한 명이다.

0203 **athletic** [æθlétik]

ⓐ 1 (몸이) 탄탄한 2 운동 경기의

There is no way to have an **athletic** build without exercise.
운동 외에는 **탄탄한** 체격을 얻는 방법은 없다.

athletic meeting **체육** 대회, **운동**회

0204 **referee** [rèfəríː]

ⓝ 심판

The **referee** blew his whistle to signal the start of the match.
심판은 경기 시작을 알리기 위해 호루라기를 불었다.

0205 **defend** [difénd]

ⓥ 방어[수비]하다 ↔attack 공격하다

Yuna Kim managed to **defend** her world figure skating title for years.
김연아는 수년 동안 세계 피겨 스케이팅 타이틀을 **방어해**냈다.

defend a country against all threats
모든 위협으로부터 나라를 **지키다**

⊕ defense ⓝ 방어, 수비

0206 **score** [skɔːr]

ⓝ 득점, 점수 ⓥ 득점하다

The game ended with a final **score** of 7 to 3.
7대 3의 최종 **점수**로 경기가 끝났다.

He **scored** two goals in the final game.
그는 마지막 경기에서 두 골을 **득점했다**.

영영 ⓝ points that each player or team gets in a game

0207 cheer [tʃiər]

ⓥ 응원하다; 환호하다 ⓝ 응원; 환호

Fans **cheered** for their soccer team.
팬들은 그들의 축구팀을 **응원했다**.

give a **cheer** **환호**를 보내다

0208 championship [tʃǽmpiənʃip]

ⓝ 선수권 대회

They won the European basketball **championship** this year.
그들은 올해 유럽 농구 **선수권 대회**에서 우승했다.

스포츠 정신

0209 spirit [spírit]

ⓝ 정신, 마음

Team **spirit** is essential for any team that wants to win.
단체**정신**은 이기고자 하는 그 어떤 팀에게도 필수적이다.

⊕ spiritual ⓐ 정신적인

0210 challenge [tʃǽləndʒ]

ⓝ 도전 ⓥ 도전하다

Defeating the German soccer team was a **challenge** in the World Cup.
월드컵에서 독일 축구팀을 이기는 것은 **도전**이었다.

challenge an opponent 상대에 **도전하다**

⊕ challenging ⓐ 도전적인

0211 competition [kɑ̀:mpətíʃən]

ⓝ 1 경쟁 2 대회, 시합

The **competition** between countries was fierce.
국가들 사이의 **경쟁**은 치열했다.

enter a **competition** **시합**에 참가하다

⊕ compete ⓥ 경쟁하다 | competitive ⓐ 경쟁을 하는

0212 fair [feər]

ⓐ 공정한, 공평한 ↔ unfair 불공평한

Messi is admired by his fans for his sense of **fair** play.
메시는 그의 **페어**플레이 정신으로 팬들에게 존경을 받는다.
fair play 페어플레이, 정정당당한 시합 태도

The system should be **fair** to everyone.
그 제도는 모든 사람들에게 **공평해야** 한다.

0213 penalty [pénəlti]

ⓝ 1 처벌 2 벌칙

death **penalty** 사형

Neymar received a **penalty** from the referee.
네이마르 선수는 심판에게 **벌칙**을 받았다.

0214 **do one's best**

최선을 다하다

It is important to win, but it's more important to **do one's best** in a game.
경기에서 이기는 것도 중요하지만 **최선을 다하는** 것은 더욱 중요하다.

실내외 운동

0215 **outdoor** [áutdɔ̀:r]

ⓐ **야외의** ⊜outside

outdoor activities **야외** 활동

Golf is one of the most popular **outdoor** sports in the world. 골프는 세계에서 가장 인기 있는 **야외** 스포츠 중 하나이다.

0216 **indoor** [índɔ̀:r]

ⓐ **실내의** ⊜inside

indoor games **실내** 경기

The tennis match will take place in an **indoor** tennis court due to the weather.
날씨로 인해 테니스 경기는 **실내** 테니스장에서 열릴 것이다.

0217 **regularly** [régjələrli]

ⓐⓓ **규칙적으로, 정기적으로**

You should **regularly** exercise to live a healthy life.
건강한 삶을 살기 위해서 여러분은 **규칙적으로** 운동해야 한다.

⊕ **regular** ⓐ 규칙적인, 정기적인

0218 **work out**

운동하다

I **work out** at the local gym every morning.
나는 매일 아침 동네 체육관에서 **운동한다**.

영영 to exercise to make your body fit and strong

0219 **sweat** [swet]

ⓝ **땀** ⓥ **땀을 흘리다**

He wiped the **sweat** from his face as he was climbing up the mountain.
그는 산을 오르면서 얼굴의 **땀**을 닦았다.

Do you **sweat** a lot during summer?
너는 여름에 **땀을** 많이 **흘리니**?

0220 **strength** [streŋθ]

ⓝ **1 힘 2 강점** ↔weakness 약점; 약함

The weightlifter lifted the weights with all her **strength**.
역도 선수는 온 **힘**을 다해 역기를 들어 올렸다.

His ability to dribble the ball past any player is his **strength**.
그 어떤 선수도 제치고 공을 드리블해가는 능력은 그이 **강점**이다.

Daily Check-up

학습 Check	MP3 듣기	본문 학습	Daily Check-up	누적 테스트 Days 10-11	Review Test

A 빈칸에 알맞은 우리말 뜻 또는 영어를 써넣어 워드맵을 완성하시오.

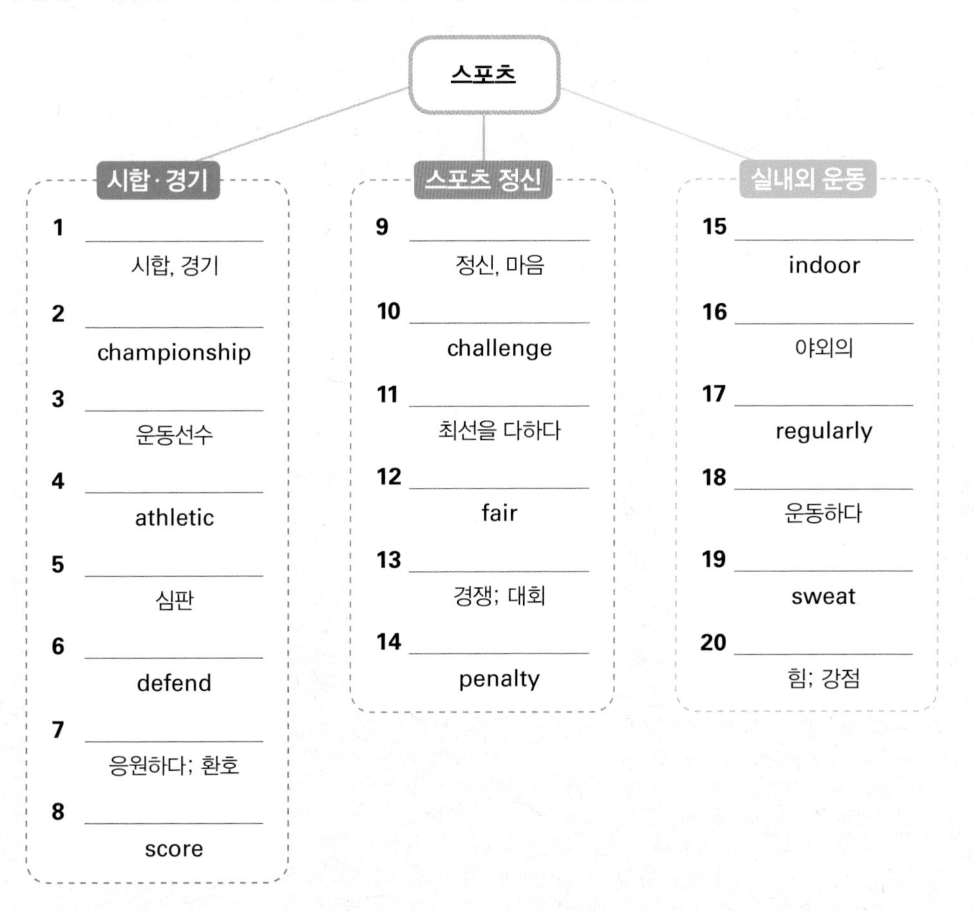

B 우리말을 참고하여, 문장을 완성하시오. (필요하면 단어 형태를 바꾸시오.)

1 Do you ______________ a lot during summer?
너는 여름에 땀을 많이 흘리니?

2 The system should be ______________ to everyone.
그 제도는 모든 사람들에게 공평해야 한다.

3 I ______________ at the local gym every morning.
나는 매일 아침 동네 체육관에서 운동한다.

4 The game ended with a final ______________ of 7 to 3.
7대 3의 최종 점수로 경기가 끝났다.

5 The ______________ blew his whistle to signal the start of the match.
심판은 경기 시작을 알리기 위해 호루라기를 불었다.

A 들려주는 영어 단어와 어구를 쓴 후 우리말 뜻을 쓰시오.

영단어	뜻	영단어	뜻
1		2	
3		4	
5		6	
7		8	
9		10	
11		12	
13		14	
15		16	
17		18	
19		20	

B 다음 영영 풀이에 해당하는 알맞은 단어 또는 어구를 골라 쓰시오.

skull palm stretch work out drag score

1 the inside part of the hand ______________

2 the bones that form one's head and face ______________

3 to pull something or someone along the ground ______________

4 points that each player or team gets in a game ______________

5 to exercise to make your body fit and strong ______________

6 to make the arms, legs, or body straighter and longer ______________

C 밑줄 친 단어의 동의어(=) 또는 반의어(↔)를 골라 쓰시오.

weakness raise pushed climb

1 Please help me lift this package. = ________
2 I don't have enough power to ascend this hill. = ________
3 He pulled the rope with all his strength. ↔ ________
4 The man pulled out a chair for her to sit in. ↔ ________

D 다음 그림을 보고, 해당하는 단어와 연결하시오.

kneel dig forehead cheer

E 다음을 읽고, 빈칸에 알맞은 단어를 우리말을 참고하여 쓰시오.

1 I envy your ________ build.
나는 너의 **탄탄한** 체격이 부러워.

2 My ________s turn red whenever I talk to strangers.
처음 보는 사람들에게 말을 걸 때마다 내 **볼**은 빨갛게 달아오른다.

3 The ________ between the two teams was fierce.
두 팀 사이의 **경쟁**이 치열했다.

4 You are going to get wrinkles if you ________ all day long.
하루 종일 **얼굴을 찡그리면** 너는 주름이 생길 거야.

PLAN 4
개인 생활

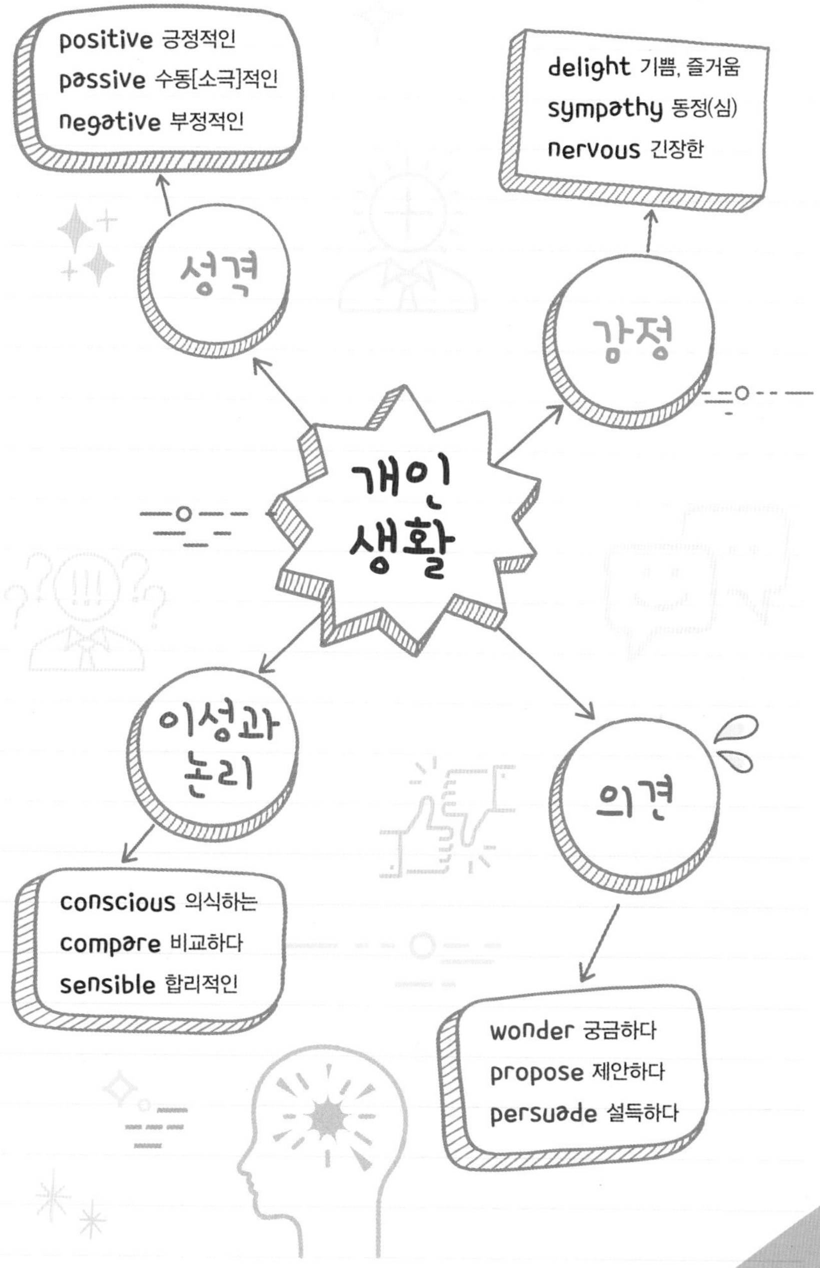

개인 생활

성격

positive 긍정적인
passive 수동[소극]적인
negative 부정적인

감정

delight 기쁨, 즐거움
sympathy 동정(심)
nervous 긴장한

이성과 논리

conscious 의식하는
compare 비교하다
sensible 합리적인

의견

wonder 궁금하다
propose 제안하다
persuade 설득하다

Day 12 성격

0221 personality [pə̀:rsənǽləti]

ⓝ 1 성격, 인격 2 개성

Each of my family members has a different **personality**.
우리 가족 구성원은 **성격**이 각기 다르다.

Our club is looking for members with lots of **personality**.
우리 동아리는 다채로운 **개성**을 지닌 단원들을 찾고 있다.

personality: 쾌활함, 낙천적, 소심 등의 사람의 성격을 나타냄
character: 사람의 성품이나 인격을 나타냄

긍정적 · 자신감

0222 positive [pɑ́:zətiv]

ⓐ 1 긍정적인 2 확신하는, 분명한 ⊜ certain, sure

She always tries to be **positive** and happy.
그녀는 항상 **긍정적이고** 행복하려고 노력한다.

I am **positive** that she stole my idea.
나는 그녀가 내 아이디어를 훔쳐갔다고 **확신한다**.

0223 optimist [ɑ́:ptəmist]

ⓝ 낙천주의자, 낙관론자 ↔ pessimist 비관주의자

An **optimist** never loses hope even in the most difficult situations.
낙천주의자는 가장 힘든 상황에서도 절대 희망을 잃지 않는다.

0224 confident [kɑ́:nfədənt]

ⓐ 1 자신감 있는 2 확신하는

A **confident** person has a firm handshake.
자신감 있는 사람은 굳은 악수를 한다.

I am **confident** that our team will win the game.
나는 우리 팀이 경기에서 이길 거라고 **확신한다**.

+ confidence ⓝ 신뢰; 자신(감)

0225 bold [bould]

ⓐ 용감한, 대담한 ⊜ brave

It was very **bold** of him to fight in the war.
전쟁에서 싸운 그는 매우 **용감했다**.

영영 not afraid of risk or danger

0226 passionate [pǽʃənət]

ⓐ 열정적인, 열렬한

Be **passionate** about at least one thing in your lifetime.
인생에서 적어도 한 가지에 대해서는 **열정을 가져라**.

0227 **passive**
[pǽsiv]

ⓐ 수동적인, 소극적인 ↔ active 활동적인; 적극적인

Being **passive** is not going to get you anywhere.
수동적인 자세로는 그 무엇도 해낼 수 없다.

0228 **careful**
[kéərfəl]

ⓐ 조심성 있는, 주의 깊은 ↔ careless 부주의한

She was **careful** not to wake the baby.
그녀는 아기를 깨우지 않기 위해 **조심했다.**

careful: 일이 잘못되지 않게 자신의 행동에 특별히 주의를 기울임
cautious(신중한): 예상되는 위험을 피하려거나 어떠한 일이 걱정스러워 아주 조심스럽게 행동

0229 **sensitive**
[sénsətiv]

ⓐ 1 (남의 기분을 헤아리는 데) 세심한
2 예민한, 민감한

He tried to be **sensitive** to other people's feelings.
그는 다른 사람들의 기분에 대해 **세심해지려고** 노력했다.

Most teenage girls are **sensitive** about their weight.
대부분의 십대 소녀들은 자신들의 몸무게에 **민감하다.**

0230 **considerate**
[kənsídərət]

ⓐ 사려 깊은, (남을) 배려하는

The doctor is kind and **considerate** to his patients.
그 의사는 자신의 환자들에게 친절하고 **사려 깊다.**

영영 thinking about other people's feelings

0231 **modest**
[mɑ́:dist]

ⓐ 1 겸손한 2 적당한

Warren Buffett is **modest** about his success.
워런 버핏은 그의 성공에 대해 **겸손하다.**

a **modest**-sized house **적당한** 크기의 집

0232 **generous**
[ʤénərəs]

ⓐ 1 후한 ↔ greedy 욕심 많은 2 관대한

Julie is **generous**, so she always shares her cookies with us.
Julie는 **후해서** 늘 우리에게 과자를 나누어 준다.

영영 1 giving people a lot of money or other valuable things

⊕ generosity ⓝ 너그러움

0233 **mild**
[maild]

ⓐ 1 (말·태도가) 순한, 온화한 2 (날씨가) 온화한, 포근한

a **mild** manner **온화한** 태도

I want to live where the climate is **mild**.
나는 기후가 **온화한** 곳에서 살고 싶다.

부정적

0234 **negative** [négətiv]

ⓐ 1 부정적인, 비관적인 2 거절하는

Scientists have a **negative** attitude about climate change.
과학자들은 기후 변화에 대해 **부정적인** 태도를 가지고 있다.

a **negative** reply **거절의** 대답

0235 **rude** [ru:d]

ⓐ 무례한, 버릇없는 ⊜ impolite ↔ polite 예의 바른

It is **rude** to talk with your mouth full.
음식을 입안 가득 넣은 채로 말하는 것은 **무례한** 행동이다.

I don't understand why she is so **rude** to her mother.
나는 그녀가 엄마한테 왜 그렇게 **버릇없는지** 이해를 못하겠다.

0236 **mean** [mi:n]

ⓐ 1 인색한 2 심술궂은

Scrooge is too **mean** with money.
스크루지 영감은 돈에 너무 **인색하다.**

Jim is **mean** to his sister and makes fun of her.
Jim은 여동생에게 **심술궂게 굴고** 그녀를 놀려 댄다.

0237 **strict** [strikt]

ⓐ 엄격한, 엄한

Sadly, **strict** teachers aren't popular with students.
안타깝게도 **엄격한** 교사들은 학생들에게 인기가 없다.

strict rules **엄격한** 규칙

0238 **temper** [témpə:r]

ⓝ 성질, 화

a quick **temper** 성급한 **성질**

He must learn to control his **temper**.
그는 **화**를 참는 법을 배워야 한다.

control one's temper 화를 참다

영영 a tendency to get angry very easily (아주 쉽게 화를 내는 경향)

0239 **aggressive** [əgrésiv]

ⓐ 1 공격적인 2 적극적인, 의욕적인

My neighbor's puppy is very **aggressive**.
내 이웃집 강아지는 매우 **공격적이다.**

aggressive salespeople **적극적인** 판매원들

영영 2 eager to win or succeed (이기거나 성공을 간절히 바라는)

0240 **show off**

~을 자랑[과시]하다 ⊜ brag, boast

The millionaire wanted to **show off** his wealth.
그 백만장자는 사신의 재산을 **과시하고** 싶어 했다.

Daily Check-up

학습 Check	MP3 듣기	본문 학습	Daily Check-up	누적 테스트 Days 11-12

A 빈칸에 알맞은 우리말 뜻 또는 영어 단어를 써넣어 워드맵을 완성하시오.

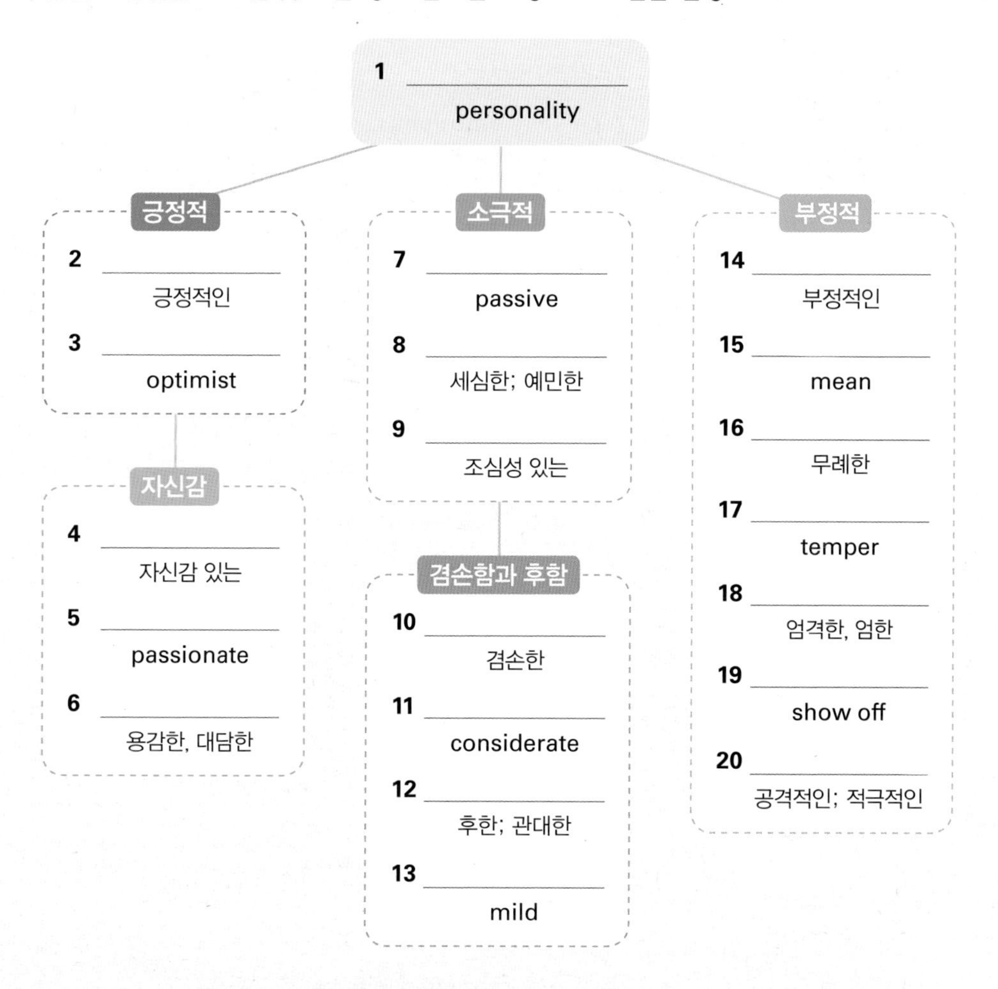

B 우리말을 참고하여, 문장을 완성하시오. (필요하면 단어 형태를 바꾸시오.)

1 Being ______________ is not going to get you anywhere.
수동적인 자세로는 그 무엇도 해낼 수 없다.

2 Most teenage girls are ______________ about their weight.
대부분의 십대 소녀들은 자신들의 몸무게에 민감하다.

3 The doctor is kind and ______________ to his patients.
그 의사는 자신의 환자들에게 친절하고 사려 깊다.

4 Sadly, ______________ teachers aren't popular with students.
안타깝게도 엄격한 교사들은 학생들에게 인기가 없다.

5 An ______________ never loses hope even in the most difficult situations.
낙천주의자는 가장 힘든 상황에서도 절대 희망을 잃지 않는다.

Day 13 감정

0241 **emotion** [imóuʃən]

ⓝ 감정; 정서

A person's **emotions** can show on that individual's facial expressions.
사람의 **감정**은 그 사람의 얼굴 표정에서 보일 수 있다.

emotion은 기쁨, 슬픔, 증오 등등 희로애락의 감정을 나타냄

0242 **mood** [mu:d]

ⓝ 1 기분 2 분위기

Charlie was in a bad **mood** today.
Charlie는 오늘 **기분**이 좋지 않았다.
be in a good/bad mood 기분이 좋다/나쁘다

He ruined the **mood** by telling stories about his life in the army.
그는 자신의 군 생활 이야기를 해서 **분위기**를 망쳤다.

기쁨과 슬픔

0243 **delight** [diláit]

ⓝ 기쁨, 즐거움 ⊜pleasure, joy ⓥ 매우 기쁘게 하다

We watched the sunrise in **delight**.
우리는 해돋이를 **기쁘게** 바라봤다.

The play will **delight** children of all ages.
그 연극은 모든 연령의 아이들을 **즐겁게 할** 것이다.

0244 **satisfied** [sǽtisfàid]

ⓐ 만족하는

They were **satisfied** with her work.
그들은 그녀의 작품에 **만족했다**.

be satisfied with ~: ~에 만족하다

0245 **sorrow** [sárou]

ⓝ 슬픔 ⊜sadness

I wanted to hide my **sorrow** in front of my friends.
나는 친구들 앞에서 내 **슬픔**을 감추고 싶었다.

0246 **depressed** [diprést]

ⓐ 1 (기분이) 우울한 2 불경기의

Tim feels **depressed** because he broke up with Kate.
Tim은 Kate와 헤어져서 기분이 **우울하다**.

Business is greatly **depressed** throughout the world.
전 세계적으로 굉장한 **불경기이다**.

depressed 기분이 우울한 → (경제가 우울한) → 불경기의

0247 **concerned**
[kənsə́ːrnd]

ⓐ 걱정하는, 염려하는

She was **concerned** about her mother's health.
그녀는 엄마의 건강을 **걱정했다**.

concerned는 사람이나 사회 문제가 해결되기를 바라고 걱정할 때 쓰며, worried는 문제점이나 안 좋은 일이 생길까 봐 걱정할 때 씀

위로와 감사

0248 **comfort**
[kʌ́mfərt]

ⓝ 위로, 위안 ⓥ 위로하다, 위안하다

My mother looked for **comfort** when my grandmother passed away.
우리 엄마는 할머니가 돌아가셨을 때 **위안**을 찾고 싶어 하셨다.

ways to **comfort** a crying baby 우는 아기를 **달래는** 방법

0249 **sincere**
[sinsíər]

ⓐ 진정한, 진심의

Please accept our **sincere** apology.
저희의 **진심 어린** 사과를 받아주세요.

영영 honest and showing what you really think

0250 **sympathy**
[símpəθi]

ⓝ 동정(심), 연민

He felt **sympathy** for the victims of the 9/11 terror attacks. 그는 9/11 테러 공격 피해자들에게 **동정심**을 느꼈다.

sympathy는 다른 사람의 불행이나 고통에 신경을 쓰고 마음 아파해주는 마음을 나타냄

0251 **grateful**
[gréitfəl]

ⓐ 감사하는 ＝ thankful

I'm really **grateful** for your support.
당신의 지지에 대단히 **감사드립니다**.

부끄러움과 후회

0252 **embarrassed**
[imbǽrəst]

ⓐ 당황스러운, 쑥스러운

I am **embarrassed** to speak in front of others.
나는 다른 사람들 앞에서 말하는 것이 **부끄럽다**.

＋ embarrass ⓥ 당황스럽게[쑥스럽게] 만들다

0253 **ashamed**
[əʃéimd]

ⓐ 부끄러워하는, 수치스러운 ↔ proud 자랑스러워하는

I was **ashamed** of my rude behavior at the party.
나는 파티에서 내가 한 무례한 행동이 **부끄러웠다**.

embarrassed는 타인 앞에서 자신이 한 행동에 부끄러움을 느끼는 것이고 ashamed는 자신의 잘못된 행동에 대해 수치스러움을 느끼는 것이다.

0254 **envy**
[énvi]

ⓥ 부러워하다; 질투하다 ⓝ 부러움, 선망

Don't **envy** other people for their success.
다른 사람들의 성공을 **부러워하지** 마라.

be green with **envy** 몹시 **샘**을 내다

⊕ envious ⓐ 부러워하는

0255 **offend**
[əfénd]

ⓥ 기분 상하게 하다 ⊜upset

His jokes **offended** every one of his colleagues.
그의 농담은 모든 동료들의 **기분을 상하게 했다**.

⊕ offensive ⓐ 모욕적인, 불쾌한

0256 **regret**
[rigrét]

ⓝ 유감; 후회 ⓥ 유감으로 생각하다; 후회하다

I have no **regrets** about leaving this place.
나는 이곳을 떠나는 것에 대해 **후회**는 없다.

I **regret** that I cannot help you.
제가 도와드릴 수 없어서 **유감입니다**.

긴장과 두려움

0257 **nervous**
[nə́ːrvəs]

ⓐ 1 긴장한, 불안해하는 2 신경이 과민한

I did not feel **nervous** about the interview.
나는 인터뷰에 대해 **긴장을 느끼지** 않았다.

Our teacher is a **nervous** person.
우리 선생님은 **신경이 예민한** 사람이다.

0258 **tension**
[ténʃən]

ⓝ 1 긴장 (상태), 불안 2 갈등

political **tension** 정치적 **긴장 상태**

There is often **tension** between science and religion.
과학과 종교 사이에 **갈등**이 종종 있다.

0259 **anxious**
[ǽŋkʃəs]

ⓐ 불안해하는, 걱정하는 ⊜worried

an **anxious** look **불안해하는** 표정

Everyone is **anxious** about the future.
모든 사람들이 미래를 **걱정한다**.

⊕ anxiety ⓝ 걱정, 불안

0260 **frightened**
[fráitnd]

ⓐ 겁먹은, 무서워하는 ⊜afraid, scared

She was **frightened** by the strange sound.
그녀는 이상한 소리에 **겁을 먹었다**.

⊕ fright ⓝ 놀림, 두려움 | frighten ⓥ 겁먹게 만들다

Daily Check-up

학습 Check	MP3 듣기	본문 학습	Daily Check-up	누적 테스트 Days 12-13

PLAN 4

A 빈칸에 알맞은 우리말 뜻 또는 영어 단어를 써넣어 워드맵을 완성하시오.

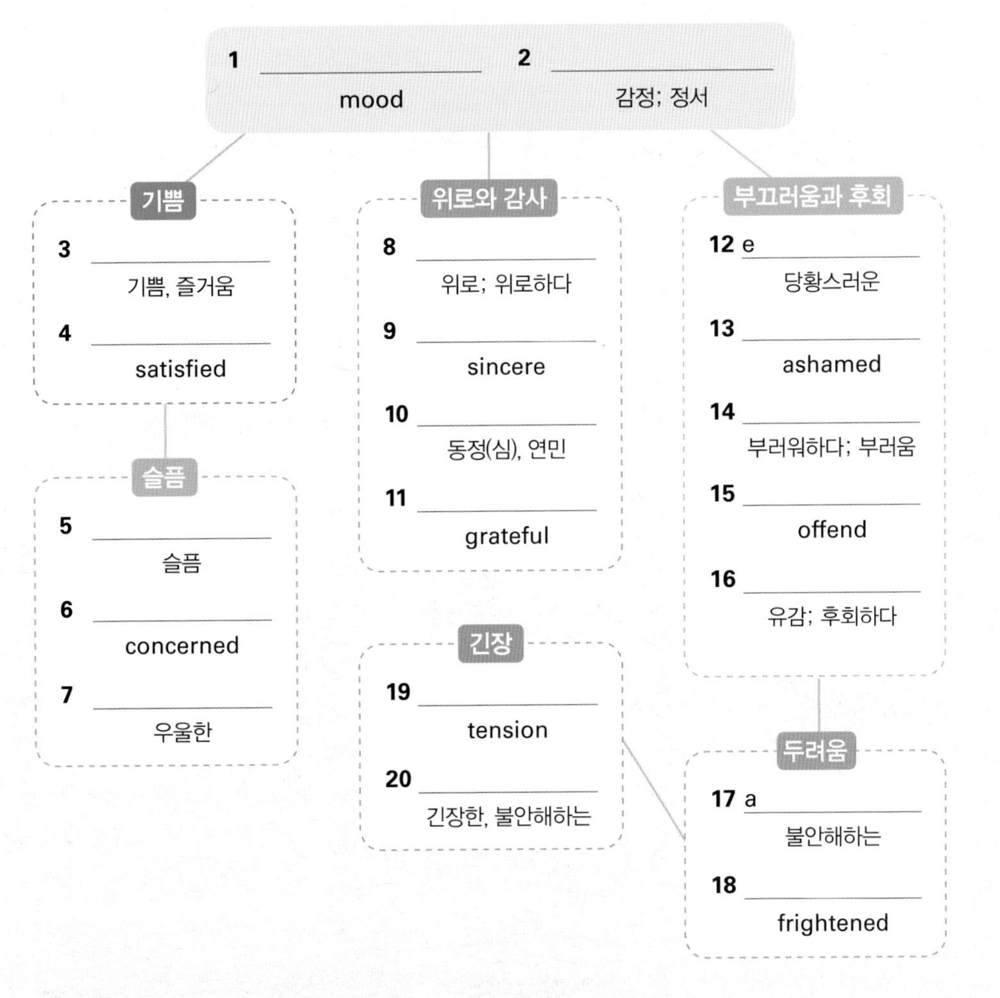

B 우리말을 참고하여, 문장을 완성하시오. (필요하면 단어 형태를 바꾸시오.)

1 I'm really ______ for your support.
당신의 지지에 대단히 감사드립니다.

2 She was ______ by the strange sound.
그녀는 이상한 소리에 겁을 먹었다.

3 Don't ______ other people for their success.
다른 사람들의 성공을 부러워하지 마라.

4 I was ______ of my rude behavior at the party.
나는 파티에서 내가 한 무례한 행동이 부끄러웠다.

5 My mother looked for ______ when my grandmother passed away.
우리 엄마는 할머니가 돌아가셨을 때 위안을 찾고 싶어 하셨다.

Day 14 이성과 논리

0261 **reason**
[ríːzən]

ⓝ 1 이유; 근거 2 이성, 사고력

I wanted to know the **reason** for her decision.
나는 그녀가 내린 결정에 대한 **이유**를 알고 싶었다.

Humans have the power of **reason**.
인간은 **사고**력을 갖고 있다.

영영 2 the ability to think in a logical way (논리적으로 생각하는 능력)

⊕ reasonable ⓐ 타당한, 합리적인

0262 **logic**
[lάːdʒik]

ⓝ 논리

What is the **logic** behind this decision?
이 결정을 뒷받침하는 **논리**는 무엇인가요?

⊕ logical ⓐ 타당한; 논리적인

추측과 생각

0263 **imagine**
[imǽdʒin]

ⓥ 상상하다

Cinderella **imagined** a new life as a princess.
신데렐라는 공주로서의 새로운 삶을 **상상해 보았다**.

⊕ imaginary ⓐ 가상의, 상상의 | imagination ⓝ 상상(력)

0264 **expect**
[ikspékt]

ⓥ 예상하다, 기대하다

The price of oil is **expected** to fall further.
유가가 더 하락할 것으로 **예상된다**.

Don't **expect** too much from me.
나한테서 너무 많은 것을 **기대하지** 마.

⊕ expectation ⓝ 예상, 기대

0265 **consider**
[kənsídər]

ⓥ 1 고려하다, 숙고하다 2 ~로 여기다

We need to **consider** the problem.
우리는 그 문제를 **고려해야** 한다.

She is **considered** one of the world's best players.
그녀는 세계 최고의 선수 중 한 명으로 **여겨진다**.

영영 1 to think about something carefully to make a decision

0266 **probably**
[prάːbəbli]

ad 아마 ⊜ likely, perhaps

I'll **probably** regret not attending the concert.
나는 **아마** 콘서트에 가지 않은 것을 후회할 것이다.

0267 **suppose** [səpóuz]

ⓥ 1 생각하다, 추정하다 2 가정하다

Why do you **suppose** he is innocent?
당신은 왜 그가 무죄라고 **생각합니까**?

Suppose you won the lottery. What would you do?
복권에 당첨되었다고 **가정해 봐**. 넌 뭘 하겠니?

인지와 기억

0268 **conscious** [kɑ́:nʃəs]

ⓐ 1 의식하는, 알고 있는 2 의도적인

Are you **conscious** of what's happening around the world? 전 세계에서 무슨 일이 일어나고 있는지 **알고 있나요**?

a **conscious** act **의도적인** 행위

영영 1 aware of something happening

+ consciousness ⓝ 의식

0269 **perceive** [pərsí:v]

ⓥ 인지하다 ⊜ notice, recognize

She **perceived** a change in her son's behavior.
그녀는 아들의 행동에 변화가 있음을 **인지했다**.

+ perception ⓝ 지각, 인지

0270 **recognize** [rékəgnàiz]

ⓥ 1 (사람·사물을) 알아보다 2 인정[인식]하다

I **recognized** him by his beard.
나는 턱수염을 보고 그를 **알아보았다**.

Nobody **recognized** how serious the car accident was.
차 사고가 얼마나 심각했는지 그 누구도 **인식하지** 못했다.

0271 **recall** [rikɔ́:l]

ⓥ 기억해 내다, 상기하다

I cannot **recall** where I put my jacket.
나는 내 재킷을 어디에 두었는지 **기억이 나지** 않는다.

영영 to remember something from the past

re(다시) + call(부르다) → (생각을) 다시 부르다 → 기억해 내다

0272 **remind** [rimáind]

ⓥ 생각나게 하다, 상기시키다

The city **reminds** her of her hometown.
그 도시는 그녀에게 자신의 고향을 **생각나게 한다**.

remind *A* of *B*: A에게 B를 생각나게 하다

0273 **memory** [méməri]

ⓝ 1 기억(력) 2 추억

have a bad **memory** **기억력**이 나쁘다

I have happy **memories** of living in the house.
나는 그 집에 살았던 행복한 **추억**이 있다.

0274 **compare**
[kəmpέər]

ⓥ 비교하다

Never **compare** yourself to others.
절대 자신을 남들과 **비교하지** 마세요.

영영 to consider how people or things are similar or different
(사람이나 사물이 얼마나 비슷하거나 다른지를 고려하다)

+ comparison ⓝ 비교

0275 **contrast**
ⓥ [kəntrǽst]
ⓝ [kάːntræst]

ⓥ 대조하다 ⓝ 대조, 대비

Let's compare and **contrast** the good and bad points of the Internet.
인터넷의 장단점을 비교하고 **대조해** 봅시다.

The **contrast** of the black paint on the white canvas made the painting stand out.
하얀 캔버스에 검정색 물감의 **대비**는 그림이 눈에 띄게 했다.

영영 ⓥ to compare two people or things to show the differences between them (차이점을 보여주기 위해서 두 사람이나 사물을 비교하다)

0276 **view**
[vjuː]

ⓝ 견해, 생각 ⓥ ~을 보다

In my **view**, they are wrong. 내 **생각**에는 그들이 틀렸어.

He **viewed** several movies at the local theater.
그는 동네 극장에서 영화 몇 편을 **봤다**.

0277 **sensible**
[sénsəbl]

ⓐ 합리적인, 분별 있는

A **sensible** person is wise and makes good decisions.
합리적인 사람은 현명하며, 올바른 결정을 내린다.

영영 based on reason rather than on feeling or emotion
(기분이나 감정 보다는 이성에 근거한)

0278 **realize**
[ríːəlàiz]

ⓥ 깨닫다

He **realized** that he wasn't fit for the job.
그는 그 일에 맞지 않다는 것을 **깨달았다**.

0279 **judge**
[dʒʌdʒ]

ⓥ 판단하다 ⓝ 판사

Don't **judge** a book by its cover.
겉모습만 보고 **판단하지** 마라.

a fair **judge** 공정한 **판사**

0280 **conclude**
[kənklúːd]

ⓥ 1 결론을 내리다 ⊜decide 2 끝내다

Let's **conclude** this matter.
이 문제의 **결론을 내립시다**.

+ conclusion ⓝ 결론

Daily Check-up

학습 Check	MP3 듣기	본문 학습	Daily Check-up	누적 테스트 Days 13-14

A 빈칸에 알맞은 우리말 뜻 또는 영어 단어를 써넣어 워드맵을 완성하시오.

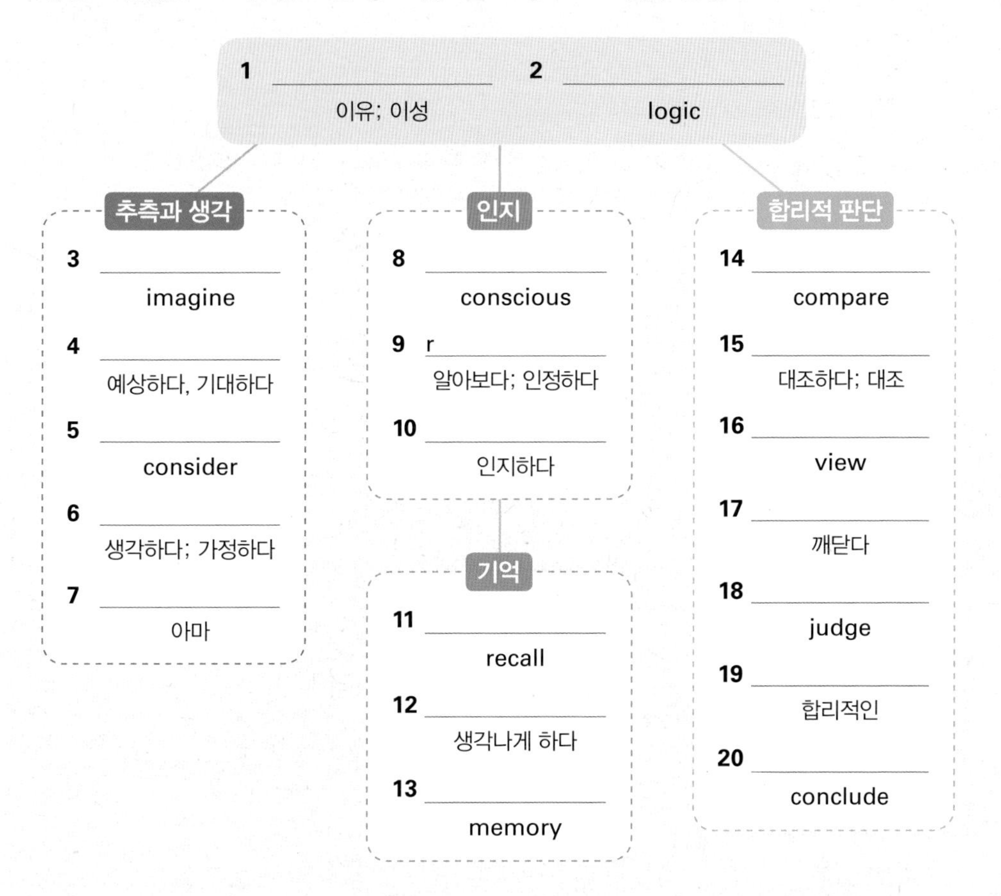

B 우리말을 참고하여, 문장을 완성하시오. (필요하면 단어 형태를 바꾸시오.)

1 In my ______, they are wrong.
내 생각에는 그들이 틀렸어.

2 I cannot ______ where I put my jacket.
나는 내 재킷을 어디에 두었는지 기억이 나지 않는다.

3 She p______ a change in her son's behavior.
그녀는 아들의 행동에 변화가 있음을 인지했다.

4 What is the ______ behind this decision?
이 결정을 뒷받침하는 논리는 무엇인가요?

5 ______ you won the lottery. What would you do?
복권에 당첨되었다고 가정해 봐. 넌 뭘 하겠니?

Day 15 의견

0281 **opinion** [əpínjən]

ⓝ 의견, 견해 ⊜view, idea

in my personal **opinion** 제 개인적인 **의견**으로는

Customers' **opinions** are important to companies.
고객의 **의견**은 기업에게 중요하다.

생각과 요청

0282 **wonder** [wʌ́ndər]

ⓥ 1 궁금하다 2 놀라다 ⓝ 경이

I **wonder** if you can help me.
저를 도와주실 수 있는지 **궁금합니다.**

We **wondered** at the beauty of the night sky.
우리는 밤하늘의 아름다움에 **놀랐다.**

the **wonder** of today's science 오늘날의 과학의 **경이로움**

0283 **doubt** [daut]

ⓥ 의심하다 ⓝ 의문, 의심 ⊜uncertainty

He began to **doubt** himself.
그는 자기 자신을 **의심하기** 시작했다.

There is no **doubt** that she is an excellent scholar.
그녀가 훌륭한 학자라는 것은 **의심**의 여지가 없다.

0284 **request** [rikwést]

ⓥ (정중히) 요청하다 ⓝ 요청

You can **request** a free copy of the map.
무료 지도 한 부를 **요청할** 수 있습니다.

reject a **request** **요청**을 거절하다

영영 ⓥ to politely ask for something

0285 **require** [rikwáiər]

ⓥ 1 필요로 하다 2 요구하다

require attention 주의를 **필요로 하다**

Drivers are **required** to wear their seatbelts in their cars.
운전자들은 차에서 안전벨트 착용이 **요구된다.**

require: (법률 · 규정 등에 따라) 요구하다
demand: (누군가에게 무언가를 할 것을 단호히) 요구하다

0286 **call for**

~을 요구하다

call for help 도움을 **요청하다**

They **called for** the release of the politician.
그들은 그 정치기의 석방을 **요구했다.**

주장

0287 **claim** [kleim]

ⓥ 1 주장하다 2 요구하다 ⓝ 1 주장 2 요구

He **claimed** to be an expert in his field.
그는 그의 분야에서 전문가라고 **주장했다**.

an unreasonable **claim** 부당한 **요구**

영영 ⓥ 1 to say that something is true without certain evidence
(확실한 증거도 없이 무언가가 사실이라고 말하다)

0288 **insist** [insíst]

ⓥ 고집하다, 주장하다

The Japanese **insist** that Dokdo is theirs.
일본인들은 독도가 자신들 것이라고 **주장한다**.

0289 **force** [fɔːrs]

ⓥ 강요하다 ⊜compel ⓝ 힘

Don't **force** a sick child to go to school.
아픈 아이를 학교에 가라고 **강요하지** 마세요.

the **force** of waves 파도의 **힘**

영영 ⓥ to make someone do something that he or she does not want to

0290 **argument** [ɑ́ːrgjumənt]

ⓝ 1 논쟁 2 논거, 주장

She got into an **argument** with her employer.
그녀는 상사와 **논쟁**을 벌였다.

There were strong **arguments** for and against the war.
그 전쟁에 대해서 강한 찬반 **주장들**이 있었다.

충고 및 제안

0291 **advice** [ədváis]

ⓝ 조언, 충고 ⊜opinion

You don't have to follow his **advice**.
너는 그의 **조언**을 따르지 않아도 된다.

⊕ advise ⓥ 조언하다, 충고하다

0292 **propose** [prəpóuz]

ⓥ 1 제안하다 2 청혼하다

They **proposed** a plan to build a new airport.
그들은 신공항을 건설하자는 계획을 **제안했다**.

He **proposed** to her in front of the crowd.
그는 수많은 사람들 앞에서 그녀에게 **청혼했다**.

0293 **suggest** [sədʒést]

ⓥ 제안하다 ⊜propose

She **suggested** several ways to deal with stress.
그녀는 스트레스를 다루는 몇 가지 방법을 **제안했다**.

⊕ suggestion ⓝ 제안

0294 **recommend**

[rèkəménd]

ⓥ 추천하다

This book is highly **recommended** for students.
이 책은 학생들에게 많이 **추천된다**.

설득과 동의

0295 **discuss**

[diskʌ́s]

ⓥ 논의하다, 토론하다

The leaders **discussed** environmental issues.
지도자들은 환경 문제에 대해 **논의했다**.

+ discussion ⓝ 논의, 토론

discuss: 어떤 문제에 대해 의견을 나눌 때 사용
debate: 어떤 문제에 대해 찬반을 토론할 때 사용

0296 **emphasize**

[émfəsàiz]

ⓥ 강조하다

He **emphasized** the importance of this meeting.
그는 이번 회의의 중요성을 **강조했다**.

+ emphasis ⓝ 강조

0297 **persuade**

[pərswéid]

ⓥ 설득하다

My friends kept **persuading** me to take the course.
친구들이 내게 그 강좌를 들으라고 계속 **설득했다**.

persuade *A* to *B*: A가 B하도록 설득하다

+ persuasion ⓝ 설득

0298 **agree**

[əgríː]

ⓥ 동의하다

I don't **agree** with your idea. 난 네 생각에 **동의하지** 않아.

+ agreement ⓝ 동의; 협정

0299 **disagree**

[dìsəgríː]

ⓥ 동의하지 않다

If you **disagree** with him, he will get upset.
그의 의견에 **동의하지 않으면**, 그는 화를 낼 것이다.

영영 to differ in opinion with somebody about something

dis(부정, 반대) + agree(동의하다) → 동의하지 않다

0300 **support**

[səpɔ́ːrt]

ⓥ 1 지지하다; 지원하다 2 부양하다 ⓝ 지지

The government **supported** their demands.
정부는 그들의 요구를 **지지했다**.

He began working to **support** his family.
그는 가족을 **부양하기** 위해서 일을 하기 시작했다.

get public **support** 대중의 **지지**를 얻다

Daily Check-up

학습 Check	MP3 듣기	본문 학습	Daily Check-up	누적 테스트 Days 14-15	Review Test

A 빈칸에 알맞은 우리말 뜻 또는 영어를 써넣어 워드맵을 완성하시오.

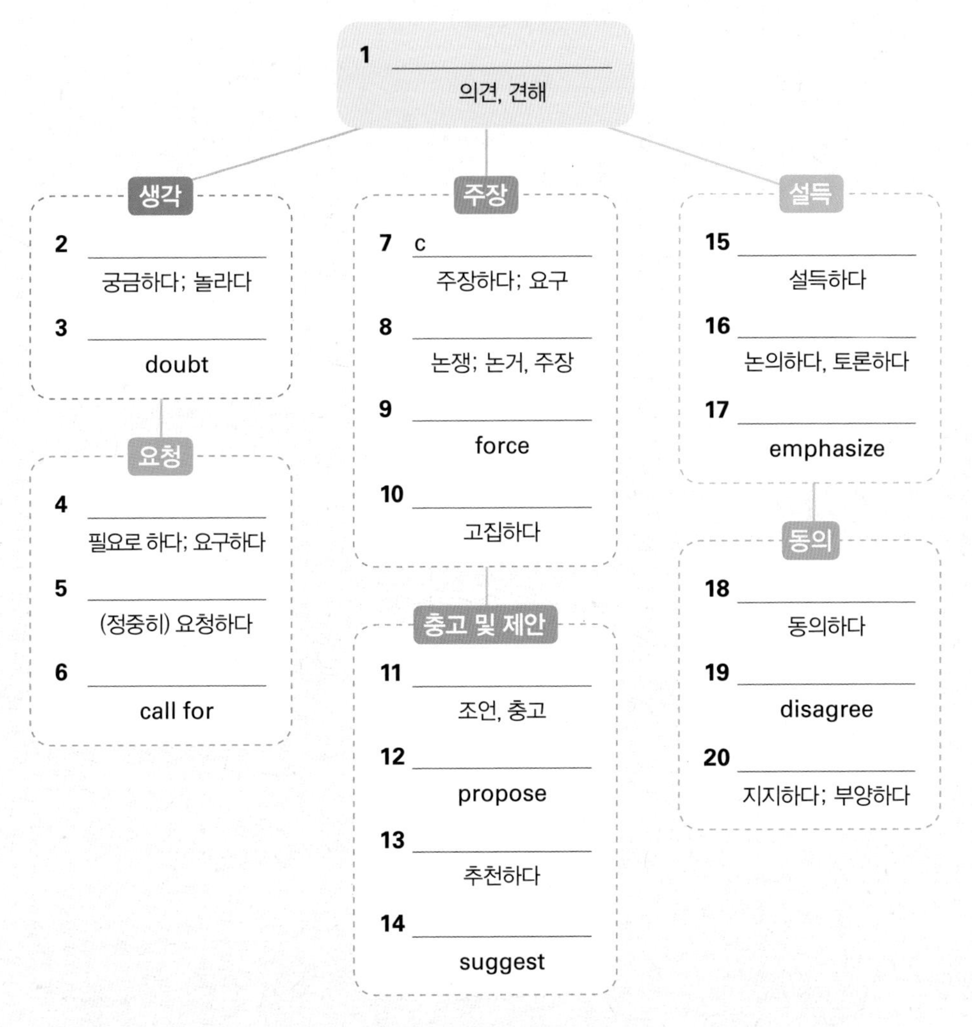

B 우리말을 참고하여, 어구 또는 문장을 완성하시오. (필요하면 단어 형태를 바꾸시오.)

1 ____________ for help 도움을 요청하다

2 He ____________ the importance of this meeting.
그는 이번 회의의 중요성을 강조했다.

3 There is no ____________ that she is an excellent scholar.
그녀가 훌륭한 학자라는 것은 의심의 여지가 없다.

4 There were strong ____________ for and against the war.
그 전쟁에 대해서 강한 찬반 주장들이 있었다.

5 Drivers are ____________ to wear their seatbelts in their cars.
운전자들은 차에서 안전벨트 착용이 요구된다.

A 들려주는 영어 단어를 쓴 후 우리말 뜻을 쓰시오.

영단어	뜻	영단어	뜻
1		2	
3		4	
5		6	
7		8	
9		10	
11		12	
13		14	
15		16	
17		18	
19		20	

B 다음 영영 풀이에 해당하는 알맞은 단어를 골라 쓰시오.

conscious sincere considerate bold claim request

1 not afraid of risk or danger ______________

2 to politely ask for something ______________

3 aware of something happening ______________

4 thinking about other people's feelings ______________

5 honest and showing what you really think ______________

6 to say that something is true without certain evidence ______________

맞은 개수 /38

C 밑줄 친 단어의 동의어(=) 또는 반의어(↔)를 골라 쓰시오.

proud impolite greedy decided

1 We concluded the argument was wrong. = ____________

2 It is rude to avoid eye contact during a discussion. = ____________

3 Are you ashamed of me? ↔ ____________

4 She is a kind and generous person. ↔ ____________

D 다음 그림을 보고, 해당하는 단어와 연결하시오.

1 

2 

3 

4 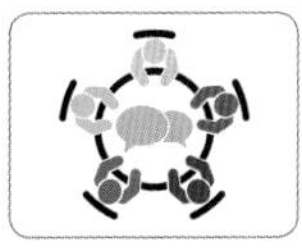

delight sorrow temper discuss

E 다음을 읽고, 빈칸에 알맞은 단어를 우리말을 참고하여 쓰시오.

1 I became d____________ after I received my report card.
성적표를 받고 나서 나는 기분이 **우울해**졌다.

2 The robber was ____________ not to make a single sound.
강도는 어떤 소리도 내지 않기 위해 **조심했다**.

3 His outgoing ____________ makes him popular with people.
그의 외향적인 **성격**은 그를 사람들에게 인기 있게 만든다.

4 The child was e____________ by her brother's rude behavior.
아이는 오빠의 무례한 행동에 **당혹스러워했다**.

PLAN 5

교통과 여가

교통과 여가

건물

architecture 건축(학)
entrance (출)입구
interior 내부(의)

교통 1

crosswalk 횡단보도
automobile 자동차
steer 조종하다

교통 2

vehicle 운송 수단, 탈것
flight 비행; 항공기
destination 목적지

여행

passport 여권
sightseeing 관광
attraction 명소; 매력

Day 16 건물

건물과 위치

0301 **architecture** [ά:rkətèktʃər]

ⓝ 1 건축(학) 2 건축 양식

She decided to study **architecture** at her university.
그녀는 대학교에서 **건축학**을 공부하기로 결심했다.

Notre Dame Cathedral in Paris is the best example of Gothic **architecture**.
파리에 있는 노트르담 대성당은 고딕 **건축 양식**의 가장 좋은 예이다.

0302 **landmark** [lǽndmὰ:rk]

ⓝ 주요 지형지물

N Seoul Tower is a **landmark** in Seoul.
남산 N 타워는 서울의 **주요 지형지물**이다.

영영 an object or building that you can easily see from a distance (멀리에서 쉽게 볼 수 있는 물체나 건물)

0303 **address** [ǽdres / ədrés]

ⓝ 1 주소 2 연설

Don't forget to write your home **address**.
너의 집 **주소**를 적는 걸 잊지 마.

e-mail **address** 이메일 **주소**

The president delivered an **address** on the radio.
대통령은 라디오에서 **연설**을 했다.

0304 **locate** [lóukeit]

ⓥ 1 (위치 등을) 찾아내다 2 ~에 위치하다

The police department is trying to **locate** the missing person. 경찰서는 실종자를 **찾으려고** 애쓰고 있다.

The watch company is **located** in Geneva, Switzerland.
그 시계 회사는 스위스의 제네바에 **위치해 있다**.

⊕ location ⓝ 장소, 위치

0305 **site** [sait]

ⓝ 장소, 부지

a building **site** 건축 **부지**

Machu Picchu is a UNESCO World Heritage **site** located in Peru.
마추픽추는 페루에 위치해 있는 유네스코 세계 문화유산 보호 **지역[장소]**이다.

0306 **neighborhood** [néibərhùd]

ⓝ 근처, 이웃

A new school is going to be built in my **neighborhood**.
우리 집 **근처**에 새로운 학교가 지어질 예정이다.

⊕ neighbor ⓝ 이웃 (사람)

건물 입구 및 주변

0307 **entrance**
[éntrəns]

ⓝ (출)입구 ↔ exit 출구

a main **entrance** 정문

There are many **entrances** to the subway station.
지하철역 안으로 들어가는 **입구**가 많다.

0308 **gate**
[geit]

ⓝ 대문; 출입구

The security guard locks the palace **gate** at 9 p.m.
경비원은 저녁 9시에 궁궐의 **대문**을 잠근다.

gate는 주로 담이나 울타리에 연결되어 있는 문을 말하고, door는 건물, 방 등에 연결된 문을 말한다.

0309 **porch**
[pɔːrtʃ]

ⓝ 현관

a front / back **porch** 앞 / 뒤 **현관**

I sat waiting on the **porch** for my friend to come.
나는 **현관**에 앉아서 친구가 오기를 기다렸다.

0310 **garage**
[gərɑ́ːʒ]

ⓝ 차고

My aunt sometimes parks her car in our **garage**.
이모는 가끔 우리 **차고**에 이모 차를 주차한다.

garage sale **차고** 세일(중고 물품 세일)

garage sale은 미국에서 볼 수 있는 모습으로, 집에서 더 이상 안 쓰는 옷, 책 등과 같은 물건을 자신의 집 차고에서 저렴한 가격에 파는 것을 말한다.

0311 **yard**
[jɑːrd]

ⓝ 마당, 뜰

front **yard** 앞**마당**

I planted some flowers and fruit trees in my **yard**.
나는 **마당**에 꽃과 과일 나무를 심었다.

0312 **lawn**
[lɔːn]

ⓝ 잔디밭

My mother mows our **lawn** twice a month.
엄마는 한 달에 두 번 **잔디밭**을 깎으신다.

건물 내부

0313 **interior**
[intíriər]

ⓐ 내부의 ⓝ 내부 ↔ exterior 외부의; 외부

interior design **실내** 장식

The **interior** of the building was painted white.
그 건물의 **내부**는 하얀색으로 페인트칠 되었다.

영영 ⓝ the inside or inner part of a building

0314 **lobby**
[lɑ́:bi]

ⓝ 로비

a hotel **lobby** 호텔 **로비**

My family waited for the tour guide in the **lobby**.
우리 가족은 **로비**에서 관광 가이드를 기다렸다.

영영 a large area inside the entrance to a public building such as a hotel or theater (호텔이나 극장과 같은 공공건물 입구 안의 넓은 공간)

0315 **staircase**
[stéərkèis]

ⓝ 계단

This **staircase** leads to the second floor of the library.
이 **계단**은 도서관 2층으로 이어진다.

staircase는 건물 내부에 난간이 있는 계단을 말한다.

0316 **column**
[kɑ́:ləm]

ⓝ 기둥 ⊜ pillar

The **columns** of most Greek temples were made of marbles.
대부분의 그리스 신전의 **기둥들**은 대리석으로 만들어졌다.

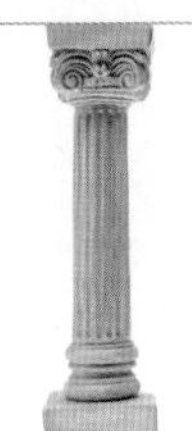

0317 **hallway**
[hɔ́:lwèi]

ⓝ 복도 ⊜ hall, corridor

Do not run in the **hallway** because it will be noisy.
시끄러울 것이기 때문에 **복도**에서 뛰지 마세요.

0318 **aisle**
[ail]

ⓝ 통로

an **aisle** seat **통로** 쪽 좌석

Please clear the **aisle** so that people can pass by.
사람들이 지나갈 수 있도록 **통로**를 비워주세요.

aisle은 보통 교회, 극장, 비행기 등의 좌석 사이의 사람들이 지나다니는 통로를 말한다.

0319 **basement**
[béismənt]

ⓝ 지하실, 지하층

Store all your winter clothes in the **basement**.
네 모든 겨울옷은 **지하실**에 보관하렴.

cf. attic 다락방

0320 **exit**
[égzit / éksit]

ⓝ 출구 ⊜ way out ⓥ 나가다

There are two **exits** at the back of this airplane.
이 비행기 뒤쪽에 두 개의 **출구**가 있다.

They **exited** through the back door.
그들은 뒷문으로 **나갔다**.

Daily Check-up

학습 Check	MP3 듣기	본문 학습	Daily Check-up	누적 테스트 Days 15-16

A 빈칸에 알맞은 우리말 뜻 또는 영어 단어를 써넣어 워드맵을 완성하시오.

B 우리말을 참고하여, 문장을 완성하시오. (필요하면 단어 형태를 바꾸시오.)

1 My mother mows our ____________ twice a month.
엄마는 한 달에 두 번 잔디밭을 깎으신다.

2 The ____________ of the building was painted white.
그 건물의 내부는 하얀색으로 페인트칠 되었다.

3 I sat waiting on the ____________ for my friend to come.
나는 현관에 앉아서 친구가 오기를 기다렸다.

4 The watch company is ____________ in Geneva, Switzerland.
그 시계 회사는 스위스의 제네바에 위치해 있다.

5 Notre Dame Cathedral in Paris is the best example of Gothic ____________.
파리에 있는 노트르담 대성당은 고딕 건축 양식의 가장 좋은 예이다.

Day 17 교통 1

도로와 인도

0321 **highway** [háiwèi]

ⓝ 고속 도로

The speed limit on this **highway** is 80km per hour.
이 **고속 도로**에서의 제한 속도는 시속 80km이다.

highway는 미국에서 쓰며, 영국에서는 고속 도로를 motorway라고 한다.

0322 **crossroad** [krɔ́:sròud]

ⓝ 교차로

There are a lot of cars at the **crossroads**.
교차로에 차가 많이 있다.

영영 a place where two roads cross each other
(두 도로가 서로 교차하는 곳)

0323 **crosswalk** [krɔ́:swɔ:k]

ⓝ 횡단보도

Drivers should pay a fine when they stop on a **crosswalk** on purpose.
운전자들이 일부러 **횡단보도**에 차를 정차하면 벌금을 내야 한다.

영영 a path where people can walk to the other side of a street
(사람들이 도로 반대편으로 걸어갈 수 있는 길)

0324 **sidewalk** [sáidwɔ̀:k]

ⓝ 보도, 인도

walk along the **sidewalk** **인도**를 걷다

Sometimes people ride their bikes on the **sidewalk**.
가끔 사람들이 **보도**에서 자전거를 탄다.

0325 **pedestrian** [pədéstriən]

ⓝ 보행자 ⓐ 보행자의

As long as dangerous drivers exist, **pedestrians** are not safe from cars.
위험한 운전자들이 존재하는 한 **보행자들**은 차로부터 안전하지 않다.

a **pedestrian** zone **보행자** 전용 구역

영영 a person walking on the street

0326 **traffic light** [trǽfik làit]

ⓝ 신호등

Wait for the **traffic light** to turn green.
신호등이 초록불로 바뀔 때까지 기다리세요.

자동차

0327 automobile [ɔ́:təməbì:l]

ⓝ 자동차

automobile industry **자동차** 산업

The first modern **automobile** was built by Karl Benz.
최초의 현대식 **자동차**는 칼 벤츠가 만들었다.

0328 brake [breik]

ⓝ 브레이크, 제동 장치

Use the **brakes** when driving downhill.
내리막길을 운전할 때는 **브레이크**를 사용하세요.

0329 engine [éndʒin]

ⓝ 엔진

There was a delay in our schedule because of an **engine** problem.
엔진에 생긴 문제 때문에 우리 일정이 미뤄졌다.

0330 wheel [wi:l]

ⓝ 바퀴

front/back **wheels** 앞/뒷**바퀴**

There are three **wheels** on a tricycle.
세발자전거는 **바퀴**가 세 개이다.

0331 electric [iléktrik]

ⓐ 전기의

an **electric** car **전기** 자동차

The power of an **electric** motor is measured in kilowatts.
전기 모터의 전력은 킬로와트로 측정된다.

0332 seatbelt [sí:tbèlt]

ⓝ 안전벨트

Always put on your **seatbelt** when you're in a car.
차 안에서는 **안전벨트**를 항상 착용하세요.

운전

0333 steer [stíər]

ⓥ (배·비행기·자동차 등을) 조종하다, 몰다

The captain **steered** the ship away from the iceberg.
선장은 빙하를 피해 배를 **조종했다**.

영영 to control the direction of a vehicle
(운송 수단의 방향을 조절하다)

0334 **license**
[láisns]

ⓝ 면허(증) ⓥ (공식적으로) 허가하다

I got my driver's **license** when I was eighteen.
나는 18살에 운전**면허**를 땄다.

The drug has been **licensed** for use.
그 약은 사용이 **허가되었다**.

0335 **accelerate**
[əksélərèit]

ⓥ 1 속도를 높이다 2 가속화하다

The car **accelerated** to its top speed as the driver stepped on the pedal.
운전자가 페달을 밟자 차가 최고 속도로 **속도를 높였다**.

plans to **accelerate** business growth
사업 성장을 **가속화하는** 계획들

0336 **recharge**
[ri:tʃɑ́:rdʒ]

ⓥ 재충전하다

You need to **recharge** your car's battery before you head out tomorrow.
내일 출발하기 전에 너는 자동차 전지를 **재충전해야** 해.

0337 **gas station**
[gǽs stèiʃən]

ⓝ 주유소

Remind me to stop by the **gas station**.
주유소에 들르라고 내게 얘기 좀 해줘.

stop by a gas station 주유소에 들르다

0338 **pick up**

~를 (차에) 태우러 가다

I'm on my way to **pick** her **up**.
나는 그녀를 **태우러 가는** 중이다.

0339 **flat**
[flæt]

ⓐ 1 평평한 2 바람이 빠진

flat ground **평평한** 땅

We got a **flat** tire on our way to our grandmother's.
우리는 할머니 댁에 가는 길에 타이어에 **바람이 빠졌다**.

0340 **parking lot**
[pá:rkiŋ la:t]

ⓝ 주차장

The **parking lot** was full even before the store opened.
상점이 열기 전부터 이미 **주차장**은 꽉 찼다.

parking lot: 건물 밖의 주차장
parking garage: 실내 주차장, 주차장 건물

Daily Check-up

학습 Check	MP3 듣기	본문 학습	Daily Check-up	누적 테스트 Days 16-17

A 빈칸에 알맞은 우리말 뜻 또는 영어를 써넣어 워드맵을 완성하시오.

B 우리말을 참고하여, 문장을 완성하시오. (필요하면 단어 형태를 바꾸시오.)

1 Remind me to stop by the ______________.
주유소에 들르라고 내게 얘기 좀 해줘.

2 The captain ______________ the ship away from the iceberg.
선장은 빙하를 피해 배를 조종했다.

3 Always put on your ______________ when you're in a car.
차 안에서는 안전벨트를 항상 착용하세요.

4 We got a ______________ tire on our way to our grandmother's.
우리는 할머니 댁에 가는 길에 타이어에 바람이 빠졌다.

5 As long as dangerous drivers exist, ______________ are not safe from cars.
위험한 운전자들이 존재하는 한 보행자들은 차로부터 안전하지 않다.

Day 18 교통 2

0341 **traffic** [trǽfik]

ⓝ (차·사람 등의) 교통(량), 통행

a **traffic** jam 교통 체증

The police restricted **traffic** during the event.
행사 동안에 경찰은 **통행**을 제한했다.

대중교통

0342 **vehicle** [víːhikl / víːəkl]

ⓝ 운송 수단, 탈것, 차

The **vehicle** was parked in a no-parking zone.
그 **차**는 주차 금지 구역에 주차되어 있었다.

0343 **passenger** [pǽsindʒər]

ⓝ 승객

a **passenger** train 여객 열차

Passengers on the plane should turn off their cell phones.
비행기에 탑승한 **승객**은 휴대폰을 꺼야 한다.

영영 a person traveling on a plane, bus, or another vehicle

0344 **transport** ⓥ [trænspɔ́ːrt] ⓝ [trǽnspɔːrt]

ⓥ 수송하다 ⓝ 수송 (수단)

Our products are safely **transported** by ship.
우리 제품은 배로 안전하게 **수송된다**.

public **transport** [transportation] 대중**교통 수단**

➕ transportation ⓝ 수송 (수단)

★ '수송, 운송'을 표현할 때 영국 영어에서는 transport, 미국 영어는 transportation으로 주로 쓴다.

0345 **transfer** [trænsfə́r]

ⓥ 1 이동하다 2 환승하다

The artwork was **transferred** to the national museum.
그 미술 작품은 국립 박물관으로 **옮겨졌다**.

He **transferred** to the blue line on the subway to get to Myeongdong.
그는 명동에 가기 위해서 지하철의 파란 노선으로 **환승했다**.

0346 **fare** [fɛər]

ⓝ (교통) 요금

a half / full **fare** 반액 / 전액 **요금**

How much is the bus **fare**? 버스 **요금**은 얼마입니까?

비행 및 선박

0347 **flight**
[flait]

ⓝ 1 비행 2 항공기

A **flight** from Seoul to New York takes about 14 hours.
서울에서 뉴욕까지의 **비행**은 14시간 정도 걸린다.

Passengers miss their **flights** for a variety of reasons.
승객들은 다양한 이유로 **비행기**를 놓친다.

영영 1 a journey by flying to a place

0348 **aircraft**
[éərkræ̀ft]

ⓝ 항공기

a military **aircraft** 군용기

We had to remain on the **aircraft** until the pilot turned off the safety sign.
조종사가 안전 표시를 끄기 전까지 우리는 **항공기** 안에 있어야만 했다.

영영 a plane, helicopter, or other vehicle that can fly

0349 **ferry**
[féri]

ⓝ 연락선, 여객선

The **ferry** to Positano departs from the terminal every 30 minutes.
Positano로 가는 **연락선**은 터미널에서 30분마다 출발한다.

영영 a ship that transports people or items short distances
(사람이나 물건을 근거리로 수송하는 배)

0350 **crew**
[kru:]

ⓝ 승무원

The **crew** assisted the young child in finding her seat.
승무원은 어린아이가 자리 찾는 것을 도와주었다.

영영 the people who work on a ship, plane, etc.

0351 **cabin**
[kǽbin]

ⓝ 객실, 선실

cabin crew (비행기의) **객실** 승무원

The captain of the ship went inside his **cabin** to get some rest.
선장은 휴식을 취하기 위해 **객실**로 들어갔다.

영영 a room on a ship or boat

0352 **deck**
[dek]

ⓝ (배의) 갑판

The children played hide-and-seek on the **deck**.
아이들은 **갑판**에서 숨바꼭질을 하면서 놀았다.

운항

0353 **board**
[bɔːrd]

ⓥ **탑승하다**

He **boarded** the plane on time.
그는 제시간에 비행기에 **탑승했다**.

영영 to get onto a ship, airplane, train, etc.

0354 **take off**

이륙하다

The plane could not **take off** due to technical difficulties.
비행기가 기술적인 문제로 인해 **이륙할** 수 없었다.

영영 to leave the ground and to start flying

0355 **delay**
[diléi]

ⓝ **지연, 지체** ⓥ **지연시키다**

The two-hour **delay** made the passengers upset.
2시간 **지연**은 승객들을 화나게 했다.

The subway was **delayed** by 30 minutes this morning.
오늘 아침 지하철이 30분 **지연됐다**.

0356 **via**
[váiə / víːə]

prep **~을 경유하여, ~을 거쳐**

My uncle flew to Turkey **via** China.
삼촌은 비행기를 타고 중국을 **경유하여** 터키로 갔다.

0357 **route**
[ruːt / raut]

ⓝ **1 경로 2 노선**

This **route** is the fastest way to my house from yours.
이 **경로**가 너의 집에서 우리 집까지 가장 빠른 길이야.

a bus **route** 버스 **노선**

0358 **land**
[lænd]

ⓥ **착륙[도착]하다** ⊜ arrive ⓝ **육지, 땅**

I called my parents right after we **landed** in Korea.
우리가 한국에 **착륙하고** 나서 바로 나는 부모님께 전화 드렸다.

A hotel will be built on the **land** near the river.
호텔이 강 근처의 **땅**에 지어질 것이다.

0359 **destination**
[dèstənéiʃən]

ⓝ **목적지, 행선지**

It will take 5 more hours until we arrive at our **destination**.
우리는 **목적지**에 도착하기까지 5시간은 더 걸릴 것이다.

0360 **journey**
[dʒə́ːrni]

ⓝ **여정, 여행**

I want to go on this **journey** on my own.
나는 이번 **여행**을 혼자 하고 싶다.

journey는 먼 곳으로 오래 하는 여행을 표현할 때 쓰며, trip은 journey보다는 비교적 짧은 여행을 뜻한다. trip은 여행을 갔다 되돌아오는 것까지의 의미가 포함되어 있지만, journey는 편도의 의미만 있다.

Daily Check-up

학습 Check	MP3 듣기	본문 학습	Daily Check-up	누적 테스트 Days 17-18

A 빈칸에 알맞은 우리말 뜻 또는 영어를 써넣어 워드맵을 완성하시오.

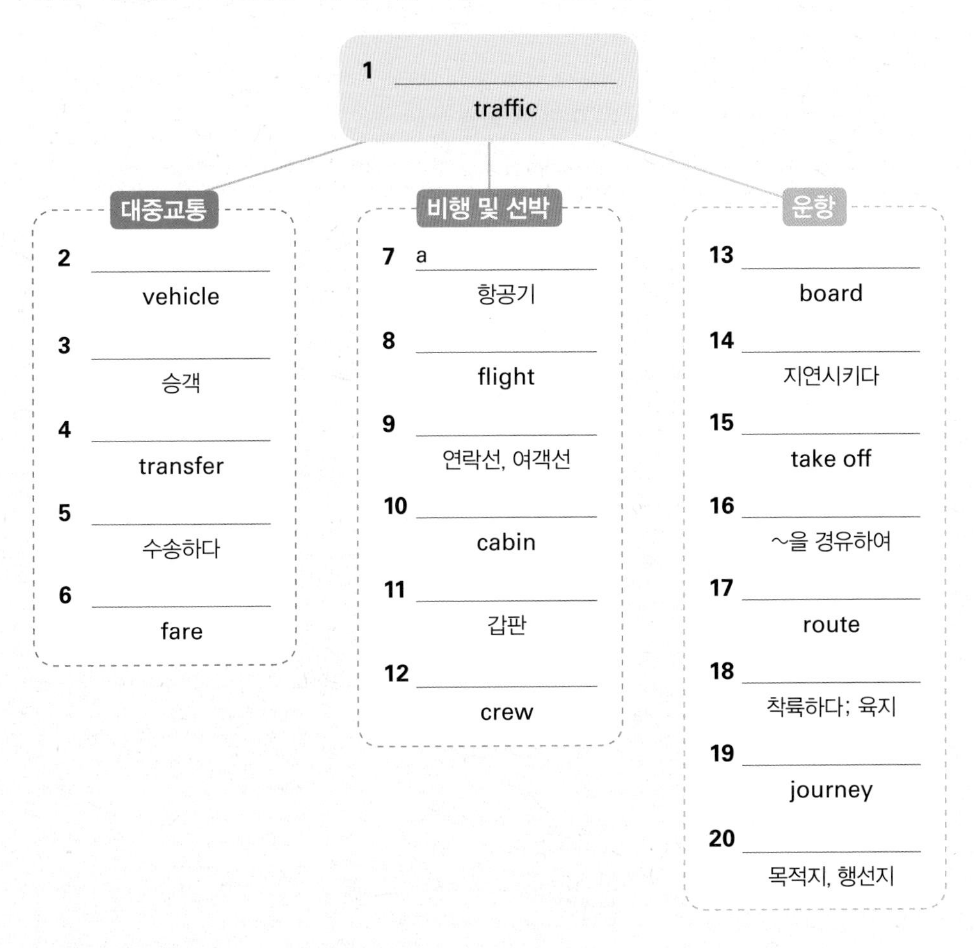

B 우리말을 참고하여, 문장을 완성하시오. (필요하면 단어 형태를 바꾸시오.)

1 He ______________ the plane on time.
그는 제시간에 비행기에 탑승했다.

2 My uncle flew to Turkey ______________ China.
삼촌은 비행기를 타고 중국을 경유하여 터키로 갔다.

3 The police restricted ______________ during the event.
행사 동안에 경찰은 통행을 제한했다.

4 The children played hide-and-seek on the ______________.
아이들은 갑판에서 숨바꼭질을 하면서 놀았다.

5 Passengers miss their ______________ for a variety of reasons.
승객들은 다양한 이유로 비행기를 놓친다.

Day 19 여행

여행 준비

0361 **travel agent** [trǽvl èidʒənt]

ⓝ 여행사 직원

The **travel agent** suggested several destinations for our honeymoon.
여행사 직원은 신혼여행으로 여러 여행지를 추천해줬다.

⊕ travel agency 여행사

0362 **brochure** [brouʃúər]

ⓝ (안내) 책자

I looked through the travel **brochure** to get information about Canada.
나는 캐나다에 대한 정보를 얻기 위해서 여행 **안내 책자**를 살펴봤다.

영영 a thin book with many pictures and information about a product, place, etc.

0363 **schedule** [skédʒuːl]

ⓝ 1 일정 2 시간표

Did you receive the **schedule** for this family trip?
너는 이번 가족 여행 **일정**을 받았니?

a train **schedule** 기차 **시간표**

0364 **insurance** [inʃúərəns]

ⓝ 보험

health **insurance** 건강 **보험**

It is important to buy travel **insurance** before going on a trip.
여행을 가기 전에 여행 **보험**에 가입하는 것이 중요하다.

buy travel insurance 여행 보험에 가입하다

0365 **passport** [pǽspɔ̀ːrt]

ⓝ 여권

Don't forget to bring your **passport** to the airport.
공항에 **여권** 챙겨가는 것을 잊지 마세요.

0366 **baggage** [bǽgidʒ]

ⓝ 수하물 ⊜ luggage

You have to check your **baggage** before boarding the plane.
비행기에 탑승하기 전에 **수하물**을 부쳐야 한다.

check something (비행기, 기차 등을 탈 때 수하물을) 부치다

영영 the bags, suitcases, and personal things that someone carries when traveling

0367 **suitcase**
[sú:tkèis]

ⓝ 여행 가방

How many **suitcases** are you bringing with you?
너는 몇 개의 **여행 가방**을 가지고 가니?

휴가

0368 **vacation**
[veikéiʃən]

ⓝ 방학, 휴가 ⊜holiday

I'm planning to visit my aunt in Austria during winter **vacation**.
나는 겨울 **방학** 동안 오스트리아에 계신 이모 댁을 방문할 예정이다.

영영 a break from work or school

0369 **leave**
[li:v]

ⓥ 떠나다 ↔stay 머물다 ⓝ 휴가

We need to **leave** our house by 9 a.m. to get to the airport on time.
우리는 공항에 정각에 도착하려면 집에서 오전 9시에 **떠나야** 한다.

unpaid **leave** 무급 **휴가**

leave가 '휴가'로 쓰일 때는 군대에서 얻는 휴가나 직장에서 출산, 병가 등 특정한 사유로 허가를 받아서 쉬는 휴가를 말할 때 쓴다.

0370 **foreign**
[fɔ́:rən]

ⓐ 외국의

Have you ever visited a **foreign** country?
당신은 **외국**을 간 적이 있습니까?

⊕ foreigner ⓝ 외국인

0371 **cancel**
[kǽnsəl]

ⓥ 취소하다

Our flight was **canceled** due to bad weather conditions.
악천후 때문에 우리 비행기가 **취소됐다**.

0372 **reservation**
[rèzərvéiʃən]

ⓝ 예약

Did you make **reservations** for dinner at the hotel restaurant? 호텔 식당에 저녁 식사 **예약**을 했나요?

영영 an arrangement to use a hotel, restaurant, or plane
(호텔, 식당, 비행기를 사용하기 위한 준비)

⊕ reserve ⓥ 예약하다

0373 **check in**

탑승[투숙] 수속을 밟다

You can **check in** four hours before your flight's departure time.
비행 출발 시간 네 시간 전부터 **탑승 수속을 밟을** 수 있습니다.

0374 **sightseeing**
[sáitsìːiŋ]

ⓝ **관광**

go **sightseeing** **관광**을 하다[가다]

I took a **sightseeing** bus to make my trip easier.
편하게 여행을 하기 위해서 나는 **관광**버스를 탔다.

관광지

0375 **tourist**
[túərist]

ⓝ **관광객**

tourist office **관광** 안내소

There are so many **tourists** who come to Korea thanks to K-pop.
한국 대중음악 덕분에 한국을 방문하는 **관광객들**이 아주 많이 있다.

0376 **scenery**
[síːnəri]

ⓝ **경치, 풍경** ⊜ landscape

The **scenery** in Tuscany was breathtaking.
토스카나 지역의 **경치**는 숨이 멎을 정도로 아름다웠다.

0377 **amusement park**
[əmjúːzmənt pɑːrk]

ⓝ **놀이공원**

Lotte World is a famous **amusement park** in Seoul.
롯데월드는 서울에 있는 유명한 **놀이공원**이다.

0378 **attraction**
[ətrǽkʃən]

ⓝ **1 명소 2 매력**

There are so many tourist **attractions** to visit in Rome.
로마에는 방문해야 할 관광 **명소**가 아주 많다.

What is the **attraction** of the job?
그 일의 **매력**은 무엇인가요?

⊕ attract ⓥ 끌어 모으다 | attractive ⓐ 매력적인

0379 **souvenir**
[sùːvəníər]

ⓝ **기념품**

souvenir shop **기념품** 가게

He purchased some **souvenirs** at the hotel's gift shop.
그는 호텔 선물 가게에서 **기념품**을 좀 구입했다.

영영 objects that are sold at tourist sites to remind tourists of their trip (관광객들이 여행을 떠올리게 하기 위해 관광지에서 파는 물건)

0380 **customs**
[kʌ́stəmz]

ⓝ **세관; 관세**

All the tourists flying in from Beijing had to pass through **customs**.
베이징에서 들어오는 모든 관광객들은 **세관**을 통과해야 했다.

customs duty **관세**

Daily Check-up

학습 Check	MP3 듣기	본문 학습	Daily Check-up	누적 테스트 Days 18-19	Review Test

A 빈칸에 알맞은 우리말 뜻 또는 영어를 써넣어 워드맵을 완성하시오.

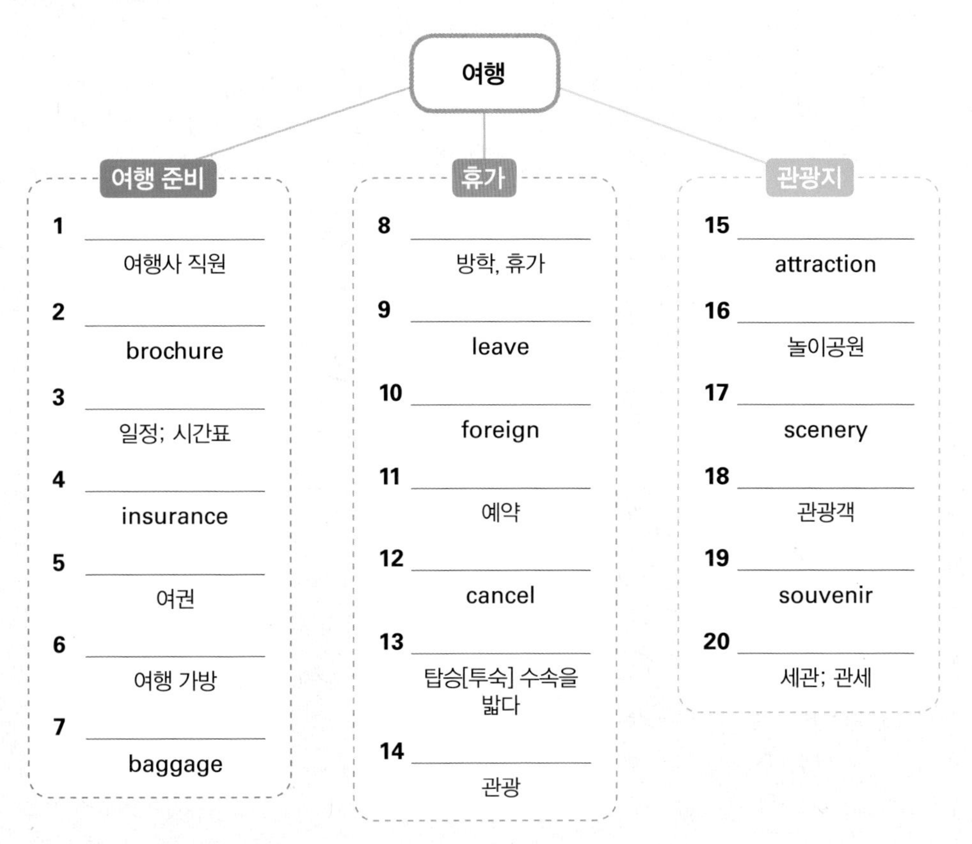

B 우리말을 참고하여, 문장을 완성하시오. (필요하면 단어 형태를 바꾸시오.)

1 Have you ever visited a ____________ country?
당신은 외국을 간 적이 있습니까?

2 Lotte World is a famous ____________ in Seoul.
롯데월드는 서울에 있는 유명한 놀이공원이다.

3 The ____________ in Tuscany was breathtaking.
토스카나 지역의 경치는 숨이 멎을 정도로 아름다웠다.

4 Our flight was ____________ due to bad weather conditions.
악천후 때문에 우리 비행기가 취소됐다.

5 You have to check your ____________ before boarding the plane.
비행기에 탑승하기 전에 수하물을 부쳐야 한다.

A 들려주는 영어 단어를 쓴 후 우리말 뜻을 쓰시오.

영단어	뜻	영단어	뜻
1		2	
3		4	
5		6	
7		8	
9		10	
11		12	
13		14	
15		16	
17		18	
19		20	

B 다음 영영 풀이에 해당하는 알맞은 단어를 골라 쓰시오.

landmark　crew　passenger　steer　souvenir　pedestrian

1 a person walking on the street ____________

2 to control the direction of a vehicle ____________

3 the people who work on a ship, plane, etc. ____________

4 a person traveling on a plane, bus, etc. ____________

5 a building that you can easily see from a distance ____________

6 objects that are sold at tourist sites to remind tourists of their trip ____________

맞은 개수 /38

C 밑줄 친 단어의 동의어(=) 또는 반의어(↔)를 골라 쓸시오.

exterior holiday land landscape

1 I'm going to Canada during winter vacation. = ______

2 We drove through some beautiful scenery. = ______

3 The plane is going to take off. ↔ ______

4 I want the interior of this building painted yellow. ↔ ______

D 다음 그림을 보고, 해당하는 단어와 연결하시오.

1 

2 

3 

4 

sidewalk lawn ferry flat

E 다음을 읽고, 빈칸에 알맞은 단어를 우리말을 참고하여 쓰시오.

1 ______ to Line No. 3 at this stop.
이번 역에서 3호선으로 **갈아타세요.**

2 Every year, Paris is flooded with ______.
매년 파리시는 **관광객들**로 넘쳐난다.

3 I had to ______ my dinner reservation.
나는 저녁 식사 예약을 **취소해야** 했다.

4 Our flight was ______ed due to mechanical problems.
기계적 결함 때문에 우리의 비행이 **지연되었다.**

PLAN 6
문화 예술

Day 20 예술
Day 21 방송과 언론
Day 22 패션

문화 예술

예술

artwork 미술품
exhibition 전시회; 전시
appreciate 감상하다

방송과 언론

broadcast 방송(하다)
mass media 대중 매체
affect 영향을 미치다

패션

jewelry 보석류
formal 격식을 차린
costume 의상

Day 20 예술

예술 작품

0381 **fine art**
[fain a:rt]

ⓝ 미술

I often visit the Museum of **Fine Arts** in Boston.
나는 종종 보스턴에 있는 **미술** 박물관을 방문한다.

applied **fine arts** 응용 **미술**

fine art는 회화나 조각품 등의 순수 미술을 뜻하며, 보통 복수형 fine arts로 쓴다.

0382 **artwork**
[ɑ́:rtwə̀:rk]

ⓝ 미술품, 예술품

She bought a piece of **artwork** from the gallery.
그녀는 화랑에서 **미술품** 하나를 구입했다.

영영 paintings, sculptures, photographs, etc. produced by artists

0383 **sculpture**
[skʌ́lptʃər]

ⓝ 조각품

The garden is beautifully decorated with **sculptures** and flowers. 정원은 **조각품**과 꽃으로 아름답게 꾸며져 있다.

영영 a piece of art made out of stone, wood, etc.

0384 **masterpiece**
[mǽstərpì:s]

ⓝ 걸작, 명작

The *Mona Lisa* is one of the world's greatest **masterpieces**. '모나리자'는 전 세계의 위대한 **걸작** 중 하나이다.

0385 **craft**
[kræft]

ⓝ 1 공예, (복수로) 공예품 2 기술

a **craft** fair **공예** 전시회

Many writers learned their **craft** by studying the works of other writers.
많은 작가들은 다른 작가들의 작품을 공부하면서 자신들의 **기술**을 배웠다.

영영 1 an activity during which one makes things by using one's hands (손을 사용하여 무언가를 만드는 활동)

창작

0386 **creation**
[kriéiʃən]

ⓝ 1 창조, 창작 2 창작물

the **creation** of new artwork 새로운 미술품의 **창작**

A novel is the literary **creation** of a writer.
소설은 작가의 문학적 **창작물**이다.

+ create ⓥ 창조[창작]하다 | creative ⓐ 창의적인

0387 **imaginative**
[imǽdʒənətiv]

ⓐ 창의적인, 상상력이 풍부한 ⊜creative

Salvador Dali is famous for his **imaginative** approach to the world of art.
살바도르 달리는 예술 세계에 대한 **창의적인** 접근법으로 유명하다.

⊕ imagine ⓥ 상상하다

0388 **abstract**
[ǽbstrækt]

ⓐ 추상적인

an **abstract** painting 추상화

For me, art is an **abstract** concept.
나에게 미술은 **추상적인** 개념이다.

0389 **original**
[ərídʒənəl]

ⓐ 1 원래의 2 독창적인

My **original** plan was to visit the Louvre Museum.
내 **원래** 계획은 루브르 박물관에 방문하는 것이었다.

an **original** idea **독창적인[기발한]** 생각

전시와 공연

0390 **exhibition**
[èksəbíʃən]

ⓝ 전시회; 전시

Are you interested in going to the Van Gogh art **exhibition**?
너는 반 고흐 미술 **전시회**를 보러 가는 것에 관심이 있니?

⊕ exhibit ⓥ 전시하다 ⓝ 전시회; 전시품

0391 **display**
[displéi]

ⓥ 전시하다 ⊜show, exhibit ⓝ 전시, 진열

Michelangelo's artwork is **displayed** in museums all over Italy.
미켈란젤로의 예술품은 이탈리아 전역의 박물관에 **전시되어** 있다.

a **display** of ice sculptures 얼음 조각품의 **전시**

0392 **performance**
[pərfɔ́:rməns]

ⓝ 공연; 연주회

The ballet **performance** will start at 7 p.m. at the art center.
발레 **공연**은 아트 센터에서 저녁 7시에 시작할 것이다.

영영 an activity such as acting, singing, or dancing

0393 **classical**
[klǽsikəl]

ⓐ 1 고전적인 2 (음악이) 클래식의

classical dance **고전** 무용

My mother is a fan of **classical** music, especially Mozart.
우리 엄마는 **클래식** 음악, 특히 모차르트 음악의 팬이다.

0394 **stage**
[steidʒ]

ⓝ 1 단계 2 무대

the early **stages** of economic development
경제 개발의 초기 **단계**

The actors passionately sang and danced on **stage**.
배우들은 **무대** 위에서 열정적으로 노래하고 춤을 췄다.

0395 **audience**
[ɔ́:diəns]

ⓝ 관중; 청중

a large **audience** 많은 **관중**

The **audience** all stood up to applaud the orchestra.
모든 **청중들**은 일어나 관현악단에 박수를 보냈다.

감상 · 평가

0396 **appreciate**
[əprí:ʃièit]

ⓥ 1 진가를 알아보다; 감상하다 2 고마워하다

appreciate a poem 시를 **감상하다**

Thank you for your help. I **appreciate** it.
도와줘서 고마워. 정말 **고마워**.

영영 1 to understand how good someone or something is

⊕ appreciation ⓝ 감상; 감사

0397 **impression**
[impréʃən]

ⓝ 인상, 느낌 ⊜ idea, feeling

What was your first **impression** of Munch's famous painting *The Scream*?
뭉크의 유명한 그림 '절규'에 대한 너의 첫 **인상**은 어땠니?

⊕ impress ⓥ 깊은 인상을 주다

0398 **inspire**
[inspáiər]

ⓥ 고무하다, 격려하다

The story **inspired** me to become a writer.
그 이야기는 내가 작가가 되도록 **고무했다**.

⊕ inspiraton ⓝ 영감

0399 **value**
[vǽlju:]

ⓝ 가치 ⓥ 가치 있게 생각하다

Most of Monet's paintings have a very high **value**.
대부분의 모네 그림들은 높은 **가치**를 갖고 있다.

Gold has been highly **valued** throughout history.
금은 역사상 아주 **가치 있게 생각되어** 왔다.

0400 **critic**
[krítik]

ⓝ 비평가, 평론가

an art **critic** 미술 **평론가**

The **critic** wrote a review of the performer's acting.
비평가는 그 공연자의 연기에 대한 논평을 썼다.

Daily Check-up

학습 Check	MP3 듣기	본문 학습	Daily Check-up	누적 테스트 Days 19-20

A 빈칸에 알맞은 우리말 뜻 또는 영어 단어를 써넣어 워드맵을 완성하시오.

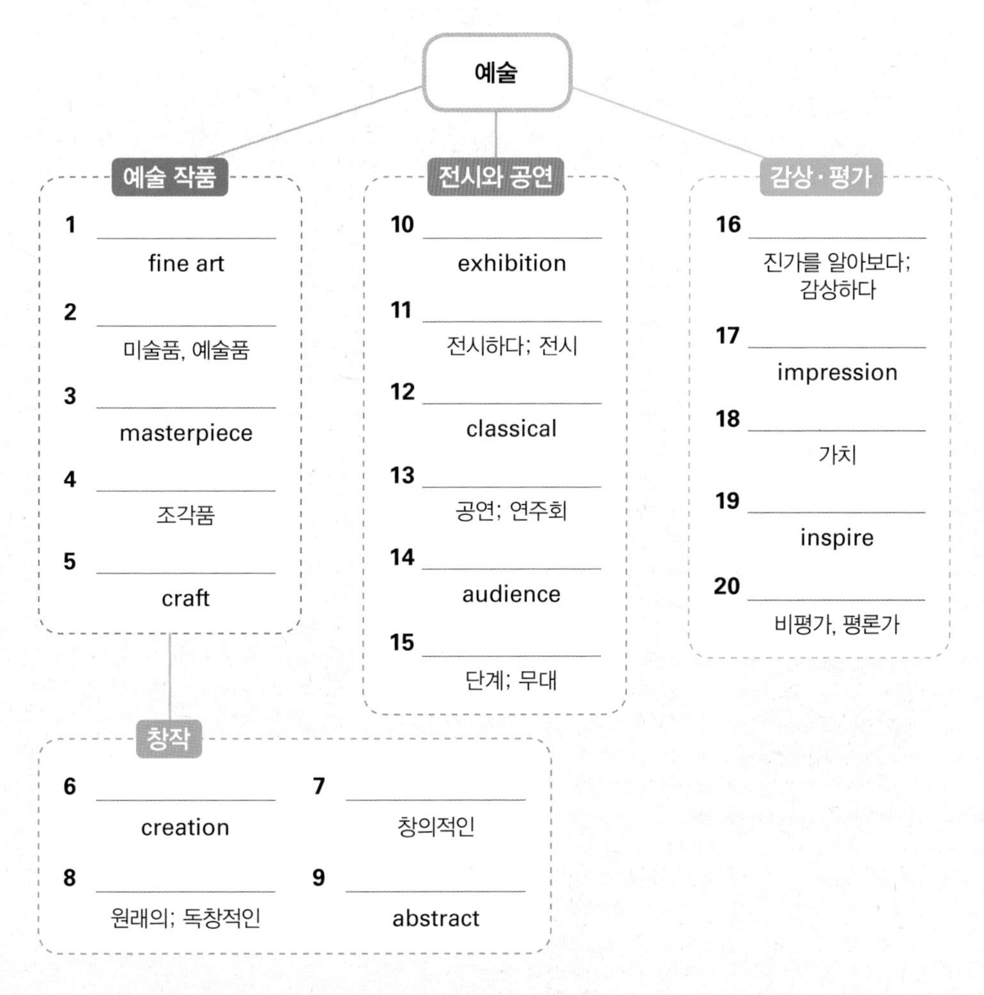

B 우리말을 참고하여, 어구 또는 문장을 완성하시오. (필요하면 단어 형태를 바꾸시오.)

1 an ____________ painting 추상화

2 The ____________ all stood up to applaud the orchestra.
모든 청중들은 일어나 관현악단에 박수를 보냈다.

3 Gold has been highly ____________ throughout history.
금은 역사상 아주 가치 있게 생각되어 왔다.

4 My ____________ plan was to visit the Louvre Museum.
내 원래 계획은 루브르 박물관에 방문하는 것이었다.

5 The garden is beautifully decorated with ____________ and flowers.
정원은 조각품과 꽃으로 아름답게 꾸며져 있다.

Day 21 방송과 언론

0401 **broadcast**
[brɔ́:dkæ̀st]
broadcast–broadcast(ed)–broadcast(ed)

ⓥ 방송하다 ⓝ 방송

Her speech was **broadcast** live on television yesterday.
그녀의 연설은 어제 TV에서 생**방송되었다**.

a news **broadcast** 뉴스 **방송**

0402 **press**
[pres]

ⓝ 신문, 언론 ⓥ 누르다

The **press** paid great attention to the issue.
언론은 그 문제에 많은 관심을 기울였다.

Press the button to turn on the light.
불을 켜려면 버튼을 **누르세요**.

TV와 방송

0403 **advertise**
[ǽdvərtàiz]

ⓥ 광고하다

The company spent millions of dollars **advertising** its products.
그 회사는 자사 제품을 **광고하는** 데 수백만 달러를 썼다.

⊕ advertisement ⓝ 광고

0404 **entertainment**
[èntərtéinmənt]

ⓝ (영화·음악 등의) 오락(물)

Music is a form of **entertainment**.
음악은 **오락**의 한 형태이다.

영영 films, television programs, and performances that give people pleasure

⊕ entertain ⓥ 즐겁게 해주다

0405 **trend**
[trend]

ⓝ 1 동향, 추세 2 유행

the growing **trend** of reality TV shows
리얼리티 TV 쇼의 증가 **추세**

It's so hard to keep up with new **trends** these days.
요즘 새로운 **유행**을 따라가는 게 너무 힘들다.

0406 **celebrity**
[səlébrəti]

ⓝ (유명) 연예인; 유명 인사

a national **celebrity** 국가적인 **유명 인사**

Have you ever dreamed of marrying your favorite **celebrity**?
네가 제일 좋아하는 **연예인**과 결혼하는 상상을 해본 적이 있니?

영영 a famous person who usually appears on TV

0407 **fame**
[feim]

ⓝ 명성

Bill Gates earned his **fame** as the co-founder of Microsoft.
빌 게이츠는 마이크로소프트사의 공동 창립자로 **명성**을 쌓았다.

⊕ famous ⓐ 유명한 | famed ⓐ 아주 유명한

0408 **script**
[skript]

ⓝ 대본, 각본

a film **script** 영화 **대본**

Tom Cruise has a hard time memorizing the **script**.
배우 톰 크루즈는 **대본**을 외우는 데 힘들어한다.

0409 **visual**
[víʒuəl]

ⓐ 시각의

visual aid **시각** 자료

The movie was boring, but the **visual** effects were amazing.
그 영화는 지루했지만 **시각** 효과는 놀라웠다.

언론 기사

0410 **mass media**
[mæs mí:diə]

ⓝ 대중 매체

The royal wedding got a lot of attention from the **mass media**.
그 왕실 결혼식은 **대중 매체**로부터 많은 관심을 받았다.

영영 newspapers, television, and radio that provide information to the public

0411 **journal**
[dʒə́:rnl]

ⓝ 1 학술지, (전문) 잡지 2 일기

Are you planning on having your work published in a scientific **journal**?
너는 네 작업을 과학 **잡지**에 실을 계획이니?

keep a **journal** **일기**를 쓰다

0412 **journalist**
[dʒə́:rnəlist]

ⓝ 기자

a freelance **journalist** 프리랜서 **기자**

My aunt worked as a **journalist** at the *Economist*.
우리 이모는 Economist 지의 **기자**로 일했다.

0413 **headline**
[hédlàin]

ⓝ (신문 기사의) 표제

The **headline** in today's newspaper caught my attention.
오늘 신문의 **표제**가 내 주목을 끌었다.

0414 **article**
[ɑ́:rtikl]

ⓝ (신문·잡지의) 기사, 글

a magazine **article** 잡지 **기사**

I wrote an **article** about my mother for the school newspaper. 나는 학교 신문에 실을 엄마에 대한 **글**을 썼다.

0415 **current**
[kə́:rənt]

ⓐ 현재의; 최신의

Our homework is to read and summarize the **current** issue. 우리 숙제는 **현** 이슈(시사)를 읽고 요약하는 것이다.

⊕ currently ⓐⓓ 현재

0416 **feature**
[fí:tʃər]

ⓝ 1 특징 2 특집 기사 ⓥ 특징으로 삼다, 특별히 포함하다

Vogue is planning a special **feature** on *hanbok*.
Vogue 지는 한복에 대한 **특집 기사**를 계획 중이다.

The exhibition **featured** paintings by Van Gogh.
그 전시회는 반 고흐의 그림들을 **중요하게 다루었다**.

언론의 영향

0417 **affect**
[əfékt]

ⓥ 영향을 미치다

The news media can **affect** public opinion.
뉴스 매체는 여론에 **영향을 줄** 수 있다.

0418 **powerful**
[páuərfəl]

ⓐ 1 영향력 있는 ⊜influential 2 강력한

Warren Buffet is one of the most **powerful** people in the world.
워런 버핏은 세계에서 가장 **영향력 있는** 인물 중 한 명이다.

The president gave a **powerful** speech about equality.
대통령은 평등에 대해서 **강력한** 연설을 했다.

0419 **monitor**
[mɑ́:nitər]

ⓝ 화면 ⓥ 감시[관리]하다

How do I look on the TV **monitor**?
텔레비전 **화면**에 내가 어떻게 나오니?

The guard **monitored** the hallway through a CCTV.
경비원은 CCTV를 통해 복도를 **감시했다**.

영영 ⓥ to carefully watch and check something over a period of time

0420 **knowledge**
[nɑ́:lidʒ]

ⓝ 지식

Reading the newspaper is a good habit to gain **knowledge** about current issues.
신문을 읽는 것은 시사에 대한 **지식**을 얻는 좋은 습관이다.

Daily Check-up

학습 Check	MP3 듣기	본문 학습	Daily Check-up	누적 테스트 Days 20-21

A 빈칸에 알맞은 우리말 뜻 또는 영어 단어를 써넣어 워드맵을 완성하시오.

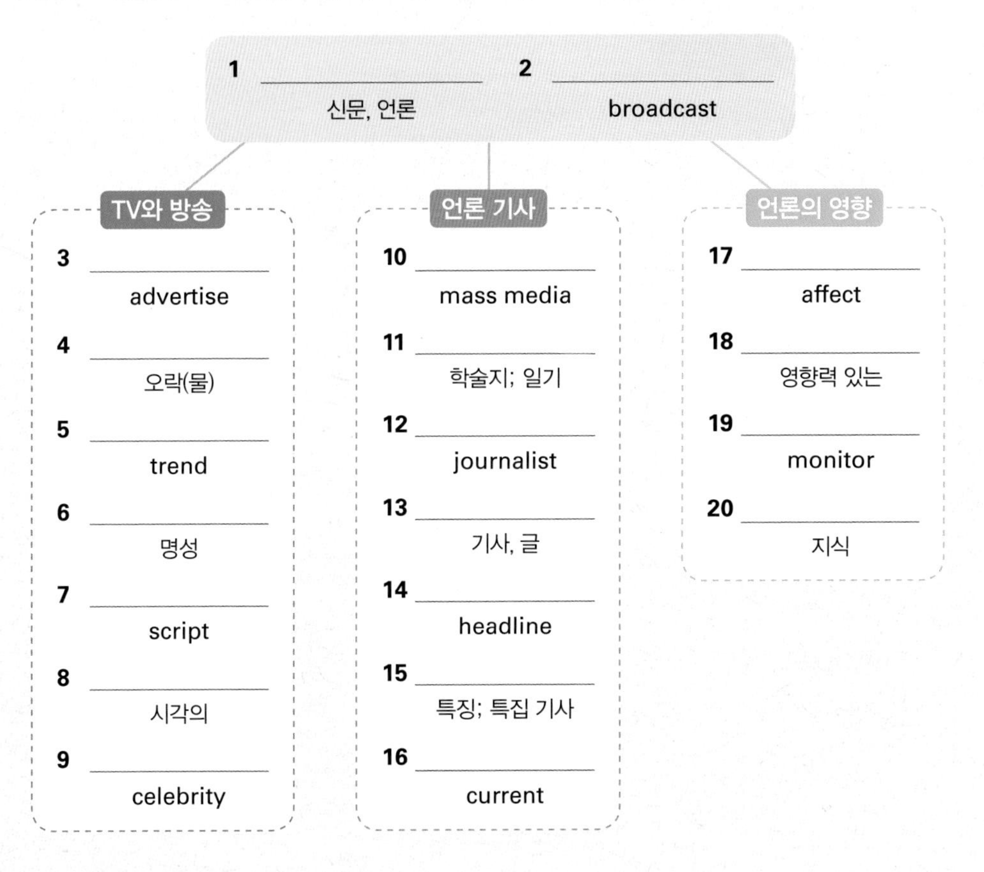

B 우리말을 참고하여, 문장을 완성하시오. (필요하면 단어 형태를 바꾸시오.)

1 The ______________ in today's newspaper caught my attention.
오늘 신문의 표제가 내 주목을 끌었다.

2 The company spent millions of dollars ______________ its products.
그 회사는 자사 제품을 광고하는 데 수백만 달러를 썼다.

3 Our homework is to read and summarize the ______________ issue.
우리 숙제는 현 이슈(시사)를 읽고 요약하는 것이다.

4 The movie was boring, but the ______________ effects were amazing.
그 영화는 지루했지만 시각 효과는 놀라웠다.

5 Reading the newspaper is a good habit to gain ______________ about current issues.
신문을 읽는 것은 시사에 대한 지식을 얻는 좋은 습관이다.

Day 22 패션

패션 소품

0421 jewelry
[dʒúːəlri]

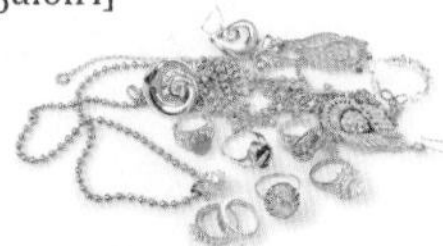

ⓝ 보석류

My sister likes to wear a lot of **jewelry**.
우리 언니는 **보석**을 많이 착용하는 것을 좋아한다.

Store your valuable **jewelry** in a safe.
값비싼 **보석**은 금고에 보관하세요.

0422 bracelet
[bréislət]

ⓝ 팔찌

I love this glow-in-the-dark **bracelet**.
나는 이 야광 **팔찌**가 마음에 들어.

0423 handkerchief
[hǽŋkərtʃif]

ⓝ 손수건

The **handkerchief** is decorated with very soft lace.
그 **손수건**은 아주 부드러운 레이스로 장식되어 있다.

0424 backpack
[bǽkpæ̀k]

ⓝ 배낭 ⓥ 배낭여행을 하다

Always wear your **backpack** in the front when you visit Rome.
로마를 방문할 때 **배낭**을 항상 앞에 매라.

I'll **backpack** around Eastern Europe.
나는 동유럽을 **배낭여행할** 거야.

0425 wallet
[wάːlət / wɔ́ːlət]

ⓝ 지갑

This **wallet** is made from soft calfskin.
이 **지갑**은 부드러운 송아지 가죽으로 만들어졌다.

영영 a small folding case in which one keeps money and credit cards

wallet: 돈이나 신용 카드를 넣는 천이나 가죽으로 된 접는 지갑
purse: 여성들 용으로 영국에서는 동전 지갑, 미국에서는 돈이나 소지품을 넣는 핸드백을 의미함

옷의 특징과 옷감

0426 clothes
[klouðz]

ⓝ 옷

I'm going to give away my **clothes** to my friends.
나는 내 **옷**을 친구들에게 나눠 줄 거야.

clothes와 clothing 모두 '옷'을 가리킨다. clothing은 좀 더 격식을 차릴 때 쓰며, 보통 말할 때는 clothing을 잘 쓰지 않는다. cloth는 '옷감'을 뜻한다.

0427 **casual**
[kǽʒuəl]

ⓐ 평상시의 ↔formal 격식을 차린

We are allowed to wear **casual** clothes to work on Fridays.
우리는 금요일마다 회사에 **평상**복을 입고 출근하는 것이 허용된다.

0428 **formal**
[fɔ́:rməl]

ⓐ 1 격식을 차린 2 공식적인

Do we have to wear **formal** evening clothes to the party?
저희는 파티에 **격식을 차린** 야회복을 입어야 하나요?

a **formal** agreement between two companies
두 기업 사이의 **공식적인** 합의

⊕ formally ad 정식으로, 공식적으로

0429 **loose**
[lu:s]

ⓐ 1 풀린 2 헐렁한

Will you sew this **loose** button back on my shirt?
이 실이 **풀린** 단추를 내 셔츠에 다시 달아줄래?

These jogging pants are too **loose**.
이 조깅 바지는 너무 **헐렁해**.

⊕ loosely ad 느슨하게

0430 **tight**
[tait]

ⓐ (옷이) 딱 붙는, 꽉 조이는 ↔loose

I can barely breathe in these **tight** skinny jeans.
딱 붙는 이 스키니 청바지를 입고 나는 거의 숨 쉴 수가 없어.

0431 **neat**
[ni:t]

ⓐ 단정한, 정돈된 ↔untidy 단정치 못한

I think that black skirt looks **neat** on you.
내 생각에는 저 검정색 치마가 네게 **단정해** 보이는 것 같아.

My brother always keeps his room tidy and **neat**.
우리 형은 항상 방을 깔끔하고 **단정하게** 정돈한다.

영영 clean and organized

0432 **leather**
[léðər]

ⓝ 가죽

a **leather** wallet 가죽 지갑

People usually don't wear **leather** pants during summer.
사람들은 보통 여름에는 **가죽** 바지를 입지 않는다.

0433 **fabric**
[fǽbrik]

ⓝ 천, 직물 =cloth

Cinderella made herself a dress with leftover **fabric**.
신데렐라는 여분의 **천**으로 자신의 드레스를 만들었다.

옷의 종류

0434 **costume**
[kάːstuːm]

ⓝ 의상

My mother is making my Halloween **costume**.
엄마는 내 핼러윈 **의상**을 만들고 계신다.

영영 clothes worn on a special occasion (특별한 행사에 입는 옷)

0435 **suit**
[suːt]

ⓝ 정장 ⓥ (옷·색상 등이) 어울리다

I wore a black **suit** to the meeting.
나는 회의에 검정색 **정장**을 입고 갔다.

The tuxedo **suits** you perfectly.
턱시도가 당신에게 아주 잘 **어울리네요**.

0436 **uniform**
[júːnəfɔ̀ːrm]

ⓝ 교복, 제복 ⓐ 한결같은, 균일한

Wearing a school **uniform** saves me a lot of time in the morning. **교복**을 입어서 나는 아침에 시간을 많이 절약한다.

They should be **uniform** in size and color.
그것들은 크기와 색깔이 **균일해야** 한다.

영영 ⓝ a set of clothing worn at a workplace or a school

uni(단일의) + form(형태) → 단일한 형태의 옷 → 교복

0437 **knit**
[nit]

ⓥ (실로 옷 등을) 뜨다 ⓝ 뜨개질한 옷, 니트

I **knitted** this red muffler myself.
나는 이 빨간 목도리를 직접 **떴다**.

winter **knits** **뜨개질한** 겨울 **옷들**

0438 **trousers**
[tráuzərz]

ⓝ 바지 ⊜ pants

I need new **trousers** for the interview.
면접을 위해 나는 새 **바지**가 필요하다.

trousers는 영국식, pants는 미국식 표현이다.

0439 **vest**
[vest]

ⓝ 조끼

The boy had a hard time buttoning his **vest**.
남자아이는 **조끼**의 단추를 잠그는 데 쩔쩔맸다.

미국에서는 재킷 안쪽에 입는 소매가 없는 옷을 vest라고 하며, 영국에서는 이를 waistcoat라고 한다. 영국 영어에서 vest는 undershirt 즉 '속옷 셔츠'를 뜻한다.

0440 **sleeve**
[sliːv]

ⓝ 소매

She wore a black dress with short **sleeves**.
그녀는 짧은 **소매**의 검정색 드레스를 입었다.

sleeveless ⓐ 소매 없는

Daily Check-up

학습 Check	MP3 듣기	본문 학습	Daily Check-up	누적 테스트 Days 21-22	Review Test

A 빈칸에 알맞은 우리말 뜻 또는 영어 단어를 써넣어 워드맵을 완성하시오.

B 우리말을 참고하여, 문장을 완성하시오. (필요하면 단어 형태를 바꾸시오.)

1 These jogging pants are too ______________.
이 조깅 바지는 너무 헐렁해.

2 I need new ______________ for the interview.
면접을 위해 나는 새 바지가 필요하다.

3 I think that black skirt looks ______________ on you.
내 생각에는 저 검정색 치마가 네게 단정해 보이는 것 같아.

4 The boy had a hard time buttoning his ______________.
남자아이는 조끼의 단추를 잠그는 데 쩔쩔맸다.

5 We are allowed to wear ______________ clothes to work on Fridays.
우리는 금요일마다 회사에 평상복을 입고 출근하는 것이 허용된다.

A 들려주는 영어 단어를 쓴 후 우리말 뜻을 쓰시오.

영단어	뜻	영단어	뜻
1		2	
3		4	
5		6	
7		8	
9		10	
11		12	
13		14	
15		16	
17		18	
19		20	

B 다음 영영 풀이에 해당하는 알맞은 단어를 골라 쓰시오.

artwork performance costume celebrity mass media neat

1 clean and organized ______________

2 clothes worn on a special occasion ______________

3 an activity such as acting, singing, or dancing ______________

4 paintings, sculptures, etc. produced by artists ______________

5 a famous person who usually appears on TV ______________

6 newspapers, television, and radio that provide information to the public ______________

C 밑줄 친 단어의 동의어(=) 또는 반의어(↔)를 골라 쓰시오.

formal tight creative feeling

1 My first impression of him wasn't that good. = ______________

2 His imaginative thoughts were made into inventions. = ______________

3 You can wear casual clothes to the party. ↔ ______________

4 I like to wear loose shirts during summer. ↔ ______________

D 다음 그림을 보고, 해당하는 단어와 연결하시오.

1 

2 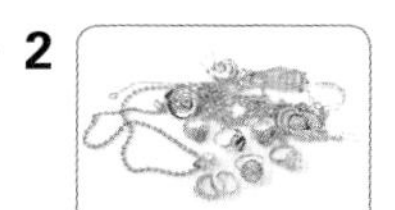

3 

4 

wallet jewelry sculpture bracelet

E 다음을 읽고, 빈칸에 알맞은 단어를 우리말을 참고하여 쓰시오.

1 I can't figure out what those ______________ paintings mean.
저 **추상적인** 그림들이 무엇을 의미하는지 나는 모르겠다.

2 The Internet is a(n) ______________ tool for finding information.
인터넷은 정보를 찾는 데 **강력한** 도구이다.

3 Most police officers wear a(n) ______________ and a badge.
대부분의 경찰관은 **제복**을 입고 배지를 달고 다닌다.

4 The ______________ burst into tears because of the sad ending.
슬픈 결말로 **관객들**이 울음을 터뜨렸다.

PLAN 7
자연과 환경

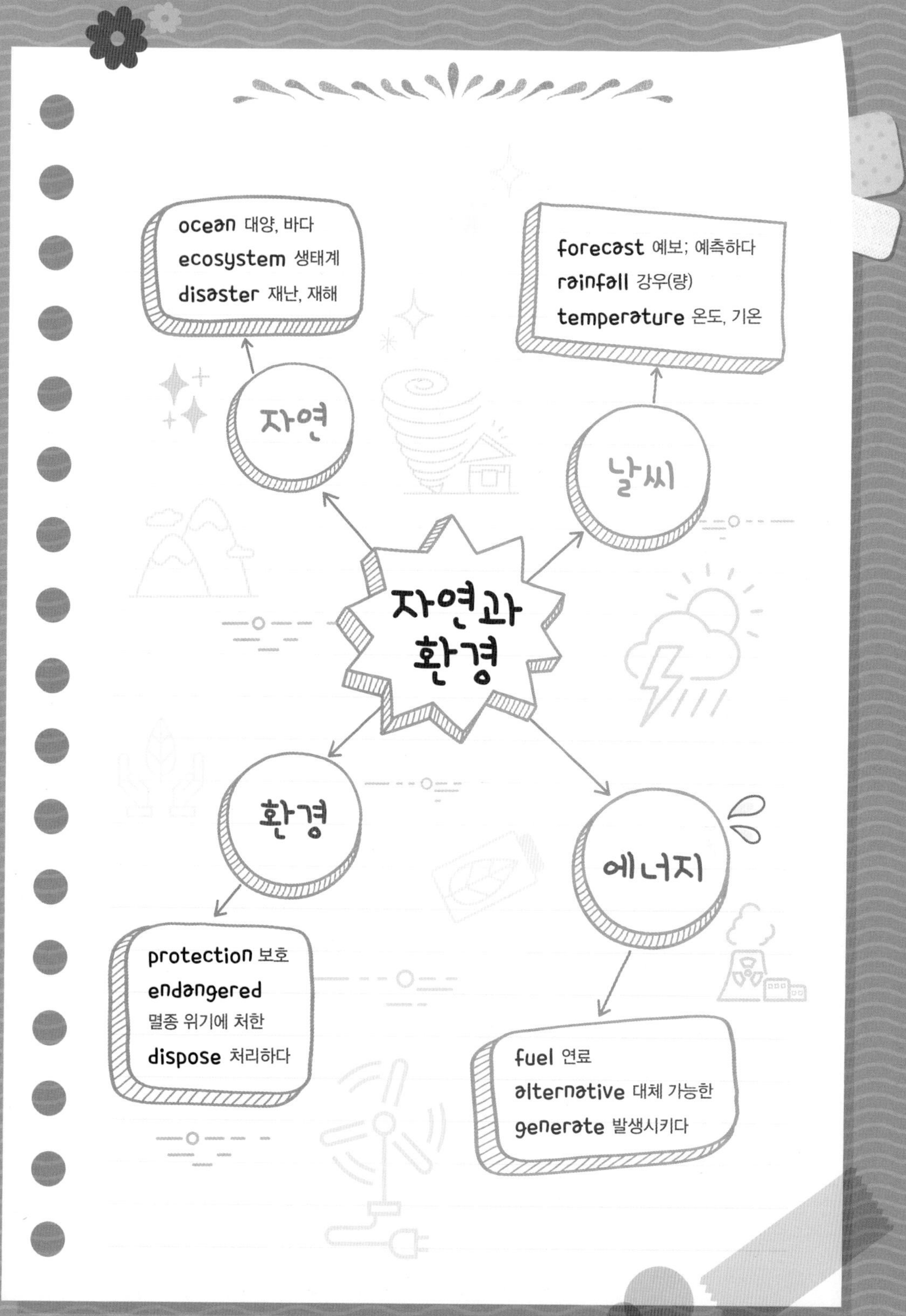

자연과 환경

자연

ocean 대양, 바다
ecosystem 생태계
disaster 재난, 재해

날씨

forecast 예보; 예측하다
rainfall 강우(량)
temperature 온도, 기온

환경

protection 보호
endangered 멸종 위기에 처한
dispose 처리하다

에너지

fuel 연료
alternative 대체 가능한
generate 발생시키다

Day 23 자연

0441 **natural** [nǽtʃərəl]

ⓐ 1 자연의 ↔ artificial 인공적인 2 당연한 3 타고난

natural environment **자연**환경

It is **natural** that they feel anxious about it.
그들이 그것에 대해 걱정을 느끼는 것은 **당연하다**.

a **natural** talent for music 음악에 대한 **타고난** 재능

⊕ nature ⓝ 자연; 성질; 본질

육지와 바다

0442 **continent** [kάːntənənt]

ⓝ 대륙

Asia is the largest **continent** in terms of area and population.
아시아는 면적과 인구 면에서 제일 큰 **대륙**이다.

0443 **ocean** [óuʃən]

ⓝ 대양, 바다

the Pacific **Ocean** 태평**양**

I have seen a lot of dolphins swimming in the **ocean**.
나는 **바다**에서 많은 돌고래들이 헤엄치는 것을 봤다.

0444 **marine** [məríːn]

ⓐ 해양의, 바다의

Whales are known to be fascinating **marine** animals.
고래는 아주 흥미로운 **해양** 동물로 알려져 있다.

0445 **coast** [koust]

ⓝ 해안, 연안 ⊜ shore

walk along the **coast** **해안**을 따라 걷다

The Pacific **Coast** Highway is one of the most beautiful routes to drive on in California.
태평양 **해안** 고속 도로는 캘리포니아주에서 드라이브하기에 가장 아름다운 길 중 하나이다.

생태계

0446 **ecosystem** [íːkousìstəm]

ⓝ 생태계

We are causing a great amount of damage to our **ecosystem**.
우리는 **생태계**에 어마한 양의 피해를 입히고 있다.

영영 all the living things, such as plants and animals, and nonliving things, such as rocks and soil, in an area

0447 **species**
[spí:ʃi:z]

ⓝ 종

rare **species** of plants 희귀 식물 **종**

Do you know how many **species** of animals became extinct last year?
작년에 동물 **종**이 얼마나 멸종되었는지 알고 있니?

영영 a group of plants or animals that have similar characteristics
(비슷한 특징을 지닌 식물이나 동물의 집단)

0448 **wildlife**
[wáildlàif]

ⓝ 야생 생물

We are working hard to save the **wildlife**.
우리는 **야생 생물**을 보호하기 위해서 열심히 일하고 있다.

0449 **habitat**
[hǽbətæ̀t]

ⓝ 서식지 ⊜home

wildlife **habitat** 야생 생물 **서식지**

Some species are losing their **habitats** due to global warming.
지구 온난화로 인해 일부 종들은 **서식지**를 잃고 있다.

0450 **tropical**
[trɑ́:pikəl]

ⓐ 열대 지방의, 열대의

tropical plants **열대** 식물

Nowadays, **tropical** fish can be caught around Jeju-do.
요즘 제주도 근방에서 **열대**어를 잡을 수 있다.

0451 **rainforest**
[réinfɔ:rist]

ⓝ 열대 우림

The Amazon **Rainforest** is home to millions of species.
아마존 **열대 우림**은 수백만 종들의 서식지이다.

영영 a tropical forest with tall trees where it rains a lot
(비가 많이 오는 키가 큰 나무들이 있는 열대 지방의 숲)

0452 **desert**
[dézərt]

ⓝ 사막

The Sahara **Desert** is one of the hottest and driest places in the world.
사하라 **사막**은 세상에서 가장 뜨겁고 건조한 곳 중 하나이다.

0453 **polar**
[póulər]

ⓐ 북극/남극의, 극지의

polar regions **극**지방

Coca-Cola uses **polar** bears in its commercials.
코카콜라는 광고에 **북극**곰을 사용한다.

⊕ pole ⓝ (지구의) 극

the North / South Pole 북극 / 남극

자연재해

0454 **disaster**
[dizǽstər]

ⓝ **재난, 재해**

A tsunami is a natural **disaster** that occurs in Japan almost every year.
쓰나미는 거의 매년 일본에 발생하는 자연**재해**이다.

영영 a sudden event, such as a flood, fire, or plane crash that causes a lot of damage

---

0455 **phenomenon**
[finɑ́:mənɑ̀:n]

ⓝ **현상**

This **phenomenon** can't be explained by science.
이 **현상**은 과학으로 설명될 수 없다.

복수형은 phenomena이다.

0456 **earthquake**
[ə́:rəkwèik]

ⓝ **지진**

an **earthquake** zone **지진** 지대

Thousands of people died in the **earthquake**.
수천 명의 사람들이 **지진**으로 사망했다.

earth(땅) + quake(흔들리다) → 땅이 흔들리는 것 → 지진

0457 **volcano**
[valkéinou]

ⓝ **화산**

The **volcano** erupted, killing at least 10 people.
화산이 폭발해서 최소 10명이 사망했다.

There are many active **volcanoes** in Indonesia.
인도네시아에는 활**화산**이 많이 있다.

\+ volcanic ⓐ 화산의

0458 **typhoon**
[taifú:n]

ⓝ **태풍**

The **typhoon** hit our village so hard that thousands of homes were damaged.
태풍이 우리 마을에 크게 강타해서 수천 가구가 피해를 입었다.

0459 **flood**
[flʌd]

ⓝ **홍수** ⓥ **물에 잠기다[잠기게 하다]**

flash **flood** 갑작스런 **홍수**

The road was **flooded** after the heavy rain last night.
어젯밤 호우가 내린 후 도로가 **물에 잠겼다**.

0460 **drought**
[draut]

ⓝ **가뭄**

California's almond farming can be affected by a serious **drought**.
캘리포니아의 아몬드 농사는 심각한 **가뭄**으로 영향을 받을 수 있다.

영영 a period when there is no rain for a long time

Daily Check-up

학습 Check	MP3 듣기	본문 학습	Daily Check-up	누적 테스트 Days 22-23

A 빈칸에 알맞은 우리말 뜻 또는 영어 단어를 써넣어 워드맵을 완성하시오.

B 우리말을 참고하여, 문장을 완성하시오. (필요하면 단어 형태를 바꾸시오.)

1 We are working hard to save the ____________.
우리는 야생 생물을 보호하기 위해서 열심히 일하고 있다.

2 This ____________ can't be explained by science.
이 현상은 과학으로 설명될 수 없다.

3 The ____________ erupted, killing at least 10 people.
화산이 폭발해서 최소 10명이 사망했다.

4 Whales are known to be fascinating ____________ animals.
고래는 아주 흥미로운 해양 동물로 알려져 있다.

5 Asia is the largest ____________ in terms of area and population.
아시아는 면적과 인구 면에서 제일 큰 대륙이다.

Day 24 날씨

0461 **weather**
[wéðər]

ⓝ 날씨

What's the **weather** like in London during summer?
런던의 여름 **날씨**는 어떠니?

날씨 예보

0462 **forecast**
[fɔ́:rkæ̀st]
forecast-forecast(ed)-forecast(ed)

ⓝ 예보, 예측 ⊜prediction ⓥ 예측[예보]하다

You can check the hourly weather **forecast** online.
온라인에서 매시간 날씨 **예보**를 확인할 수 있다.

Extreme weather is **forecast** for the following year.
다음 해에 기상 이변이 일어날 것으로 **예측된다**.

⊕ forecaster ⓝ 기상 요원

0463 **predict**
[pridíkt]

ⓥ 예측하다 ⊜forecast

Can you **predict** what the weather will be like tomorrow? 내일 날씨가 어떨지 **예측할** 수 있니?

There is no way to **predict** earthquakes accurately.
지진을 정확하게 **예측하는** 방법은 없다.

⊕ prediction ⓝ 예측

pre(미리, 먼저) + dict(말하다) → 미리 말하다 → 예측하다

0464 **climate**
[kláimət]

ⓝ 기후

For the past few years, the **climate** has been changing in Korea. 지난 몇 년 동안 한국의 **기후**가 변하고 있다.

날씨 특징

0465 **foggy**
[fɔ́:gi / fɑ́:gi]

ⓐ 안개가 낀

It was too **foggy** to drive this morning.
오늘 아침에 너무 **안개가 껴서** 운전하기 힘들었다.

⊕ fog ⓝ 안개

0466 **dew**
[du:]

ⓝ 이슬

In the early morning, you can see flowers wet with **dew**.
이른 아침에 **이슬**에 젖은 꽃들을 볼 수 있다.

영영 small drops of water

0467 **hail**
[heil]

ⓝ 우박

I have never seen this amount of **hail** falling upon us.
나는 이 정도 양의 **우박**이 우리에게 떨어지는 것을 전에 보지 못했다.

0468 **rainfall**
[réinfɔ̀:l]

ⓝ 강우; 강우량

This year's **rainfall** was below average.
올해 **강우량**은 평균 미만이었다.

cf. snowfall 강설; 강설량

0469 **snowstorm**
[snóustɔ̀:rm]

ⓝ 눈보라

We could not drive through the heavy **snowstorm**.
우리는 심한 **눈보라**를 뚫고 운전할 수 없었다.

0470 **lightning**
[láitniŋ]

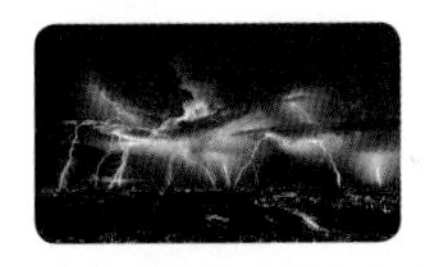

ⓝ 번개

a flash of **lightning** **번갯불**의 번쩍임

Just thinking about getting hit by **lightning** is frightening.
번개에 맞을 수 있다는 생각만으로도 무섭다.

0471 **thunder**
[θʌ́ndər]

ⓝ 천둥

Were you ever scared to sleep alone with the **thunder** rumbling all night?
밤새 **천둥**소리가 요란하게 칠 때 혼자 자기 무서웠던 적이 있니?

thunderstorm ⓝ 뇌우(천둥, 번개를 동반한 비)

0472 **breeze**
[bri:z]

ⓝ 산들바람

I love the moment when I can feel the **breeze** on top of the mountain.
나는 산 정상에서 **산들바람**을 느낄 수 있는 순간을 좋아한다.

영영 a light and gentle wind

온도와 습도

0473 **degree**
[digrí:]

ⓝ 1 (온도 단위의) 도 2 정도 3 학위

It's hot. How many **degrees** is it today?
덥군요. 오늘 몇 **도**예요?

a high **degree** of knowledge 고**도**의 지식

a **degree** in geography 지리학 **학위**

0474 **temperature**
[témprətʃuər]

ⓝ 온도, 기온

The global **temperature** has risen more than 1 degree since the early 1990s.
전 세계 **온도**가 1990년대 초 이래로 1도 이상 올랐다.

Keep tomatoes at room **temperature**.
토마토는 상**온**에 보관하세요.

0475 **thermometer**
[θərmɑ́:mitər]

ⓝ 온도계

My mom put a **thermometer** under my armpit to see if I had a fever.
열이 있는지 보기 위해 엄마는 **온도계**를 내 겨드랑이 밑에 꽂아두셨다.

영영 an instrument used to measure the temperature

0476 **moisture**
[mɔ́istʃər]

ⓝ 수분, 습기

How can I keep **moisture** out of closets during the rainy season?
장마철 동안 어떻게 옷장의 **습기**를 제거할 수 있을까요?

0477 **evaporate**
[ivǽpərèit]

ⓥ 증발하다 ⊜ disappear

When steam **evaporates**, it changes into water vapor.
증기가 **증발할** 때 증기는 수증기로 변한다.

+ evaporation ⓝ 증발

e(바깥으로) + vapor(증기) + ate(~으로 되다) → 바깥으로 증기가 나가다 → 증발하다

0478 **humid**
[hjú:mid]

ⓐ (날씨가) 습한

Summer in Korea is so hot and **humid** that I hate it.
한국의 여름은 너무 덥고 **습해서** 나는 너무 싫다.

+ humidity ⓝ 습도

0479 **melt**
[melt]

ⓥ 녹다; 녹이다 ↔ freeze 얼다

The snow on the mountain began to **melt**.
산에 눈이 **녹기** 시작했다.

0480 **freeze**
[fri:z]
freeze-froze-frozen

ⓥ 얼다; 얼리다

The lake was **frozen** and covered with snow.
호수가 **얼고** 눈으로 덮여 있었다.

Did you **freeze** the ice cubes like I asked you to?
내가 부탁한 대로 너는 얼음 조각을 **얼렸니**?

+ frost ⓝ 서리; 결빙

Daily Check-up

학습 Check	MP3 듣기	본문 학습	Daily Check-up	누적 테스트 Days 23-24

A 빈칸에 알맞은 우리말 뜻 또는 영어 단어를 써넣어 워드맵을 완성하시오.

PLAN 7

B 우리말을 참고하여, 문장을 완성하시오. (필요하면 단어 형태를 바꾸시오.)

1 It was too ____________ to drive this morning.
오늘 아침에 너무 안개가 껴서 운전하기가 힘들었다.

2 It's hot. How many ____________ is it today?
덥군요. 오늘 몇 도예요?

3 The lake was ____________ and covered with snow.
호수가 얼고 눈으로 덮여 있었다.

4 There is no way to ____________ earthquakes accurately.
지진을 정확하게 예측하는 방법은 없다.

5 My mom put a ____________ under my armpit to see if I had a fever.
열이 있는지 보기 위해 엄마는 온도계를 내 겨드랑이 밑에 꽂아두셨다.

Day 25 환경

0481 **environmental** [invàiərənméntl]

ⓐ (자연) 환경의

Have you ever thought about the **environmental** impact of plastic bag use?
비닐봉지 사용이 **환경에** 미치는 영향에 대해 생각해본 적이 있니?

⊕ environment ⓝ 환경

환경 보호

0482 **conservation** [kɑ̀:nsərvéiʃən]

ⓝ **보호** ⊜ preservation, protection

The new **conservation** policy prevented hunters from recklessly shooting deer.
새 **보호** 정책은 사냥꾼들이 무분별하게 사슴을 사냥하는 것을 막았다.

⊕ conserve ⓥ 보호하다; 아껴 쓰다

★ conservation: 자연환경이나 자원을 적절하게 이용하고 아끼며 보호함
preservation: 문화유산, 자원 등을 원래의 형태 그대로 보존 및 보호함

0483 **protection** [prətékʃən]

ⓝ **보호**

Ecotourism supports the **protection** of the natural environment. 생태 관광은 자연환경 **보호**를 지지한다.

0484 **resource** [rí:sɔ:rs / rí:sɔ̀ərs]

ⓝ **자원**

America is blessed with numerous natural **resources**.
미국은 많은 천연**자원**으로 축복받은 나라이다.

영영 things such as coal and oil that can be used to increase wealth

환경 오염의 원인

0485 **pollution** [pəlú:ʃən]

ⓝ **오염, 공해** ⊜ contamination

Water **pollution** is caused by a variety of human activities. 수질 **오염**은 다양한 인간의 활동으로 생긴다.

⊕ pollute ⓥ 오염시키다

0486 **poisonous** [pɔ́izənəs]

ⓐ **유독한, 독성이 있는** ⊜ toxic, deadly

This gas is so **poisonous** that it can kill an elephant in a few seconds.
이 가스는 **독성이** 매우 **강해서** 코끼리도 몇 초 안에 죽일 수 있다.

⊕ poison ⓝ 독

0487 **exhaust**
[igzɔ́:st]

ⓝ 배기가스 ⓥ 다 써버리다 ⊜ use up

The car **exhaust** filled the underground parking lot.
자동차 **배기가스**가 지하 주차장을 가득 채웠다.

exhaust resources 자원을 **다 써버리다**

⊕ exhaustion ⓝ 배출; 고갈

0488 **overuse**
[òuvərjú:z]

ⓥ 남용하다

If we **overuse** natural resources, what is going to happen to the next generation?
우리가 천연자원을 **남용하면** 다음 세대에게 어떤 일이 일어날까?

0489 **waste**
[weist]

ⓥ 낭비하다 ⓝ 1 낭비 2 쓰레기

Let's not **waste** food, so we should buy only what we can eat.
음식을 **낭비하지** 말자. 그래서 우리가 먹을 수 있는 만큼만 사야 해.

household **waste** 가정용 **쓰레기**[폐기물]

0490 **garbage**
[gɑ́:rbidʒ]

ⓝ 쓰레기 ⊜ trash, waste

throw away **garbage** **쓰레기**를 버리다

We cleaned up the **garbage** in the park.
우리는 공원에 있는 **쓰레기**를 치웠다.

0491 **carbon**
[kɑ́:rbən]

ⓝ 탄소

carbon footprint **탄소** 발자국(활동에 의해 발생하는 탄소의 양)

Humans breathe in oxygen and breathe out **carbon** dioxide. 인간은 산소를 들이마시고 이산화**탄소**를 내쉰다.

환경 오염의 결과

0492 **endangered**
[indéindʒərd]

ⓐ 멸종 위기에 처한

Pandas were once on the **endangered** species list of animals.
판다는 한때 **멸종 위기에 처한** 동물 종 목록에 있었다.

영영 used to describe animals or plants at risk of no longer existing

cf. extinct 멸종된

0493 **greenhouse**
[grí:nhàus]

ⓝ 온실

the **greenhouse** effect **온실** 효과

We can enjoy strawberries in the winter thanks to the invention of **greenhouses**.
온실의 발명 덕분에 우리는 겨울에 딸기를 먹을 수 있다.

0494 **shortage**
[ʃɔ́:rtidʒ]

ⓝ **부족** ↔ excess 과잉

food **shortages** 식량 **부족**

Many people around the world are suffering from a **shortage** of water.
전 세계의 많은 사람들이 물 **부족**으로 고통을 받고 있다.

0495 **acid**
[ǽsid]

ⓐ **산성의** ⓝ **산**

acid rain **산성**비

When an **acid** reacts with an alkali, it produces salt and water. **산**이 알칼리와 반응하면 소금과 물이 생긴다.

환경 보호 방법

0496 **dispose**
[dispóuz]

ⓥ **1 처리하다 2 배치하다**

He **disposed** of the trash in the morning.
그는 아침에 쓰레기를 **버렸다**.

dispose of ~: ~을 없애다[처리하다]

⊕ **disposal** ⓝ 처리; 배치

0497 **recycle**
[ri:sáikəl]

ⓥ **재활용하다**

Glass bottles and water bottles are items you can **recycle**.
유리병과 생수병은 **재활용할** 수 있는 품목들이다.

영영 to make used objects new and to reuse them

⊕ **recycling** ⓝ 재활용

0498 **reuse**
[ri:jú:z]

ⓥ **재사용하다**

Plastic bags can be **reused** again and again.
비닐봉지는 계속해서 **재사용할** 수 있다.

recycle은 사용한 물건을 처리 과정을 거쳐 새로운 다른 물건으로 만드는 것이고, reuse는 같은 물건을 다시 사용하는 것을 말한다.

0499 **reduce**
[ridú:s]

ⓥ **(규모·크기·양 등을) 줄이다** ⊜ lessen, lower

You need to **reduce** the use of electricity in your office.
사무실에서 전기 사용을 **줄여야** 한다.

⊕ **reduction** ⓝ 축소, 감소

0500 **renewable**
[rinú:əbl]

ⓐ **재생 가능한**

Renewable energy is energy from natural resources, such as sunlight, wind, and rain.
재생 가능한 에너지는 햇빛, 바람, 비와 같은 천연자원에서 얻는 에너지이다.

Daily Check-up

학습 Check	MP3 듣기	본문 학습	Daily Check-up	누적 테스트 Days 24-25

A 빈칸에 알맞은 우리말 뜻 또는 영어 단어를 써넣어 워드맵을 완성하시오.

B 우리말을 참고하여, 어구 또는 문장을 완성하시오. (필요하면 단어 형태를 바꾸시오.)

1 ____________ resources 자원을 다 써버리다

2 Plastic bags can be ____________ again and again.
비닐봉지는 계속해서 재사용할 수 있다.

3 Humans breathe in oxygen and breathe out ____________ dioxide.
인간은 산소를 들이마시고 이산화탄소를 내쉰다.

4 Pandas were once on the ____________ species list of animals.
판다는 한때 멸종 위기에 처한 동물 종 목록에 있었다.

5 This gas is so ____________ that it can kill an elephant in a few seconds.
이 가스는 독성이 매우 강해서 코끼리도 몇 초 안에 죽일 수 있다.

Day 26 에너지

화석 연료

0501 **fuel** [fjúːəl]

ⓝ 연료 ⓥ 연료를 공급하다

Fuel prices are getting expensive.
연료 가격이 점점 비싸지고 있다.

Hydrogen can be used to **fuel** automobiles.
수소는 자동차에 **연료를 공급하는** 데 사용될 수 있다.

0502 **coal** [koul]

ⓝ 석탄

In the 1960s, some Koreans went to Germany to work in **coal** mines.
1960년대에 일부 한국인들은 **탄**광에서 일하려고 독일에 갔다.

0503 **fossil** [fάːsəl]

ⓝ 화석

Fossil fuels are widely used because they are relatively cheap.
화석 연료는 비교적 저렴해서 널리 사용된다.

a dinosaur **fossil** 공룡 **화석**

fossil fuel(화석 연료): 오래전 지구에 서식했던 동식물의 잔존물로 생성된 석유, 석탄, 천연가스 등의 에너지

0504 **run out of**

~을 다 써버리다; ~을 바닥내다

What would happen if we **ran out of** natural resources?
우리가 천연자원을 **다 써버리**면 무슨 일이 벌어질까?

We are about to **run out of** gas.
휘발유가 **바닥나려고** 하고 있어.

0505 **finite** [fáinait]

ⓐ 유한한, 한정된 ↔ infinite 무한한

Petroleum is a **finite** source of energy.
석유는 **유한한** 에너지원이다.

영영 having a limit

0506 **crisis** [kráisis]

ⓝ 위기

The world is now facing an energy **crisis**.
지금 세계는 에너지 **위기**에 직면하고 있다.

an economic **crisis** 경제 **위기**

0507 **cut down**

줄이다 ⊜ reduce

LED bulbs can **cut down** on the cost of your electric bill. LED 전구는 전기 요금을 **줄일** 수 있게 한다.

cut down on the use of fossil fuels 화석 연료 사용을 **줄이다**

대체 에너지

0508 **alternative** [ɔːltə́rnətiv]

ⓐ 대체 가능한 ⓝ 대안

alternative sources of energy **대체** 에너지원

An **alternative** to fossil fuels is making good use of wind power.
화석 연료의 **대안**은 풍력을 잘 활용하는 것이다.

0509 **solar** [sóulər]

ⓐ 태양의

solar power **태양**(열) 에너지

We can use renewable resources such as sunlight by installing **solar** panels.
우리는 **태양** 전지판을 설치해서 햇빛과 같은 재생 가능한 자원을 사용할 수 있다.

0510 **tidal** [táidl]

ⓐ 조수의

Tidal energy is a stable source of energy since the tides are mostly predictable.
조수는 대개 예측 가능하기 때문에 **조석** 에너지는 안정적인 에너지원이다.

tidal wave 해일

0511 **vapor** [véipər]

ⓝ 증기

Can water **vapor** be directly turned into a source of energy?
수**증기**가 바로 에너지원으로 전환될 수 있나요?

0512 **nuclear** [núːkliər]

ⓐ 1 원자력의 2 핵(무기)의

Nuclear energy is a source of energy that can easily replace fossil fuels.
원자력은 화석 연료를 쉽게 대체할 수 있는 에너지원이다.

nuclear weapons **핵**무기

0513 **abundant** [əbʌ́ndənt]

ⓐ 풍부한 ⟷ scarce 부족한

Coal used to be America's most **abundant** resource.
석탄은 한때 미국에서 제일 **풍부한** 자원이었다.

영영 existing in large amounts

⊕ abundance ⓝ 풍부

0514 **efficient**
[ifíʃənt]

ⓐ **효율적인, 능률적인**

a fuel-**efficient** car 연료 **효율성이 높은** 차

This refrigerator is highly energy **efficient**.
이 냉장고는 에너지 **효율이** 아주 **높다**.

⊕ efficiency ⓝ 효율, 능률 | efficiently ⓐⓓ 효율적으로

에너지 생성

0515 **electricity**
[ilèktrísəti]

ⓝ **전기**

Electricity is needed to turn on the heating system.
난방 시스템을 켜기 위해서는 **전기**가 필요하다.

0516 **generate**
[ʤénərèit]

ⓥ **발생시키다** ⊜produce

We used the generator to **generate** electricity during power outages.
정전 중에 우리는 발전기를 사용해서 전기를 **발생시켰다**.

⊕ generation ⓝ 발생 | generator ⓝ 발전기

0517 **transform**
[trænsfɔ́:rm]

ⓥ **변형시키다** ⊜change

Scientists have found a way to **transform** solar energy directly into fuel.
과학자들은 태양 에너지를 바로 연료로 **변형시키는** 방법을 발견했다.

영영 to completely change into a different state or form
⊕ transformation ⓝ 변형, 변화

0518 **flow**
[flou]

ⓝ **흐름** ⊜current ⓥ **흐르다**

the **flow** of electricity 전기의 **흐름**

Energy **flows** through wires. That's why we have electricity.
에너지는 전선을 통해 **흐른다**. 그래서 우리가 전기를 사용할 수 있는 것이다.

영영 ⓥ to constantly move somewhere

0519 **power plant**
[páuər plænt]

ⓝ **발전소**

a water/wind **power plant** 수력/풍력 **발전소**

The worst nuclear disaster happened at the Chernobyl nuclear **power plant**.
최악의 원전 참사가 체르노빌 원자력 **발전소**에서 일어났다.

0520 **windmill**
[wíndmil]

ⓝ **풍차**

How is energy collected by those **windmills**?
어떻게 에너지가 저 **풍차**에 의해 모아질까?

Daily Check-up

학습 Check	MP3 듣기	본문 학습	Daily Check-up	누적 테스트 Days 25-26	Review Test

A 빈칸에 알맞은 우리말 뜻 또는 영어 단어를 써넣어 워드맵을 완성하시오.

B 우리말을 참고하여, 문장을 완성하시오. (필요하면 단어 형태를 바꾸시오.)

1 This refrigerator is highly energy ______.
이 냉장고는 에너지 효율이 아주 높다.

2 Petroleum is a ______ source of energy.
석유는 유한한 에너지원이다.

3 Coal used to be America's most ______ resource.
석탄은 한때 미국에서 제일 풍부한 자원이었다.

4 Can water ______ be directly turned into a source of energy?
수증기가 바로 에너지원으로 전환될 수 있나요?

5 We used the generator to ______ electricity during power outages.
정전 중에 우리는 발전기를 사용해서 전기를 발생시켰다.

A 들려주는 영어 단어를 쓴 후 우리말 뜻을 쓰시오.

영단어	뜻	영단어	뜻
1		2	
3		4	
5		6	
7		8	
9		10	
11		12	
13		14	
15		16	
17		18	
19		20	

B 다음 영영 풀이에 해당하는 알맞은 단어를 골라 쓰시오.

finite transform drought dew species resource

1 having a limit ______________

2 small drops of water ______________

3 to completely change into a different form ______________

4 a period when there is no rain for a long time ______________

5 a group of plants or animals that have similar characteristics ______________

6 things such as coal and oil that can be used to increase wealth ______________

맞은 개수 /38

C 밑줄 친 단어의 동의어(=) 또는 반의어(↔)를 골라 쓰시오.

artificial reduce freeze waste

1 It's difficult to cut down on electricity usage. = ____________

2 Throw away the garbage before it attracts flies. = ____________

3 I don't want my ice cream to melt. ↔ ____________

4 This soap is made of natural ingredients. ↔ ____________

D 다음 그림을 보고, 해당하는 단어와 연결하시오.

1 

2

3 

4 

thermometer coast windmill volcano

E 다음을 읽고, 빈칸에 알맞은 단어를 우리말 뜻을 참고하여 쓰시오.

1 London is famous for its ____________ weather.
런던은 **안개가 낀** 날씨로 유명하다.

2 A natural ____________ is an event that happens in nature.
자연 **현상**은 자연에서 일어나는 사건이다.

3 Please ____________ cans, bottles, and paper to save energy.
에너지를 절약하기 위해서 캔, 병, 종이를 **재활용하세요**.

4 South Korea's climate is turning into a(n) ____________ one.
한국의 기후가 **열대 지방** 기후로 변하고 있다.

PLAN 8

역사와 종교

Day 27 역사

Day 28 종교

Day 29 전쟁

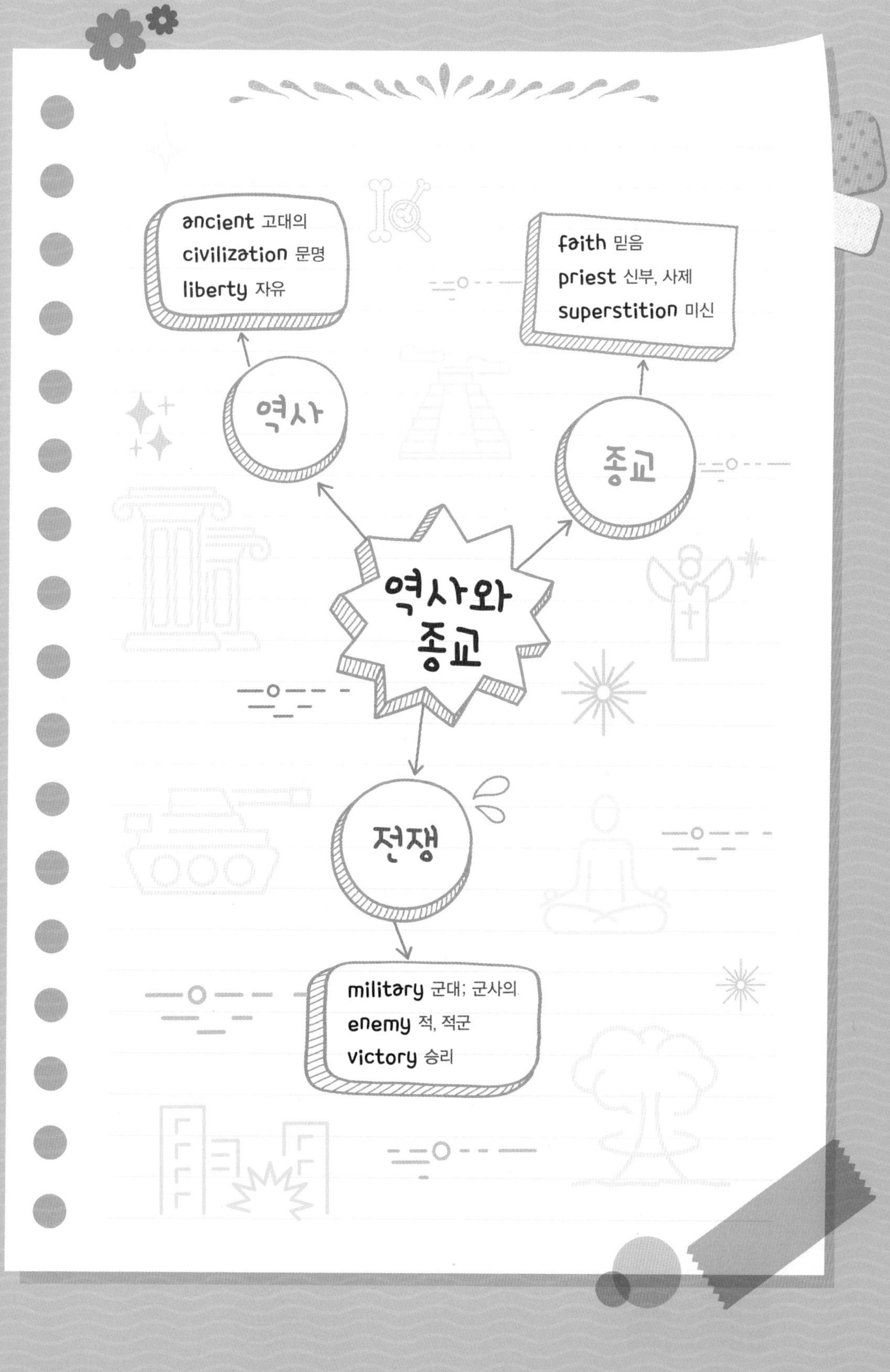

역사와 종교

역사
ancient 고대의
civilization 문명
liberty 자유

종교
faith 믿음
priest 신부, 사제
superstition 미신

전쟁
military 군대; 군사의
enemy 적, 적군
victory 승리

Day 27 역사

0521 **historic**
[histɔ́:rik / histórik]

ⓐ 역사적인, 역사적으로 중요한 ⊜significant

a **historic** moment 역사적인 순간

The president gave a **historic** speech on women's rights.
대통령은 여성의 권리에 대해서 **역사적인** 연설을 했다.

0522 **historical**
[histɔ́:rikəl / histórikəl]

ⓐ 역사상의, 역사적인

Many **historical** buildings in Europe are well preserved today.
유럽의 많은 **역사적인** 건물들은 오늘날 잘 보존되어 있다.

historic: 역사적으로 중요하거나 역사적 가치가 있는 일을 나타냄
historical: 과거와 관련된 것, 과거에 일반적으로 일어난 일을 나타냄

과거와 유산

0523 **ancient**
[éinʃənt]

ⓐ 고대의

The sun and moon were considered gods in **ancient** times.
고대에는 태양과 달이 신으로 여겨졌다.

0524 **era**
[írə / érə]

ⓝ 시대 ⊜age, period

the Cold War **era** 냉전 **시대**

We live in a digital **era** where almost everything can be done online.
우리는 거의 모든 것을 온라인상에서 할 수 있는 디지털 **시대**에 살고 있다.

0525 **document**
ⓥ [dɑ́:kjəmènt]
ⓝ [dɑ́:kjəmənt]

ⓥ 기록하다 ⓝ 서류, 문서

The causes of the disaster were well **documented**.
그 재해의 원인들이 잘 **기록되어** 있었다.

an official **document** 공문서

영영 ⓥ to record or write about something

+ documentary ⓝ 다큐멘터리 ⓐ 서류[문서]의

0526 **heritage**
[héritidʒ]

ⓝ 유산

Italy has more World **Heritage** sites than any other country.
이탈리아는 다른 어느 나라보다도 세계 문화**유산**을 더 많이 보유하고 있다.

World Heritage Site 세계 문화유산 (보호 지역)

문명과 제국

0527 **civilization**
[sìvələzéiʃən / sìvəlaizéiʃən]

ⓝ 문명 ⊜ society

ancient **civilization** 고대 **문명**

Sumer was a city built during the Mesopotamian **civilization**.
수메르는 메소포타미아 **문명** 때 지어진 도시였다.

0528 **empire**
[émpaiər]

ⓝ 제국

the Roman **Empire** 로마 **제국**

The Mongol **Empire** was at its height when Genghis Khan was its leader.
몽골 **제국**은 칭기즈 칸이 지도자였을 때 최고로 번성했다.

0529 **dynasty**
[dáinəsti]

ⓝ 왕조, 왕가

Women had more freedom during the Goryeo **Dynasty** than during the Joseon **Dynasty**.
조선 **왕조** 때보다 고려 **왕조** 때 여성들은 더 많은 자유를 누렸다.

0530 **royal**
[rɔ́iəl]

ⓐ 국왕의, 왕실의

The men of the Danish **royal** family are known for their good looks.
덴마크 **왕**가의 남자들은 잘생긴 외모로 유명하다.

⊕ royalty ⓝ 왕족

0531 **noble**
[nóubəl]

ⓐ 1 귀족의 2 고결한, 숭고한

Being a descendent of a **noble** family guaranteed a somewhat easy life.
귀족 집안의 후손으로 태어난다는 것은 어느 정도의 평탄한 삶을 보장했다.

a **noble** character **고귀한** 인품

0532 **conquer**
[kɑ́:ŋkər]

ⓥ 정복하다

Rome was once **conquered** by barbarians.
한때 로마는 야만족들에 의해 **정복되었다**.

영영 to take over another country or territory

⊕ conquest ⓝ 정복

0533 **establish**
[istǽbliʃ]

ⓥ 설립하다

Kublai Khan **established** a powerful Mongol Empire in 1271.
쿠빌라이 칸은 1271년에 강력한 몽골 제국을 **세웠다**.

The committee was **established** in 1970.
그 위원회는 1970년에 **설립되었다**.

⊕ establishment ⓝ 설립; 기관

0534 **rule**
[ruːl]

ⓥ 통치하다, 다스리다 ⓝ 통치

Napoleon **ruled** France for about 16 years.
나폴레옹은 프랑스를 약 16년 동안 **통치했다**.

military **rule** 군부 **통치**

0535 **colony**
[kɑ́ːləni]

ⓝ 식민지

There were countless British **colonies** all over the world in the 18th century.
18세기에 전 세계적으로 수많은 영국 **식민지들**이 존재했다.

0536 **slave**
[sleiv]

ⓝ 노예

Anti-slavery activist Harriet Tubman helped **slaves** escape through the Underground Railroad.
반 노예 운동가인 헤리엇 터브만은 지하 철로를 통해 **노예들**이 탈출할 수 있도록 도왔다.

⊕ slavery ⓝ 노예 제도; 노예 신분

0537 **liberty**
[líbərti]

ⓝ 자유

The colors of the American flag stand for life, **liberty**, and the pursuit of happiness.
미국 국기에 있는 색들은 생명, **자유**, 그리고 행복 추구를 상징한다.

0538 **pioneer**
[pàiəníər]

ⓝ 개척자 ⓥ 개척하다

Marco Polo was a true **pioneer** who traveled throughout Asia. 마르코 폴로는 아시아 전역을 여행한 진정한 **개척자**였다.

He **pioneered** techniques in heart surgery.
그는 심장 수술 기법을 **개척했다**.

0539 **independence**
[ìndipéndəns]

ⓝ 독립 ⊜ freedom, liberty

Korean **Independence** Day is on August 15.
한국의 **독립** 기념일은 8월 15일이다.

⊕ independent ⓐ 독립된

0540 **revolution**
[rèvəlúːʃən]

ⓝ 혁명

The Industrial **Revolution** brought about many changes to our present-day lives.
산업 **혁명**은 오늘날의 우리의 삶에 많은 변화를 가져왔다.

영영 an event or period of changing from something old to something new (오래된 것에서 새로운 것으로 변하는 사건이나 시기)

⊕ revolutionary ⓐ 혁명의; 혁기적인

Daily Check-up

학습 Check	MP3 듣기	본문 학습	Daily Check-up	누적 테스트 Days 26-27

A 빈칸에 알맞은 우리말 뜻 또는 영어 단어를 써넣어 워드맵을 완성하시오.

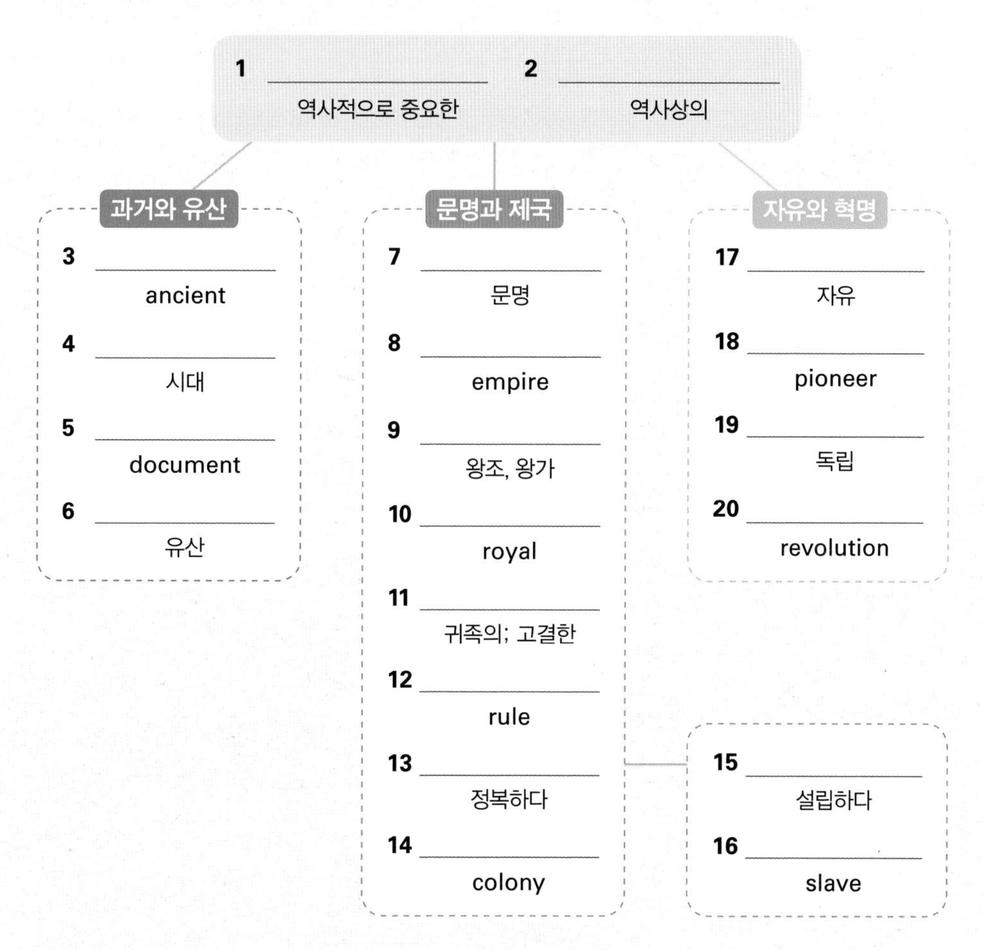

PLAN 8

B 우리말을 참고하여, 문장을 완성하시오. (필요하면 단어 형태를 바꾸시오.)

1 Rome was once ______________ by barbarians.
한때 로마는 야만족들에 의해 정복되었다.

2 The causes of the disaster were well ______________.
그 재해의 원인들이 잘 기록되어 있었다.

3 Napoleon ______________ France for about 16 years.
나폴레옹은 프랑스를 약 16년 동안 통치했다.

4 The president gave a ______________ speech on women's rights.
대통령은 여성의 권리에 대해서 역사적인 연설을 했다.

5 The Industrial ______________ brought about many changes to our present-day lives.
산업 혁명은 오늘날의 우리의 삶에 많은 변화를 가져왔다.

Day 28 종교

0541 **religion**
[rilídʒən]

ⓝ 종교

Islam is one of the major **religions** in the world.
이슬람교는 세계의 주요 **종교** 중 하나이다.

+ religious ⓐ 종교의

신앙

0542 **believe in**

~을 믿다

Do you **believe in** the afterlife?
당신은 사후 세계가 존재한다고 **믿나요**?

영영 to think that someone or something exits

0543 **faith**
[feiθ]

ⓝ 1 믿음 2 신앙심

I don't have **faith** in you. 난 널 **믿지** 않아.
Christians believe that having **faith** in God is the only way to Heaven.
기독교인들은 하나님에 대한 **믿음**이 오직 천국으로 향하는 길이라고 믿는다.

영영 1 strong trust or belief in someone or something
+ faithful ⓐ 충실한

0544 **spiritual**
[spíritʃuəl]

ⓐ 1 정신적인 2 종교적인

spiritual development **정신적인** 발달
The Dalai Lama is the **spiritual** leader of the Tibetan people.
달라이 라마는 티베트인들의 **종교적인** 지도자이다.

0545 **absolute**
[ǽbsəlùːt]

ⓐ 1 완전한, 완벽한 2 절대적인 ↔ relative 상대적인

absolute trust **완전한** 신뢰
The pope has **absolute** authority over the Catholic Church.
교황은 가톨릭교회에 대한 **절대** 권력을 가지고 있다.

+ absolutely ad 전적으로; 절대적으로

0546 **mercy**
[mə́rsi]

ⓝ 자비

beg for **mercy** **자비**를 빌다
Buddhism emphasizes **mercy** on all living things.
불교는 모든 살아있는 것에 **자비**를 강조한다.

0547 **holy**
[hóuli]

ⓐ 신성한, 성스러운

Jerusalem is considered **holy** by both Jews and Muslims.
예루살렘은 유대인과 이슬람교도들에게 **신성하게** 여겨진다.

0548 **sacred**
[séikrid]

ⓐ 성스러운, 종교적인

The Koran is the most **sacred** book in Islamic culture.
코란은 이슬람 문화에서 가장 **성스러운** 책이다.

종교 의식

0549 **ritual**
[rítʃuəl]

ⓝ 의식

A bar mitzvah is a Jewish **ritual** where people celebrate the coming of age of a boy.
바르미츠바는 소년의 성인식을 축하하는 유대교의 **의식**이다.

영영 a religious service or a formal ceremony that is always performed in the same way
(같은 방식으로 늘 거행되는 예배 또는 공식적인 의식)

0550 **ceremony**
[sérəmòuni]

ⓝ 의식, 식

Baptism is a **ceremony** conducted in Roman Catholic churches.
세례식은 로마 가톨릭교회에서 행해지는 **의식**이다.

I attended my cousin's wedding **ceremony** yesterday.
나는 어제 사촌의 결혼**식**에 참석했다.

0551 **priest**
[priːst]

ⓝ 신부, 사제

The **priest** blessed the child with holy water.
신부는 성수로 아이에게 축복을 내렸다.

0552 **pray**
[prei]

ⓥ 기도하다

pray to God 신에게 **기도하다**

We **prayed** for our friend who is fighting cancer.
우리는 암 투병 중인 친구를 위해 **기도했다**.

⊕ prayer ⓝ 기도

0553 **temple**
[témpəl]

ⓝ 사원, 사찰

Have you ever met the American monk at the Buddhist **temple**?
불교 **사찰**에 계신 미국인 스님을 만나본 적이 있나요?

영영 a religious place where people go to worship their gods
(사람들이 자신들이 믿는 신에게 예배하러 가는 종교적인 장소)

0554 **worship**
[wə́:rʃip]

ⓥ **예배하다, 숭배하다** ⓝ **예배, 숭배**

The Aztecs **worshiped** the sun god Tezcatlipoca.
아즈텍 사람들은 태양의 신인 테스카틀리포카를 **숭배했다**.

a house of **worship** **예배** 장소

⊕ worship(p)er ⓝ 숭배자, 예배 보는 사람

0555 **choir**
[kwáiər]

ⓝ **합창단, 성가대**

My mom is a member of the church **choir**.
우리 엄마는 교회 **성가대**의 단원이시다.

0556 **fascinate**
[fǽsənèit]

ⓥ **마음을 사로잡다**

The stained-glass windows in the cathedral **fascinated** the tourists.
대성당의 스테인드글라스 유리창이 관광객들의 **마음을 사로잡았다**.

영영 to catch someone's attention

⊕ fascination ⓝ 매력

미신

0557 **superstition**
[sù:pərstíʃən]

ⓝ **미신**

According to Korean **superstition**, shaking your legs constantly brings bad luck.
한국 **미신**에 따르면, 지속적으로 다리를 떠는 것은 불운을 가져온다.

⊕ superstitious ⓐ 미신을 믿는

0558 **supernatural**
[sù:pərnǽtʃərəl]

ⓐ **초자연적인**

Witches are believed to have **supernatural** powers, which is why they can fly.
마녀들에게는 **초자연적인** 힘이 있기 때문에 그들이 하늘을 날 수 있는 것이라고 여겨진다.

0559 **evil**
[í:vəl]

ⓝ **악** ⓐ **사악한** ↔ good 선; 선한

forces of **evil** **악**의 힘

Those who commit **evil** acts will someday pay a price.
사악한 행위를 저지른 자들은 언젠가는 대가를 치를 것이다.

0560 **extreme**
[ikstrí:m]

ⓐ **1 극심한 2 극단적인**

He is working under **extreme** pressure.
그는 **극도의** 압박을 받으며 일을 하고 있다.

extreme religious beliefs **극단적인** 종교적 믿음

Daily Check-up

학습 Check	MP3 듣기	본문 학습	Daily Check-up	누적 테스트 Days 27-28

A 빈칸에 알맞은 우리말 뜻 또는 영어를 써넣어 워드맵을 완성하시오.

B 우리말을 참고하여, 문장을 완성하시오. (필요하면 단어 형태를 바꾸시오.)

1 Buddhism emphasizes ____________ on all living things.
불교는 모든 살아있는 것에 자비를 강조한다.

2 We ____________ for our friend who is fighting cancer.
우리는 암 투병 중인 친구를 위해 기도했다.

3 The Aztecs ____________ the sun god Tezcatlipoca.
아즈텍 사람들은 태양의 신인 테스카틀리포카를 숭배했다.

4 Those who commit ____________ acts will someday pay a price.
사악한 행위를 저지른 자들은 언젠가는 대가를 치를 것이다.

5 A bar mitzvah is a Jewish ____________ where people celebrate the coming of age of a boy.
바르미츠바는 소년의 성인식을 축하하는 유대교의 의식이다.

Day 29 전쟁

0561 **war**
[wɔːr]

ⓝ 전쟁

World **War** II lasted for six years.
2차 세계 대**전**은 6년 동안 지속됐다.

The Korean **War** broke out on June 25, 1950.
한국 **전쟁**은 1950년 6월 25일에 발발했다.

군대

0562 **military**
[mílətèri]

ⓝ 군대 ⊜ forces ⓐ 군사의

Korean men are required to serve in the **military** for about 2 years.
한국 남자들은 약 2년간 **군대**에 복무해야 한다.

Shooting is a part of **military** training.
사격은 **군사** 훈련의 일부이다.

0563 **troop**
[truːp]

ⓝ (대규모의) 병력, 군대

Russian **troops** were sent to help China.
중국을 돕기 위해 러시아 **병력**이 보내졌다.

영영 soldiers in a large organized group

'병력'의 의미로 쓸 때 복수형 troops로 쓴다.

0564 **soldier**
[sóuldʒər]

ⓝ 군인 ↔ civilian 민간인

Over a million **soldiers** were killed or went missing during the war.
전쟁 동안 백만 명이 넘는 **군인들**이 죽거나 실종됐다.

0565 **battle**
[bǽtl]

ⓝ 전투 ⓥ 싸우다

Nightingale treated soldiers wounded during the **battle**.
나이팅게일은 **전투**에서 부상당한 군인들을 치료했다.

The army **battled** hard for control of the city.
군대는 그 도시의 장악을 위해 열심히 **싸웠다**.

전쟁터

0566 **enemy**
[énəmi]

ⓝ 적, 적군

The general told his soldiers not to fear their **enemies**.
장군은 자신의 병사들에게 **적군**을 두려워하지 말라고 말했다.

0567 **invade**
[invéid]

ⓥ 침략하다 ⊜attack

Some countries constantly **invaded** other countries to gain more power.
일부 국가들은 더 많은 권력을 얻기 위해 끊임없이 다른 나라들을 **침략했다**.

⊕ invasion ⓝ 침략

0568 **command**
[kəmǽnd]

ⓥ 명령하다, 지시하다 ⓝ 명령

He **commanded** his soldiers to get ready for battle.
그는 군사들에게 전투에 나갈 채비를 하라고 **명령했다**.

obey a **command** **명령**을 따르다

⊕ commander ⓝ 사령관

0569 **attack**
[ətǽk]

ⓥ 공격하다 ⓝ 공격

The commander planned to **attack** the British at the break of dawn.
사령관은 동이 틀 때 영국을 **공격하기**로 계획했다.

a terrorist **attack** 테러 **공격**

0570 **bomb**
[bɑːm]

ⓝ 폭탄

Only the United States has used atomic **bombs** during war.
미국은 유일하게 전쟁에서 원자 **폭탄**을 사용했다.

0571 **explode**
[iksplóud]

ⓥ (폭탄이) 터지다, 폭발하다 ⊜blow up

The bomb **exploded**, killing many innocent people in the village.
폭탄이 **터지고** 마을의 무고한 많은 사람들이 죽었다.

⊕ explosion ⓝ 폭발

0572 **weapon**
[wépən]

ⓝ 무기

Nuclear **weapons** are the most dangerous weapons in the world.
핵**무기**는 세계에서 가장 위험한 무기이다.

영영 an object used to attack or kill people, such as a gun or bomb

0573 **bullet**
[búlit]

ⓝ 총알

a **bullet** wound 총상

The soldier looked outside through the **bullet** hole.
그 군인은 **총알** 구멍 사이로 밖을 살폈다.

0574 **defense**
[diféns]

ⓝ 방어 ↔ offense 공격

They were removed from the final line of **defense** in the battle.
그들은 전투에서 최후 **방어**선에서 물러나야 했다.

We should improve our **defenses** against the threat.
우리는 그 위협에 대한 **방어**를 향상시켜야 한다.

전쟁 결과

0575 **defeat**
[difíːt]

ⓥ 패배시키다, 이기다 ⓝ 패배

Napoleon and his troops were **defeated** at the Battle of Waterloo.
나폴레옹과 그의 병력은 워털루 전투에서 **패했다**.

The former mayor admitted **defeat** in the election.
전 시장은 선거에서 **패배**를 인정했다.

0576 **occupy**
[ɑ́ːkjəpài]

ⓥ 1 (공간·시간을) 차지하다 2 점령하다

Climbing **occupies** most of her spare time.
등산은 그녀의 여가 시간 대부분을 **차지한다**.

Syrian troops **occupied** Lebanon for 30 years.
시리아 병력은 레바논을 30년간 **점령했다**.

0577 **victim**
[víktim]

ⓝ 피해자, 희생자

Children are the main **victims** of war.
아이들이 전쟁의 주 **희생자**이다.

영영 a person who has been harmed or killed

0578 **victory**
[víktəri]

ⓝ 승리

Admiral Yi Sun-sin led his army to **victory** during the Imjin War. 이순신 장군은 자신의 군을 임진왜란에서 **승리**로 이끌었다.

0579 **unite**
[junáit]

ⓥ 통합하다

When will South Korea and North Korea **unite** to become one? 남한과 북한은 언제 **통합이 되어** 한 나라가 될까요?

영영 to join or work together to achieve something

⊕ unity ⓝ 통합, 통일

0580 **memorial**
[məmɔ́ːriəl]

ⓐ 기념의, 추도의 ⓝ 기념비, 기념관

We attended the **memorial** service to pay our respects to veterans.
우리는 참전 용사들에게 경의를 표하기 위해 **기념[추도]**식에 참석했다.

a war **memorial** 전쟁 **기념비**

Daily Check-up

학습 Check	MP3 듣기	본문 학습	Daily Check-up	누적 테스트 Days 28-29	Review Test

A 빈칸에 알맞은 우리말 뜻 또는 영어 단어를 써넣어 워드맵을 완성하시오.

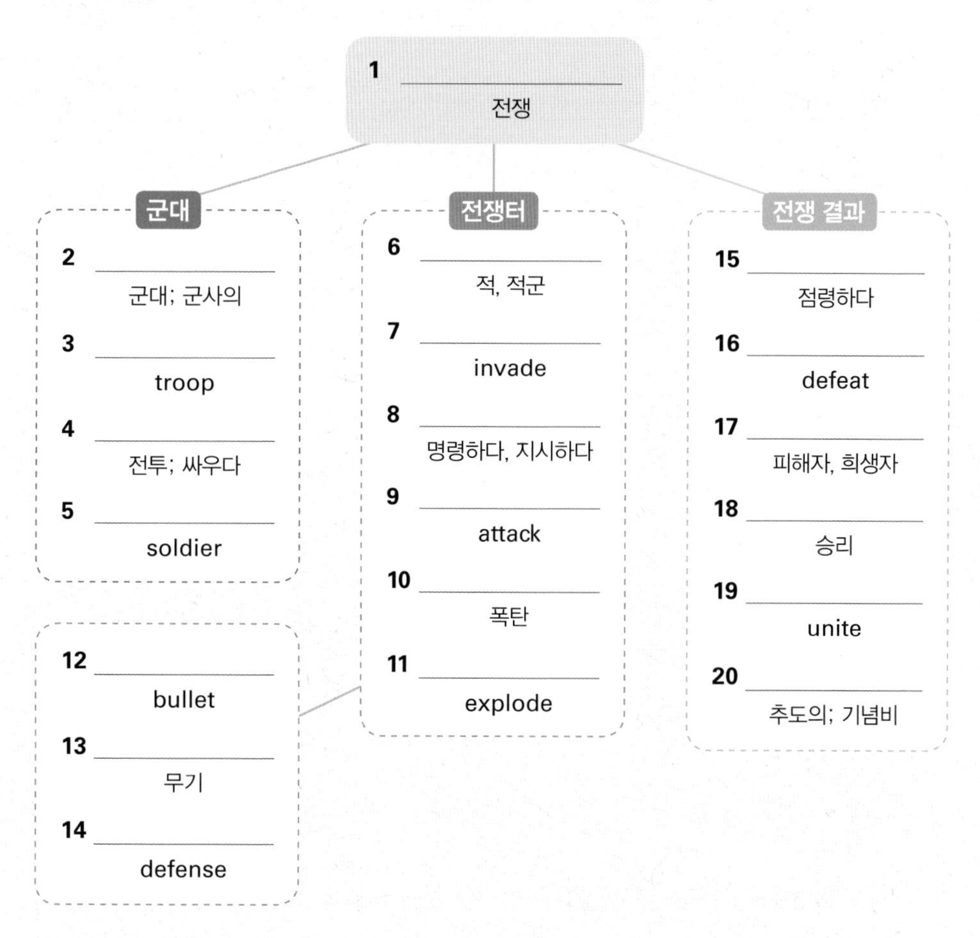

B 우리말을 참고하여, 문장을 완성하시오. (필요하면 단어 형태를 바꾸시오.)

1 Shooting is a part of ____________ training.
사격은 군사 훈련의 일부이다.

2 The general told his soldiers not to fear their ____________.
장군은 자신의 병사들에게 적군을 두려워하지 말라고 말했다.

3 Syrian troops ____________ Lebanon for 30 years.
시리아 병력은 레바논을 30년간 점령했다.

4 Admiral Yi Sun-sin led his army to ____________ during the Imjin War.
이순신 장군은 자신의 군을 임진왜란에서 승리로 이끌었다.

5 The bomb ____________, killing many innocent people in the village.
폭탄이 터지고 마을의 무고한 많은 사람들이 죽었다.

A 들려주는 영어 단어를 쓴 후 우리말 뜻을 쓰시오.

영단어	뜻	영단어	뜻
1		2	
3		4	
5		6	
7		8	
9		10	
11		12	
13		14	
15		16	
17		18	
19		20	

B 다음 영영 풀이에 해당하는 알맞은 단어를 골라 쓰시오.

victim fascinate weapon document revolution conquer

1 to catch someone's attention ____________

2 to record or write about something ____________

3 a person who has been harmed or killed ____________

4 to take over another country or territory ____________

5 an event or period of changing from something old to something new ____________

6 an object used to attack or kill people, such as a gun or bomb ____________

C **밑줄 친 단어의 동의어(=) 또는 반의어(↔)를 골라 쓰시오.**

significant relative offense attack

1 The troops were ready to invade France. = ____________

2 The fall of the Berlin Wall was a historic moment. = ____________

3 Who is responsible for our nation's defense? ↔ ____________

4 Hitler had absolute power during World War II. ↔ ____________

D **다음 그림을 보고, 해당하는 단어와 연결하시오.**

1 

2 

3 

4 

bomb choir soldier pray

E **다음을 읽고, 빈칸에 알맞은 단어를 우리말을 참고하여 쓰시오.**

1 This company was ____________ed in 1845.
이 회사는 1845년에 **설립되었다.**

2 The dynamite ____________d as soon as it hit the ground.
다이너마이트가 땅에 닿는 순간 바로 **폭발했다.**

3 The coach led his team to ____________ in the finals.
그 코치는 자신의 팀을 결승전에서 **승리**로 이끌었다.

4 People should pay their respects in s____________ temples.
사람들은 **성스러운** 사원에서는 예를 표해야 한다.

PLAN 9

과학 기술

과학 기술

과학

chemistry 화학
biology 생물학
theory 이론

우주

galaxy 은하계
satellite 위성
atmosphere 대기

기술

advance 발전; 증진되다
electronic 전자의
research 연구; 연구하다

컴퓨터와 정보 통신

laptop 휴대용 컴퓨터
browse 검색하다
download 내려받다

Day 30 과학

0581 **scientific** [sàiəntífik]

ⓐ 과학의; 과학적인

scientific knowledge 과학 지식

The magnet is my favorite **scientific** instrument.
자석은 내가 제일 좋아하는 **과학** 도구이다.

물리 · 화학

0582 **physics** [fíziks]

ⓝ 물리학

Marie Curie was the first woman to be awarded a Nobel Prize for **physics**.
마리 퀴리는 노벨 **물리학**상을 수상한 최초의 여성이었다.

⊕ physical ⓐ 물리적인; 물리학의

0583 **chemistry** [kémistri]

ⓝ 화학

organic **chemistry** 유기 **화학**

I have to prepare for a **chemistry** quiz.
나는 **화학** 쪽지 시험을 준비해야 한다.

⊕ chemical ⓐ 화학의 ⓝ 화학 물질

0584 **atom** [ǽtəm]

ⓝ 원자

Is it true that humans are just **atoms** in motion?
인간은 그저 움직이는 **원자**라는 것이 사실인가요?

⊕ atomic ⓐ 원자의

0585 **interact** [ìntərǽkt]

ⓥ 상호 작용하다

Can you explain to me how ions **interact** with water?
이온이 물과 어떻게 **상호 작용하는**지 제게 설명해주실 수 있나요?

영영 to affect each other

⊕ interaction ⓝ 상호 작용 | interactive ⓐ 상호 작용하는

생물학

0586 **biology** [baiɑ́ːlədʒi]

ⓝ 생물학

I learned about the life cycle of a frog in **biology** class.
나는 **생물학** 시간에 개구리의 생애 주기에 대해 배웠다.

⊕ biological ⓐ 생물학의

0587 **evolve**
[ivά:lv]

ⓥ 1 진화하다 2 (서서히) 발전[진전]하다

Darwin claimed that humans **evolved** from apes.
다윈은 인간은 원숭이로부터 **진화했다**고 주장했다.

The education system has **evolved** over the years.
교육 제도가 수년에 걸쳐 **발전되어왔다.**

+ evolution ⓝ 진화

0588 **gene**
[dʒi:n]

ⓝ 유전자

A **gene** is related to skin and hair color.
유전자는 피부와 머리 색과 관련 있다.

+ genetic ⓐ 유전의

0589 **cell**
[sel]

ⓝ 세포

cell division **세포** 분열

The cancer **cells** are spreading throughout her body.
암**세포**가 그녀의 몸 전체에 퍼져나가고 있다.

과학 실험

0590 **laboratory**
[lǽbrətɔ̀:ri]

ⓝ 실험실

Please put on your safety goggles before entering the **laboratory**.
실험실에 들어가기 전에 안전 고글을 착용해주세요.

영영 a room where a scientist conducts experiments

0591 **project**
[prά:dʒekt]

ⓝ 계획, 프로젝트 ⊜ plan

I'm going to make a poster for my science **project**.
나는 과학 **프로젝트**로 포스터를 만들 거야.

0592 **curiosity**
[kjùriά:səti]

ⓝ 호기심

It was Edison's **curiosity** that helped him become the most famous inventor.
에디슨이 가장 유명한 발명가가 되게 한 것은 그의 **호기심**이었다.

영영 a strong interest in learning about something

+ curious ⓐ 호기심이 많은

0593 **experiment**
ⓝ [ikspérəmənt]
ⓥ [ikspérəmènt]

ⓝ 실험 ⓥ 실험하다

a chemical **experiment** 화학 **실험**

We **experimented** with rats in mazes.
우리는 미로에 있는 쥐를 가지고 **실험했다.**

+ experimental ⓐ 실험적인

0594 **material**
[mətíriəl]

ⓝ 재료, 물질

Let's buy the **materials** we need for the science experiment.
과학 실험에 필요한 **재료들**을 사자.

raw **materials** 원자재, 원료

0595 **conduct**
ⓥ [kəndʌ́kt]
ⓝ [kɑ́:ndʌkt]

ⓥ (특정 활동을) 하다 ⊜carry out ⓝ 행동

The experiment was **conducted** to study the effects of GM foods.
그 실험은 유전자 조작 식품의 영향을 연구하기 위해 **이루어졌다**.

professional **conduct** 전문가다운 **행동**

0596 **method**
[méθəd]

ⓝ 방법

They are using the scientific **method** to understand the natural world.
그들은 자연 세계를 이해하기 위해서 과학적인 **방법**을 사용하고 있다.

0597 **microscope**
[máikrəskòup]

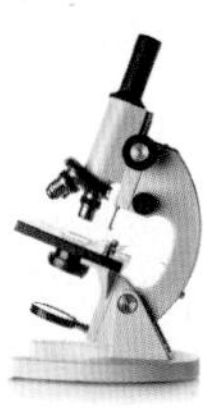

ⓝ 현미경

We observed the circulation of blood in a fish by using a **microscope**.
우리는 **현미경**을 사용해서 물고기의 혈액 순환을 관찰했다.

영영 scientific equipment which makes very small things look larger

실험 결과

0598 **theory**
[θí:əri]

ⓝ 이론

Did you learn about Newton's **theory** of gravity?
너는 뉴턴의 중력 **이론**에 대해 배웠니?

0599 **prove**
[pru:v]

ⓥ 증명[입증]하다

The scientist tried his best to **prove** his theory correct.
과학자는 자신의 이론이 맞다고 **증명하기** 위해 최선을 다했다.

⊕ proof ⓝ 증거, 증명

0600 **principle**
[prínsəpəl]

ⓝ 1 원리, 원칙 2 신념, 신조

We learned about the **principle** of solar energy.
우리는 태양 에너지의 **원리**에 대해 배웠다.

It is against my **principles** to tell a lie.
거짓말을 하는 것은 내 **신조**에 어긋난다.

Daily Check-up

학습 Check	MP3 듣기	본문 학습	Daily Check-up	누적 테스트 Days 29-30

A 빈칸에 알맞은 우리말 뜻 또는 영어 단어를 써넣어 워드맵을 완성하시오.

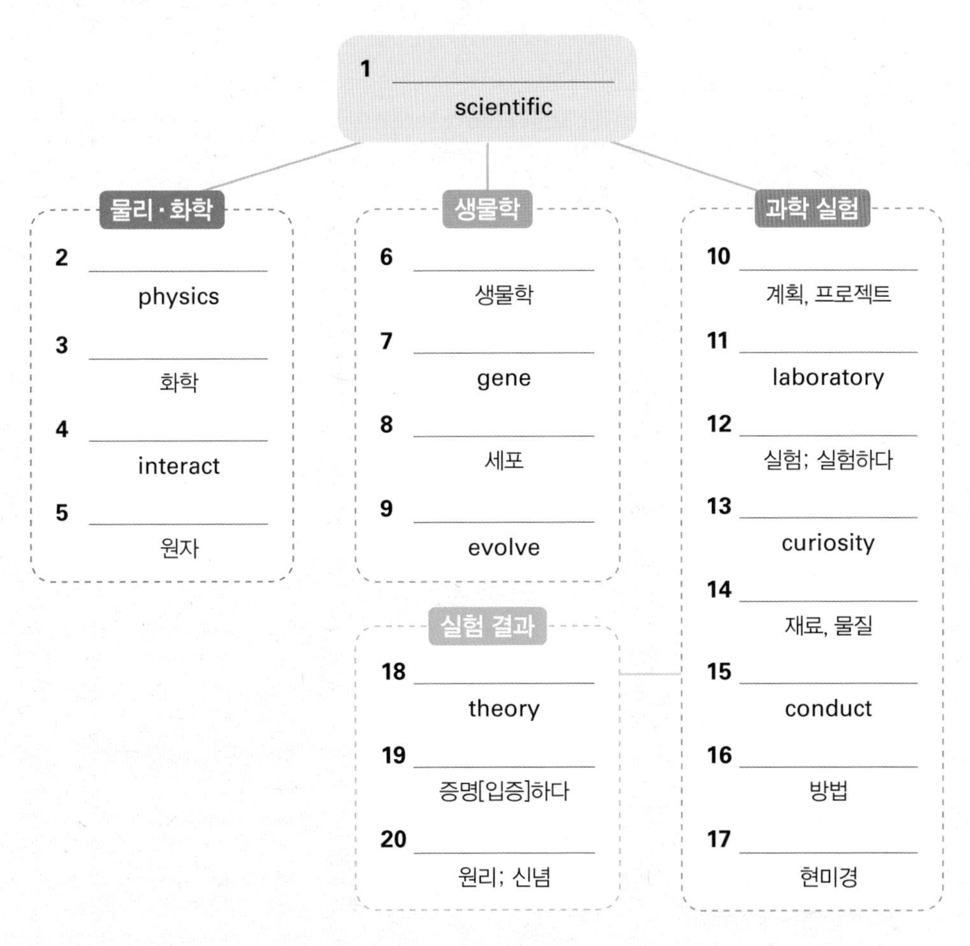

B 우리말을 참고하여, 문장을 완성하시오. (필요하면 단어 형태를 바꾸시오.)

1 A ____________ is related to skin and hair color.
유전자는 피부와 머리 색과 관련 있다.

2 We learned about the ____________ of solar energy.
우리는 태양 에너지의 원리에 대해 배웠다.

3 I learned about the life cycle of a frog in ____________ class.
나는 생물학 시간에 개구리의 생애 주기에 대해 배웠다.

4 The experiment was ____________ to study the effects of GM foods.
그 실험은 유전자 조작 식품의 영향을 연구하기 위해 이루어졌다.

5 It was Edison's ____________ that helped him become the most famous inventor.
에디슨이 가장 유명한 발명가가 되게 한 것은 그의 호기심이었다.

Day 31 우주

0601 **universe**
[jú:nəvə̀:rs]

ⓝ 우주 ⊜ space

The **universe** is much older than all of our ages combined.
우주의 나이는 우리 모두의 나이를 합한 것보다 훨씬 많다.

⊕ universal ⓐ 일반적인; 전 세계적인
★ 별, 행성이 존재하는 '우주'의 뜻으로 쓸 때는 앞에 the를 쓰고, 단수 취급한다.

0602 **outer space**
[áutər speis]

ⓝ (대기권 외) 우주 공간

How fun it would be to fly in **outer space**!
우주 공간을 날면 얼마나 신이 날까!

영영 the area outside the Earth's atmosphere where the planets and stars are (행성과 별이 있는 지구의 대기권 밖의 공간)

우주의 구성

0603 **galaxy**
[gǽləksi]

ⓝ 은하계

There are about 200 billion stars in our **galaxy**.
우리 **은하계**에는 약 2천억 개의 별이 있다.

The name of our **galaxy** is the Milky Way.
우리 **은하계**의 이름은 '밀키웨이(은하수)'이다.

영영 a very large group of stars and planets

0604 **planet**
[plǽnət]

ⓝ 행성

Do you think that life exists on other **planets** besides Earth?
지구 이외에 다른 **행성**에 생명이 존재한다고 생각하니?

0605 **solar system**
[sóulər sístəm]

ⓝ 태양계

There are eight planets in our **solar system**.
우리 **태양계**에는 8개의 행성이 있다.

0606 **spin**
[spin]
spin-spun-spun

ⓥ 회전하다, (빙빙) 돌다 ⊜ revolve, turn

Earth **spins** on its axis continuously.
지구는 끊임없이 축을 중심으로 **회전한다**.

How does an ice skater **spin** so fast?
아이스 스케이트 선수는 어떻게 그렇게 빨리 **돌까**?

우주 관측

0607 **astronomy**
[əstrɑ́:nəmi]

ⓝ 천문학

He is going to major in **astronomy**.
그는 **천문학**을 전공할 예정이다.

영영 the scientific study of stars, planets, and other natural objects in outer space

astro(별[천체]의) + nomy(-학) → 별을 연구하는 학문 → 천문학

0608 **astronomer**
[əstrɑ́:nəmər]

ⓝ 천문학자

Copernicus was a famous **astronomer**.
코페르니쿠스는 유명한 **천문학자**였다.

영영 a scientist who studies stars and planets

0609 **satellite**
[sǽtəlàit]

ⓝ 위성

communications **satellite** 통신 **위성**

Earth has one large natural **satellite**: the moon.
지구에는 큰 자연 **위성**인 달이 있다.

0610 **spacecraft**
[spéiskræ̀ft]

ⓝ 우주선

a manned **spacecraft** 유인 **우주선**

The **spacecraft** is prepared to take humans farther into space than ever before.
그 **우주선**은 그 어느 때보다도 인간을 우주 속 더 멀리 데려갈 준비가 되어 있다.

0611 **space station**
[spéis stèiʃən]

ⓝ 우주 정거장

The spacecraft stopped by the **space station** to fuel its tanks.
우주선은 탱크에 연료를 넣기 위해서 **우주 정거장**에 들렀다.

0612 **explore**
[ikspl ɔ́:r]

ⓥ 1 탐사[탐험]하다 2 (문제 등을) 탐구[분석]하다

We want to **explore** Mars to look for signs of life.
우리는 생명체의 흔적을 찾기 위해 화성을 **탐사하고** 싶다.

explore the possibility of starting a business
사업 시작의 가능성을 **분석하다**

⊕ explorer ⓝ 탐험가 | exploration ⓝ 탐사; 탐구

0613 **footprint**
[fútprìnt]

ⓝ 발자국

Neil Armstrong was the first man to leave a **footprint** on the moon.
닐 암스트롱은 달에 **발자국**을 남긴 최초의 사람이었다.

leave a footprint 발자국[흔적]을 남기다

0614 **telescope**
[téləskòup]

ⓝ 망원경

We can look at the stars through a **telescope**.
우리는 **망원경**을 통해서 별을 볼 수 있다.

0615 **observe**
[əbzə́:rv]

ⓥ 관찰하다 ⊜monitor

To **observe** the stars, you need a sky that is as clear and dark as possible.
별을 **관찰하기** 위해서는 하늘이 최대한 맑고 어두워야 한다.

⊕ observation ⓝ 관찰

지구

0616 **atmosphere**
[ǽtməsfiər]

ⓝ 대기

pollution of the **atmosphere** **대기** 오염

There are several layers in the Earth's **atmosphere**.
지구의 **대기**에는 몇 개의 층이 있다.

0617 **gravity**
[grǽvəti]

ⓝ 중력

Without **gravity**, we could all be flying on the Earth.
중력이 존재하지 않는다면 우리는 모두 지구에서 날고 있을 것이다.

영영 the force that pulls objects to the ground
(물체를 땅으로 끌어당기는 힘)

0618 **surface**
[sə́:rfis]

ⓝ 표면

The astronaut could see the **surface** of the Earth from outer space.
우주 비행사는 우주 공간에서 지구의 **표면**을 볼 수 있었다.

a slippery road **surface** 미끄러운 도로 **표면**

영영 the top layer of an area or the outside part of something
(한 지역의 최상층 또는 무언가의 바깥 부분)

0619 **lunar**
[lú:nər]

ⓐ 달의 ↔solar 태양의

a **lunar** eclipse **월**식

Koreans adopted the **lunar** calendar from the Chinese.
한국은 **음력**을 중국으로부터 들여왔다.

0620 **oxygen**
[ɑ́:ksidʒən]

ⓝ 산소

As long as **oxygen** is an abundant resource, humans can live on the Earth.
산소가 풍부한 자원으로 있는 한, 인간은 지구에 살 수 있다.

Daily Check-up

학습 Check	MP3 듣기	본문 학습	Daily Check-up	누적 테스트 Days 30-31

A 빈칸에 알맞은 우리말 뜻 또는 영어 단어를 써넣어 워드맵을 완성하시오.

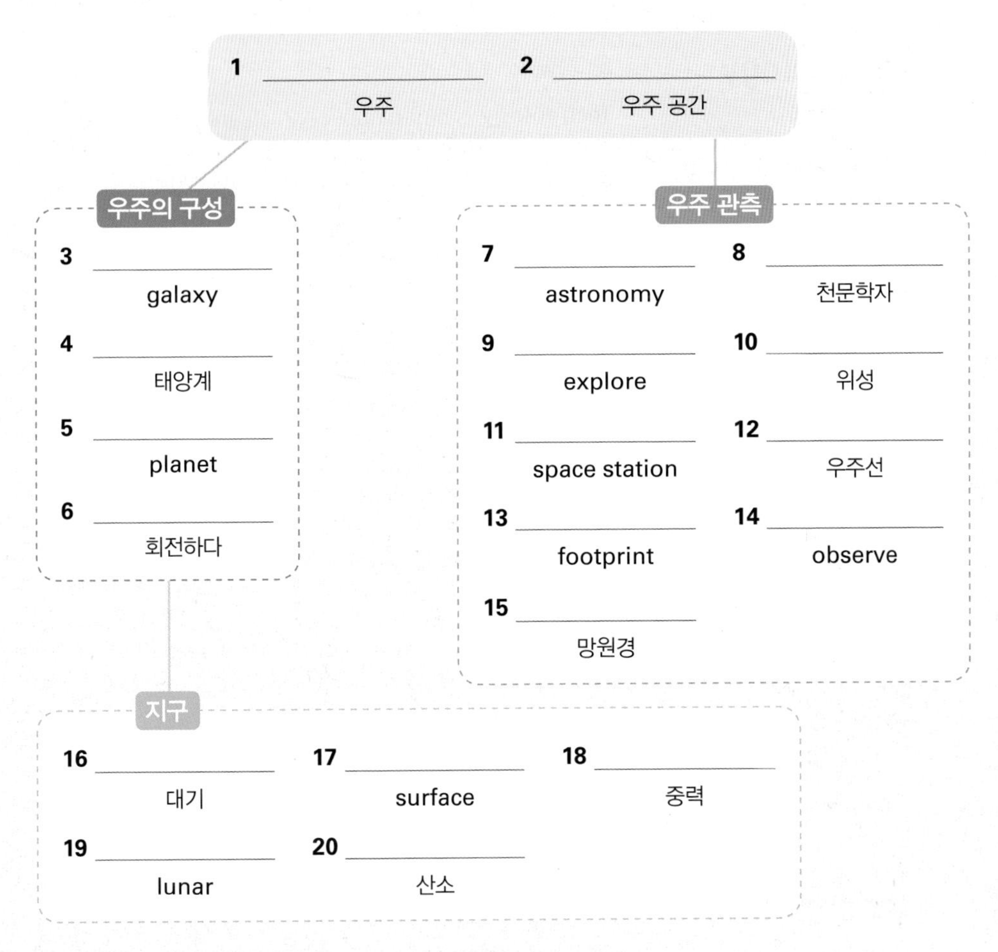

B 우리말을 참고하여, 문장을 완성하시오. (필요하면 단어 형태를 바꾸시오.)

1 There are several layers in the Earth's ____________.
지구의 대기에는 몇 개의 층이 있다.

2 There are about 200 billion stars in our ____________.
우리 은하계에는 약 2천억 개의 별이 있다.

3 Without ____________, we could all be flying on the Earth.
중력이 존재하지 않는다면 우리는 모두 지구에서 날고 있을 것이다.

4 We want to ____________ Mars to look for signs of life.
우리는 생명체의 흔적을 찾기 위해 화성을 탐사하고 싶다.

5 The ____________ is much older than all of our ages combined.
우주의 나이는 우리 모두의 나이를 합한 것보다 훨씬 많다.

Day 32 기술

0621 **technology** [teknɑ́:lədʒi]

ⓝ 기술

Technology is being applied in all areas to help the disabled to walk and see.
장애인들이 걷고 볼 수 있도록 돕기 위해 모든 분야의 **기술**이 적용되고 있다.

⊕ technological ⓐ 기술의

기술 발전

0622 **advance** [ədvǽns]

ⓝ 진전, 발전 ⓥ 진보하다, 증진되다

a technological **advance** 기술의 **발전**

Printing technology has **advanced** from 3D printing to 3D metal printing.
인쇄 기술이 3D 인쇄에서 3D 금속 인쇄로 **진보했다.**

영영 ⓥ to improve and to go one step further

0623 **progress** ⓝ [prɑ́:grəs] ⓥ [prəgrés]

ⓝ 진전 ⓥ 진행하다; 진전을 보이다

Have you made some **progress** on fixing the computer?
컴퓨터를 수리하는 데 좀 **진전**이 있나요?

Work on the construction sites is **progressing** rapidly.
건설 현장의 일이 빠르게 **진행되고** 있다.

0624 **technician** [tekníʃən]

ⓝ 기술자

The **technician** fixed the Internet cable in seconds.
기술자가 인터넷 전용선을 몇 초 만에(매우 빨리) 고쳤다.

0625 **precise** [prisáis]

ⓐ 정확한, 정밀한 ↔ inexact 부정확한

Thanks to the invention of clocks, we can tell the **precise** time. 시계의 발명 덕분에 우리는 **정확한** 시간을 알 수 있다.

영영 very accurate and exact

⊕ precisely ⓐⓓ 정확히

0626 **virtual** [və́:rtʃuəl]

ⓐ 가상의

virtual world **가상** 세계

Have you been to a **virtual** reality game room?
너는 **가상** 현실 게임방에 가본 적이 있니?

영영 occurring on computers or on the Internet

⊕ virtually ⓐⓓ 가상으로

0627 **artificial** [ɑ̀:rtəfíʃəl]

ⓐ 인공의 ↔ natural 자연의

The **artificial** intelligence robot Alpha Go won a competition against Korean grandmaster Yi Sedol.
인공 지능 로봇 알파고가 최고 수준의 한국 바둑 선수 이세돌에 맞서 대회에서 이겼다.

0628 **innovation** [ìnəvéiʃən]

ⓝ 혁신

The Chinese manufacturing industry is transforming from imitation to **innovation**.
중국의 제조업은 모방에서 **혁신**으로 변화하고 있다.

⊕ innovate ⓥ 혁신하다

전자 제품

0629 **device** [diváis]

ⓝ 장치, 기구 ⊜ gadget

We use many electrical labor-saving **devices**.
우리는 노동력을 절약하는 많은 전기 **장치**를 사용한다.

0630 **equipment** [ikwípmənt]

ⓝ 장비, 설비

All the medical **equipment** at the hospital is brand new.
그 병원의 모든 의료 **장비**는 완전히 새것이다.

0631 **electronic** [ilèktrɑ́:nik]

ⓐ 전자의

an **electronic** book **전자**책

Turn off your **electronic** devices when you board the plane.
비행기에 탑승하면 **전자** 기기의 전원을 꺼주세요.

0632 **mobile** [móubəl / móubail]

ⓐ 이동하는, 이동하기 쉬운

mobile phone **이동** 전화(휴대폰)

Computers have become cheaper, more **mobile**, and compact.
컴퓨터는 더 저렴해지고 더 **이동이 자유롭고**, 소형화되고 있다.

⊕ mobility ⓝ 이동성

0633 **portable** [pɔ́:rtəbəl]

ⓐ 휴대용의

How much does a light **portable** computer weigh?
가벼운 **휴대용** 컴퓨터는 무게가 얼마나 나가나요?

영영 able to be easily carried anywhere

port(나르다) + able(~할 수 있는) → 나를 수 있는 → 휴대가 가능한

0634 **convenient**
[kənvíːniənt]

ⓐ **편리한** ↔inconvenient 불편한

Digital technology has made our lives more **convenient**.
디지털 기술은 우리의 삶을 더 **편리하게** 만들었다.

+ convenience ⓝ 편의, 편리

기술 개발

0635 **research**
ⓝ [ríːsəːrtʃ]
ⓥ [risə́ːrtʃ]

ⓝ **연구, 조사** ⓥ **연구하다, 조사하다**

scientific **research** 과학 **연구**

He is **researching** the differences between the brains of males and females.
그는 남녀의 뇌 차이를 **연구하고** 있다.

0636 **analyze**
[ǽnəlàiz]

ⓥ **분석하다**

My job was to **analyze** the new findings of the experiment.
내 일은 새로운 실험 결과를 **분석하는** 것이었다.

+ analysis ⓝ 분석

0637 **database**
[déitəbèis]

ⓝ **데이터베이스**

You need to search for that information on our company's **database**.
그 정보는 저희 회사 **데이터베이스**에서 검색해야 합니다.

영영 a collection of information stored on a computer

0638 **process**
[prάːses]

ⓝ **과정, 절차** =procedure ⓥ **처리하다**

Can you speed up the manufacturing **process** of the computers?
컴퓨터 제조 **과정**의 속도를 높일 수 있나요?

The system can **process** more data in less time.
그 시스템은 더 많은 데이터를 더 적은 시간에 **처리할** 수 있다.

0639 **replace**
[ripléis]

ⓥ **1 대신[대체]하다 2 바꾸다**

Do you think that robots can someday **replace** humans?
언젠가는 로봇이 인간을 **대체할** 수 있다고 너는 생각하니?

replace the old TV with a new one
오래된 TV를 새것으로 **바꾸다**

0640 **improve**
[imprúːv]

ⓥ **개선되다; 향상시키다**

Technology has **improved** the quality of our lives.
기술이 우리의 삶의 질을 **향상시켰다**.

Daily Check-up

학습 Check	MP3 듣기	본문 학습	Daily Check-up	누적 테스트 Days 31-32

A 빈칸에 알맞은 우리말 뜻 또는 영어 단어를 써넣어 워드맵을 완성하시오.

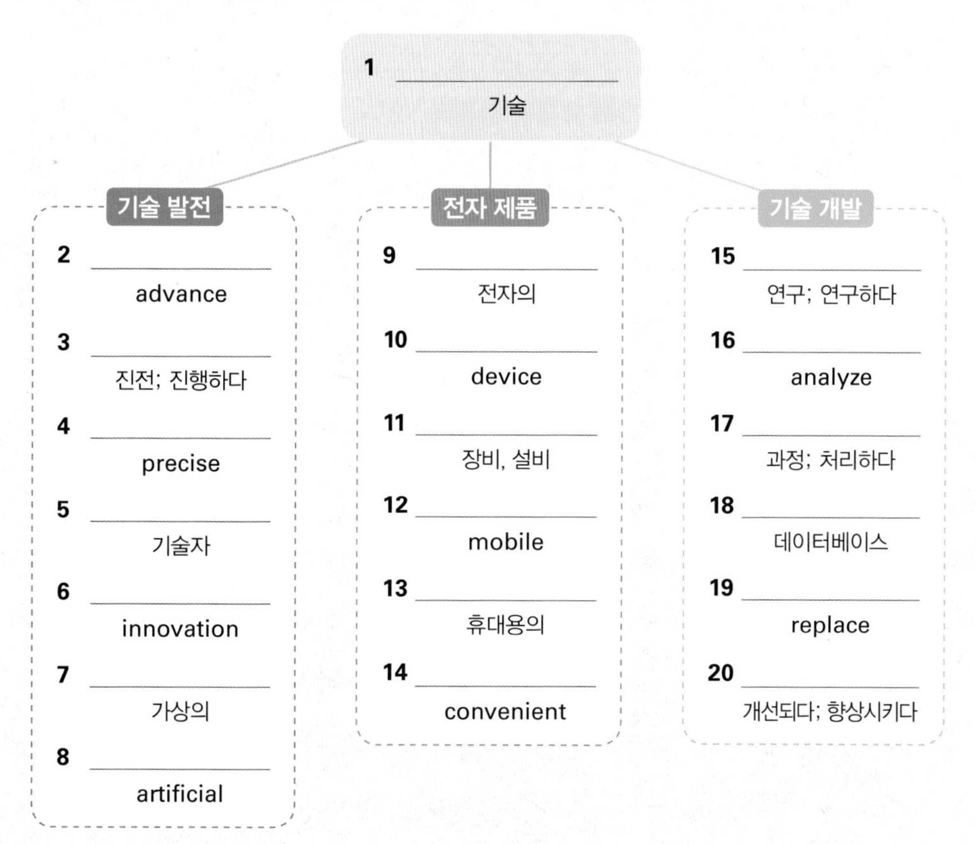

B 우리말을 참고하여, 문장을 완성하시오. (필요하면 단어 형태를 바꾸시오.)

1 How much does a light ____________ computer weigh?
가벼운 휴대용 컴퓨터는 무게가 얼마나 나가나요?

2 Have you made some ____________ on fixing the computer?
컴퓨터를 수리하는 데 좀 진전이 있나요?

3 Digital technology has made our lives more ____________.
디지털 기술은 우리의 삶을 더 편리하게 만들었다.

4 The system can ____________ more data in less time.
그 시스템은 더 많은 데이터를 더 적은 시간에 처리할 수 있다.

5 The Chinese manufacturing industry is transforming from imitation to ____________.
중국의 제조업은 모방에서 혁신으로 변화하고 있다.

Day 33 컴퓨터와 정보 통신

컴퓨터

0641 **laptop** [lǽptɑ̀:p]

ⓝ 휴대용 컴퓨터

Laptops weigh around 2 kilograms these days.
요즘 **휴대용 컴퓨터** 무게는 약 2kg이다.

영영 a small portable computer

lap 무릎 → laptop (무릎 위에 놓는) 휴대용 컴퓨터

0642 **personal** [pə́:rsənəl]

ⓐ 개인의, 개인적인

personal computer 개인용 컴퓨터(PC)

We were asked to turn off all **personal** devices during the ballet performance.
우리는 발레 공연 중에 모든 **개인** 기기의 전원을 끄라고 요청받았다.

0643 **keyboard** [kí:bɔ̀:rd]

ⓝ 키보드

I need to practice typing on my new **keyboard**.
나는 내 새 **키보드**에서 타자 연습을 해야 한다.

0644 **tool** [tu:l]

ⓝ 도구, 연장

garden **tools** 정원용 **도구**

The Internet has been a **tool** for recreation, education, and shopping.
인터넷은 오락, 교육, 쇼핑의 **도구**가 되어 왔다.

0645 **shut down**

1 (기계가) 정지하다 ⊜stop 2 (공장·가게가) 문을 닫다

The computer system automatically **shut down**.
컴퓨터 시스템이 저절로 **정지됐다**.

The online shopping mall **shut down** because of heavy competition.
그 온라인 쇼핑몰은 치열한 경쟁으로 **문을 닫았다**.

이메일

0646 **password** [pǽswə̀:rd]

ⓝ 비밀번호

You need a new **password** with a combination of numbers and letters.
너는 숫자와 문자의 조합으로 이루어진 새로운 **비밀번호**가 필요하다.

0647 **log in**

접속하다, 로그인하다 ↔ log out, log off 나가다

I can't **log in** because I forgot my password.
나는 비밀번호를 잊어버려서 **접속을 할** 수 없다.

log in, log on 둘 다 쓸 수 있다.

0648 **forward**
[fɔ́:rwərd]

ⓥ 보내다; 다시 보내 주다

Can you **forward** this email to the secretary?
이 이메일을 비서에게 **다시 보내줄** 수 있나요?

영영 to send email, information, etc. that you have received to someone

0649 **attach**
[ətǽtʃ]

ⓥ 붙이다, 첨부하다

Don't forget to **attach** the file to your email.
그 파일을 네 이메일에 **첨부하는** 것을 잊지 마.

+ attachment ⓝ 부착, 첨부 (파일)

0650 **delete**
[dilí:t]

ⓥ 삭제하다

I would like to **delete** my Amazon account.
저는 제 아마존 계정을 **삭제하고** 싶어요.

delete는 쓰여 있거나 컴퓨터에 저장되어 있는 것을 지우거나 삭제한다는 의미이다.

인터넷

0651 **browse**
[brauz]

ⓥ 1 (책 등을) 대강 훑어보다 2 (인터넷을) 검색하다

browse through a magazine 잡지를 **훑어보다**

I was **browsing** the Web and saw those sneakers on sale. 저는 인터넷을 **검색하다**가 할인 중인 저 운동화를 봤어요.

0652 **access**
[ǽkses]

ⓝ 접근; 이용 ⓥ 접속하다

About 95% of teens have **access** to a smartphone.
약 95퍼센트의 십대들이 스마트폰을 **이용**한다.

Please enter the password to **access** this page.
이 페이지에 **접속하려면** 비밀번호를 입력하세요.

0653 **network**
[nétwə̀:rk]

ⓝ 망, 네트워크

a road/railway **network** 도로/철로**망**

Facebook is the most popular social **network** with teenagers.
페이스북은 십대들에게 가장 인기 있는 소셜 **네트워크**(사회 연결망)이다.

0654 **wireless**
[wáiərlis]

ⓐ 무선의

wireless Internet service **무선** 인터넷 서비스

We can talk on our mobile phones because of the **wireless** network.
무선 네트워크 때문에 우리는 휴대폰으로 통화할 수 있다.

wire(전선, 선) + less(~이 없는) → 전선이 없는 → 무선의

0655 **online**
[ɑ́:nlàin / ɔ́:nlàin]

ⓐ 온라인의 ↔ offline 오프라인의

I prefer **online** shopping to offline shopping because it's convenient.
나는 오프라인 쇼핑보다 편리하기 때문에 **온라인** 쇼핑을 선호한다.

정보

0656 **information**
[ìnfərméiʃən]

ⓝ 정보

a piece of **information** **정보** 한 가지

The 4th Revolution is also known as the **Information** Age. 4차 혁명은 **정보**화 시대로도 알려져 있다.

0657 **digital**
[dídʒitl]

ⓐ 디지털(방식)의 ↔ analog 아날로그식의

the **digital** era **디지털** 시대

My uncle bought me a **digital** watch for a graduation present.
삼촌은 졸업 선물로 내게 **디지털** 손목시계를 사주셨다.

+ digit ⓝ 숫자

0658 **download**
[dáunlòud]

ⓥ 내려받다 ↔ upload 올리다

You can **download** documents on the website.
웹사이트에서 문서를 **내려받을** 수 있다.

0659 **secure**
[sikjúər]

ⓐ 1 안전한 = safe 2 안정된

Please store the password for your account in a **secure** place.
여러분의 계정 비밀번호를 **안전한** 곳에 보관하세요.

It is hard for senior citizens to find **secure** jobs these days. 요즘 노인들이 **안정된** 일을 찾는 것이 어렵다.

+ security ⓝ 안전; 보안

0660 **update**
[ʌpdéit]

ⓥ 갱신하다 = improve

We had to **update** our personal information on the website.
우리는 웹사이트에 개인 정보를 **갱신해야** 했다.

Daily Check-up

학습 Check	MP3 듣기	본문 학습	Daily Check-up	누적 테스트 Days 32-33	Review Test

A 빈칸에 알맞은 우리말 뜻 또는 영어를 써넣어 워드맵을 완성하시오.

B 우리말을 참고하여, 문장을 완성하시오. (필요하면 단어 형태를 바꾸시오.)

1 Can you ____________ this email to the secretary?
이 이메일을 비서에게 다시 보내줄 수 있나요?

2 The computer system automatically ____________.
컴퓨터 시스템이 저절로 정지됐다.

3 About 95% of teens have ____________ to a smartphone.
약 95퍼센트의 십대들이 스마트폰을 이용한다.

4 I was ____________ the Web and saw those sneakers on sale.
저는 인터넷을 검색하다가 할인 중인 저 운동화를 봤어요.

5 It is hard for senior citizens to find ____________ jobs these days.
요즘 노인들이 안정된 일을 찾는 것이 어렵다.

A 들려주는 영어 단어를 쓴 후 우리말 뜻을 쓰시오.

영단어	뜻	영단어	뜻
1		2	
3		4	
5		6	
7		8	
9		10	
11		12	
13		14	
15		16	
17		18	
19		20	

B 다음 영영 풀이에 해당하는 알맞은 단어를 골라 쓰시오.

gravity laboratory forward database interact astronomer

1 to affect each other ____________

2 a scientist who studies stars and planets ____________

3 the force that pulls objects to the ground ____________

4 a room where a scientist conducts experiments ____________

5 a collection of information stored on a computer ____________

6 to send email, information, etc. that you have received to someone ____________

C 밑줄 친 단어의 동의어(=) 또는 반의어(↔)를 골라 쓰시오.

improve natural upload plan

1 We need to update the computer system. = ____________

2 I support the project to build a new library. = ____________

3 It does not contain any artificial ingredients. ↔ ____________

4 Download the file onto your computer. ↔ ____________

D 다음 그림을 보고, 해당하는 단어와 연결하시오.

1 

2 

3 

4 

microscope laptop planet telescope

E 다음을 읽고, 빈칸에 알맞은 단어를 우리말을 참고하여 쓰시오.

1 They needed the right ____________ to build a house.
그들은 집을 짓기 위한 적절한 **장비**가 필요했다.

2 We are against using animals in scientific ____________.
우리는 과학 **연구**에 동물을 사용하는 것에 반대한다.

3 The scientist's new theory has not been ____________d yet.
그 과학자의 새로운 이론은 아직 **증명되지** 않았다.

4 Communication has become easier since we have ____________ phones.
우리가 **이동** 전화를 가지고 있어서 의사소통이 더욱 쉬워졌다.

PLAN 10
문학과 언어

Day 34 문학과 출판
Day 35 글의 분위기
Day 36 언어

문학과 언어

문학과 출판

fiction 소설; 허구
plot 줄거리
edit 편집하다; 수정하다

글의 분위기

dull 따분한, 재미없는
dynamic 활발한
tense 긴장한; 긴박한

언어

phrase 구; 구절
conversation 대화
pronounce 발음하다

Day 34 문학과 출판

0661 **literature**
[lítərətʃər]

ⓝ 문학

great works of **literature** 위대한 **문학** 작품들

I'm going to major in German **literature** in college.
나는 대학에서 독일 **문학**을 전공할 것이다.

⊕ literary ⓐ 문학의 | literal ⓐ 문자 그대로의

0662 **publish**
[pʌ́bliʃ]

ⓥ 출판하다

The company finally decided to **publish** his book.
그 회사는 마침내 그의 책을 **출판하기**로 결정했다.

⊕ publisher ⓝ 출판사 | publication ⓝ 출판(물)

작품

0663 **genre**
[ʒɑ́:nrə]

ⓝ 장르

What is your favorite literary **genre**?
네가 제일 좋아하는 문학 **장르**는 무엇이니?

a movie **genre** 영화 **장르**

영영 a particular type of literature, art, music, etc.

0664 **fiction**
[fíkʃən]

ⓝ 소설; 허구 ⊜ novel ↔ nonfiction 비소설

Can you recommend some interesting science **fiction** to me?
제게 재미있는 공상 과학 **소설**을 추천해주실 수 있나요?

⊕ fictional ⓐ 허구적인; 소설의

0665 **poetry**
[póuətri]

ⓝ 시 ⊜ poems

a **poetry** reading **시** 낭독

My sister loves reading **poetry** in her free time.
우리 언니는 여가 시간에 **시**를 읽는 것을 좋아한다.

★ poem은 '한 편의 시'를 뜻하고, poetry는 집합적인 의미의 '시', 또는 문학 장르로서의 '시'를 뜻한다.

0666 **biography**
[baiɑ́:grəfi]

ⓝ 전기

Reading the **biography** of Schweitzer, I decided to pursue a career in medicine.
슈바이처의 **전기**를 읽고, 나는 의학 분야의 직업을 갖기로 결심했다.

영영 a true life story written about a person

0667 **tale**
[teil]

ⓝ **이야기** ⊜story

a fairy **tale** 동화

My mom used to read the **tale** of the country mouse and the city mouse to me.
엄마는 내게 시골 쥐와 도시 쥐 **이야기**를 읽어주시곤 했다.

0668 **fantasy**
[fǽntəsi]

ⓝ **상상, 공상** ⊜imagination

Most of Disney's stories with happy endings only exist in the world of **fantasy**.
디즈니의 행복한 결말의 이야기 대부분은 **상상**의 세계에서만 존재한다.

⊕ fantastic ⓐ 환상적인

0669 **tragedy**
[trǽdʒədi]

ⓝ **비극** ↔comedy 희극

Shakespeare's **tragedies** 셰익스피어의 **비극(작품)들**

The love story of Romeo and Juliet ended in **tragedy**.
로미오와 줄리엣의 사랑 이야기는 **비극**으로 끝났다.

⊕ tragic ⓐ 비극적인

tragedy는 '비극적인 사건', 문학으로서의 '비극 작품'을 모두 뜻함

작품 구성

0670 **plot**
[plɑ:t]

ⓝ **줄거리** ⊜storyline

The **plot** of this story was too complicated to understand.
이 이야기의 **줄거리**는 너무 복잡해서 이해하기 어려웠다.

plot twist 반전

0671 **setting**
[sétiŋ]

ⓝ **(연극·소설 등의) 배경** ⊜scene

The **setting** of this story is Germany during World War I.
이 이야기의 **배경**은 1차 세계 대전 때의 독일이다.

0672 **compose**
[kəmpóuz]

ⓥ **1 구성하다 2 (시·글을) 짓다; 작곡하다**

Clouds are **composed** of ice crystals.
구름은 빙정으로 **구성되어** 있다.

He **composed** a poem for his young daughter.
그는 어린 딸을 위해 시를 **지었다**.

⊕ composer ⓝ 작곡가

0673 **author**
[ɔ́:θər]

ⓝ **작가** ⊜writer

The **author** showed up late to her book-signing event.
작가는 자신의 책 사인회에 늦게 나타났다.

0674 content
[kάːntent]

ⓝ 1 (책·연설 등의) 내용 2 (복수형으로) 목차

I want to change the **content** of my story to something different.
나는 내 이야기의 **내용**을 다른 것으로 바꾸고 싶다.

Refer to the **contents** page to find the story you want to read.
읽고 싶은 이야기를 찾으려면 **목차** 페이지를 참조하세요.

0675 context
[kάːntekst]

ⓝ 1 문맥 2 (사건의) 정황, 배경

Try to understand the meaning of the word in the **context**.
문맥 안에서 그 단어의 뜻을 이해하려고 노력해봐.

The war story was set in the **context** of Korea in the 1950s. 그 전쟁 이야기는 1950년대의 한국의 **정황**을 배경으로 했다.

편집과 출판

0676 edit
[édit]

ⓥ 편집하다; 수정하다 ⊜revise

The journalist's article had to be **edited** several times.
그 기자의 기사는 몇 차례 **편집을 해야** 했다.

영영 to prepare a book for printing by correcting mistakes and by making changes (실수를 바로잡고 변경해서 책의 인쇄를 준비하다)

0677 editor
[édətər]

ⓝ 편집자

Anna Wintour is the famous **editor**-in-chief of *Vogue* magazine.
애나 윈터는 보그 잡지사의 유명한 **편집**장이다.

0678 version
[vəːrʒən]

ⓝ (이전의 것·다른 비슷한 것과 약간 다른) –판

I can't wait to read the Korean **version** of your first novel. 너의 첫 소설의 한국어**판**이 기다려져.

0679 review
[rivjúː]

ⓝ 1 검토 2 논평 ⓥ 1 (재)검토하다 2 논평하다

a book/movie **review** 서**평**/영화 **평론**

Could you **review** the revised version of my speech?
제 연설문의 수정본을 **재검토해줄** 수 있나요?

0680 copyright
[kάːpiràit]

ⓝ 저작권

We can't just copy this book due to **copyright** issues.
저작권 문제로 우리는 이 책을 그냥 복사할 수 없다.

Daily Check-up

학습 Check	MP3 듣기	본문 학습	Daily Check-up	누적 테스트 Days 33-34

A 빈칸에 알맞은 우리말 뜻 또는 영어 단어를 써넣어 워드맵을 완성하시오.

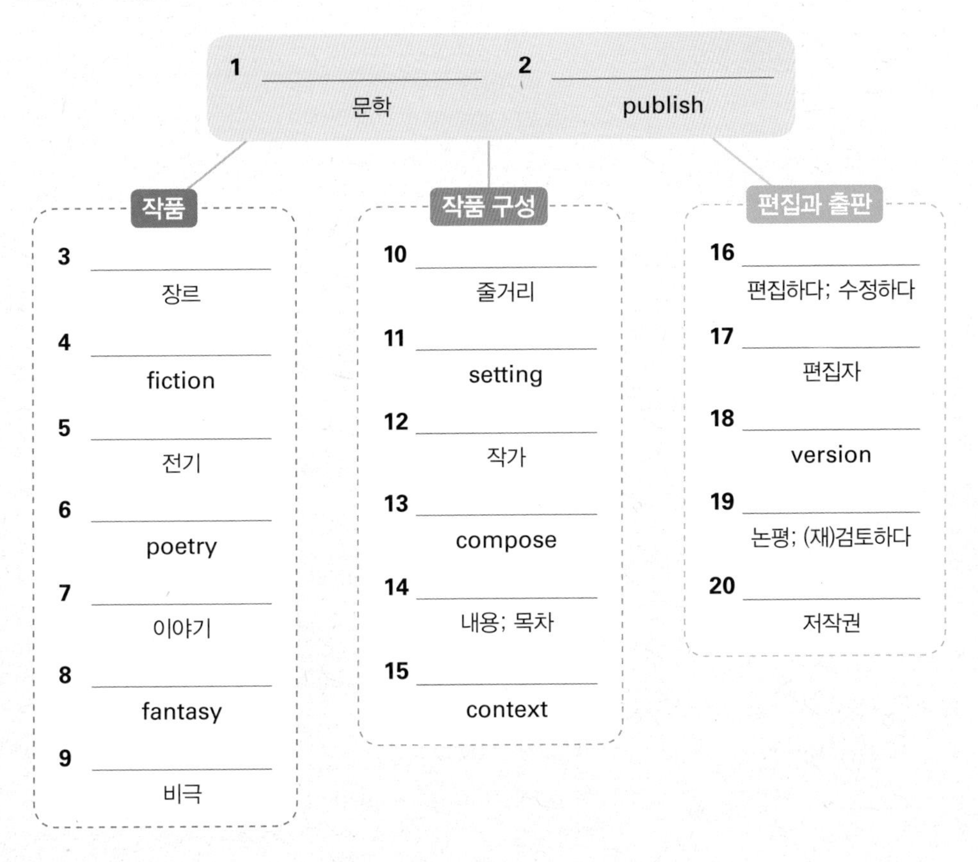

B 우리말을 참고하여, 문장을 완성하시오. (필요하면 단어 형태를 바꾸시오.)

1 I'm going to major in German ____________ in college.
나는 대학에서 독일 문학을 전공할 것이다.

2 We can't just copy this book due to ____________ issues.
저작권 문제로 우리는 이 책을 그냥 복사할 수 없다.

3 The journalist's article had to be ____________ several times.
그 기자의 기사는 몇 차례 편집을 해야 했다.

4 The ____________ of this story was too complicated to understand.
이 이야기의 줄거리는 너무 복잡해서 이해하기 어려웠다.

5 Reading the ____________ of Schweitzer, I decided to pursue a career in medicine.
슈바이처의 전기를 읽고, 나는 의학 분야의 직업을 갖기로 결심했다.

Day 35 글의 분위기

지루함과 외로움

0681 **boring** [bɔ́:riŋ]

ⓐ 지루한 ↔ interesting 흥미로운

The plot was **boring** and unrealistic.
줄거리가 **지루하고** 비현실적이었다.

It was a **boring** day.
지루한 하루였어.

⊕ bored ⓐ 지루해 하는

0682 **dull** [dʌl]

ⓐ 따분한, 재미없는 = boring

The story is so **dull** that I don't want to read it anymore.
이야기가 너무 **따분해서** 나는 더 이상 읽고 싶지 않다.

0683 **gloomy** [glú:mi]

ⓐ 1 어두운 2 우울한

a **gloomy** weather **어둑어둑한** 날씨

The original version of *The Little Mermaid* has a **gloomy** ending.
'인어공주'의 원래 판은 **우울한** 결말이다.

0684 **lonely** [lóunli]

ⓐ 외로운, 쓸쓸한

The **lonely** boy traveled in search of his lost family.
외로운 소년은 자신의 잃어버린 가족을 찾아 떠났다.

영영 sad from being left alone

긍정과 생동감

0685 **dynamic** [dainǽmik]

ⓐ 활발한; 역동적인 = energetic

The characters in the novel are **dynamic** and witty.
그 소설 속의 인물들은 **활발하고** 재치가 있다.

0686 **active** [ǽktiv]

ⓐ 1 활동적인 2 적극적인 ↔ passive 수동적인

My grandfather lived an **active** life, enjoying tennis and golf.
우리 할아버지는 테니스와 골프를 즐기시면서 **활동적인** 삶을 사셨다.

Princess Fiona is a very **active** character who saves Shrek from danger.
피오나 공주는 위험에서 슈렉을 구하는 매우 **적극적인** 인물이다.

영영 very energetic and busy doing something

⊕ act ⓝ ⓥ 행동(하다) | activity ⓝ 활동 | actively ad 적극적으로

0687 **lively** [láivli]

ⓐ 생기 넘치는, 활발한

The heroine of *Anne of Green Gables* is a **lively** character whom everyone loves.
'빨간 머리 앤'의 여자 주인공은 모든 사람들이 사랑하는 **생기 넘치는** 인물이다.

0688 **cheerful** [tʃíərfəl]

ⓐ 발랄한, 쾌활한

The child answered his mother in a **cheerful** voice.
아이는 엄마에게 **발랄한** 목소리로 대답했다.

0689 **hopeful** [hóupfəl]

ⓐ 희망에 찬; 희망적인 ↔ hopeless 가망 없는, 절망적인

They felt more **hopeful** about their future.
그들은 자신들의 미래에 대해 더욱 **희망을** 느꼈다.

The message of the story was **hopeful**.
그 이야기의 교훈은 **희망적이었다**.

0690 **fantastic** [fæntǽstik]

ⓐ 환상적인, 멋진

a **fantastic** view **환상적인** 경치

Don Quixote is a classic novel of **fantastic** adventure.
'돈키호테'는 **환상적인** 모험의 명작 소설이다.

0691 **spectacular** [spektǽkjələr]

ⓐ 1 장관의 2 극적인

a **spectacular** sunrise **장관을 이루는** 일출

The plot twist was so **spectacular** that the novel became a bestseller.
반전이 아주 **극적이어서** 그 소설은 베스트셀러가 되었다.

⊕ spectacle ⓝ 광경, 장관

0692 **festive** [féstiv]

ⓐ 축제의

Everyone is in a **festive** mood during the Christmas season.
크리스마스 시즌에는 모든 사람들이 **축제** 분위기에 있다.

⊕ festival ⓝ 축제

긴장

0693 **tense** [tens]

ⓐ 긴장한; 긴박한 ⊜ nervous

She looked **tense** and unhappy.
그녀는 **긴장하고** 불행해 보였다.

a **tense** situation **긴박한** 상황

⊕ tension ⓝ 긴장 (상태)

0694 **stressful**

[strésfəl]

ⓐ 스트레스가 많은

Having to think about a new story is so **stressful** for me.
새로운 이야기를 생각해야 하는 것은 내게 매우 **많은 스트레스를 준다**.

⊕ stressed ⓐ 스트레스를 받는

0695 **scary**

[skéri / skéəri]

ⓐ 무서운 ⊜ frightening

a **scary** scene **무서운** 장면

That horror film was so **scary**.
저 공포 영화는 너무 **무서웠다**.

0696 **horrified**

[hɔ́:rəfàid]

ⓐ 겁에 질린 ⊜ shocked

She had a **horrified** expression on her face.
그녀는 얼굴이 **겁에 질린** 표정이었다.

⊕ horrify ⓥ 소름끼치게 하다

평온함

0697 **calm**

[kɑ:m]

ⓐ 침착한, 차분한

The heroine of the novel was very **calm** when dealing with the problem.
소설 속의 여주인공은 문제를 해결할 때 아주 **침착했다**.

⊕ calmness ⓝ 침착, 평온 | calmly ⓐⓓ 침착하게

0698 **peaceful**

[pí:sfəl]

ⓐ 평화로운

The setting of the novel is a **peaceful** village in Austria.
소설의 배경은 오스트리아의 어느 **평화로운** 마을이다.

⊕ peace ⓝ 평화

0699 **romantic**

[roumǽntik]

ⓐ 낭만적인, 애정의

a **romantic** atmosphere **낭만적인** 분위기

The story of how my mother met my father is very **romantic**.
우리 엄마가 아빠를 어떻게 만났는지에 대한 얘기는 매우 **낭만적이다**.

0700 **heartwarming**

[hɑ́:rtwɔ̀:rmiŋ]

ⓐ 마음이 따스해지는

The **heartwarming** story of the two friends was made into a film.
두 친구의 **마음 따스해지는** 이야기는 영화로 만들어졌다.

Daily Check-up

학습 Check	MP3 듣기	본문 학습	Daily Check-up	누적 테스트 Days 34-35

A 빈칸에 알맞은 우리말 뜻 또는 영어 단어를 써넣어 워드맵을 완성하시오.

B 우리말을 참고하여, 어구 또는 문장을 완성하시오. (필요하면 단어 형태를 바꾸시오.)

1 a ______________ sunrise 장관을 이루는 일출

2 The characters in the novel are ______________ and witty.
그 소설 속의 인물들은 활발하고 재치가 있다.

3 The ______________ story of the two friends was made into a film.
두 친구의 마음 따스해지는 이야기는 영화로 만들어졌다.

4 The story is so ______________ that I don't want to read it anymore.
이야기가 너무 따분해서 나는 더 이상 읽고 싶지 않다.

5 Everyone is in a ______________ mood during the Christmas season.
크리스마스 시즌에는 모든 사람들이 축제 분위기에 있다.

Day 36 언어

0701 **language**
[lǽŋgwidʒ]

ⓝ 언어 ⊜tongue

foreign **language** 외국어

It takes time and effort to master a **language**.
하나의 **언어**를 완전히 익히려면 시간과 노력이 든다.

master a language 언어를 완전히 익히다

글의 구성 요소

0702 **phrase**
[freiz]

ⓝ 1 구 2 구절, 관용구

a noun **phrase** 명사**구**

Francis Bacon's **phrase** "Knowledge is power" is memorable.
프란시스 베이컨의 '아는 것이 힘이다'라는 **구절**은 기억할 만하다.

영영 a group of two or more words that have a particular meaning

0703 **sentence**
[séntəns]

ⓝ 문장

My younger brother learned to write complete **sentences** at school today.
내 남동생은 오늘 학교에서 완전한 **문장**을 쓰는 법을 배웠다.

0704 **paragraph**
[pǽrəgræ̀f]

ⓝ 단락

Your first **paragraph** should consist of four or more sentences.
네가 쓴 첫 번째 **단락**은 4개 또는 그 이상의 문장으로 구성되어야 한다.

말과 대화

0705 **conversation**
[kɑ̀:nvərséiʃən]

ⓝ 대화

The telephone **conversation** with the receptionist was being recorded.
접수 담당자와의 전화 **대화**가 녹음되고 있었다.

conversation: 두 사람이나 소그룹 사이에서 격식 없이 하는 대화
dialogue: 주로 책, 영화 속의 대화
talk: 어떤 문제나 중요한 일에 대해서 나누는 긴 대화

0706 **dialect**
[dáiəlèkt]

ⓝ 방언, 사투리

There are so many **dialects** in the Chinese language.
중국어에는 아주 많은 **방언**이 있다.

0707 **proverb** [prά:vərb]

ⓝ 속담 ⊜ saying

Proverbs are found in most cultures.
속담은 대부분의 문화에서 발견된다.

영영 a short sentence with a lesson to be learned

0708 **speech** [spi:tʃ]

ⓝ 1 연설 2 말; 언어 능력

Are you ready to deliver your **speech** at the graduation ceremony? 졸업식 때 **연설**할 준비가 되었니?

deliver a speech 연설을 하다

0709 **speaker** [spí:kər]

ⓝ 1 연설가 2 (특정 언어) 사용자

The **speaker** wept as he gave his speech in front of the crowd.
연설가는 대중 앞에서 연설을 하면서 눈물을 흘렸다.

fluent Chinese **speakers** 유창한 중국어 **사용자**

0710 **gesture** [dʒéstʃər]

ⓝ 몸짓 ⓥ 손[몸]짓을 하다

Practice your hand **gestures** before you go on stage.
무대 위에 서기 전에 손**동작**을 연습하세요.

She **gestured** for me to sit down.
그녀는 내게 앉으라고 **손짓했다**.

0711 **pause** [pɔ:z]

ⓥ 잠시 멈추다 ⓝ 멈춤

Please slow down and **pause** after reading one sentence.
속도를 늦추고 한 문장을 읽은 후 **잠시 멈추세요**.

He spoke after a short **pause**. 그는 잠깐 **멈춘** 후 말했다.

영영 ⓥ to stop speaking or doing something for a short time

0712 **spread** [spred]
spread - spread - spread

ⓥ 1 펴다, 펼치다 2 퍼뜨리다

I **spread** the map of the city out on the table.
나는 탁자 위에 그 도시 지도를 **펼쳤다**.

She **spread** rumors about her teacher.
그녀는 선생님에 관한 소문을 **퍼뜨렸다**.

0713 **reflect** [riflékt]

ⓥ 1 비추다 2 반영하다, 나타내다

Trees were **reflected** in the water.
나무들이 물에 **비추었다**.

Your writing should **reflect** your beliefs.
너의 글은 너의 생각을 **반영해야** 한다.

⊕ reflection ⓝ 상[모습]; 반영

언어 학습

0714 **pronounce**
[prənáuns]

ⓥ 발음하다

It is so hard to **pronounce** Russian names.
러시아 사람들의 이름을 **발음하기가** 매우 어렵다.

⊕ pronunciation ⓝ 발음

0715 **bilingual**
[bailíŋgwəl]

ⓐ 이중 언어를 사용하는

bilingual education **이중 언어 사용** 교육
Andy is **bilingual** in English and German.
Andy는 영어와 독일어 **두 개 언어를 한다.**

bi(둘의) + lingual(말의) → 두 개의 말을 사용하는

0716 **spell**
[spel]
spell-spelled[spelt]-spelled[spelt]

ⓥ 철자를 말하다[쓰다]

How do you **spell** your family name?
당신의 성은 **철자가** 어떻게 **되나요**?
Appoggiatura was one of the most difficult words to **spell**.
'아포자투라'는 **철자를 말하기가** 가장 어려운 단어 중 하나였다.

⊕ spelling ⓝ 철자(법)

0717 **express**
[iksprés]

ⓥ (감정·생각 등을) 표현하다

No words can **express** how much I love you.
그 어떤 단어도 내가 널 얼마나 사랑하는지 **표현할** 수 없어.

⊕ expression ⓝ 표현

0718 **memorize**
[méməràiz]

ⓥ 암기하다

How can I **memorize** all the words on this vocabulary list?
이 단어 목록의 모든 단어를 내가 어떻게 다 **외울** 수 있을까?

0719 **define**
[difáin]

ⓥ 정의하다, (말의) 뜻을 명확히 하다

Can you clearly **define** this word?
너는 이 단어를 분명하게 **정의할** 수 있니?

영영 to explain the meaning of a word
⊕ definition ⓝ 정의

0720 **intonation**
[ìntənéiʃən]

ⓝ 억양

You need to listen carefully to the teacher and follow her **intonation**.
너는 선생님의 말을 유심히 듣고 **억양**을 따라해야 한다.

Daily Check-up

학습 Check	MP3 듣기	본문 학습	Daily Check-up	누적 테스트 Days 35-36	Review Test

A 빈칸에 알맞은 우리말 뜻 또는 영어 단어를 써넣어 워드맵을 완성하시오.

1 ______ 언어

글의 구성 요소

2 ______ phrase

3 ______ 문장

4 ______ paragraph

말과 대화

5 ______ 대화

6 ______ dialect

7 ______ 속담

8 ______ speech

9 ______ 연설가

10 ______ gesture

11 ______ 잠시 멈추다; 멈춤

12 ______ 비추다; 반영하다, 나타내다

13 ______ spread

언어 학습

14 ______ 발음하다

15 ______ bilingual

16 ______ 철자를 말하다[쓰다]

17 ______ express

18 ______ 암기하다

19 ______ define

20 ______ 억양

B 우리말을 참고하여, 문장을 완성하시오. (필요하면 단어 형태를 바꾸시오.)

1 Andy is ______ in English and German.
Andy는 영어와 독일어 두 개 언어를 한다.

2 ______ are found in most cultures.
속담은 대부분의 문화에서 발견된다.

3 Your first ______ should consist of four or more sentences.
네가 쓴 첫 번째 단락은 4개 또는 그 이상의 문장으로 구성되어야 한다.

4 Please slow down and ______ after reading one sentence.
속도를 늦추고 한 문장을 읽은 후 잠시 멈추세요.

5 You need to listen carefully to the teacher and follow her ______.
너는 선생님의 말을 유심히 듣고 억양을 따라해야 한다.

A 들려주는 영어 단어를 쓴 후 우리말 뜻을 쓰시오.

영단어	뜻	영단어	뜻
1		2	
3		4	
5		6	
7		8	
9		10	
11		12	
13		14	
15		16	
17		18	
19		20	

B 다음 영영 풀이에 해당하는 알맞은 단어를 골라 쓰시오.

biography genre lonely edit proverb define

1 sad from being left alone ________

2 to explain the meaning of a word ________

3 a true life story written about a person ________

4 a short sentence with a lesson to be learned ________

5 a particular type of literature, art, music, etc. ________

6 to prepare a book for printing by correcting mistakes and by making changes ________

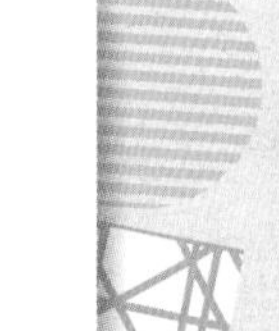

C 밑줄 친 단어의 동의어(=) 또는 반의어(↔)를 골라 쓰시오.

passive comedies revise boring

1 Edit your paper before turning it in. = ________

2 I fell asleep because the movie was too dull. = ________

3 *Macbeth* is one of Shakespeare's greatest tragedies. ↔ ________

4 I am an active person, so I like to do activities. ↔ ________

D 다음 그림을 보고, 해당하는 단어와 연결하시오.

1 

2 

3 

4 

horrified festive author speech

E 다음을 읽고, 빈칸에 알맞은 단어를 우리말을 참고하여 쓰시오.

1 The child stayed ________ and called the police for help.
그 아이는 **침착했고** 경찰에게 도움을 요청했다.

2 Some Koreans find it difficult to ________ the letter R.
일부 한국인들은 글자 R을 **발음하기** 어려워한다.

3 I received a(n) ________ welcome when I arrived home.
집에 도착하자 나는 **마음이 따스해지는** 환영을 받았다.

4 I cannot understand the ________ spoken on Jeju Island.
나는 제주도에서 말하는 **사투리**를 알아듣지 못한다.

PLAN 11
산업과 경제

Day 37 농업
Day 38 산업
Day 39 경제
Day 40 소비

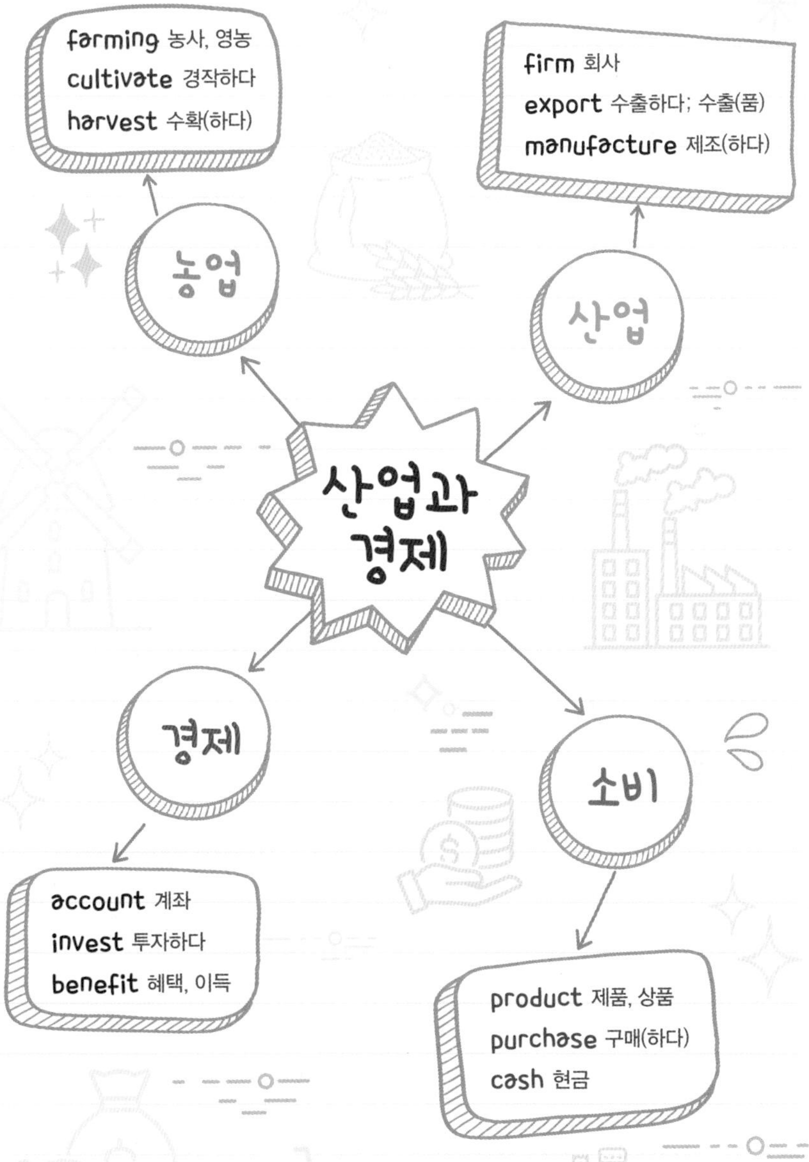

산업과 경제

농업

farming 농사, 영농
cultivate 경작하다
harvest 수확(하다)

산업

firm 회사
export 수출하다; 수출(품)
manufacture 제조(하다)

경제

account 계좌
invest 투자하다
benefit 혜택, 이득

소비

product 제품, 상품
purchase 구매(하다)
cash 현금

Day 37 농업

0721 **agriculture**
[ǽgrikʌ̀ltʃər]

ⓝ 농업

Agriculture is an important part of the economy.
농업은 경제의 중요한 부분이다.

⊕ agricultural ⓐ 농업의
agri(밭) + culture(경작) → 밭을 경작하는 것 → 농업

농법

0722 **farming**
[fά:rmiŋ]

ⓝ 농사, 영농

modern **farming** methods 현대 **농사**법
My parents took up **farming** after they retired.
우리 부모님은 은퇴 후 **농사**를 짓기 시작하셨다.

take up farming 농사를 짓기 시작하다

0723 **organic**
[ɔ:rgǽnik]

ⓐ 유기농의

organic farming **유기** 농법
That ice cream is made from **organic** milk.
저 아이스크림은 **유기농** 우유로 만들어진다.

0724 **pesticide**
[péstəsàid]

ⓝ 살충제, 농약

Not all organic farming is free from **pesticides**.
모든 유기 농법이 **살충제**를 사용하지 않는 것은 아니다.

영영 a chemical used to kill harmful insects

0725 **rotate**
[róuteit]

ⓥ 1 회전하다 2 교대로 하다, 윤작하다

The moon **rotates** around the Earth. 달은 지구 주위를 **돈다**.
The young farmer **rotated** planting barley and potatoes.
젊은 농부는 보리와 감자를 **교대로** 심었다.

⊕ rotation ⓝ 회전; 교대

경작

0726 **field**
[fi:ld]

ⓝ 밭

The farmers plowed the **field** all day long.
농부들은 하루 종일 **밭**을 쟁기로 갈았다.

a rice **field** 논

0727 **soil**
[sɔil]

ⓝ **토양, 흙** ⊜ earth, ground

This **soil** is rich in nutrients, so we can plant vegetables in it.
이 **토양**은 영양분이 풍부해서 우리는 그 안에 채소를 심을 수 있다.

0728 **rake**
[reik]

ⓥ **갈퀴질을 하다** ⓝ **갈퀴**

Rake the soil until the surface is smooth.
표면이 고를 때까지 땅을 **갈퀴질하세요**.

Gather leaves by using this **rake**.
이 **갈퀴**를 사용해서 나뭇잎을 모으세요.

0729 **seed**
[si:d]

ⓝ **씨, 씨앗**

Grow your own vegetables from **seed**.
씨앗을 이용해서 여러분만의 채소를 기르세요.

⊕ seedless ⓐ 씨가 없는

0730 **sow**
[sou]
sow-sowed-sown[sowed]

ⓥ **(씨를) 뿌리다**

He plans to **sow** watermelon seeds in his field.
그는 밭에 수박씨를 **뿌릴** 계획이다.

As you **sow**, so you reap. **뿌린** 대로 거둘 것이다.

영영 to plant seeds

0731 **water**
[wɔ́:tər / wɑ́:tər]

ⓥ **물을 주다** ⓝ **물**

The gardener **watered** the plants.
정원사는 식물에 **물을 줬다**.

0732 **fertilizer**
[fə́:rtəlàizər]

ⓝ **비료**

artificial **fertilizer** 인공 **비료**

We used a farming machine to spread **fertilizer** in the field.
우리는 밭에 **비료**를 뿌리기 위해 농기구를 사용했다.

영영 a substance that is put on the soil to make plants grow well

0733 **cultivate**
[kʌ́ltəvèit]

ⓥ **1 경작하다 2 재배하다**

My grandfather **cultivated** the land.
우리 할아버지는 그 땅을 **경작하셨다**.

The Irish mainly **cultivated** potatoes.
아일랜드 사람들은 주로 감자를 **재배했다**.

⊕ cultivation ⓝ 경작; 재배

0734 **weed**
[wi:d]

ⓝ 잡초

We're going to pull out the **weeds** in our backyard tomorrow.
우리는 내일 뒷마당에 있는 **잡초**를 뽑을 것이다.

영영 a wild plant that grows quickly in gardens or fields of crops

수확

0735 **ripe**
[raip]

ⓐ 익은 ⊜ mature ↔ unripen 익지 않은

The mangos were **ripe** and ready to eat.
망고가 **익어서** 먹을 때가 되었다.

⊕ ripen ⓥ 익다

0736 **pick**
[pik]

ⓥ 1 고르다, 선택하다 2 (과일 등을) 따다

Pick the one you want.
당신이 원하는 것을 **고르세요.**

We are going to **pick** grapes and make wine.
우리는 포도를 **따서** 와인을 만들 것이다.

0737 **crop**
[kra:p]

ⓝ 농작물

Rice is an important **crop** in most Asian countries.
쌀은 대부분의 아시아 국가에서 중요한 **농작물**이다.

영영 a plant such as wheat or rice grown by farmers

0738 **wheat**
[wi:t]

ⓝ 밀

wheat flour **밀**가루

This bread is made with **wheat**.
이 빵은 **밀**로 만들어진다.

0739 **grain**
[grein]

ⓝ 곡물; 낟알

The corn and **grain** are ripening.
옥수수와 **곡물**이 익어가고 있다.

a few **grains** of rice 쌀 몇 **알**

0740 **harvest**
[hɑ́:rvist]

ⓝ 수확; 수확량 ⓥ 수확하다

harvest season **수확**기

This year's **harvest** was plentiful.
올해 **수확량**이 풍부했다.

The farmer has **harvested** his crop from his fields.
농부는 밭에서 농작물을 **수확했다.**

Daily Check-up

학습 Check	MP3 듣기	본문 학습	Daily Check-up	누적 테스트 Days 36-37

A 빈칸에 알맞은 우리말 뜻 또는 영어 단어를 써넣어 워드맵을 완성하시오.

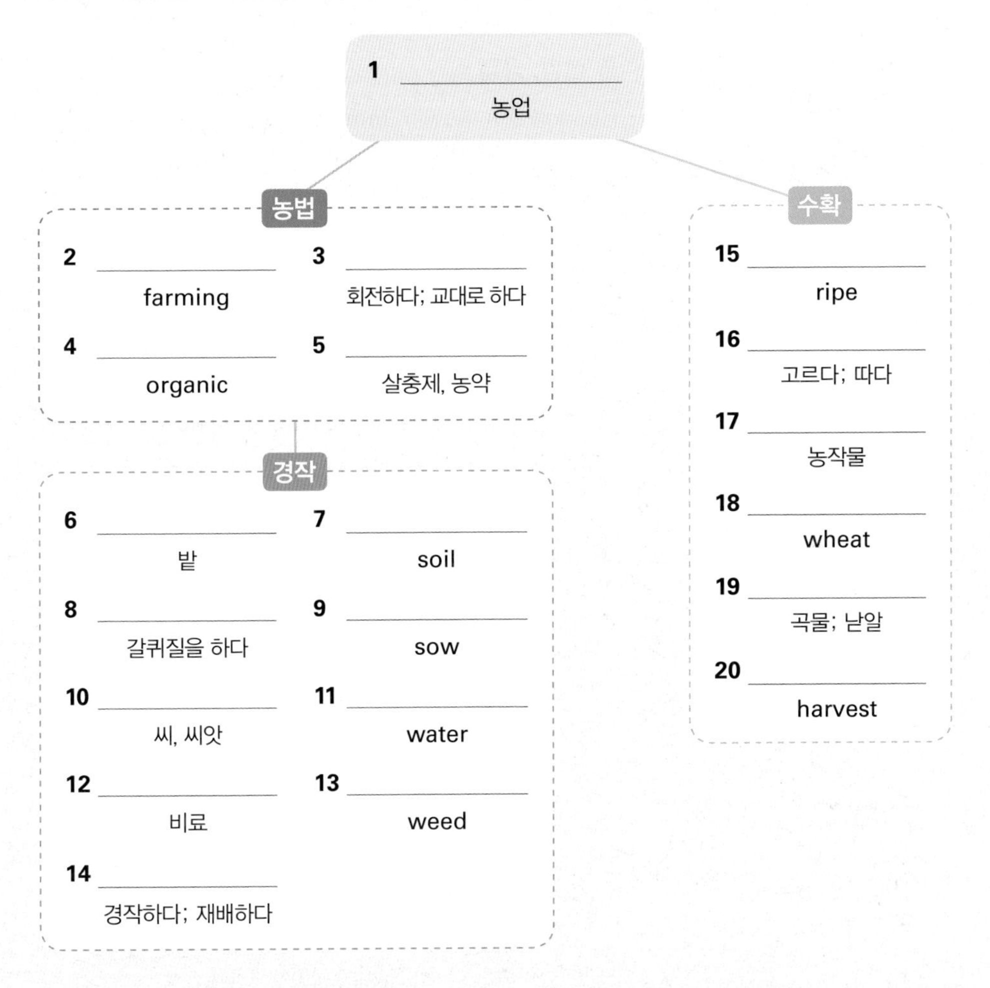

PLAN 11

B 우리말을 참고하여, 문장을 완성하시오. (필요하면 단어 형태를 바꾸시오.)

1 Not all organic farming is free from ______.
모든 유기 농법이 살충제를 사용하지 않는 것은 아니다.

2 ______ is an important part of the economy.
농업은 경제의 중요한 부분이다.

3 We are going to ______ grapes and make wine.
우리는 포도를 따서 와인을 만들 것이다.

4 ______ the soil until the surface is smooth.
표면이 고를 때까지 땅을 갈퀴질하세요.

5 Rice is an important ______ in most Asian countries.
쌀은 대부분의 아시아 국가에서 중요한 농작물이다.

Day 38 산업

0741 **industry**
[índəstri]

ⓝ 산업, 공업

He works in the film **industry**.
그는 영화 **산업**에 종사한다.

⊕ industrial ⓐ 산업[공업]의

기업

0742 **firm**
[fəːrm]

ⓝ **회사** ⊜company

The **firm** is planning to hire about 100 new employees this year.
그 **회사**는 올해 약 100명의 신입 사원들을 채용할 예정이다.

0743 **facility**
[fəsíləti]

ⓝ **시설**

The **facilities** at our firm are all brand new.
우리 회사의 **시설들**은 모두 새것이다.

a healthcare **facility** 의료 **시설**

영영 a building or a piece of equipment that is provided for a specific purpose (특정 목적으로 제공되는 건물이나 설비)

0744 **found**
[faund]
found-founded-founded

ⓥ **설립하다** ⊜establish

Mark Zuckerberg **founded** Facebook when he was in college.
마크 주커버그는 대학생 때 페이스북을 **설립했다**.

영영 to set up a company or an organization

0745 **labor**
[léibər]

ⓝ 1 노동 2 노동자

Labor Day 노동절

Many countries are facing a shortage of skilled **labor**.
많은 나라들이 숙련 **노동자** 부족에 직면하고 있다.

0746 **capital**
[kǽpitl]

ⓝ 1 수도 2 대문자 3 자본금 ⊜fund

Madrid is the **capital** of Spain.
마드리드는 스페인의 **수도**이다.

Please write your name in all **capitals**.
이름을 모두 **대문자**로 쓰세요.

They raised enough **capital** for the startup company.
그들은 신생 회사를 위한 충분한 **자본**을 모았다.

영영 3 money used to start a business

0747 **venture**
[véntʃər]

ⓝ 벤처 사업, (사업상의) 모험 ⓥ (재산 등을) ~에 걸다

A business **venture** can start small.
벤처 사업은 작게 시작할 수 있다.

Stock investors **venture** their wealth in risky stocks.
주식 투자자들은 자신들의 재산을 위험한 주식에 **건다.**

+ venturer ⓝ 모험자, 투기자

수출입

0748 **export**
ⓥ [ikspɔ́:rt]
ⓝ [ékspɔ:rt]

ⓥ 수출하다 ⓝ 수출(품)

Korea **exports** electronic products, automobiles, clothing, and other items.
한국은 전자 제품, 자동차, 의류와 다른 제품들을 **수출한다.**

Saudi Arabia's main **export** is oil.
사우디아라비아의 주요 **수출품**은 석유이다.

0749 **import**
ⓥ [impɔ́:rt]
ⓝ [ímpɔ:rt]

ⓥ 수입하다 ⓝ 수입(품)

The majority of toys we buy are **imported** from China.
우리가 사는 장난감의 대부분은 중국에서 **수입된다.**

a ban on beef **imports** 소고기 **수입** 금지

0750 **trade**
[treid]

ⓝ 거래, 무역 ⓥ 거래하다, 무역하다

free **trade** 자유 **무역**

The products are **traded** worldwide.
그 상품들은 전 세계적으로 **거래된다.**

0751 **strategy**
[strǽtədʒi]

ⓝ 전략 ⊜ plan

The marketing **strategy** was rejected by the CEO.
마케팅 **전략**이 최고 경영자에게 거부됐다.

+ strategic ⓐ 전략적인

0752 **profit**
[prɑ́:fit]

ⓝ 수익, 이윤 ↔ loss 손실

He made a huge **profit** by selling his company.
그는 회사를 매각해서 큰 **수익**을 올렸다.

make a profit 수익을 올리다

+ profitable ⓐ 수익성이 있는

0753 **yield**
[ji:ld]

ⓥ (수익·작물 등을) 내다, 산출하다

If you invest in this product, I promise it will **yield** good returns.
여러분이 이 제품에 투자를 한다면, 많은 수익을 **낼** 것을 제가 약속 드립니다.

영영 to produce a result

제조

0754 **manufacture**
[mænjəfǽktʃər]

ⓥ (기계를 이용하여 대량으로) 제조하다 ⓝ 제조

The factory mainly **manufactures** toys.
그 공장은 주로 장난감을 **제조한다**.

the **manufacture** of plastic bottles 플라스틱 병 **제조**

manu(손으로)+facere(만들다) → 손으로 만들다 → 제조하다

0755 **assemble**
[əsémbəl]

ⓥ 조립하다 ⊜ put together

This bookcase is easy to **assemble**.
이 책장은 **조립하기** 쉽다.

0756 **operation**
[ɑ̀:pəréiʃən]

ⓝ (기계의) 작동, 가동

The machine is in **operation**.
그 기계는 **가동** 중이다.

in operation 가동[사용] 중인

0757 **goods**
[gudz]

ⓝ 상품 ⊜ merchandise, products

The company aims to buy cheap **goods** and sell them for higher prices.
회사는 값싼 **상품**을 사서 더 높은 가격에 판매하는 것을 목표로 한다.

영영 products that are made for sale

0758 **demand**
[dimǽnd]

ⓝ 1 요구 2 수요 ⓥ 요구하다

The **demand** for water is higher than the **demand** for milk. 물에 대한 **수요**가 우유에 대한 **수요**보다 높다.

The workers **demanded** salary increases.
노동자들은 월급 인상을 **요구했다**.

0759 **supply**
[səplái]

ⓝ 공급 ⓥ 공급하다

Market prices change depending on **supply** and demand.
시장 가격은 수요와 **공급**에 따라 바뀐다.

They **supplied** food and water to the flood victims.
그들은 홍수 피해자들에게 식량과 물을 **공급했다**.

+ supplier ⓝ 공급자

0760 **utilize**
[jú:təlàiz]

ⓥ 활용하다, 이용하다

They learned how to **utilize** the products efficiently.
그들은 상품들을 효율적으로 **활용하는** 방법을 배웠다.

영영 to make use of

+ utilization ⓝ 이용, 활용

Daily Check-up

학습 Check	MP3 듣기	본문 학습	Daily Check-up	누적 테스트 Days 37-38

A 빈칸에 알맞은 우리말 뜻 또는 영어 단어를 써넣어 워드맵을 완성하시오.

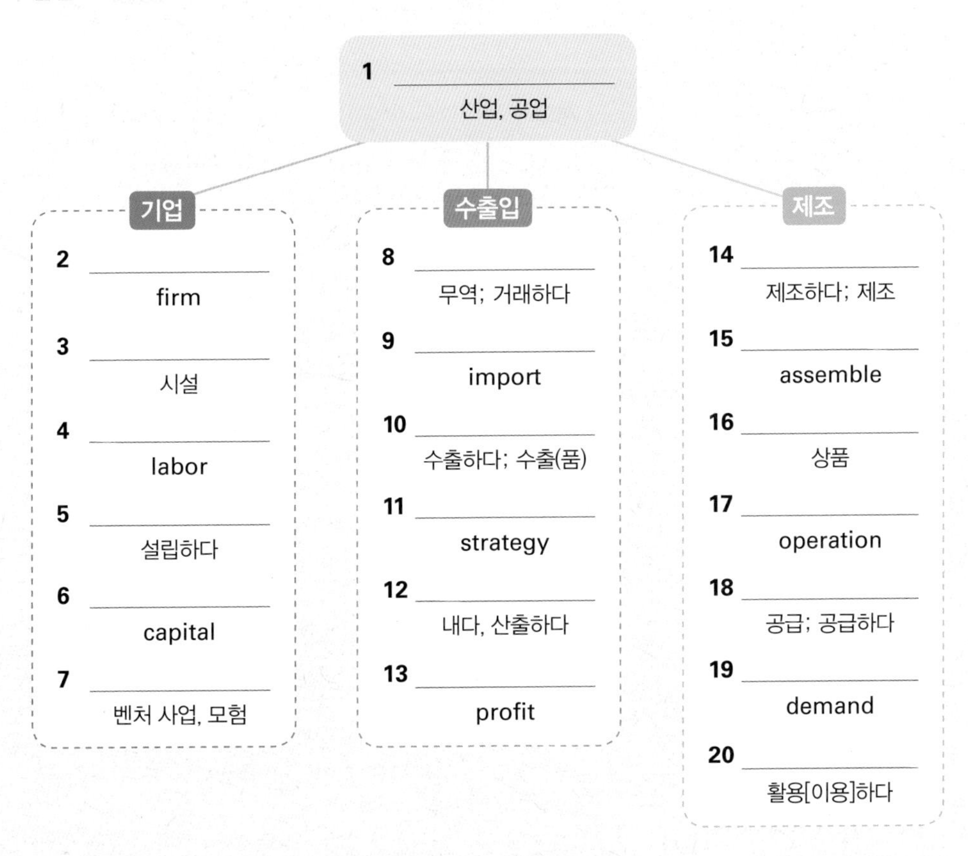

B 우리말을 참고하여, 문장을 완성하시오. (필요하면 단어 형태를 바꾸시오.)

1 Saudi Arabia's main ______ is oil.
사우디아라비아의 주요 수출품은 석유이다.

2 Stock investors ______ their wealth in risky stocks.
주식 투자자들은 자신들의 재산을 위험한 주식에 건다.

3 They learned how to ______ the products efficiently.
그들은 상품들을 효율적으로 활용하는 방법을 배웠다.

4 Many countries are facing a shortage of skilled ______.
많은 나라들이 숙련 노동자 부족에 직면하고 있다.

5 The ______ is planning to hire about 100 new employees this year.
그 회사는 올해 약 100명의 신입 사원들을 채용할 예정이다.

Day 39 경제

금융 · 자산

0761 **account** [əkáunt]

ⓝ 계좌

I am going to open a bank **account** tomorrow.
나는 내일 은행 **계좌**를 개설할 예정이다.

open an account 계좌를 개설하다

0762 **balance** [bǽləns]

ⓝ 1 균형 2 잔고 ⓥ 균형을 잡다

keep a **balance** between work and personal life
일과 개인 삶 사이에 **균형**을 유지하다

No wonder your bank **balance** is never high.
네 은행 **잔고**가 결코 높지 않은 건 놀랍지도 않다.

It is not easy to **balance** on one foot.
한 발로 **균형을 잡기**가 쉽지 않다.

영영 2 the amount of money left in an account

0763 **savings** [séiviŋz]

ⓝ 저축, 저금

savings account **저축** 예금 계좌

I'm excited to draw from my **savings**.
나는 **저금**을 찾는 것에 신난다.

draw from one's savings 저금을 찾다

0764 **property** [prɑ́:pərti]

ⓝ 1 재산 2 부동산 ⊜ estate

intellectual **property** 지적 **재산**

Property prices have risen due to Chinese investors.
중국 투자자들 때문에 **부동산** 가격이 올랐다.

0765 **wealth** [welθ]

ⓝ 부, 재산 ⊜ fortune

They gained great **wealth** by trading goods from around the world.
그들은 전 세계에서 물건을 거래하면서 막대한 **부**를 얻었다.

⊕ wealthy ⓐ 부유한

0766 **income** [ínkʌm]

ⓝ 소득, 수입

average **income** 평균 **소득**

What is the average household **income** in Mexico?
멕시코의 평균 가계 **소득**은 어떻게 되나요?

0767 **finance**
[fáinæns / fənǽns]

ⓝ 1 재정 2 (복수로) 자금

national **finance** 국가 **재정**

My mother handles our family **finances**.
엄마가 가정의 **재정**[가계]을 관리하신다.

family finances 가계

financial ⓐ 금융[재정]의

투자 및 거래

0768 **market**
[mɑ́:rkit]

ⓝ 시장

job **market** 취업 **시장**

The Korean cosmetics **market** is expanding rapidly.
한국 화장품 **시장**이 빠르게 확장하고 있다.

0769 **invest**
[invést]

ⓥ 투자하다

She **invested** her money in the stock market.
그녀는 주식 시장에 돈을 **투자했다**.

investment ⓝ 투자

0770 **exchange**
[ikstʃéindʒ]

ⓝ 1 교환 2 환전 ⓥ 교환하다

the **exchange** of information 정보 **교환**

You can **exchange** dollars for euros at the airport.
공항에서 달러를 유로로 **바꿀** 수 있다.

0771 **commerce**
[kɑ́:mərs]

ⓝ 상업; 무역 ⊜ trade

London is the center of **commerce** in England.
런던은 영국의 **상업** 중심지이다.

commercial ⓐ 상업의

0772 **deal**
[di:l]

ⓝ 거래, 합의 ⓥ 다루다, 처리하다

The startup company made a **deal** with Amazon.
그 신생 회사는 아마존과 **거래**를 체결했다.

make a deal with ~와 거래를 체결하다

deal with a problem 문제를 **처리하다**

영영 ⓝ an agreement made between two groups

0773 **budget**
[bʌ́dʒit]

ⓝ 예산

a monthly **budget** 월간 **예산**

What is your total **budget** for this trip?
이번 여행의 네 총 **예산**은 얼마니?

0774 **fund**
[fʌnd]

ⓝ 기금 ⓥ 기금을 대다

We are raising money for a relief **fund** for earthquake victims in Nepal.
우리는 네팔의 지진 피해자를 위한 구호 **기금**을 모금하고 있다.

The project was **funded** by the school.
그 프로젝트는 학교에서 **기금을 지원했다**.

이익과 손실

0775 **benefit**
[bénəfit]

ⓝ 혜택, 이득 ⓥ ~에게 이익이 되다; 이익을 얻다

I'd like to know the **benefits** of this business offer.
저는 이 사업 제안의 **혜택**을 알고 싶습니다.

This investment will **benefit** our company.
이 투자는 우리 회사에게 **이익이 될 것이다**.

⊕ beneficial ⓐ 유익한

0776 **growth**
[grouθ]

ⓝ 성장; 증가 ↔ decline 감소, 하락

Labor productivity is one cause of the economic **growth** of a country.
노동 생산성은 한 나라의 경제 **성장**의 한 요인이다.

⊕ grow ⓥ 성장하다; 증가하다

0777 **increase**
ⓥ [inkríːs]
ⓝ [ínkriːs]

ⓥ 증가하다 ⊜ grow ⓝ 증가

The price of cabbage has **increased** by 10%.
양배추 가격이 10% **증가했다**.

a large **increase** in profits 수익의 큰 **증가**

0778 **decrease**
ⓥ [dikríːs]
ⓝ [díːkriːs]

ⓥ 감소하다 ⓝ 감소, 하락 ↔ increase

Korea's economy is expected to **decrease** by 3% next year. 내년에 한국 경제가 3% **감소할** 것으로 예상된다.

a **decrease** in demand 수요의 **감소**

0779 **loss**
[lɔːs]

ⓝ 1 분실 2 (금전적) 손실, 손해 ↔ profit 이익

job **loss** 실직

How did you deal with your **loss** in the stock market?
당신은 주식 시장에서의 **손실**에 어떻게 대처했나요?

0780 **debt**
[det]

ⓝ 빚, 부채

I have a lot of **debt** because of student loans.
나는 학자금 대출 때문에 **빚**이 많다.

영영 an amount of money that one person owes another

Daily Check-up

학습 Check	MP3 듣기	본문 학습	Daily Check-up	누적 테스트 Days 38-39

A 빈칸에 알맞은 우리말 뜻 또는 영어 단어를 써넣어 워드맵을 완성하시오.

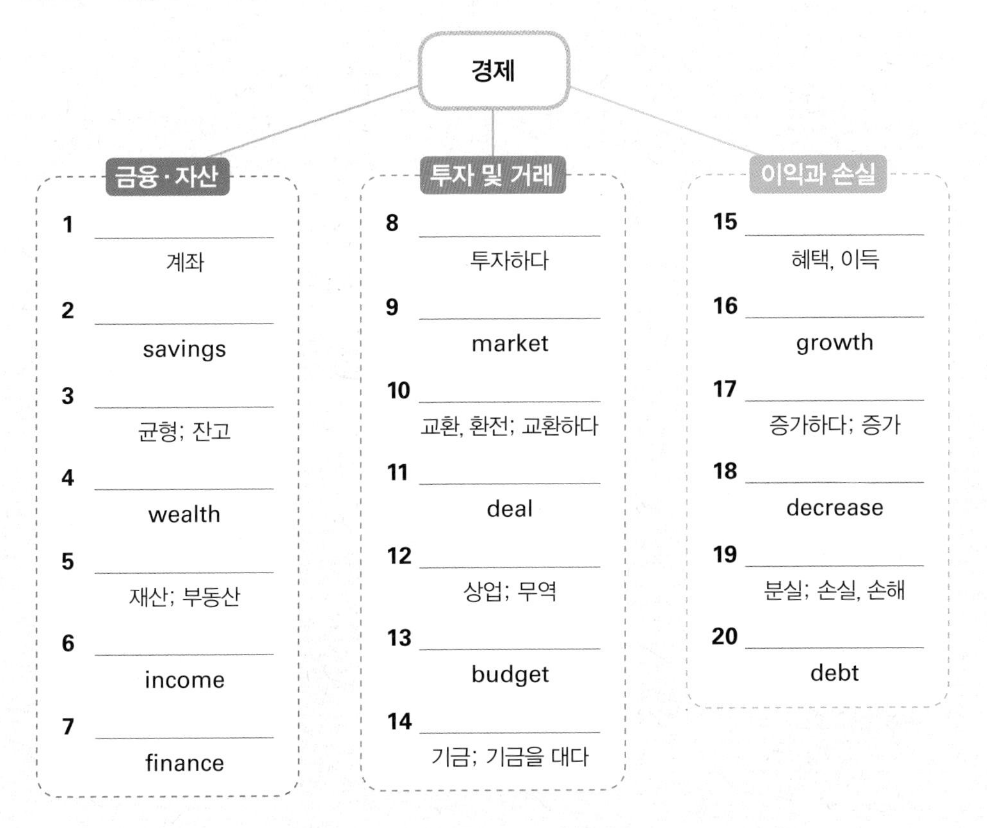

B 우리말을 참고하여, 문장을 완성하시오. (필요하면 단어 형태를 바꾸시오.)

1 What is your total ____________ for this trip?
이번 여행의 네 총 예산은 얼마니?

2 London is the center of ____________ in England.
런던은 영국의 상업 중심지이다.

3 I have a lot of ____________ because of student loans.
나는 학자금 대출 때문에 빚이 많다.

4 What is the average household ____________ in Mexico?
멕시코의 평균 가계 소득은 어떻게 되나요?

5 They gained great ____________ by trading goods from around the world.
그들은 전 세계에서 물건을 거래하면서 막대한 부를 얻었다.

Day 40 소비

제품

0781 **product**
[prάːdʌkt]

ⓝ 제품, 상품 ⊜ goods, item

This **product** is only sold in this store.
이 **제품**은 오직 이 가게에서만 판매한다.

⊕ produce ⓥ 생산하다

0782 **quality**
[kwάːləti]

ⓝ 질, 품질

All of the dresses in our stores are of high **quality**.
저희 매장의 모든 원피스는 **품질**이 좋습니다.

be of high / low quality 질이 좋다 / 나쁘다

0783 **expensive**
[ikspénsiv]

ⓐ 비싼 ↔ cheap 값이 싼

The car is too **expensive** to buy.
저 차는 사기에 너무 **비싸다**.

0784 **luxury**
[lʌ́kʃəri]

ⓝ 호화로움, 사치

luxury goods 사치품

The opera singer stayed at **luxury** hotels during the tour.
오페라 가수는 순회공연 동안 **호화** 호텔에 머물렀다.

⊕ luxurious ⓐ 호화로운, 사치스러운

0785 **tag**
[tæg]

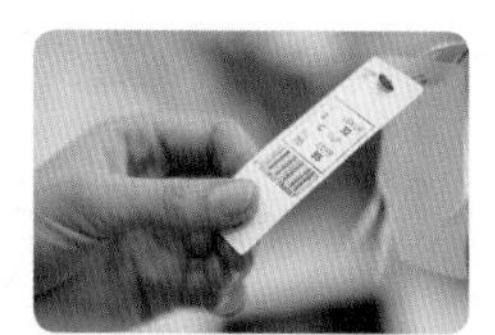

ⓝ 꼬리표, 표

price / name **tag** 가격 / 이름**표**

Did you check the price on the **tag**?
너는 **표**에 있는 가격을 확인했니?

tag: 옷에 붙어 있는 tag는 보통 마분지로 되어 있어, 옷을 입기 전에 떼어 내는 것을 말함
label: 옷이나 제품의 브랜드나 세탁법 등이 쓰여 있고 옷에 바느질되어 있는 것을 말함

구매

0786 **purchase**
[pə́ːrtʃəs]

ⓥ 구매하다 ⊜ buy ⓝ 구매

I **purchased** this mattress at a department store.
나는 이 매트리스를 백화점에서 **구매했다**.

All hot food should be eaten on the day of **purchase**.
모든 뜨거운 음식은 **구매**한 날 먹어야 한다.

0787 **afford**
[əfɔ́:rd]

ⓥ (금전적·시간적) 여유가 되다

Can we **afford** the house with the front yard?
우리가 앞마당이 딸린 그 집을 살 **여유가 되나요**?

영영 to have enough money to pay for something; to have enough time to do something

+ affordable ⓐ (가격이) 알맞은, 감당할 수 있는

0788 **consumer**
[kənsú:mər]

ⓝ **소비자** ↔ producer 생산자

consumer rights **소비자** 권리

Great manufacturers quickly respond to **consumer** demands.
훌륭한 제조사들은 **소비자**의 수요에 빨리 대응한다.

+ consume ⓥ 소비하다, 소모하다

0789 **customer**
[kʌ́stəmər]

ⓝ **고객, 손님** = client

customer complaint **고객** 불만

She is a regular **customer** at our restaurant.
그녀는 우리 식당의 단골**손님**이다.

영영 a person who buys goods or services

0790 **discount**
[dískaunt]

ⓝ **할인** ⓥ **할인하다**

We bought the round-trip tickets at a **discount**.
우리는 **할인**가로 왕복표를 샀다.

These items are **discounted** up to 70%.
이 물건들은 최대 70퍼센트까지 **할인된다**.

0791 **on sale**

1 판매되는 2 할인 중인

These models are no longer **on sale**.
이 모델들은 더 이상 **판매되지** 않습니다.

The shirt is **on sale** for half price.
이 셔츠는 반값으로 **할인 중**이다.

0792 **refund**
[rí:fʌnd]

ⓝ **환불**

get [receive] a **refund** **환불**받다

I would like a **refund** on this product.
저는 이 제품에 대해 **환불**받고 싶습니다.

0793 **receipt**
[risí:t]

ⓝ **영수증**

You need to bring your **receipt** if you want a refund.
환불을 받고 싶으시면 **영수증**을 지참해야 합니다.

영영 a piece of paper that shows one has paid for something

지불

0794 cash
[kæʃ]

ⓝ **현금**

pay in **cash** **현금**으로 지불하다

That discount store only accepts **cash**.
저 할인 매장은 **현금**만 받는다.

0795 credit card
[krédit ka:rd]

ⓝ **신용 카드**

Can I pay half of the amount with my **credit card**?
액수의 반을 **신용 카드**로 지불해도 되나요?

0796 charge
[tʃa:rdʒ]

ⓥ **청구하다** ⓝ **요금**

The restaurant did not **charge** us for the extra drinks.
식당은 우리가 추가 주문한 음료 값을 **청구하지** 않았다.

Breakfast is served at no **charge**.
아침 식사는 무**료**로 제공된다.

at no charge 무료로

영영 ⓥ to ask someone to pay an amount of money for something one has sold

---

0797 cost
[kɔ:st]

ⓝ **값, 비용** ⊜price ⓥ **(비용이) 들다**

the **cost** of living 생활**비**

How much did the train ticket **cost** you?
기차표가 얼마나 **들었니**?

0798 spend
[spend]
spend-spent-spent

ⓥ **1 (돈을) 쓰다 2 (시간을) 보내다**

How much did you **spend** on your wedding?
네 결혼식에 돈을 얼마나 **썼니**?

My family **spent** Christmas in New York.
우리 가족은 뉴욕에서 크리스마스를 **보냈다**.

⊕ spending ⓝ 지출

0799 expense
[ikspéns]

ⓝ **돈, 비용** ⊜cost

unnecessary **expense** 불필요한 **비용**

Many senior citizens are worried about medical **expenses**.
많은 노인들이 의료 **비용**을 걱정한다.

0800 tax
[tæks]

ⓝ **세금**

tax increases **세금** 인상

The company earned $3 million after **taxes** last year.
그 회사는 작년에 **세후** 3백만 달러를 벌었다.

Daily Check-up

학습 Check	MP3 듣기	본문 학습	Daily Check-up	누적 테스트 Days 39-40	Review Test

A 빈칸에 알맞은 우리말 뜻 또는 영어 단어를 써넣어 워드맵을 완성하시오.

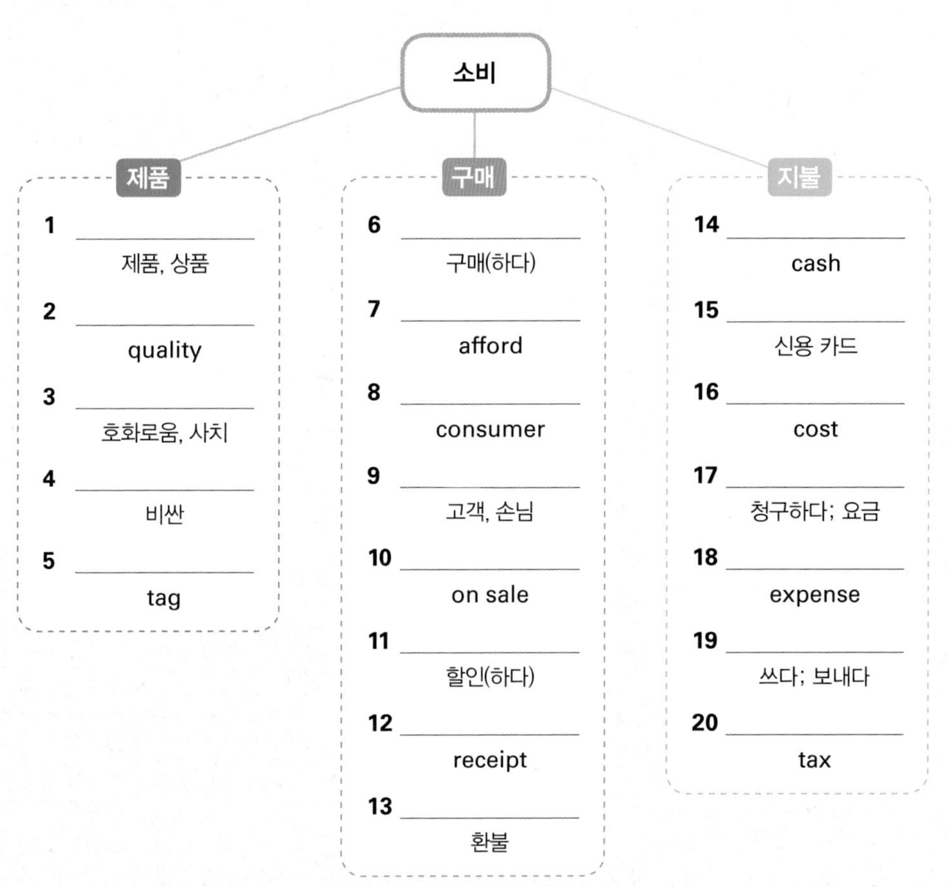

B 우리말을 참고하여, 문장을 완성하시오. (필요하면 단어 형태를 바꾸시오.)

1 I would like a ____________ on this product.
저는 이 제품에 대해 환불받고 싶습니다.

2 All hot food should be eaten on the day of ____________.
모든 뜨거운 음식은 구매한 날 먹어야 한다.

3 All of the dresses in our stores are of high ____________.
저희 매장의 모든 원피스는 품질이 좋습니다.

4 The restaurant did not ____________ us for the extra drinks.
식당은 우리가 추가 주문한 음료 값을 청구하지 않았다.

5 Great manufacturers quickly respond to ____________ demands.
훌륭한 제조사들은 소비자의 수요에 빨리 대응한다.

A 들려주는 영어 단어를 쓴 후 우리말 뜻을 쓰시오.

영단어	뜻	영단어	뜻
1		2	
3		4	
5		6	
7		8	
9		10	
11		12	
13		14	
15		16	
17		18	
19		20	

B 다음 영영 풀이에 해당하는 알맞은 단어를 골라 쓰시오.

receipt found customer debt pesticide crop

1 a person who buys goods or services ________

2 a chemical used to kill harmful insects ________

3 to set up a company or an organization ________

4 a plant such as wheat or rice grown by farmers ________

5 an amount of money that one person owes another ________

6 a piece of paper that shows one has paid for something ________

C 밑줄 친 단어의 동의어(=) 또는 반의어(↔)를 골라 쓸시오.

supply cheap merchandise grown

1 The number of tourists has increased. = ____________

2 Digital goods can be downloaded online. = ____________

3 The demand for wind power is higher than ever before. ↔ ____________

4 Diamonds are one of the most expensive jewels. ↔ ____________

D 다음 그림을 보고, 해당하는 단어와 연결하시오.

1 

2 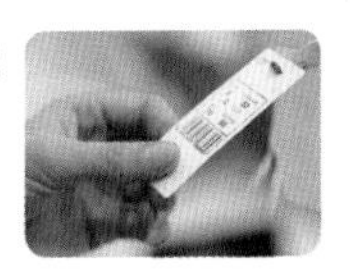

3 

4 

tag soil seed cash

E 다음을 읽고, 빈칸에 알맞은 단어를 우리말을 참고하여 쓰시오.

1 The chemicals can get rid of the ____________s.
그 화학 물질은 **잡초**를 제거할 수 있다.

2 Be sure to read the ____________ policy on sale items.
할인 품목들에 대한 **환불** 정책을 꼭 읽으세요.

3 Many companies ____________ their goods in China.
많은 회사들이 중국에서 자신들의 제품을 **제조한다**.

4 How much are you willing to ____________ on a smartphone?
당신은 스마트폰에 돈을 얼마나 **쓸** 의향이 있나요?

PLAN 12

건강한 생활

건강한 생활

건강

condition 상태; 환경
medical 의학의
remedy 치료, 요법

질병과 치료

symptom 증상
ill 아픈, 병든
operate 수술하다

사고

emergency 비상사태
damage 피해; 피해를 입히다
rescue 구출하다; 구조

Day 41 건강

0801 **health** [helθ]

ⓝ 건강

The secret to my good **health** is not to overeat.
내 **건강**의 비밀은 과식하지 않는 것이다.

건강 상태

0802 **healthy** [hélθi]

ⓐ 1 건강한 2 건강에 좋은

She is **healthy** because she exercises every day.
그녀는 매일 운동하기 때문에 **건강하다**.

a **healthy** diet **건강에 좋은** 식사

0803 **condition** [kəndíʃən]

ⓝ 1 상태 ⊜state 2 (복수로) 환경

The newborn baby was in critical **condition**.
갓 태어난 아기는 위독한 **상태**였다.

horrible living **conditions** 끔찍한 생활 **환경**

0804 **immune** [imjúːn]

ⓐ 면역성이 있는, 면역의

We get sick because our **immune** system is weak.
면역 체계가 약해져서 우리는 병에 걸린다.

⊕ immunity ⓝ 면역력

0805 **mental** [méntl]

ⓐ 정신의, 마음의 ↔physical 신체의

Alcohol abuse is a **mental** disorder.
알코올 남용은 **정신** 질환이다.

진찰과 투약

0806 **medical** [médikəl]

ⓐ 의학의, 의료의

Medical research on liver cancer was funded by the government.
간암에 대한 **의학** 연구는 정부에게 자금 지원을 받았다.

0807 **examine** [igzǽmin]

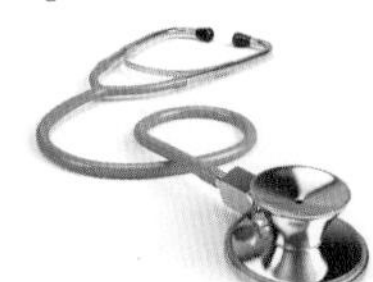

ⓥ 1 조사하다, 검토하다 2 진찰하다

The police will **examine** his bank accounts.
경찰은 그의 은행 계좌를 **조사할** 것이다.

The doctor carefully **examined** the sick child.
의사는 아픈 아이를 꼼꼼히 **진찰했다**.

영영 2 to check a person's health

0808 **medicine**
[médəsən]

ⓝ 1 약 ⊜drug 2 의학

I have to take my **medicine** 30 minutes after every meal.
나는 매 식사 30분 후에 **약**을 복용해야 한다.

advances in modern **medicine** 현대 **의학**의 발전

+ medication ⓝ 약물 치료; 약물

0809 **pill**
[pil]

ⓝ 알약, 정제 ⊜capsule

How many sleeping **pills** am I allowed to take in a day?
수면**제**를 하루에 몇 알까지 복용할 수 있나요?

pill은 작고 동그란 알약을 뜻하며, 캡슐이나 정제 형태 등의 알약을 모두 포함한다. medicine은 알약과 액상으로 된 약 모두를 말한다.

0810 **drug**
[drʌg]

ⓝ 1 약 2 마약

prescription **drugs** 처방 **약**

Marijuana and cocaine are both **drugs** that are illegal in the country.
마리화나와 코카인 모두 그 나라에서 불법인 **마약**이다.

0811 **reaction**
[riǽkʃən]

ⓝ 반응

I have an allergic **reaction** to flower pollen.
나는 꽃가루에 대한 알레르기 **반응**이 있다.

What was your parents' **reaction** to your decision?
네 결정에 대한 너의 부모님의 **반응**은 어땠어?

+ react ⓥ 반응하다

치료 및 회복

0812 **remedy**
[rémədi]

ⓝ 치료, 요법

home **remedy** 민간**요법**

What is the best **remedy** for stress?
스트레스에 대한 최고의 **치료**는 무엇일까?

0813 **treat**
[tri:t]

ⓥ 1 대하다, 다루다 2 치료하다

My mother **treated** my sick brother like a child.
우리 엄마는 아픈 형을 아이처럼 **대했다**.

My grandmother was **treated** for a high fever.
우리 할머니는 고열로 **치료를 받으셨다**.

+ treatment ⓝ 치료, 처치; 대우

0814 **relieve**
[rilíːv]

ⓥ (고통·부담 등을) 완화하다, 덜어 주다 ⊜ ease

Rub peppermint oil on your body to **relieve** muscle pain.
근육 통증을 **완화하기** 위해서 몸에 박하유를 문지르세요.

0815 **cure**
[kjuər]

ⓝ 치료제, 치료법 ⓥ 치유하다

There is no **cure** for AIDS yet.
에이즈 **치료제**는 아직 없다.

The patient was **cured** of the rare disease.
그 환자는 희귀병으로부터 **완치되었다.**

0816 **heal**
[hiːl]

ⓥ (병·상처 등을) 고치다, 낫게 하다

If you want to **heal** your wounds quickly, apply ointment every day.
상처가 빨리 **낫기**를 바란다면 연고를 매일 발라라.

heal: 상처가 아물거나 마음이 치유되었을 때 사용
cure: 어떤 질병으로부터 완치되었을 때 사용

건강 관리

0817 **relax**
[rilǽks]

ⓥ 1 휴식을 취하다 ⊜ rest 2 (긴장을) 풀게 하다

The doctor told me to **relax** for a while.
의사는 내게 당분간 **휴식을 취하라고** 말했다.

Taking a warm bath **relaxes** your mind and muscles.
온수 목욕은 너의 마음과 근육의 **긴장을 풀게 한다.**

0818 **prevent**
[privént]

ⓥ 예방하다, 막다

A tomato a day can **prevent** cancer.
하루에 토마토 한 개는 암을 **예방해준다.**

영영 to stop something from happening

⊕ prevention ⓝ 예방

0819 **manage**
[mǽnidʒ]

ⓥ 1 간신히 해내다 2 운영[관리]하다

I wonder how she **manages** to stay slim.
나는 그녀가 어떻게 날씬함을 **유지해내는지** 궁금하다.

He will **manage** a new project.
그는 새로운 프로젝트를 **운영할** 것이다.

0820 **activity**
[æktívəti]

ⓝ 활동

You need to participate in more outdoor **activities** such as hiking and walking.
당신은 하이킹과 걷기와 같은 더 많은 실외 **활동**에 참여해야 한다.

Daily Check-up

학습 Check	MP3 듣기	본문 학습	Daily Check-up	누적 테스트 Days 40-41

A 빈칸에 알맞은 우리말 뜻 또는 영어 단어를 써넣어 워드맵을 완성하시오.

PLAN 12

B 우리말을 참고하여, 어구 또는 문장을 완성하시오. (필요하면 단어 형태를 바꾸시오.)

1 a ____________ diet 건강에 좋은 식사

2 The doctor carefully ____________ the sick child.
의사는 아픈 아이를 꼼꼼히 진찰했다.

3 I have an allergic ____________ to flower pollen.
나는 꽃가루에 대한 알레르기 반응이 있다.

4 ____________ research on liver cancer was funded by the government.
간암에 대한 의학 연구는 정부에게 자금 지원을 받았다.

5 If you want to ____________ your wounds quickly, apply ointment every day.
상처가 빨리 낫기를 바란다면 연고를 매일 발라라.

Day 42 질병과 치료

증상

0821 **symptom** [símptəm]

ⓝ 증상

Common **symptoms** of diabetes are hunger and fatigue.
당뇨병의 흔한 **증상들**은 허기짐과 피곤함이다.

The **symptoms** will disappear within three days.
그 **증상들**은 3일 안에 사라질 것이다.

0822 **vomit** [vɑ́:mət]

ⓥ 토하다 ⊜ throw up

The girl ran to the toilet to **vomit**.
여자아이는 **토하기** 위해 화장실에 뛰어갔다.

0823 **dizzy** [dízi]

ⓐ 어지러운

The lack of oxygen on the subway train made me feel **dizzy**.
지하철 안에 산소가 부족해서 나는 **어지러웠다**.

⊕ dizziness ⓝ 어지러움

0824 **suffer** [sʌ́fər]

ⓥ 1 (질병 등에) 시달리다; 고통받다 2 (불쾌한 일을) 겪다

I'm **suffering** from a side effect of the medicine.
나는 약 부작용에 **시달리고 있다**.

suffer a defeat 패배를 **겪다**

⊕ suffering ⓝ 고통

0825 **minor** [máinər]

ⓐ 작은, 가벼운

minor injuries **가벼운** 부상

Don't be so childish. That's just a **minor** cut.
그렇게 애처럼 굴지 마. 그건 그저 **가벼운** 베인 상처네.

영영 small and not very serious

0826 **severe** [sivíər]

ⓐ 1 심각한, 극심한 2 (처벌이) 가혹한

You have a **severe** case of pink eye.
당신은 **심각한** 결막염에 걸렸어요.

a **severe** punishment **가혹한** 처벌

⊕ severely ⓐⓓ 심하게

질병 및 통증

0827 **disease**
[dizí:z]

ⓝ 병, 질병

heart **disease** 심장**병**

Dengue fever is a common **disease** in tropical areas.
뎅기열은 열대 지방에서 흔한 **질병**이다.

disease: 주로 신체 기관에 영향이 있는 심각한 신체적인 질병
illness: 가볍거나 심각한 질병 모두를 가리키고, 정신 질환도 포함

0828 **ill**
[il]

ⓐ 아픈, 병든 ⊜ sick

What's wrong with you? You look very **ill**.
너 괜찮니? 매우 **아파** 보여.

+ illness ⓝ 병

0829 **cancer**
[kǽnsər]

ⓝ 암

skin **cancer** 피부**암**

Processed meats like bacon and sausage can cause **cancer**.
베이컨과 소시지와 같은 가공육은 **암**을 일으킬 수 있다.

0830 **heart attack**
[ha:rt ətǽk]

ⓝ 심장 마비

My grandfather died of a **heart attack**.
우리 할아버지는 **심장 마비**로 돌아가셨다.

영영 a medical problem in which someone's heart suddenly stops beating or beats very fast

---

0831 **stomachache**
[stʌ́məkèik]

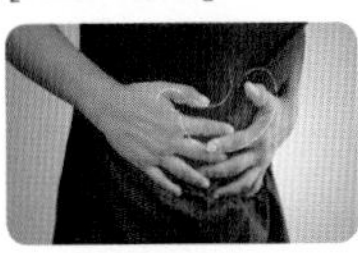

ⓝ 복통, 위통

You will get a **stomachache** if you eat too many sweets.
단것을 너무 많이 먹으면 너는 **복통**이 생길 거야.

+ stomach ⓝ 위, 복부

0832 **headache**
[hédeik]

ⓝ 두통

A lack of sleep causes **headaches**.
수면 부족은 **두통**을 초래한다.

0833 **pain**
[pein]

ⓝ 고통, 통증 ⊜ suffering

Most women suffer a lot of **pain** during pregnancy.
대부분의 여성들은 임신 중에 많은 **고통**을 느낀다.

He suffered from severe back **pain**.
그는 심각한 등 **통증**에 시달렸다.

영영 an unpleasant physical feeling caused by an illness or injury

+ painful ⓐ 고통스러운

0834 **sore** [sɔːr]

ⓐ (염증 등으로) 아픈 ⊜painful

I have a **sore** throat since I've caught a cold.
감기에 걸려서 나는 목이 **아프다.**

0835 **infect** [infékt]

ⓥ 감염시키다

Most people **infected** with the virus do not have any symptoms at first.
그 바이러스에 **감염된** 대부분의 사람들은 처음에는 어떤 증상도 없다.

⊕ infection ⓝ 감염; 전염병 | infectious ⓐ 전염되는

수술

0836 **surgery** [sə́ːrdʒəri]

ⓝ 수술 ⊜operation

The doctor's first brain **surgery** was a success.
그 의사의 첫 뇌 **수술**은 성공적이었다.

⊕ surgical ⓐ 수술의, 외과의

0837 **patient** [péiʃənt]

ⓝ 환자

How many **patients** does a doctor see in a day?
하루에 의사 한 명이 몇 명의 **환자**를 진료하는가?

0838 **operate** [ɑ́ːpərèit]

ⓥ 1 작동되다; 가동하다 2 수술하다

The machine is easy and simple to **operate**.
이 기계는 **작동하기** 쉽고 간단하다.

The surgeon is going to **operate** on him tomorrow.
외과 의사는 내일 그를 **수술할** 것이다.

operate on ~: ~을 수술하다

⊕ operation ⓝ 작동; 수술

0839 **perform** [pərfɔ́ːrm]

ⓥ 1 행하다, 실시하다 2 공연하다

The doctors **performed** a successful operation.
의사들은 성공적인 수술을 **했다.**

The play will be **performed** this summer.
그 연극은 올 여름에 **공연할** 것이다.

0840 **recover** [rikʌ́vər]

ⓥ (건강이) 회복되다

The patient is **recovering** from heart surgery.
그 환자는 심장 수술에서 **회복하는** 중이다.

⊕ recovery ⓝ 회복

Daily Check-up

학습 Check	MP3 듣기	본문 학습	Daily Check-up	누적 테스트 Days 41-42

A **빈칸에 알맞은 우리말 뜻 또는 영어 단어를 써넣어 워드맵을 완성하시오.**

PLAN 12

B **우리말을 참고하여, 문장을 완성하시오.** (필요하면 단어 형태를 바꾸시오.)

1 The doctor's first brain ____________ was a success.
그 의사의 첫 뇌 수술은 성공적이었다.

2 I have a ____________ throat since I've caught a cold.
나는 감기에 걸려서 목이 아프다.

3 Don't be so childish. That's just a ____________ cut.
그렇게 애처럼 굴지 마. 그건 그저 가벼운 베인 상처네.

4 The lack of oxygen on the subway train made me feel ____________.
지하철 안에 산소가 부족해서 나는 어지러웠다.

5 Most people ____________ with the virus do not have any symptoms at first. 그 바이러스에 감염된 대부분의 사람들은 처음에는 어떤 증상도 없다.

Day 43 사고

0841 **accident** [ǽksidənt]

ⓝ 1 사고 2 우연

She had a car **accident** on her way to work.
그녀는 출근길에 차 **사고**를 당했다.

I met my teacher by **accident** at the bus stop.
나는 **우연히** 버스 정류장에서 선생님을 만났다.

by accident 우연히

영영 1 a sudden situation in which a person or people are injured

응급 상황

0842 **emergency** [imə́ːrdʒənsi]

ⓝ 비상사태, 위급

The patient was rushed to the **emergency** room.
환자는 **응급**실로 급히 이송되었다.

emergency exit 비상구

0843 **occur** [əkə́ːr]

ⓥ 발생하다, 일어나다 ⊜ happen

An earthquake **occurred**, harming thousands of people.
지진이 **발생하면서** 수천 명의 사람들에게 해를 끼쳤다.

⊕ occurrence ⓝ 발생

0844 **situation** [sìtʃuéiʃən]

ⓝ 상황

We can't always expect an emergency **situation** to occur.
우리는 항상 응급 **상황**이 일어날 것을 예측할 수는 없다.

What should I do to deal with this **situation**?
이 **상황**에 대처하려면 내가 무엇을 해야 할까?

0845 **crash** [kræʃ]

ⓝ 충돌/추락 사고 ⓥ 충돌/추락하다

A passenger was killed in a car **crash**.
한 승객이 자동차 **충돌 사고**로 사망했다.

The engines stopped, and the plane **crashed** into the ocean.
엔진이 멈췄고 비행기는 바다로 **추락했다**.

0846 **bump** [bʌmp]

ⓥ 부딪치다 ⊜ crash, hit

The car **bumped** into a truck as the driver stopped too late.
운전자가 너무 늦게 멈춰서 차가 트럭에 **부딪쳤다**.

0847 **breathe** [bri:ð]

ⓥ 숨 쉬다, 호흡하다

The drowning man could not **breathe** properly.
물에 빠진 남자는 제대로 **숨을 쉴** 수가 없었다.

+ breath ⓝ 입김, 숨

0848 **unexpected** [ʌ̀nikspéktid]

ⓐ 예기치 않은, 뜻밖의 ↔ expected 예상되는

Her sudden death due to the accident was **unexpected**.
사고로 인한 그녀의 갑작스런 죽음은 **예기치 못한** 것이었다.

+ unexpectedly ⓐⓓ 뜻밖에

부상과 피해

0849 **injure** [índʒər]

ⓥ (특히 사고로) 부상을 입히다 = hurt

Wear a safety helmet to prevent yourself from getting **injured**.
부상을 당하는 것으로부터 자신을 보호하려면 안전모를 착용해라.

+ injury ⓝ 부상

0850 **wound** [wu:nd]

ⓝ 상처, 부상 ⓥ 부상[상처]을 입히다

The **wound** will heal slowly.
그 **상처**는 천천히 나을 것이다.

His arm was badly **wounded** in the war.
전쟁에서 그는 팔에 심각한 **부상을 입었다.**

wound는 총, 칼 등으로 인해 생긴 상처나 부상을 뜻한다.

0851 **blood** [blʌd]

ⓝ 피

He began coughing up **blood**. 그는 **피**를 토하기 시작했다.

blood pressure 혈압

+ bleed ⓥ 피를 흘리다

0852 **bruise** [bru:z]

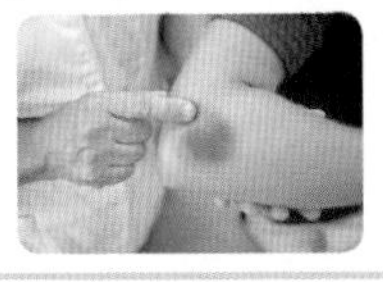

ⓝ 멍, 타박상 ⓥ 멍이 생기다

I got a **bruise** above my eye. 나는 눈 위에 **멍**이 들었다.

The little girl fell and **bruised** her face.
어린 소녀는 넘어져서 얼굴에 **멍이 생겼다.**

영영 ⓝ a green or purple mark caused by an injury

0853 **damage** [dǽmidʒ]

ⓝ 손상, 피해 ⓥ 피해를 입히다

Thankfully, there was no **damage** caused by the storm.
다행히도, 폭풍으로 인한 **피해**는 없었다.

The forest fire has **damaged** more than 100 homes.
산불은 100가구 이상에 **피해를 입혔다.**

구조 및 처치

0854 **rescue**
[réskjuː]

ⓥ 구하다, 구출하다 ⊜save ⓝ 구출, 구조

The lifeguard **rescued** the drowning woman.
구조 대원은 물에 빠진 여성을 **구출했다**.

He was seriously injured in the **rescue** attempt.
그는 **구조** 시도에서 심각하게 부상을 입었다.

0855 **urgent**
[ə́ːrdʒənt]

ⓐ 긴급한, 시급한

urgent action **긴급** 조치

The matter requires **urgent** attention.
그 문제는 **시급한** 관심을 요한다.

⊕ urgently ⓐⓓ 급히

0856 **manual**
[mǽnjuəl]

ⓝ 설명서 ⓐ 손으로 하는, 육체 노동의

Carefully read the instruction **manual** about emergency situations.
응급 상황에 대한 **설명서**를 꼼꼼히 읽으세요.

manual workers **육체** 노동자들

0857 **first aid**
[fəːrst éid]

ⓝ 응급 처치

We learned how to give **first aid** on a broken leg.
우리는 부러진 다리에 **응급 처치**하는 법을 배웠다.

give first aid 응급 처치를 하다

0858 **bandage**
[bǽndidʒ]

ⓝ 붕대

He had a **bandage** wrapped around his head.
그의 머리에 **붕대**가 감겨져 있었다.

0859 **donate**
[dóuneit]

ⓥ 1 (자선 단체에) 기부[기증]하다
2 (혈액·장기 등을) 기증하다

Please **donate** food and clothing to the hurricane victims.
허리케인 피해자들에게 음식과 옷을 **기증해주세요**.

donate blood to cancer patients
암 환자들에게 혈액을 **기증하다**

영영 1 to give money or goods to help someone

⊕ donation ⓝ 기부, 기증 | donator ⓝ 기증자

0860 **right away**

즉시 ⊜immediately

Call 911 or go to the hospital **right away**.
911로 전화하거나 **즉시** 병원으로 가세요.

Daily Check-up

학습 Check	MP3 듣기	본문 학습	Daily Check-up	누적 테스트 Days 42-43	Review Test

A 빈칸에 알맞은 우리말 뜻 또는 영어 단어를 써넣어 워드맵을 완성하시오.

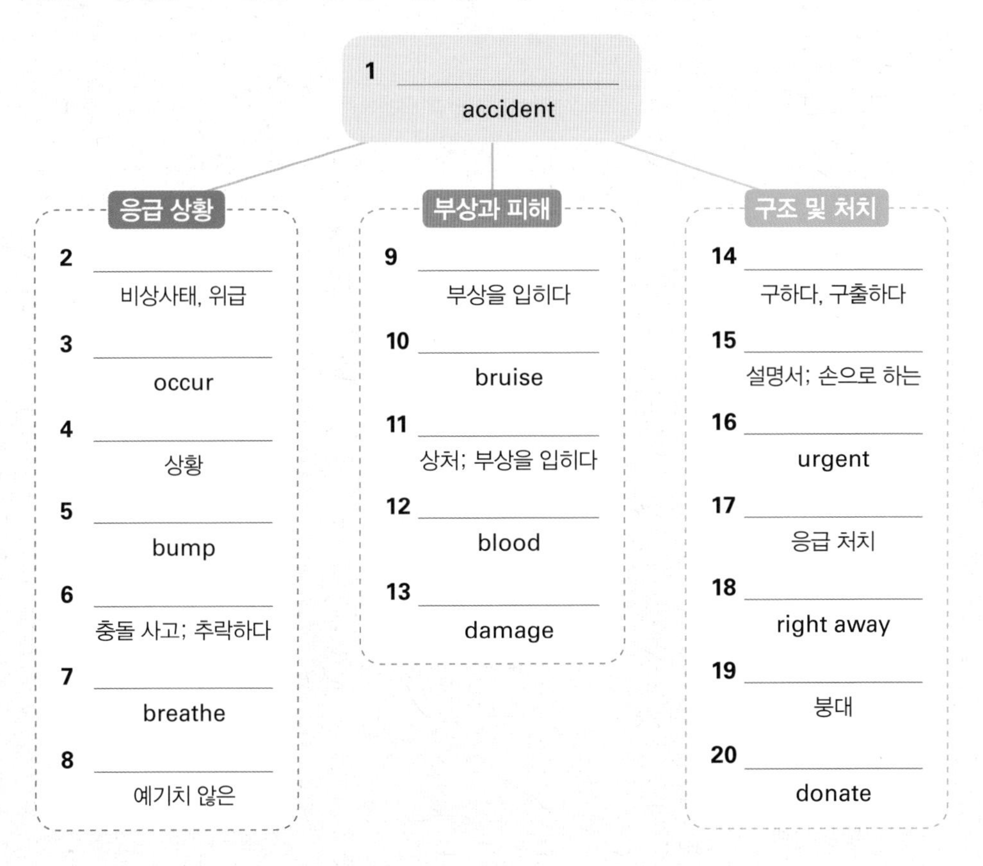

B 우리말을 참고하여, 문장을 완성하시오. (필요하면 단어 형태를 바꾸시오.)

1 He began coughing up ________.
그는 피를 토하기 시작했다.

2 The drowning man could not ________ properly.
물에 빠진 남자는 제대로 숨을 쉴 수가 없었다.

3 We learned how to give ________ on a broken leg.
우리는 부러진 다리에 응급 처치하는 법을 배웠다.

4 The forest fire has ________ more than 100 homes.
산불은 100가구 이상에 피해를 입혔다.

5 An earthquake ________, harming thousands of people.
지진이 발생하면서 수천 명의 사람들에게 해를 끼쳤다.

A 들려주는 영어 단어를 쓴 후 우리말 뜻을 쓰시오.

영단어	뜻	영단어	뜻
1		2	
3		4	
5		6	
7		8	
9		10	
11		12	
13		14	
15		16	
17		18	
19		20	

B 다음 영영 풀이에 해당하는 알맞은 단어를 골라 쓰시오.

pain　bruise　donate　accident　prevent　examine

1 to check a person's health ____________

2 to stop something from happening ____________

3 to give money or goods to help someone ____________

4 a green or purple mark caused by an injury ____________

5 a sudden situation in which a person or people are injured ____________

6 an unpleasant physical feeling caused by an illness or injury ____________

C 밑줄 친 단어의 동의어(=) 또는 반의어(↔)를 골라 쓰시오.

severe　saved　physical　immediately

1 I finished my homework right away. = ______________

2 He rescued my puppy from the burning house. = ______________

3 Van Gogh suffered from a mental illness. ↔ ______________

4 My mother suffered a minor ankle injury. ↔ ______________

D 다음 그림을 보고, 해당하는 단어와 연결하시오.

1 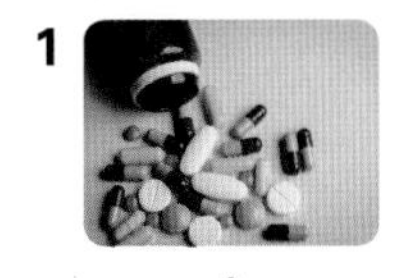

2 

3 

4 

breathe　headache　pill　bandage

E 다음을 읽고, 빈칸에 알맞은 단어를 우리말을 참고하여 쓰시오.

1 The ______________ was scared to have surgery.
그 **환자**는 수술받는 것을 두려워했다.

2 Her baby grew up to be a(n) ______________ child.
그녀의 아기는 **건강한** 아이로 성장했다.

3 Earthquakes ______________ frequently in this area.
지진이 이 지역에 자주 **발생한다**.

4 You need to have this cut t______________ed if you don't want to have a scar.
흉터를 남기고 싶지 않으면 이 베인 상처를 **치료해야** 한다.

PLAN 13

국가와 정치

국가와 정치

정치

political 정치의
government 정부
object 반대하다; 목적

국가

duty 의무; 직무
ambassador 대사
ethnic 민족의, 종족의

법과 범죄

court 법원, 법정
accuse 기소하다
custom 관습, 풍습

세계 이슈와 시사

poverty 가난, 빈곤
relation 관계
unify 통합[통일]하다

Day 44 정치

0861 **politics**
[pɑ́:lətiks]

ⓝ 정치

go into **politics** **정치계**에 들어가다

He likes to discuss **politics** with his friends.
그는 친구들과 **정치**에 대해 토론하는 것을 좋아한다.

정치와 정당

0862 **political**
[pəlítikəl]

ⓐ 정치의, 정치적인

political science **정치**학

The young king had no **political** power.
그 어린 왕은 **정치적인** 힘이 없었다.

⊕ politically ⓐⓓ 정치적으로

0863 **liberal**
[líbərəl]

ⓐ 진보적인 ↔ conservative 보수적인

She is a well-known **liberal** politician.
그녀는 잘 알려진 **진보적** 정치인이다.

0864 **party**
[pɑ́:rti]

ⓝ 정당, ~당

I am interested in that political **party**.
나는 저 **정당**에 관심이 있다.

0865 **majority**
[mədʒɔ́:rəti]

ⓝ 대다수 ↔ minority 소수

A **majority** of politicians in the United States are men.
미국의 **대다수**의 정치인들은 남성이다.

영영 more than half of the people in a group

0866 **policy**
[pɑ́:ləsi]

ⓝ 정책

My parents disagree with me on education **policy**.
우리 부모님은 교육 **정책**에 대해서 나와 의견이 맞지 않는다.

정부

0867 **government**
[gʌ́vərnmənt]

ⓝ 정부

The **government** of India plans to adopt a new identification system.
인도 **정부**는 새로운 신원 확인 시스템을 도입할 계획이다.

0868 **president**
[prézidənt]

ⓝ 1 대통령 2 회장

The **president** is scheduled to visit Brazil next month.
대통령은 다음 달에 브라질을 방문할 예정이다.

⊕ presidential ⓐ 대통령의

0869 **democracy**
[dimɑ́:krəsi]

ⓝ 민주주의

The term "**democracy**" was first used by the Greeks.
'**민주주의**'라는 용어는 그리스인들에 의해 처음 사용되었다.

영영 a government in which government officials are elected by its citizens (정부 관료들이 국민에 의해 선출되는 정부)

⊕ democratic ⓐ 민주주의의

0870 **republic**
[ripʌ́blik]

ⓝ 공화국

There were 15 **republics** in the Soviet Union.
구소련에는 15개의 **공화국**이 있었다.

⊕ republican ⓐ 공화국의 ⓝ 공화주의자

시위와 개혁

0871 **object**
ⓥ [əbdʒékt]
ⓝ [ɑ́:bdʒikt]

ⓥ **반대하다** ↔ agree 찬성하다 ⓝ **1 물건 2 목적, 목표**

We **object** to the idea of building a factory near our school. 우리 학교 근처에 공장을 짓는 계획에 **반대한다.**

plastic **objects** 플라스틱 **물건**

Our **object** is to improve the quality of life for young people.
우리의 **목표**는 청년들의 삶의 질을 개선하는 것이다.

⊕ objection ⓝ 반대

0872 **protest**
ⓥ [prətést]
ⓝ [próutest]

ⓥ 항의하다 ↔ support 지지하다 ⓝ 항의; 시위

We are planning to **protest** the law.
우리는 그 법에 **항의할** 예정이다.

a nonviolent **protest** 비폭력 **시위**

영영 ⓥ to object to an idea or a law

⊕ protester ⓝ 시위자

0873 **reform**
[rifɔ́:rm]

ⓥ 개혁하다 ⓝ 개혁

It is time to **reform** education. 교육을 **개혁할** 때이다.

political **reform** 정치 **개혁**

영영 ⓥ to improve a system, law, etc. by making changes to it

0874 **take part in**

~에 참여[참가]하다 ㊂participate in

I **took part in** the 2017 presidential election.
나는 2017년 대통령 선거에 **참여했다**.

선거

0875 **campaign**
[kæmpéin]

ⓝ 운동, 캠페인

an anti-smoking **campaign** 금연 **운동**

They are looking for people to help out with the election **campaign**.
그들은 선거 **운동**을 도와줄 사람들을 찾고 있다.

0876 **poll**
[poul]

ⓝ 여론 조사 ㊂survey

A **poll** on the general election was conducted last week.
총선에 관한 **여론 조사**가 지난주에 실시되었다.

conduct a poll 여론 조사를 실시하다

0877 **run for**

~에 출마하다

She is thinking of **running for** president.
그녀는 대통령에 **출마할** 생각을 하고 있다.

0878 **candidate**
[kǽndidèit / kǽndidət]

ⓝ 후보자

The young **candidate** was sure that he would become the next president.
젊은 **후보자**는 자신이 차기 대통령이 될 것이라고 확신했다.

candidates for the job 일자리에 지원한 **후보자들**

영영 someone who is running in an election or applying for a job

0879 **vote**
[vout]

ⓝ (선거 등의) 표 ⓥ 투표하다

You need to get at least 40% of the people's **vote** to become a committee member.
위원회 위원이 되기 위해서는 사람들의 최소 40%의 **표**는 받아야 한다.

I am going to **vote** for Sarah as our president.
우리 회장으로 나는 Sarah에게 **투표할** 거야.

0880 **elect**
[ilékt]

ⓥ 선출하다

Barack Obama was **elected** president in 2008.
버락 오바마는 2008년에 대통령으로 **선출되었다**.

⊕ election ⓝ 선거

Daily Check-up

학습 Check	MP3 듣기	본문 학습	Daily Check-up	누적 테스트 Days 43-44

A 빈칸에 알맞은 우리말 뜻 또는 영어 단어를 써넣어 워드맵을 완성하시오.

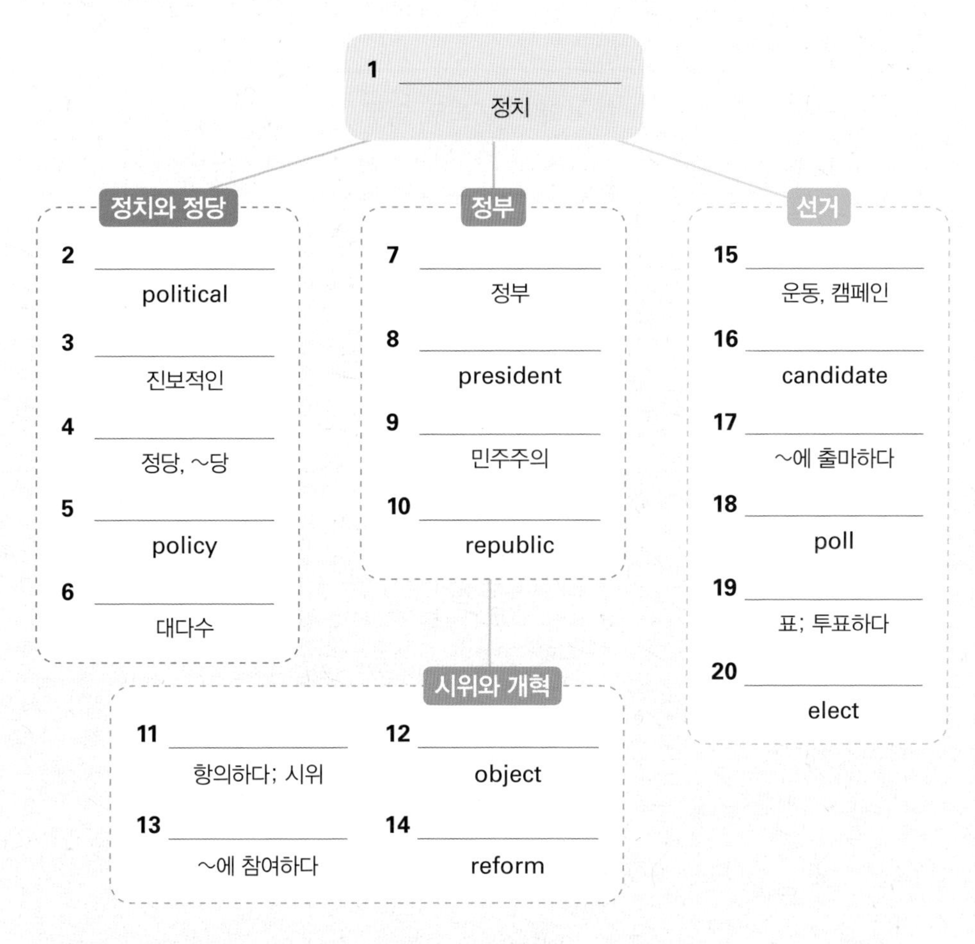

PLAN 13

B 우리말을 참고하여, 문장을 완성하시오. (필요하면 단어 형태를 바꾸시오.)

1 We are planning to ____________ the law.
우리는 그 법에 항의할 예정이다.

2 The young king had no ____________ power.
그 어린 왕은 정치적인 힘이 없었다.

3 A ____________ on the general election was conducted last week.
총선에 관한 여론 조사가 지난주에 실시되었다.

4 A ____________ of politicians in the United States are men.
미국의 대다수의 정치인들은 남성이다.

5 Our ____________ is to improve the quality of life for young people.
우리의 목표는 청년들의 삶의 질을 개선하는 것이다.

Day 45 국가

국가의 의무와 구성원

0881 **duty** [djú:ti / dú:ti]

ⓝ 1 의무 2 직무, 임무

Please do your **duty** for your country and your family.
여러분의 나라와 가족을 위해 **의무**를 다하세요.

I'm sure he'll fulfill his **duty** as a judge.
나는 그가 판사로서 그의 **임무**를 다할 것을 확신한다.

0882 **authority** [əθɔ́:riti]

ⓝ 권한; 권위

The government has the **authority** to make laws.
정부는 법을 만들 **권한**을 가지고 있다.

0883 **function** [fʌ́ŋkʃən]

ⓝ 기능, 역할 ⊜role, job ⓥ (제대로) 기능하다

What is the **function** of an immigration service?
이민 기관의 **역할**은 무엇인가요?

The new department **functioned** effectively as planned.
새 부서는 계획대로 효율적으로 **제 역할을 했다**.

0884 **official** [əfíʃəl]

ⓐ 공식적인, 공적인 ⓝ 공무원

The U.S. president made an **official** visit to the U.K.
미국 대통령은 영국에 **공식** 방문했다.

a government **official** 정부 **공무원**

0885 **public** [pʌ́blik]

ⓐ 1 대중의 2 공공의 ↔private 사유의; 사적인

I don't think the plan is in the **public** interest.
나는 그 계획이 **대중의** 이익을 위한 거라고 생각하지 않아.

They are raising funds to build **public** libraries.
그들은 **공공** 도서관을 짓기 위해 기금을 모으고 있다.

0886 **loyal** [lɔ́iəl]

ⓐ 충실한 ⊜true

Who are Donald Trump's **loyal** supporters?
도널드 트럼프의 **충실한** 지지자들은 누구인가?

⊕ loyalty ⓝ 충성, 충실

0887 **individual** [ìndəvídʒuəl]

ⓐ 개인의 ⓝ 개인 ⊜person

individual freedom **개인의** 자유

All **individuals** are important members of society.
모든 **개인**은 사회의 중요한 구성원이다.

0888 **population**
[pɑ́:pjəléiʃən]

ⓝ 인구 ⊜ inhabitants 주민들

Monaco's **population** was 37,550 as of 2017.
2017년 모나코의 **인구**는 37,550명이었다.

영영 the number of people who live in a country

외교

0889 **ambassador**
[æmbǽsədər]

ⓝ 대사

the U.S. **ambassador** to South Korea 주한 미국 **대사**

The **ambassador** did his best to connect the two countries.
대사는 두 나라를 연결하는 역할을 하는 데 최선을 다했다.

영영 an important official of a country who is sent abroad by the government

0890 **diplomat**
[dípləmæ̀t]

ⓝ 외교관

The **diplomat**'s work in the political field has been highly praised by the people.
그 **외교관**의 정치 분야에서의 활약은 국민들에게 많은 칭찬을 받았다.

⊕ diplomacy ⓝ 외교

0891 **international**
[ìntərnǽʃənəl]

ⓐ 국제적인 ↔ domestic 국내의

international trade **국제** 무역

It is important to strengthen **international** ties between the two countries.
두 나라 사이의 **국제적인** 유대를 강화하는 것이 중요하다.

⊕ internationally ⓐⓓ 국제적으로

0892 **citizen**
[sítəzən]

ⓝ 국민; 시민

All **citizens** can apply for a passport.
모든 **국민들**은 여권 신청을 할 수 있다.

the **citizens** of Seoul 서울 **시민**

영영 an individual of a town, city, or country

0893 **protect**
[prətékt]

ⓥ 보호하다, 지키다

Powerful armed forces **protect** citizens from danger.
강력한 군대는 국민을 위험으로부터 **보호한다**.

protect the environment 환경을 **보호하다**

⊕ protection ⓝ 보호

0894 **organization** [ɔ̀ːrgənəzéiʃən]

ⓝ 조직, 기구

He is working for a large international **organization**.
그는 큰 국제**기구**에서 근무 중이다.

정체성

0895 **ethnic** [éθnik]

ⓐ 민족의, 종족의

ethnic society **종족** 사회

There are about 175 **ethnic** groups in the Philippines.
필리핀에는 대략 175개의 **민족** 집단들이 있다.

⊕ ethnicity ⓝ 민족성

0896 **native** [néitiv]

ⓐ 1 출생지의; 토박이의 2 원주민의

I am a **native** Seoulite. 나는 서울 **토박이야**.

native people of Alaska 알래스카의 **원주민**들

0897 **racial** [réiʃəl]

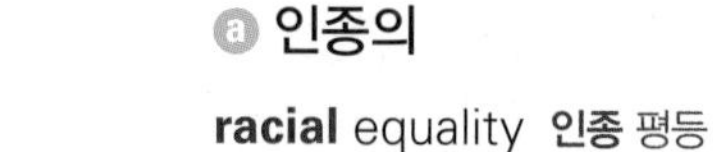

ⓐ 인종의

racial equality **인종** 평등

Racial discrimination exists everywhere.
인종 차별은 어디에서나 존재한다.

⊕ race ⓝ 인종

0898 **identity** [aidéntəti]

ⓝ 1 신원 2 정체성, 독자성

Jason Bourne had to conceal his **identity**.
제이슨 본은 그의 **신원**을 숨겨야 했다.

national **identity** 국가 **정체성**

⊕ identify ⓥ 확인하다

0899 **tradition** [trədíʃən]

ⓝ 전통

follow a **tradition** **전통**을 따르다

It's a Korean **tradition** to eat seaweed soup on one's birthday.
생일에 미역국을 먹는 것은 한국의 **전통**이다.

⊕ traditional ⓐ 전통의

0900 **border** [bɔ́ːrdər]

ⓝ 국경

cross a **border** **국경**을 넘다

Strasbourg sits on the **border** between Germany and France.
스트라스부르는 독일과 프랑스 사이의 **국경**에 위치해 있다.

Daily Check-up

학습 Check	MP3 듣기	본문 학습	Daily Check-up	누적 테스트 Days 44-45

A 빈칸에 알맞은 우리말 뜻 또는 영어 단어를 써넣어 워드맵을 완성하시오.

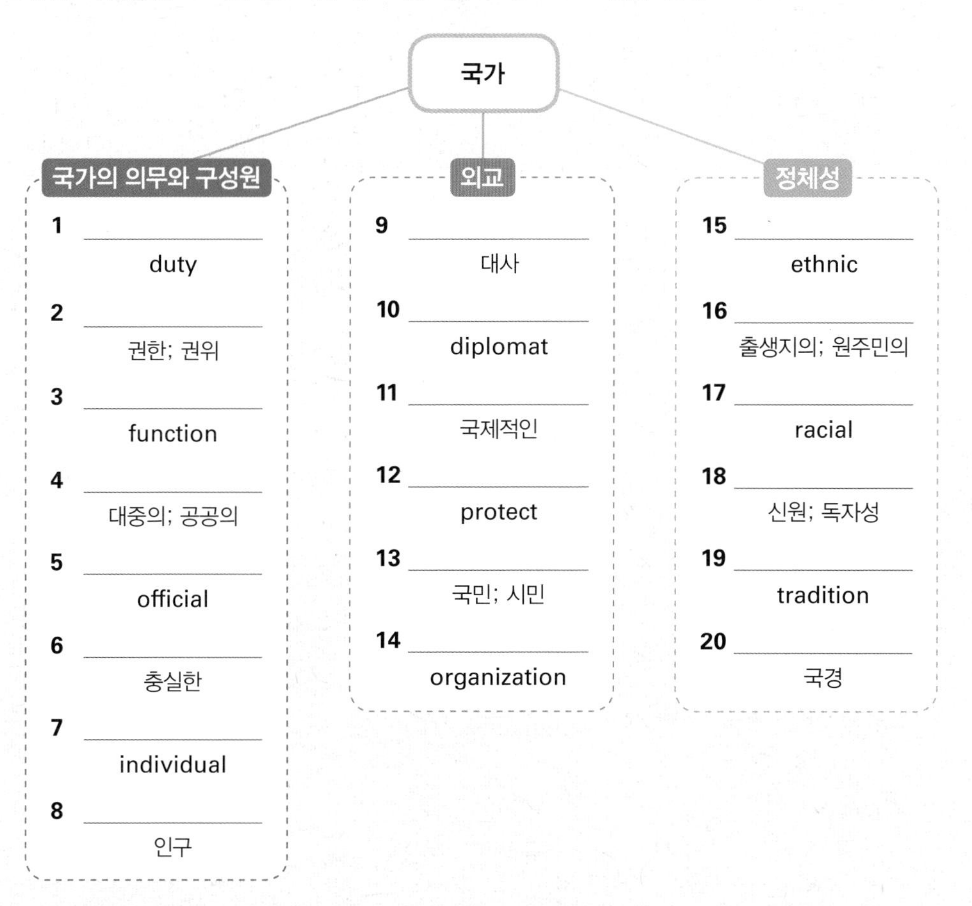

PLAN 13

B 우리말을 참고하여, 문장을 완성하시오. (필요하면 단어 형태를 바꾸시오.)

1 I'm sure he'll fulfill his ______________ as a judge.
나는 그가 판사로서 그의 임무를 다할 것을 확신한다.

2 The U.S. president made an ______________ visit to the U.K.
미국 대통령은 영국에 공식 방문했다.

3 It's a Korean ______________ to eat seaweed soup on one's birthday.
생일에 미역국을 먹는 것은 한국의 전통이다.

4 Strasbourg sits on the ______________ between Germany and France.
스트라스부르는 독일과 프랑스 사이의 국경에 위치해 있다.

5 The ______________'s work in the political field has been highly praised by the people.
그 외교관의 정치 분야에서의 활약은 국민들에게 많은 칭찬을 받았다.

Day 46 법과 범죄

법원

0901 **court** [kɔːrt]

ⓝ 법원, 법정

appear in **court** **법원**에 출두하다

The company is taking this matter to **court**.
회사는 이 문제를 **법정**으로 가져갈 것이다.

0902 **jury** [dʒúəri]

ⓝ 배심원단

I received a letter to serve on a **jury**.
나는 **배심원**을 하라는 편지를 받았다.

serve on a jury 배심원을 하다

영영 a group of citizens who are selected to decide if someone is guilty or not (유죄 여부 결정을 위해 선출된 일반 국민으로 구성된 단체)

0903 **justice** [dʒʌ́stis]

ⓝ 1 정의; 공정 2 사법, 재판

He fought hard to defend **justice** and to protect the citizens of New York.
그는 **정의**를 수호하고 뉴욕 시민을 보호하기 위해 열심히 싸웠다.

the **justice** system **사법** 제도

0904 **lawyer** [lɔ́ːjər]

ⓝ 변호사 ⊜attorney

The **lawyer** has never lost a court case in his entire career.
그 **변호사**는 자신의 경력을 통틀어 재판에서 패한 적이 없다.

0905 **legal** [líːgəl]

ⓐ 1 법률의 2 합법의 ↔illegal 불법의

Lawyers give **legal** advice to their clients.
변호사들은 고객들에게 **법률** 조언을 해준다.

Is abortion **legal** in some countries?
어떤 나라들에서는 낙태가 **합법인가요**?

⊕ legally ad 법률적으로, 합법적으로

범죄

0906 **crime** [kraim]

ⓝ 범죄 ⊜offense

crime rate **범죄**율

Murder is a serious **crime**. 살인은 중대한 **범죄**이다.

⊕ criminal ⓝ 범죄자 ⓐ 범죄의

0907 **accuse**
[əkjúːz]

ⓥ 고발하다, 기소하다

He was **accused** of theft.
그는 절도로 **기소되었다**.

The journalist **accused** the politician of taking bribes.
기자는 그 정치인을 뇌물 수수의 이유로 **고발했다**.

accuse *A* of *B*: A를 B의 이유[죄]로 고발[기소]하다
⊕ accusation ⓝ 혐의; 기소

0908 **arrest**
[ərést]

ⓥ 체포하다 ⓝ 체포 ↔ release 석방하다; 석방

The police **arrested** the criminal on the spot.
경찰은 범죄자를 현장에서 **체포했다**.

house **arrest** 자택 **구금**

0909 **trial**
[tráiəl]

ⓝ 재판, 공판

She will go on **trial** for burglary.
그녀는 절도죄로 **재판**을 받을 것이다.

go on trial 재판을 받다

0910 **confess**
[kənfés]

ⓥ (죄·잘못을) 자백하다

The police persuaded the teen to **confess** her crime.
경찰은 십대 아이에게 범행을 **자백하라고** 설득했다.

영영 to admit one's fault or crime

0911 **sentence**
[séntəns]

ⓝ 형벌, 형 ⓥ (형을) 선고하다

life **sentence** 종신형

He was **sentenced** to death for murder.
그는 살인죄로 사**형 선고를 받았다**.

be sentenced to ~: ~형을 받다

0912 **guilty**
[gílti]

ⓐ 1 유죄의 ↔ innocent 무죄인 2 죄책감이 드는

Do you think she is innocent or **guilty**?
그녀가 무죄인 것 같나요, 아니면 **유죄인** 것 같나요?

I felt **guilty** about it. 나는 그것에 대해 **죄책감을** 느꼈다.

⊕ guilt ⓝ 유죄; 죄책감

규율과 관습

0913 **custom**
[kʌ́stəm]

ⓝ 관습, 풍습

He gave us helpful information on local **customs** and laws.
그는 우리에게 지역의 **관습**과 법에 대한 유용한 정보를 주었다.

0914 **discipline**
[dísəplin]

ⓥ **징계하다** ⊜punish ⓝ **규율, 훈육**

The student was **disciplined** according to school regulations.
학생은 교칙에 따라 **징계를 받았다.**

The army followed strict **discipline**.
군대는 엄격한 **규율**을 따랐다.

0915 **obey**
[oubéi]

ⓥ **(명령·법 등을) 따르다, 순종하다** ⊜follow

obey the law 법을 **따르다**

The prisoner **obeyed** the officers without a word.
죄수는 한마디의 말 없이 경관들의 말에 **따랐다.**

0916 **regulate**
[régjulèit]

ⓥ **규제하다** ⊜control

All the activities of prisoners are **regulated** by law.
죄수들의 모든 활동은 법으로 **규제를 받는다.**

⊕ **regulation** ⓝ 규정

0917 **forbid**
[fərbíd]
forbid-forbade-forbidden

ⓥ **금지하다** ⊜prohibit

This law **forbids** the sale of guns or any weapons.
이 법은 총이나 그 어떤 무기 판매를 **금지한다.**

0918 **ban**
[bæn]

ⓝ **금지, 금지령** ⓥ **금지하다**

The government imposed a **ban** on smoking in all public areas.
정부는 모든 공공장소에서의 흡연 **금지령**을 내렸다.

The personal possession of guns is **banned** in South Korea. 개인의 총기 소지는 한국에서 **금지되어** 있다.

영영 ⓝ an official rule which forbids someone from doing a particular action
(누군가가 특정 행동을 하는 것을 금지하는 공식적인 규칙)

0919 **permission**
[pərmíʃən]

ⓝ **허락, 허가**

He was denied **permission** to enter the United States.
그는 미국 입국 **허가**가 거부되었다.

⊕ **permit** ⓥ 허락하다

0920 **allow**
[əláu]

ⓥ **허용하다, 허락하다** ⊜permit

The prisoner was **allowed** to see his child in the jail family room.
죄수는 교도소 가족실에서 그의 아이를 보는 것이 **허락되었다.**

Daily Check-up

학습 Check	MP3 듣기	본문 학습	Daily Check-up	누적 테스트 Days 45-46

A 빈칸에 알맞은 우리말 뜻 또는 영어 단어를 써넣어 워드맵을 완성하시오.

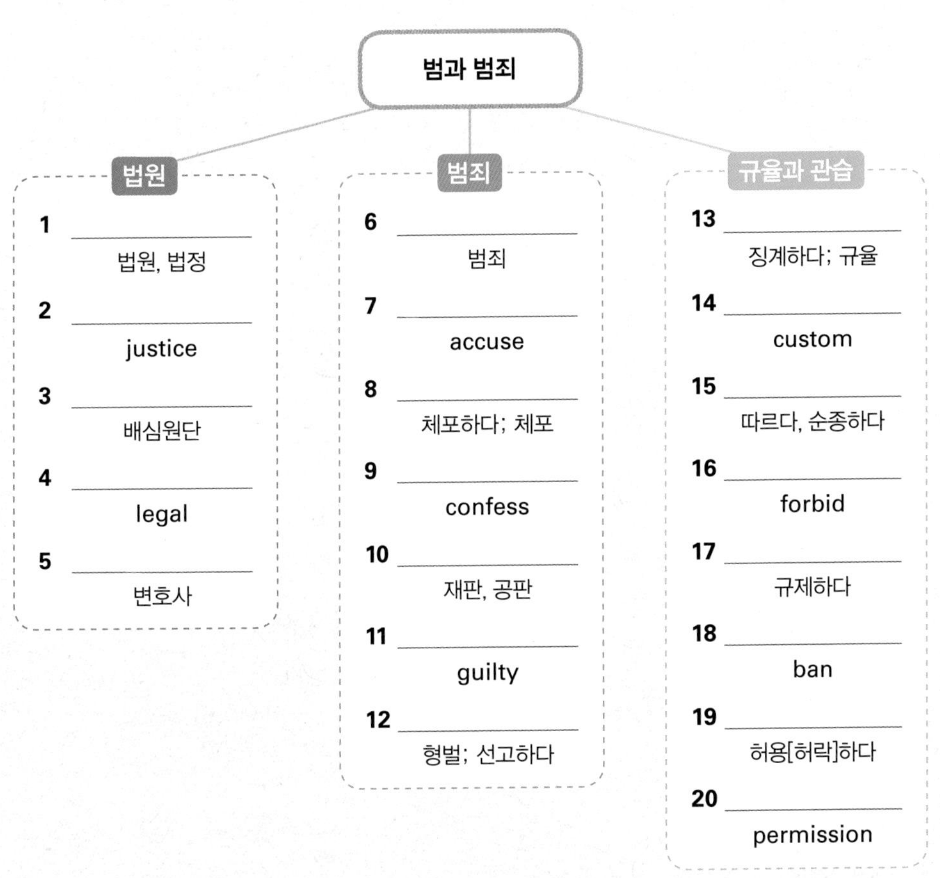

B 우리말을 참고하여, 문장을 완성하시오. (필요하면 단어 형태를 바꾸시오.)

1 The police ____________ the criminal on the spot.
경찰은 범죄자를 현장에서 체포했다.

2 He was ____________ to death for murder.
그는 살인죄로 사형 선고를 받았다.

3 The company is taking this matter to ____________.
회사는 이 문제를 법정으로 가져갈 것이다.

4 This law ____________ the sale of guns or any weapons.
이 법은 총이나 그 어떤 무기 판매를 금지한다.

5 The government imposed a ____________ on smoking in all public areas.
정부는 모든 공공장소에서의 흡연 금지령을 내렸다.

Day 47 세계 이슈와 시사

세계 문제

0921 **issue** [íʃuː]

ⓝ 주제, 쟁점, 문제점 ⊜ topic, matter

They discussed environmental **issues**.
그들은 환경 **주제**에 관해 토론했다.

Nuclear weapons have always been a sensitive **issue**.
핵무기는 언제나 민감한 **쟁점**이었다.

0922 **social** [sóuʃəl]

ⓐ 사회적인, 사회의

social issues **사회** 문제

The activist called for **social** change regarding the rights of women in India.
그 운동가는 인도의 여성 인권에 대한 **사회적인** 변화를 요구했다.

⊕ society ⓝ 사회

0923 **worldwide** [wə́ːrldwáid]

ⓐ 전 세계적인 ⓐⓓ 전 세계에

worldwide crisis **전 세계적인** 위기

AIDS has affected many people **worldwide**.
에이즈는 **전 세계적으로** 많은 사람에게 발병했다.

0924 **clash** [klæʃ]

ⓝ 충돌 ⓥ (의견·성격 등이) 충돌하다 ⊜ conflict

a border **clash** between Pakistan and Afghanistan
파키스탄과 아프가니스탄 사이의 국경 **충돌**

The candidates **clashed** on the issue of race.
후보자들은 인종 문제를 두고 **의견이 충돌했다**.

0925 **hostile** [hάːstl / hάːstail]

ⓐ 적대적인 ↔ friendly 친절한

Some people are **hostile** to the idea of accepting Syrian refugees.
일부 사람들은 시리아 난민들을 받아들이는 생각에 대해 **적대적**이다.

⊕ hostility ⓝ 적대감

0926 **poverty** [pάːvərti]

ⓝ 가난, 빈곤 ↔ wealth 부

extreme **poverty** 극심한 **가난**

The documentary was about Cambodian kids living in **poverty**.
다큐멘터리는 **빈곤** 속에 살고 있는 캄보디아의 아이들에 관한 것이었다.

⊕ poor ⓐ 가난한

0927 **escape** [iskéip]

ⓥ 탈출하다 ⊜flee

Many North Koreans try to **escape** North Korea.
많은 북한 사람들이 북한을 **탈출하려고** 시도한다.

0928 **shelter** [ʃéltər]

ⓝ 피난처

Thousands sought **shelter** after the recent earthquake.
수천 명의 사람들이 최근의 지진 후에 **피난처**를 찾았다.

seek shelter 피난처를 찾다

해결 노력

0929 **settle** [sétl]

ⓥ 해결하다, 합의를 보다 ⊜resolve

This urgent matter needs to be **settled** by the two leaders.
이 시급한 문제는 두 나라의 정상들에 의해서 **합의가 되어야** 한다.

영영 to end an argument or to solve a problem

0930 **declare** [dikléər]

ⓥ 선언하다, 선포하다

The U.S. government **declared** war on terror.
미국 정부는 테러와의 전쟁을 **선포했다.**

⊕ declaration ⓝ 선언

0931 **relation** [riléiʃən]

ⓝ 관계

The government has made efforts to improve **relations** with its neighboring countries.
정부는 주변 국가들과의 **관계**를 개선하기 위해 노력했다.

영영 the relationship between people, groups, countries, etc.

0932 **mission** [míʃən]

ⓝ 임무

He went on a fact-finding **mission** to the city.
그는 진상 조사 **임무**로 그 도시에 갔다.

영영 a task or job that involves traveling somewhere

0933 **responsible** [rispɑ́:nsəbəl]

ⓐ 1 책임이 있는 2 책임지고 있는

Who was **responsible** for the terrorist attack in London?
런던에서의 테러 공격은 누구의 **책임이지**(소행이지)?

The pilot is **responsible** for the passengers' safety.
조종사는 승객의 안전을 **책임지고 있다.**

⊕ responsibility ⓝ 책임

0934 **confront**
[kənfrʌ́nt]

ⓥ **직면하다; 맞서다**

Putin was **confronted** with the issue of Russian cyber-hacking.
푸틴 대통령은 러시아 사이버 해킹 관련 문제와 **직면하게** 되었다.

con(함께) + front(이마) → 함께 이마를 맞대다 → 직면하다

0935 **struggle**
[strʌ́gəl]

ⓥ **고투하다, 애쓰다** ⓝ **투쟁; 분투**

Many people **struggle** to earn a living.
많은 사람들이 생계를 유지하기 위해서 **애쓴다.**

a violent **struggle** with police officers
경찰과의 폭력적인 **투쟁**

영영 ⓥ to try very hard to achieve something difficult

0936 **volunteer**
[vɑ̀:ləntíər]

ⓥ **자원하다** ⓝ **자원봉사자, 지원자**

Thousands **volunteered** to clean up the oil spill.
수천 명의 사람들이 기름 유출의 정화 작업에 **자원했다.**

I am a **volunteer** at the orphanage.
나는 고아원에서 **자원봉사자**로 활동하고 있다.

지향점

0937 **unify**
[jú:nəfài]

ⓥ **통합하다, 통일하다** ↔ divide 나누다

Did you know that Pakistan and India used to be a **unified** country?
파키스탄과 인도가 **통일** 국가였다는 것을 너는 알고 있었니?

0938 **equally**
[í:kwəli]

ad **똑같이, 동등하게**

All races should be treated **equally**.
모든 인종은 **동등하게** 대우받아야 한다.

+ equal ⓐ 동일한; 동등한

0939 **welfare**
[wélfèər]

ⓝ **복지**

public **welfare** 공공복지

Norway has one of the best **welfare** systems in the world.
노르웨이는 세계에서 최고의 **복지** 제도를 갖춘 나라 중 하나이다.

0940 **collective**
[kəléktiv]

ⓐ **집단의, 단체의**

Collective decision-making is very important.
집단의 의사 결정이 매우 중요하다.

Daily Check-up

학습 Check	MP3 듣기	본문 학습	Daily Check-up	누적 테스트 Days 46-47	Review Test

A 빈칸에 알맞은 우리말 뜻 또는 영어 단어를 써넣어 워드맵을 완성하시오.

세계 이슈와 시사

세계 문제

1 ______ 주제, 쟁점, 문제점

2 ______ social

3 ______ 전 세계적인

4 ______ clash

5 ______ 적대적인

6 ______ escape

7 ______ 가난, 빈곤

8 ______ shelter

해결 노력

9 ______ 해결하다

10 ______ declare

11 ______ 관계

12 ______ mission

13 ______ 책임이 있는

14 ______ struggle

15 ______ 직면하다; 맞서다

16 ______ volunteer

지향점

17 ______ 통합하다

18 ______ welfare

19 ______ 동등하게

20 ______ collective

PLAN 13

B 우리말을 참고하여, 문장을 완성하시오. (필요하면 단어 형태를 바꾸시오.)

1 Many people ______ to earn a living.
많은 사람들이 생계를 유지하기 위해서 애쓴다.

2 He went on a fact-finding ______ to the city.
그는 진상 조사 임무로 그 도시에 갔다.

3 The candidates ______ on the issue of race.
후보자들은 인종 문제를 두고 의견이 충돌했다.

4 Thousands sought ______ after the recent earthquake.
수천 명의 사람들이 최근의 지진 후에 피난처를 찾았다.

5 Norway has one of the best ______ systems in the world.
노르웨이는 세계에서 최고의 복지 제도를 갖춘 나라 중 하나이다.

A 들려주는 영어 단어를 쓴 후 우리말 뜻을 쓰시오.

영단어	뜻	영단어	뜻
1		2	
3		4	
5		6	
7		8	
9		10	
11		12	
13		14	
15		16	
17		18	
19		20	

B 다음 영영 풀이에 해당하는 알맞은 단어를 골라 쓰시오.

ban struggle protest settle confess citizen

1 to admit one's fault or crime ______________

2 to object to an idea or a law ______________

3 to end an argument or to solve a problem ______________

4 an individual of a town, city, or country ______________

5 to try very hard to achieve something difficult ______________

6 an official rule which forbids someone from doing a particular action ______________

C 밑줄 친 단어의 동의어(=) 또는 반의어(↔)를 골라 쓰시오.

flee　　domestic　　friendly　　permitted

1 He helped slaves escape to freedom. = ________

2 I was allowed to sleep over at her house. = ________

3 My dog isn't hostile to strangers. ↔ ________

4 Incheon International Airport ranks as one of the world's top airports. ↔ ________

D 다음 그림을 보고, 해당하는 단어와 연결하시오.

1 

2 

3 

4

arrest　　poverty　　border　　vote

E 다음을 읽고, 빈칸에 알맞은 단어를 우리말을 참고하여 쓰시오.

1 Some countries are facing declining ________s.
일부 국가들은 감소하는 **인구**에 직면하고 있다.

2 True friends are those who stay l________ no matter what.
어떤 상황에서든 **충실한** 친구들이 진정한 친구들이다.

3 Don't use other people's things without asking for ________.
다른 사람의 물건을 **허락**받지 않고 사용하지 마라.

4 A(n) ________ of the students were opposed to wearing their uniforms during the festival.
대다수의 학생들은 축제 동안에 교복을 착용하는 것에 반대했다.

PLAN 14
시간과 공간

시간과 공간

시간

constant 끊임없는
temporary 임시의
dawn 새벽

방향과 공간

forward 앞으로
position 위치
internal 내부의

수와 양

calculate 계산하다
sufficient 충분한
figure 숫자; 인물

Day 48 시간

지속

0941 **constant** [kάːnstənt]

ⓐ 1 끊임없는 2 변함없는

constant care and attention **끊임없는** 보살핌과 관심

He is driving his car at a **constant** speed of 60km/h.
그는 **변함없이** 시속 60km로 운전하고 있다.

⊕ constantly ⓐⓓ 끊임없이; 변함없이

0942 **continuous** [kəntínjuəs]

ⓐ 계속되는, 지속적인 ⊜constant

continuous rain **계속되는** 비

There was a **continuous** line of customers who wanted to buy our bread.
우리 빵을 사고 싶어 하는 손님들의 줄이 **계속되었다**.

⊕ continue ⓥ 계속되다

0943 **forever** [fərévər]

ⓐⓓ 영원히 ⊜always, for all time

You can't be young **forever**.
여러분은 **영원히** 젊을 수 없다.

0944 **permanent** [pə́ːrmənənt]

ⓐ 영구적인 ⊜lasting

I applied for **permanent** residence in Hong Kong.
나는 홍콩에서의 **영구** 거주권을 신청했다.

⊕ permanently ⓐⓓ 영구히

순간

0945 **moment** [móumənt]

ⓝ 1 잠시 2 순간 ⊜instant

I asked her to wait a **moment**.
나는 그녀에게 **잠시** 기다리라고 요청했다.
wait a moment 잠시 기다리다

I was too scared at that **moment**.
나는 그 **순간**에 너무 무서웠다.

0946 **minute** [mínit]

ⓝ 1 분 2 잠깐, 순간

He came to class 20 **minutes** late.
그는 수업 시간에 20**분** 늦게 왔다.

She will be back in a **minute**. 그녀는 **금방** 돌아올 거예요.

in a minute 금방, 곧

0947 **temporary**
[témpərèri]

ⓐ 임시의, 일시적인 ↔ permanent

The student was looking for a **temporary** job near his house.
그 학생은 집 근처에서 일할 수 있는 **임시**직을 찾고 있었다.

0948 **immediate**
[imíːdiət]

ⓐ 즉각적인 = prompt ↔ late 늦은

The company took **immediate** action on the matter.
회사는 그 문제에 대해 **즉각** 조치를 취했다.

take immediate action 즉각 조치를 취하다

+ immediately ad 즉시

과거와 현재

0949 **past**
[pæst]

ⓝ 과거 ⓐ 과거의; 이전의

May I ask what kinds of jobs you had in the **past**?
과거에 어떤 일을 했는지 여쭤 봐도 될까요?

We can learn a lot from **past** experience.
우리는 **이전의** 경험으로부터 많이 배울 수 있다.

0950 **ago**
[əgóu]

ad 전에

I visited Myanmar a few days **ago**.
나는 며칠 **전에** 미얀마를 방문했다.

영영 used to refer to a time in the past

0951 **previous**
[príːviəs]

ⓐ (시간·순서가) 앞의, 이전의 = former

the **previous** day/year **전**날/**전**년도

Did you see the **previous** episode of this soap opera?
너는 이 드라마의 **이전** 회를 봤니?

+ previously ad 이전에

0952 **former**
[fɔ́ːrmər]

ⓐ 1 (지위가) 이전의 2 (시간상) 예전의, 과거의

He is a **former** heavyweight boxing world champion.
그는 **전** 세계 헤비급 권투 챔피언이다.

in **former** times **옛**날에는

0953 **present**
[prézənt]

ⓐ 1 현재의 2 참석한 ⓝ 1 선물 2 현재

Satya Nadella is the **present** CEO of Microsoft.
사티아 나델라는 마이크로소프트 사의 **현** CEO이다.

They were **present** at the meeting. 그들은 회의에 **참석**했다.

The **present** is more important than the future.
현재가 미래보다 더 중요하다.

0954 **recently**
[ríːsəntli]

ad 최근에 ⊜lately

I **recently** had a tooth pulled.
나는 **최근에** 이를 뺐다.

⊕ recent ⓐ 최근의

0955 **nowadays**
[náuədèiz]

ad 요즘에는

Nowadays, everything seems to move at a fast pace.
요즘에는 모든 것이 빠른 속도로 움직이는 것 같다.

영영 at the present time

하루와 기간

0956 **dawn**
[dɔːn]

n 새벽 ⊜daybreak

The baby woke up at **dawn** and started to cry.
아기는 **새벽**에 깨서 울기 시작했다.

work from **dawn** to dusk
새벽부터 해 질 때까지 일하다

0957 **daytime**
[déitaim]

n 낮, 주간 ↔nighttime 야간, 밤

daytime activities **낮 시간** 활동

The moon is bright enough to appear during **daytime**.
달이 **낮** 동안에 보일 만큼 밝다.

0958 **midnight**
[mídnàit]

n 자정, 밤 12시, 한밤중

Cinderella was afraid of the clock striking **midnight**.
신데렐라는 **자정**을 알리는 시계 소리가 두려웠다.

영영 12 o'clock at night

0959 **period**
[píriəd]

n 1 기간 2 (역사상의) 시대, 시기

The sale was only for a limited **period**.
세일은 한정된 **기간** 동안만 진행되었다.

in the early Joseon **period** 조선 **시대** 초기에

영영 a length of time

0960 **decade**
[dékeid]

n 10년

I waited a **decade** to see a solar eclipse.
나는 일식을 보기 위해 **10년**을 기다렸다.

decade는 보통 10년간의 기간을 뜻하지만, '0'으로 시작하는 해로 시작하여 10년간을 뜻하기도 한다. 즉 2010년에서 2019년의 10년간을 의미한다.

Daily Check-up

학습 Check	MP3 듣기	본문 학습	Daily Check-up	누적 테스트 Days 47-48

A 빈칸에 알맞은 우리말 뜻 또는 영어 단어를 써넣어 워드맵을 완성하시오.

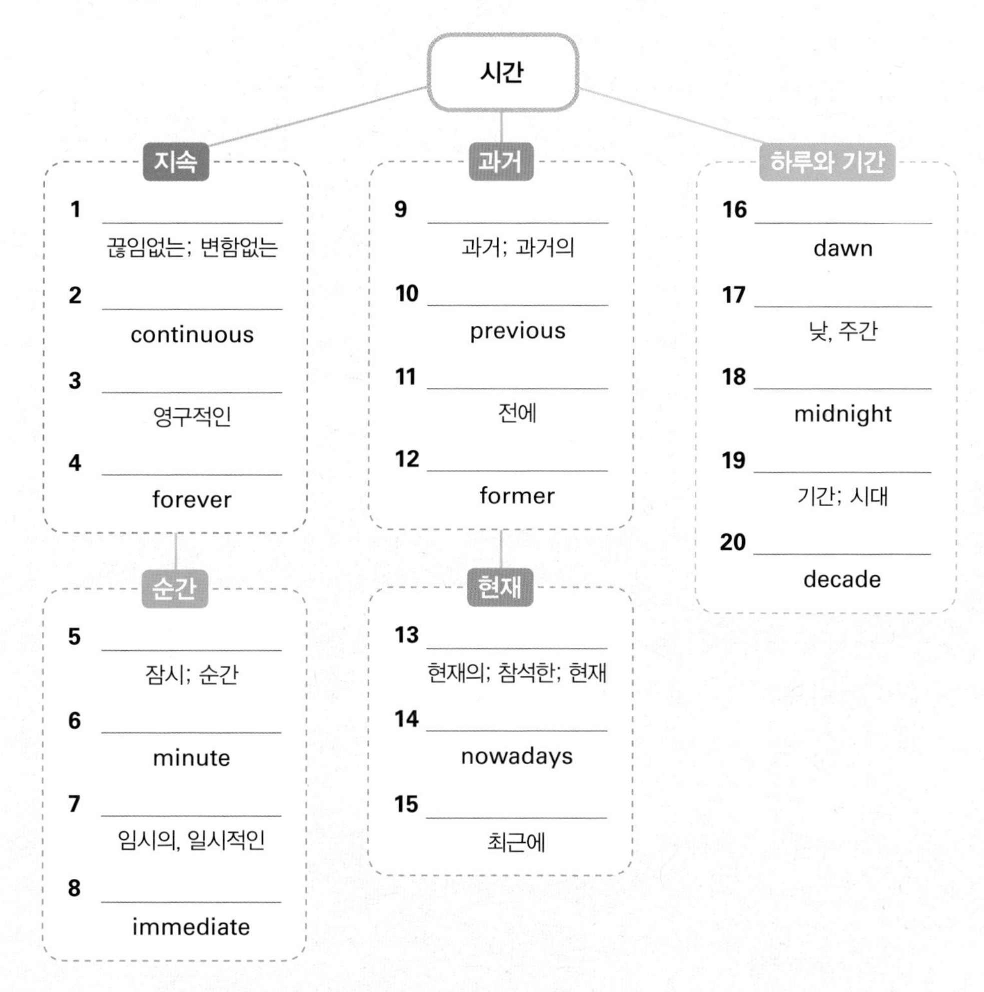

B 우리말을 참고하여, 어구 또는 문장을 완성하시오. (필요하면 단어 형태를 바꾸시오.)

1 ____________ rain 계속되는 비

2 She will be back in a ____________.
그녀는 금방 돌아올 거예요.

3 The company took ____________ action on the matter.
회사는 그 문제에 대해 즉각 조치를 취했다.

4 Did you see the ____________ episode of this soap opera?
너는 이 드라마의 이전 회를 봤니?

5 The ____________ is more important than the future.
현재가 미래보다 더 중요하다.

Day 49 방향과 공간

0961 **direction**
[dərékʃən]

n 1 방향 2 (복수로) 지시, 사용법

My house is in the opposite **direction** of yours.
우리 집은 네 집의 반대 **방향**이야.

Carefully read the **directions** before using a new product.
새 제품을 사용하기 전에 **사용법**을 꼼꼼히 읽으세요.

0962 **space**
[speis]

n 공간

What do you think about using this free **space** as the library?
이 사용 가능한 **공간**을 서재로 사용하는 걸 어떻게 생각하나요?

This couch takes up too much **space** in my living room.
이 소파는 거실에서 너무 많은 **공간**을 차지한다.

방향

0963 **forward**
[fɔ́:rwərd]

ad 앞으로

Can you move **forward**?
앞으로 이동해주실 수 있나요?

The work will go **forward** without further delay.
그 일은 더 이상 지체 없이 **진행**될 것이다.

go forward (일이) 진전되다

0964 **backward**
[bǽkwərd]

ad 뒤로, 뒤쪽으로

The baby crawled **backward** to where his mother was sitting.
아기는 엄마가 앉아 있는 곳까지 **뒤로** 기어갔다.

0965 **reverse**
[rivə́:rs]

v (정반대로) 뒤바꾸다 n (정)반대 a (정)반대의

reverse a process 과정을 **뒤바꾸다**

This is the **reverse** of what I expected.
이것은 내가 예상했던 것과 **정반대**이다.

in the **reverse** direction **정반대의** 방향으로

0966 **ahead**
[əhéd]

ad (공간·시간상으로) 앞으로, 앞에 ⊜ in front

My sister was running **ahead** of you in the marathon.
내 여동생은 마라톤 대회에서 네 **앞에** 뛰고 있었어.

plan **ahead** **미리** 계획하다

0967 **aside**
[əsáid]

ad 한쪽으로, 옆쪽에

The police officer asked the driver to get out of the car and to step **aside**.
경찰관은 운전자에게 차에서 내려 **한쪽으로** 비켜 있으라고 했다.

영영 in a direction to one side

0968 **straight**
[streit]

ad 똑바로; 곧장 ⊜direct a 곧은, 똑바른

Go **straight** ahead for 5 minutes, and you will see the cathedral.
5분 동안 **똑바로** 앞으로 가다 보면 그 대성당이 보일 겁니다.

a long, **straight** road 길게 **쭉 뻗은** 도로

0969 **vertical**
[vә́:rtikəl]

a 수직의, 세로의 ↔horizontal 가로의

The teacher asked the students to draw **vertical** lines on their papers.
교사는 학생들에게 종이에 **세로** 선을 그리라고 했다.

⊕ vertically ad 수직으로

0970 **horizontal**
[hɔ̀:rəzɑ́:ntl]

a 가로의, 수평의

They carefully set the statue down in a **horizontal** position.
그들은 조각상을 조심스럽게 **가로로** 눕혔다.

영영 flat and level with the ground
⊕ horizontally ad 가로로, 수평으로

위치와 거리

0971 **position**
[pəzíʃən]

n 1 위치 ⊜location 2 자세 3 입장

This map shows the **position** of roads and towns.
이 지도는 도로와 마을의 **위치**를 보여준다.

in a sitting **position** 앉은 **자세**로

They changed their **position** on the issue.
그들은 그 문제에 대한 **입장**을 바꾸었다.

0972 **spot**
[spɑ:t]

n 1 반점 2 (특정한) 곳, 장소 ⊜place

My dog is covered with big white **spots**.
내 강아지는 큰 하얀 **반점**으로 뒤덮여 있다.

I'm looking for a **spot** that is quiet to study in.
나는 공부하기에 조용한 **곳**을 찾고 있다.

0973 **apart**
[əpɑ́:rt]

ad (시간·공간상으로) 떨어져, 따로

We lived **apart** from each other for 5 years.
우리는 서로 5년 동안 **떨어져** 살았다.

0974 **distant**
[dístənt]

ⓐ (시간·공간상으로) 먼, 떨어진 ↔ near 가까운

If you are lucky, you can see the **distant** castle from your hotel window.
운이 좋으면, 호텔 창문에서 **멀리 있는** 성을 볼 수 있습니다.

the **distant** past **먼** 옛날

⊕ distance ⓝ 거리

0975 **nearby**
[niərbái]

ⓐ 인근의, 가까운 ＝close ⓐⓓ 가까이에(서)

That girl told me that a bus stop is **nearby**.
저 소녀가 버스 정류장이 **근처에** 있다고 내게 알려줬다.

My aunt lives **nearby**. 우리 이모는 **가까이에** 사신다.

실내·외 공간

0976 **internal**
[intə́:rnl]

ⓐ 1 내부의 ＝inside 2 체내의

The **internal** walls of the palace were damaged by the fire. 궁의 **내부** 벽이 화재로 인해 손상되었다.

internal organs **체내** 장기

0977 **external**
[ikstə́:rnl]

ⓐ 1 (물체·사람의) 외부의 2 (상황 등이) 외부적인

The **external** walls should be coated with waterproof paint.
외벽은 방수 페인트로 칠해야 한다.

Children's development is influenced by **external** factors.
아이들의 발달은 **외부적인** 요인에 영향을 받는다.

0978 **upstairs**
[ʌ́pstὲərz]

ⓐⓓ 위층으로 ↔ downstairs 아래층으로 ⓝ 위층

Let's go **upstairs** to take a look at children's clothing.
아동복을 둘러보러 **위층으로** 갑시다.

I'd like to see the **upstairs**. 저는 **위층**을 보고 싶어요.

0979 **bottom**
[bɑ́:təm]

ⓐ 맨 아래쪽의 ⓝ 맨 아래; 바닥

Sign your name on the **bottom** line of the application form. 지원서 **맨 아래** 줄에 서명해주세요.

The cat was sleeping at the **bottom** of the stairs.
고양이가 계단 **맨 아래**에서 자고 있었다.

0980 **upper**
[ʌ́pər]

ⓐ 더 위에 있는, 위쪽의 ＝top

I put the teacups in the **upper** right corner of the shelf.
나는 찻잔을 선반 오른쪽 **상단** 구석에 두었다.

the **upper** floors of the office 사무실의 **위층**

Daily Check-up

학습 Check	MP3 듣기	본문 학습	Daily Check-up	누적 테스트 Days 48-49

A 빈칸에 알맞은 우리말 뜻 또는 영어 단어를 써넣어 워드맵을 완성하시오.

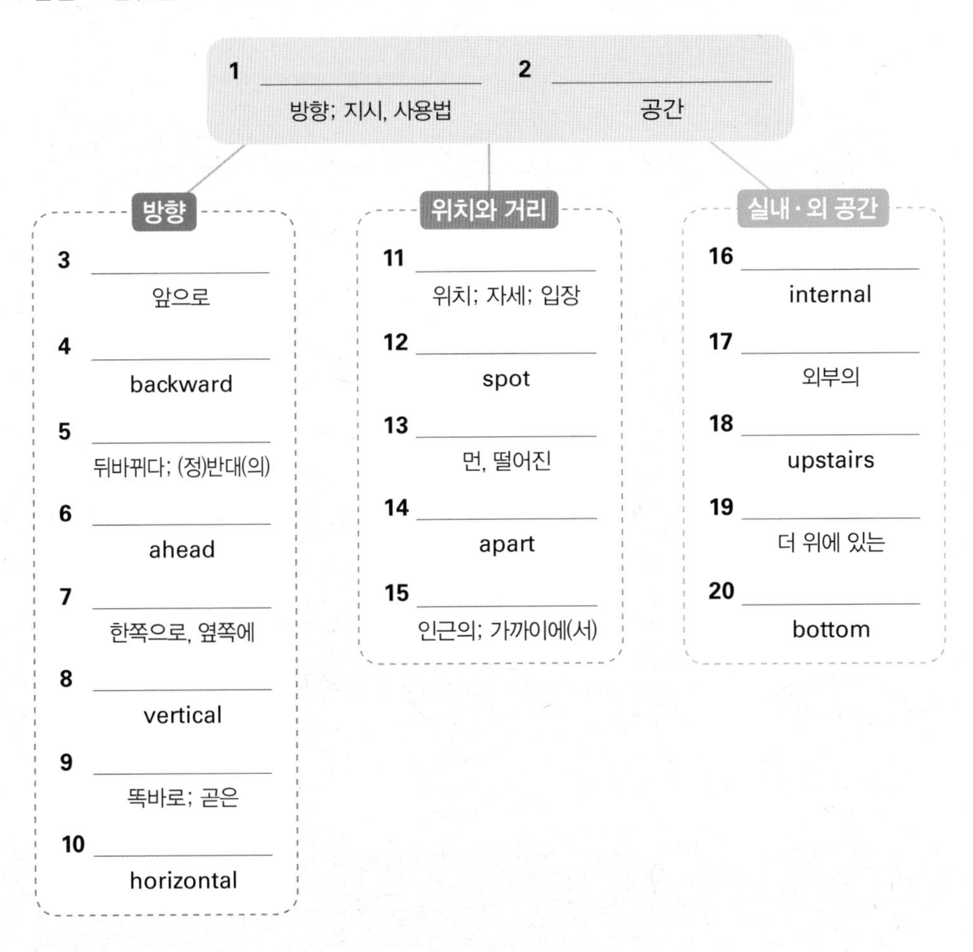

B 우리말을 참고하여, 문장을 완성하시오. (필요하면 단어 형태를 바꾸시오.)

1 This is the ____________ of what I expected.
이것은 내가 예상했던 것과 정반대이다.

2 My sister was running ____________ of you in the marathon.
내 여동생은 마라톤 대회에서 네 앞에 뛰고 있었어.

3 Children's development is influenced by ____________ factors.
아이들의 발달은 외부적인 요인에 영향을 받는다.

4 They carefully set the statue down in a ____________ position.
그들은 조각상을 조심스럽게 가로로 눕혔다.

5 If you are lucky, you can see the ____________ castle from your hotel window.
운이 좋으면, 호텔 창문에서 멀리 있는 성을 볼 수 있습니다.

Day 50 수와 양

계산

0981 **calculate** [kǽlkjəlèit]

ⓥ 계산하다

Let's **calculate** how much we spent on food this month.
이번 달에 우리가 식비로 얼마나 지출했는지 **계산해보자**.

⊕ calculation ⓝ 계산

0982 **addition** [ədíʃən]

ⓝ 1 덧셈 2 추가

I learned **addition** in math class today.
나는 오늘 수학 시간에 **덧셈**을 배웠다.

In **addition**, learning a language helps students to express ideas.
게다가, 언어를 배우는 것은 학생들이 생각을 표현하는 것에 도움을 준다.

in addition 게다가, 덧붙여

⊕ add ⓥ 더하다

0983 **division** [divíʒən]

ⓝ 1 분할; 분배 2 나눗셈

the **division** of profits 수익 **분배**

Division allows us to divide numbers to find an answer.
나눗셈은 숫자를 나눠서 정답을 찾게 해준다.

⊕ divide ⓥ 나누다

0984 **multiply** [mʌ́ltəplài]

ⓥ 1 곱하다 2 증가하다

When you **multiply** any number by 0, you get 0.
어떠한 숫자에도 0을 **곱하면** 0이 된다.

The number of users has **multiplied** enormously.
사용자 수가 대단히 **증가했다**.

⊕ multiplication ⓝ 곱셈; 증가

0985 **subtract** [səbtrǽkt]

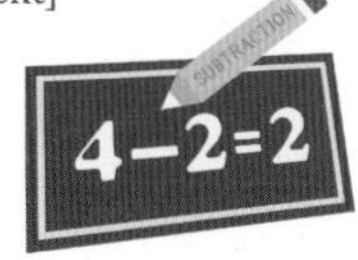

ⓥ 빼다

5 **subtracted** from 15 is 10. 15에서 5를 **빼면** 10이다.

There won't be any money left if I **subtract** all my living expenses from my salary.
월급에서 내 모든 생활비를 **빼면** 남는 돈이 없을 거야.

⊕ subtraction ⓝ 뺄셈; 빼기

0986 **equal** [íːkwəl]

ⓥ (수·가치 등이) ~이다, 같다 ⓐ 1 동일한 2 동등한

20 minus 5 **equals** 15. 20에서 5를 빼면 15**이다**.

Both are **equal** in price and size.
둘 다 가격과 치수가 **동일하다**.

수량

0987 **quantity**
[kwɑ́:ntəti]

ⓝ 양, 수량

Large **quantities** of plastics are being thrown into the ocean. 많은 **양**의 플라스틱 제품들이 바다에 버려지고 있다.

영영 an amount of something

0988 **sufficient**
[səfíʃənt]

ⓐ 충분한 ↔insufficient 충분하지 않은

We bought a **sufficient** amount of food and drinks for the party.
우리는 파티를 위해 **충분한** 양의 음식과 음료를 샀다.

+ sufficiently ⓐⓓ 충분히

0989 **rich**
[ritʃ]

ⓐ 1 부유한 2 풍부한

Who is the **richest** person in the world?
누가 세상에서 가장 **부유한** 사람일까?

Bananas are especially **rich** in fiber.
바나나에는 식이 섬유가 특히 **풍부하다**.

영영 having a lot of something

0990 **exceed**
[iksí:d]

ⓥ 초과하다

The price of the vacuum cleaner **exceeded** our budget.
청소기의 가격이 우리 예산을 **초과했다**.

영영 to go over a certain amount or number

ex(바깥으로) + ceed(가다) → 바깥으로 가다 → 초과하다

0991 **extra**
[ékstrə]

ⓐ 추가의 =additional

We need an **extra** bed in our room because there are three of us.
우리는 세 명이기 때문에 우리 방에 **추가** 침대가 필요하다.

0992 **scarce**
[skeərs]

ⓐ 부족한, 드문

Job opportunities are **scarce** during an economic depression.
불경기 때는 일자리가 **부족하다**.

+ scarcity ⓝ 결핍, 부족

0993 **lack**
[læk]

ⓝ 부족, 결핍 =scarcity ⓥ ~이 없다, 부족하다

A **lack** of sleep for 4 days made me cranky.
4일 동안의 잠 **부족** 때문에 나는 짜증을 냈다.

He **lacks** the skills to carry out the project.
그는 프로젝트를 수행하기에 기술이 **부족하다**.

영영 ⓝ a situation where something is not enough

수치

0994 **figure**
[fígjər]

ⓝ 1 숫자, 수치 ⊜number 2 인물

On average, doctors earn six-**figure** salaries.
평균적으로 의사들은 여섯 자릿**수**의 봉급을 번다.

a key **figure** in modern art 현대 미술의 주요 **인물**

0995 **single**
[síŋgəl]

ⓐ 1 단 하나의 ⊜only one 2 1인용의

They lost the game by a **single** point.
그들은 **단 한** 점 차로 경기에서 졌다.

a **single** bed **1인용** 침대

⊕ singular ⓐ 단수형의 ⓝ 단수형

0996 **plural**
[plúrəl]

ⓐ 복수형의 ⓝ 복수형

How do you spell the **plural** form of "thief"?
'도둑'의 **복수형의** 철자가 어떻게 되나요?

The **plural** of potato is potatoes.
potato의 **복수형**은 potatoes이다.

영영 more than one

0997 **odd**
[ɑːd]

ⓐ 1 이상한 2 홀수의

The singer is known for his **odd** behavior.
그 가수는 **이상한** 행동으로 유명하다.

How many **odd** numbers are there from 1 to 100?
1에서 100까지에서 **홀수**는 몇 개가 있을까?

0998 **even**
[íːvən]

ⓐ 1 평평한 2 짝수의

an **even** surface **평평한** 바닥

All **even** numbers can be divided by two.
모든 **짝수**는 2로 나눌 수 있다.

0999 **dozen**
[dʌ́zn]

ⓝ 1 12개짜리 한 묶음 2 (복수로) 다수, 수십

How much is a carton of a **dozen** eggs?
12개짜리 달걀 한 판의 가격은 얼마인가요?

Dozens of people came to the party.
수십 명의 사람들이 파티에 왔다.

숙 dozens of 수십 개[명]의

1000 **quarter**
[kwɔ́ːrtər]

ⓝ 1 1/4 2 (미국) 25센트짜리 동전

I ate a **quarter** of the pumpkin pie.
나는 호박 파이 **1/4**을 먹었다.

You need to insert a **quarter** to use the shopping cart.
쇼핑 카트를 사용하려면 **25센트짜리 동전**을 넣어야 한다.

Daily Check-up

학습 Check	MP3 듣기	본문 학습	Daily Check-up	누적 테스트 Days 49-50	Review Test

A 빈칸에 알맞은 우리말 뜻 또는 영어 단어를 써넣어 워드맵을 완성하시오.

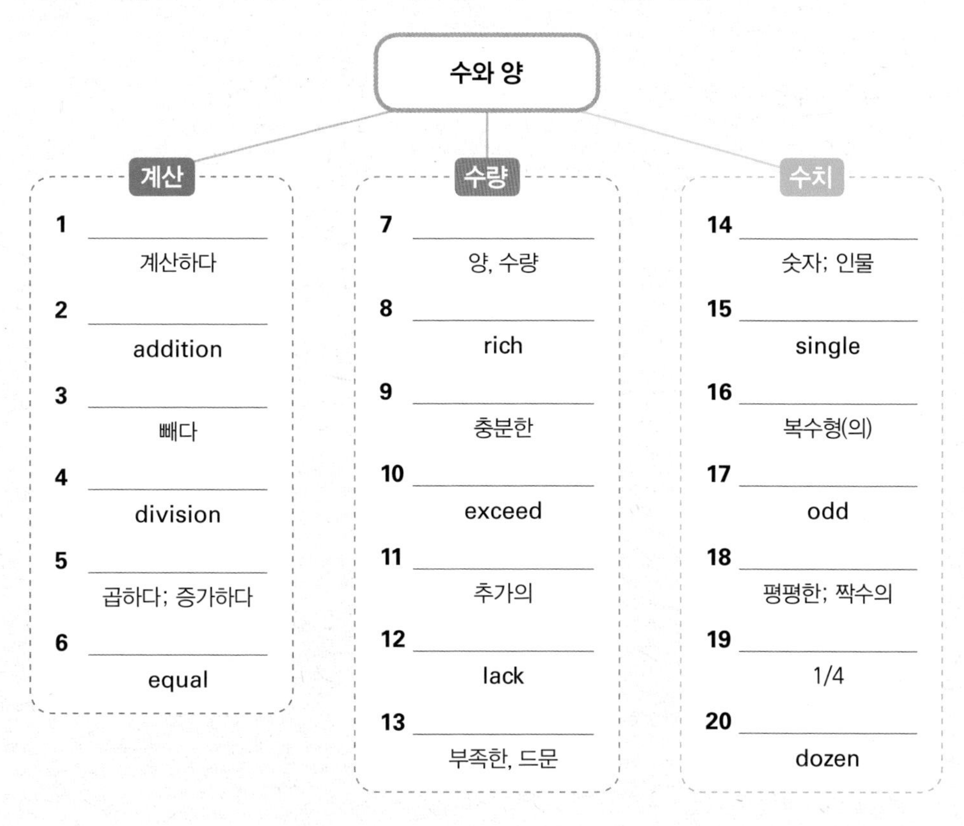

B 우리말을 참고하여, 문장을 완성하시오. (필요하면 단어 형태를 바꾸시오.)

1 I ate a ____________ of the pumpkin pie.
나 호박 파이 1/4을 먹었다.

2 How many ____________ numbers are there from 1 to 100?
1에서 100까지에서 홀수는 몇 개가 있을까?

3 We bought a ____________ amount of food and drinks for the party.
우리는 파티를 위해 충분한 양의 음식과 음료를 샀다.

4 Job opportunities are ____________ during an economic depression.
불경기 때는 일자리가 부족하다.

5 There won't be any money left if I ____________ all my living expenses from my salary.
월급에서 내 모든 생활비를 빼면 남는 돈이 없을 거야.

A 들려주는 영어 단어를 쓴 후 우리말 뜻을 쓰시오.

영단어	뜻	영단어	뜻
1		2	
3		4	
5		6	
7		8	
9		10	
11		12	
13		14	
15		16	
17		18	
19		20	

B 다음 영영 풀이에 해당하는 알맞은 단어를 골라 쓰시오.

plural horizontal lack aside ago period

1 a length of time ____________

2 more than one ____________

3 in a direction to one side ____________

4 used to refer to a time in the past ____________

5 flat and level with the ground ____________

6 a situation where something is not enough ____________

C 밑줄 친 단어의 동의어(=) 또는 반의어(↔)를 골라 쓰시오.

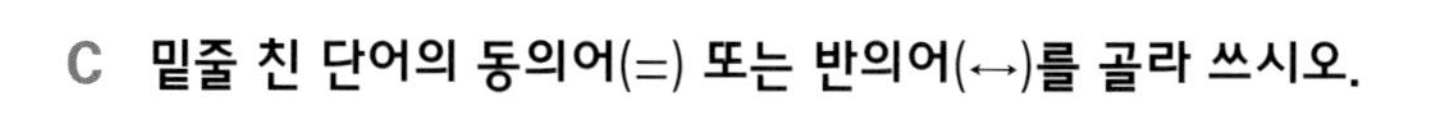

near lately permanent former

1 The weather has been so cold recently. = ______________

2 The previous Miss Universe handed over her crown. = ______________

3 The moon is distant from us. ↔ ______________

4 I got a temporary job as a counselor. ↔ ______________

D 다음 그림을 보고, 해당하는 단어와 연결하시오.

1 

2 

3 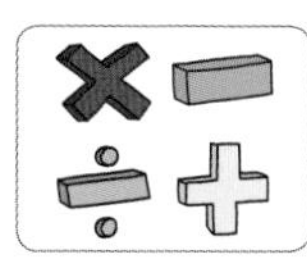

4 

calculate dozen midnight direction

E 다음을 읽고, 빈칸에 알맞은 단어를 우리말을 참고하여 쓰시오.

1 The cost of this table ______________s our budget.
이 탁자의 가격은 우리 예산을 **초과한다**.

2 It took more than a(n) ______________ to complete the project.
그 프로젝트를 끝내는 데 **10년** 이상 걸렸다.

3 Michael Jackson was a key ______________ in the history of popular music.
마이클 잭슨은 팝 뮤직 역사상 주요 **인물**이었다.

4 I enrolled at a n______________ university so that I could commute easily.
나는 쉽게 통학하려고 **인근의** 대학교에 등록했다.

ANSWER KEY

Daily Check-up

PLAN 1 사회생활

Day 1 학교

A **1** education **2** 학업의, 학교의 **3** subject **4** 가르치다; 지시하다 **5** lecture **6** concentrate **7** assignment **8** 제출하다 **9** term **10** 참석하다; (~에) 다니다 **11** absence **12** 교장; 주요한, 주된 **13** peer **14** 학생 **15** scholarship **16** 졸업하다; 졸업생 **17** auditorium **18** 체육관 **19** cafeteria **20** 기숙사

B **1** education **2** scholarship **3** peers **4** submit **5** terms

Day 2 직장

A **1** workplace **2** 지원하다; 신청하다; 적용하다 **3** employ **4** 고용주 **5** employee **6** 임금 **7** commute **8** department **9** 업무, 일 **10** staff **11** 동료 **12** chief **13** 상급자; 상급의, 고위의 **14** assist **15** 협력하다 **16** 직업; 경력 **17** promote **18** 전문가 **19** professional **20** retire

B **1** commute **2** Department **3** cooperate **4** colleagues **5** employer

Day 3 직업

A **1** occupation **2** politician **3** 장교; 관리; 임원 **4** accountant **5** astronaut **6** 조종사, 비행사 **7** announcer **8** 통역사 **9** translator **10** 사진작가 **11** musician **12** director **13** firefighter **14** 건축가 **15** engineer **16** 정비공 **17** receptionist **18** 상담 전문가 **19** secretary **20** salesperson

B **1** officer **2** Politicians **3** mechanic **4** translators **5** occupation

Day 4 소통

A **1** communicate **2** message **3** 참조하다; 언급하다 **4** (m)ention **5** 발언; 발언[말]하다 **6** comment **7** 오해하다 **8** 논쟁, 논란 **9** conflict **10** ~에 반대하여 **11** oppose **12** 불평하다, 항의하다 **13** yell **14** 토론, 논쟁; 토론[논쟁]하다 **15** negotiate **16** 상담[상의]하다 **17** respond **18** 인정하다, 시인하다 **19** apology **20** 해결하다

B **1** misunderstand **2** negotiate **3** debate **4** resolve **5** controversy

Review Test

A **1** instruct 가르치다; 지시하다 **2** colleague 동료 **3** academic 학업의, 학교의 **4** translator 번역가 **5** wage 임금 **6** misunderstand 오해하다 **7** refer 참조하다; 언급하다 **8** assist 돕다 **9** apply 지원하다; 신청하다; 적용하다 **10** auditorium 강당 **11** occupation 직업 **12** oppose 반대하다 **13** communicate 의사소통하다 **14** attend 참석하다; (~에) 다니다 **15** lecture 강의, 강연 **16** controversy 논쟁, 논란 **17** negotiate 협상하다 **18** mechanic 정비공 **19** promote 승진시키다; 촉진하다 **20** workplace 직장

B **1** resolve **2** mention **3** retire **4** dormitory **5** task **6** accountant

C **1** employees **2** turn in **3** deny **4** fired

D **1** astronaut **2** graduate **3** yell **4** gym

E **1** (c)omment(s) **2** cooperate **3** commute **4** concentrate

Daily Check-up

PLAN 2 가정생활

Day 5 가정

A 1 infant 2 아장아장 걷는 아기 3 childhood 4 청소년, 십대 5 adult 6 연세 드신 7 bridegroom 8 신부 9 marriage 10 이혼; 이혼하다 11 pregnant 12 출산하다 13 take care of 14 음식을 먹이다; 먹이를 주다 15 입양하다; 채택하다 16 친척; 비교상의; 상대적인 17 cousin 18 (여자) 조카 19 nephew 20 ancestor

B 1 elderly 2 gave birth to 3 childhood 4 bride 5 adopt

Day 6 가사

A 1 가사, 집안일 2 routine 3 chore 4 잠자리를 정돈하다 5 set the table 6 설거지하다 7 laundry 8 다리미; 다리미질을 하다 9 vacuum 10 먼지; 먼지를 털다 11 scrub 12 빗자루 13 sweep 14 닦다 15 지저분한, 어질러진 16 arrange 17 tidy 18 수리하다, 고치다 19 throw away 20 쓰레기

B 1 Doing the dishes 2 routine 3 vacuumed 4 messy 5 making my bed

Day 7 음식

A 1 meal 2 요리법; 요리 3 vegetarian 4 음료 5 dairy 6 소화하다, 소화시키다 7 냉동된 8 processed 9 instant 10 익히지 않은, 날것의 11 rare 12 썩은, 부패한 13 fresh 14 refrigerator 15 용기, 그릇 16 package 17 보관[저장]하다; 설탕 절임, 잼 18 풍미, 맛 19 맛있는 20 nutrition

B 1 beverage 2 preserve 3 processed 4 digest 5 flavors

Day 8 요리

A 1 ingredient 2 준비하다 3 measure 4 (토막으로) 썰다 5 peel 6 얇은 조각; 얇게 썰다 7 붓다, 따르다 8 (m)ix 9 섞다, 혼합하다 10 grind 11 추가하다; 더하다 12 stir 13 끓다, 끓이다; 삶다 14 simmer 15 굽다 16 grill 17 굽다 18 steam 19 양념, 조미료 20 decorate

B 1 grind 2 Simmer 3 Measure 4 bake 5 seasonings

Review Test

A 1 nutrition 영양; 영양물 2 digest 소화하다, 소화시키다 3 cousin 사촌 4 prepare 준비하다 5 set the table 상을 차리다 6 ingredient 재료 7 preserve 보존[저장]하다; 설탕 절임, 잼 8 grind 갈다, 빻다 9 processed 가공된, 가공 처리한 10 ancestor 조상 11 refrigerator 냉장고 12 give birth to 출산하다 13 childhood 어린 시절 14 decorate 장식하다 15 raw 익히지 않은, 날것의 16 seasoning 양념, 조미료 17 throw away 버리다 18 do the dishes 설거지하다 19 sweep 쓸다 20 take care of ~을 돌보다; ~에 신경을 쓰다

B 1 vegetarian 2 arrange 3 routine 4 container 5 simmer 6 relative

C 1 neat 2 dirty 3 divorce 4 rotten

D 1 laundry 2 pregnant 3 grill 4 vacuum

E 1 adopt 2 elderly 3 mend(ed) 4 (c)hore(s)

Daily Check-up

PLAN 3 신체 활동

Day 9 신체

A 1 두개골; 머리 2 forehead 3 눈썹 4 cheek 5 턱 6 tongue 7 잇몸 8 throat 9 chest 10 가슴, 유방 11 buttock 12 허벅지 13 knee 14 손바닥 15 muscle 16 organ 17 간 18 stomach 19 폐 20 kidney

B 1 thighs 2 forehead 3 lung 4 kidney 5 gums

Day 10 동작

A 1 오르다, 올라가다 2 descend 3 살금살금 움직이다 4 stretch 5 무릎을 꿇다 6 bend 7 튀다; 튀기다; 깡충깡충 뛰다 8 roll 9 lay 10 bind 11 접다, 개키다 12 squeeze 13 당기다, 끌다 14 drag 15 파다 16 lift 17 얼굴을 찡그리다; 눈살을 찌푸리다 18 blink 19 (바람이/입으로) 불다 20 chew

B 1 ascend 2 crept 3 knelt 4 blew 5 squeeze

Day 11 스포츠

A 1 match 2 선수권 대회 3 athlete 4 탄탄한; 운동 경기의 5 referee 6 방어[수비]하다 7 cheer 8 득점, 점수; 득점하다 9 spirit 10 도전; 도전하다 11 do one's best 12 공정한, 공평한 13 competition 14 처벌; 벌칙 15 실내의 16 outdoor 17 규칙적으로, 정기적으로 18 work out 19 땀; 땀을 흘리다 20 strength

B 1 sweat 2 fair 3 work out 4 score 5 referee

Review Test

A 1 chin 턱 2 blink 눈을 깜빡이다; 깜박거림; 일순간 3 athlete 운동선수 4 muscle 근육 5 regularly 규칙적으로, 정기적으로 6 do one's best 최선을 다하다 7 bend 굽히다; 구부리다 8 tongue 혀; 언어 9 defend 방어[수비]하다 10 sweat 땀; 땀을 흘리다 11 fold 접다, 개키다 12 bounce 튀다; 튀기다; 깡충깡충 뛰다 13 kidney 신장, 콩팥 14 spirit 정신, 마음 15 match 시합, 경기 16 penalty 처벌; 벌칙 17 work out 운동하다 18 buttock 엉덩이 19 bind 묶다 20 challenge 도전; 도전하다

B 1 palm 2 skull 3 drag 4 score 5 work out 6 stretch

C 1 raise 2 climb 3 weakness 4 pushed

D 1 forehead 2 dig 3 cheer 4 kneel

E 1 athletic 2 cheek(s) 3 competition 4 frown

Daily Check-up

PLAN 4 개인 생활

Day 12 성격

A 1 성격, 인격; 개성 2 positive 3 낙천주의자, 낙관론자 4 confident 5 열정적인, 열렬한 6 bold 7 수동적인, 소극적인 8 sensitive 9 careful 10 modest 11 사려 깊은, 배려하는 12 generous 13 순한, 온화한; 포근한 14 negative 15 인색한; 심술궂은 16 rude 17 성질, 화 18 strict 19 ~을 자랑[과시]하다 20 aggressive

B 1 passive 2 sensitive 3 considerate 4 strict 5 optimist

Day 13 감정

A 1 기분; 분위기 2 emotion 3 delight 4 만족하는 5 sorrow 6 걱정[염려]하는 7 depressed 8 comfort 9 진정한, 진심의 10 sympathy 11 감사하는 12 (e)mbarrassed 13 부끄러워하는, 수치스러운 14 envy 15 기분 상하게 하다 16 regret 17 (a)nxious 18 겁먹은, 무서워하는 19 긴장 (상태), 불안; 갈등 20 nervous

B 1 grateful 2 frightened 3 envy 4 ashamed 5 comfort

Day 14 이성과 논리

A 1 reason 2 논리 3 상상하다 4 expect 5 고려[숙고]하다; ~로 여기다 6 suppose 7 probably 8 의식하는, 알고 있는; 의도적인 9 (r)ecognize 10 perceive 11 기억해 내다, 상기하다 12 remind 13 기억(력); 추억 14 비교하다 15 contrast 16 견해, 생각; ~을 보다 17 realize 18 판단하다; 판사 19 sensible 20 결론을 내리다; 끝내다

B 1 view 2 recall 3 (p)erceived 4 logic 5 Suppose

Day 15 의견

A 1 opinion 2 wonder 3 의심하다; 의문, 의심 4 require 5 request 6 ~을 요구하다 7 (c)laim 8 argument 9 강요하다; 힘 10 insist 11 advice 12 제안하다; 청혼하다 13 recommend 14 제안하다 15 persuade 16 discuss 17 강조하다 18 agree 19 동의하지 않다 20 support

B 1 call 2 emphasized 3 doubt 4 arguments 5 required

Review Test

A 1 persuade 설득하다 2 suppose 생각하다, 추정하다; 가정하다 3 passive 수동적인, 소극적인 4 concerned 걱정하는, 염려하는 5 insist 고집하다, 주장하다 6 temper 성질, 화 7 logic 논리 8 probably 아마 9 passionate 열정적인, 열렬한 10 force 강요하다; 힘 11 sympathy 동정(심), 연민 12 offend 기분 상하게 하다 13 remind 생각나게 하다, 상기시키다 14 negative 부정적인, 비관적인; 거절하는 15 contrast 대조하다; 대조, 대비 16 frightened 겁먹은, 무서워하는 17 anxious 불안해하는, 걱정하는 18 recommend 추천하다 19 perceive 인지하다 20 doubt 의심하다; 의문, 의심

B 1 bold 2 request 3 conscious 4 considerate 5 sincere 6 claim

C 1 decided 2 impolite 3 proud 4 greedy

D 1 sorrow 2 temper 3 delight 4 discuss

E 1 (d)epressed 2 careful 3 personality 4 (e)mbarrassed

Daily Check-up

PLAN 5 교통과 여가

Day 16 건물

A 1 architecture 2 주소; 연설 3 landmark 4 찾아내다; ~에 위치하다 5 neighborhood 6 장소, 부지 7 entrance 8 대문; 출입구 9 porch 10 차고 11 yard 12 잔디밭 13 interior 14 lobby 15 계단 16 column 17 hallway 18 통로 19 basement 20 출구; 나가다

B 1 lawn 2 interior 3 porch 4 located 5 architecture

Day 17 교통 1

A 1 highway 2 교차로 3 crosswalk 4 보도, 인도 5 pedestrian 6 신호등 7 automobile 8 브레이크, 제동 장치 9 engine 10 바퀴 11 seatbelt 12 전기의 13 license 14 조종하다, 몰다 15 accelerate 16 재충전하다 17 gas station 18 ~를 (차에) 태우러 가다 19 flat 20 parking lot

B 1 gas station 2 steered 3 seatbelt 4 flat 5 pedestrians

Day 18 교통 2

A 1 교통(량), 통행 2 운송 수단, 탈것, 차 3 passenger 4 이동하다; 환승하다 5 transport 6 요금 7 (a)ircraft 8 비행; 항공기 9 ferry 10 객실, 선실 11 deck 12 승무원 13 탑승하다 14 delay 15 이륙하다 16 via 17 경로; 노선 18 land 19 여정, 여행 20 destination

B 1 boarded 2 via 3 traffic 4 deck 5 flights

Day 19 여행

A 1 travel agent 2 (안내) 책자 3 schedule 4 보험 5 passport 6 suitcase 7 수하물 8 vacation 9 떠나다; 휴가 10 외국의 11 reservation 12 취소하다 13 check in 14 sightseeing 15 명소; 매력 16 amusement park 17 경치, 풍경 18 tourist 19 기념품 20 customs

B 1 foreign 2 amusement park 3 scenery 4 canceled 5 baggage

Review Test

A 1 board 탑승하다 2 highway 고속 도로 3 neighborhood 근처, 이웃 4 insurance 보험 5 accelerate 속도를 높이다; 가속화하다 6 route 경로; 노선 7 sightseeing 관광 8 aisle 통로 9 vehicle 운송 수단, 탈것, 차 10 garage 차고 11 address 주소; 연설 12 destination 목적지, 행선지 13 customs 세관; 관세 14 attraction 명소; 매력 15 basement 지하실, 지하층 16 architecture 건축(학); 건축 양식 17 crosswalk 횡단보도 18 traffic light 신호등 19 automobile 자동차 20 wheel 바퀴

B 1 pedestrian 2 steer 3 crew 4 passenger 5 landmark 6 souvenir

C 1 holiday 2 landscape 3 land 4 exterior

D 1 lawn 2 ferry 3 sidewalk 4 flat

E 1 Transfer 2 tourists 3 cancel 4 delay(ed)

Daily Check-up

PLAN 6 문화 예술

Day 20 예술

A 1 미술 2 artwork 3 걸작, 명작 4 sculpture 5 공예, 공예품; 기술 6 창조, 창작; 창작물 7 imaginative 8 original 9 추상적인 10 전시회; 전시 11 display 12 고전적인; 클래식의 13 performance 14 관중; 청중 15 stage 16 appreciate 17 인상, 느낌 18 value 19 고무하다, 격려하다 20 critic

B 1 abstract 2 audience 3 valued 4 original 5 sculptures

Day 21 방송과 언론

A 1 press 2 방송하다; 방송 3 광고하다 4 entertainment 5 동향, 추세; 유행 6 fame 7 대본, 각본 8 visual 9 연예인; 유명 인사 10 대중 매체

11 journal 12 기자 13 article 14 표제
15 feature 16 현재의; 최신의
17 영향을 미치다 18 powerful 19 화면; 감시[관리]하다 20 knowledge

B 1 headline 2 advertising 3 current
4 visual 5 knowledge

Day 22 패션

A 1 jewelry 2 팔찌 3 backpack 4 지갑
5 handkerchief 6 clothes 7 평상시의
8 formal 9 풀린; 헐렁한 10 tight
11 단정한, 정돈된 12 fabric 13 가죽
14 의상 15 suit 16 knit 17 조끼
18 uniform 19 바지 20 sleeve

B 1 loose 2 trousers 3 neat 4 vest
5 casual

Review Test

A 1 appreciate 진가를 알아보다; 감상하다; 고마워하다 2 broadcast 방송하다; 방송
3 backpack 배낭; 배낭여행을 하다
4 display 전시하다; 전시, 진열 5 affect 영향을 미치다 6 original 원래의; 독창적인
7 stage 단계; 무대 8 journal 학술지, (전문) 잡지; 일기 9 suit 정장; 어울리다
10 press 신문, 언론; 누르다 11 craft 공예, 공예품; 기술 12 fame 명성 13 fabric 천, 직물 14 knowledge 지식 15 script 대본, 각본 16 exhibition 전시회; 전시
17 sleeve 소매 18 fine art 미술
19 inspire 고무하다, 격려하다
20 feature 특징; 특집 기사; 특징으로 삼다, 특별히 포함하다

B 1 neat 2 costume 3 performance
4 artwork 5 celebrity 6 mass media

C 1 feeling 2 creative 3 formal
4 tight

D 1 sculpture 2 jewelry 3 wallet
4 bracelet

E 1 abstract 2 powerful 3 uniform
4 audience

Daily Check-up

PLAN 7 자연과 환경

Day 23 자연

A 1 natural 2 continent 3 대양, 바다
4 marine 5 해안, 연안 6 ecosystem
7 species 8 야생 생물 9 habitat
10 북극/남극의, 극지의 11 rainforest
12 열대 지방의, 열대의 13 사막
14 disaster 15 현상 16 flood 17 가뭄
18 earthquake 19 태풍 20 volcano

B 1 wildlife 2 phenomenon 3 volcano
4 marine 5 continent

Day 24 날씨

A 1 weather 2 forecast 3 예측하다
4 climate 5 안개가 낀 6 dew 7 강우; 강우량 8 hail 9 눈보라 10 thunder
11 번개 12 breeze 13 temperature
14 온도계 15 degree 16 수분, 습기
17 evaporate 18 습한 19 melt
20 얼다; 얼리다

B 1 foggy 2 degrees 3 frozen
4 predict 5 thermometer

Day 25 환경

A 1 environmental 2 pollution
3 유독한, 독성이 있는 4 exhaust
5 낭비하다; 낭비; 쓰레기 6 overuse
7 쓰레기 8 carbon 9 멸종 위기에 처한
10 greenhouse 11 산성의; 산
12 shortage 13 보호 14 (p)rotection
15 resource 16 처리하다; 배치하다
17 recycle 18 재사용하다 19 reduce
20 재생 가능한

B 1 exhaust 2 reused 3 carbon
4 endangered 5 poisonous

Day 26 에너지

A 1 연료; 연료를 공급하다 2 fossil 3 석탄 4 finite 5 위기 6 run out of 7 줄이다 8 alternative 9 태양의 10 tidal 11 원자력의; 핵(무기)의 12 vapor 13 풍부한 14 efficient 15 electricity 16 발생시키다 17 flow 18 변형시키다 19 발전소 20 windmill

B 1 efficient 2 finite 3 abundant 4 vapor 5 generate

Review Test

A 1 disaster 재난, 재해 2 flood 홍수; 물에 잠기다[잠기게 하다] 3 greenhouse 온실 4 fossil 화석 5 exhaust 배기가스; 다 써버리다 6 marine 해양의, 바다의 7 continent 대륙 8 forecast 예보, 예측; 예측[예보]하다 9 efficient 효율적인, 능률적인 10 crisis 위기 11 tidal 조수의 12 ecosystem 생태계 13 endangered 멸종 위기에 처한 14 shortage 부족 15 humid 습한 16 habitat 서식지 17 nuclear 원자력의; 핵(무기)의 18 protection 보호 19 polar 북극/남극의, 극지의 20 alternative 대체 가능한; 대안

B 1 finite 2 dew 3 transform 4 drought 5 species 6 resource

C 1 reduce 2 waste 3 freeze 4 artificial

D 1 volcano 2 coast 3 thermometer 4 windmill

E 1 foggy 2 phenomenon 3 recycle 4 tropical

Daily Check-up

PLAN 8 역사와 종교

Day 27 역사

A 1 historic 2 historical 3 고대의 4 era 5 기록하다; 서류, 문서 6 heritage 7 civilization 8 제국 9 dynasty 10 국왕의, 왕실의 11 noble 12 통치하다, 다스리다; 통치 13 conquer 14 식민지 15 establish 16 노예 17 liberty 18 개척자; 개척하다 19 independence 20 혁명

B 1 conquered 2 documented 3 ruled 4 historic 5 Revolution

Day 28 종교

A 1 religion 2 faith 3 believe in 4 정신적인; 종교적인 5 absolute 6 자비 7 sacred 8 신성한, 성스러운 9 의식 10 ceremony 11 기도하다 12 priest 13 temple 14 숭배[예배]하다; 예배, 숭배 15 fascinate 16 합창단, 성가대 17 superstition 18 초자연적인 19 extreme 20 악; 사악한

B 1 mercy 2 prayed 3 worshiped 4 evil 5 ritual

Day 29 전쟁

A 1 war 2 military 3 병력, 군대 4 battle 5 군인 6 enemy 7 침략하다 8 command 9 공격하다; 공격 10 bomb 11 터지다, 폭발하다 12 총알 13 weapon 14 방어 15 occupy 16 패배시키다, 이기다; 패배 17 victim 18 victory 19 통합하다 20 memorial

B 1 military 2 enemies 3 occupied 4 victory 5 exploded

Review Test

A 1 holy 신성한, 성스러운 2 extreme 극심한; 극단적인 3 superstition 미신 4 heritage 유산 5 historical 역사상의, 역사적인 6 mercy 자비 7 command 명령하다, 지시하다; 명령 8 priest 신부, 사제 9 spiritual 정신적인; 종교적인 10 dynasty 왕조, 왕가 11 troop 병력, 군대 12 military 군대; 군사의 13 royal 국왕의, 왕실의 14 believe in ~을 믿다 15 defeat 패배시키다, 이기다; 패배 16 era 시대 17 worship 예배[숭배]하다; 예배, 숭배 18 slave 노예 19 religion 종교 20 colony 식민지

B 1 fascinate 2 document 3 victim 4 conquer 5 revolution 6 weapon

C 1 attack 2 significant 3 offense 4 relative

D 1 soldier 2 bomb 3 pray 4 choir

E 1 establish(ed) 2 explode(d) 3 victory 4 (s)acred

Daily Check-up

PLAN 9 과학 기술

Day 30 과학

A 1 과학의; 과학적인 2 물리학 3 chemistry 4 상호 작용하다 5 atom 6 biology 7 유전자 8 cell 9 진화하다; 발전[진전]하다 10 project 11 실험실 12 experiment 13 호기심 14 material 15 하다; 행동 16 method 17 microscope 18 이론 19 prove 20 principle

B 1 gene 2 principle 3 biology 4 conducted 5 curiosity

Day 31 우주

A 1 universe 2 outer space 3 은하계 4 solar system 5 행성 6 spin 7 천문학 8 astronomer 9 탐사[탐험]하다; 탐구[분석]하다 10 satellite 11 우주 정거장 12 spacecraft 13 발자국 14 관찰하다 15 telescope 16 atmosphere 17 표면 18 gravity 19 달의 20 oxygen

B 1 atmosphere 2 galaxy 3 gravity 4 explore 5 universe

Day 32 기술

A 1 technology 2 진전, 발전; 진보하다, 증진되다 3 progress 4 정확한, 정밀한 5 technician 6 혁신 7 virtual 8 인공의 9 electronic 10 장치, 기구 11 equipment 12 이동하는, 이동하기 쉬운 13 portable 14 편리한 15 research 16 분석하다 17 process 18 database 19 대신[대체]하다; 바꾸다 20 improve

B 1 portable 2 progress 3 convenient 4 process 5 innovation

Day 33 컴퓨터와 정보 통신

A 1 laptop 2 개인의, 개인적인 3 keyboard 4 도구, 연장 5 shut down 6 log in 7 비밀번호 8 attach 9 보내다; 다시 보내 주다 10 delete 11 대강 훑어보다; 검색하다 12 network 13 접근; 이용; 접속하다 14 wireless 15 online 16 information 17 내려받다 18 digital 19 안전한; 안정된 20 update

B 1 forward 2 shut down 3 access 4 browsing 5 secure

Review Test

A 1 theory 이론 2 innovation 혁신 3 chemistry 화학 4 outer space 우주 공간 5 virtual 가상의 6 analyze 분석하다 7 convenient 편리한 8 scientific 과학의; 과학적인 9 conduct 하다; 행동 10 satellite 위성 11 process 과정, 절차; 처리하다 12 portable 휴대용의 13 space station 우주 정거장 14 browse 대강 훑어보다; 검색하다 15 information 정보 16 cell 세포 17 attach 붙이다, 첨부하다 18 lunar 달의 19 evolve 진화하다; 발전[진전]하다 20 solar system 태양계

B 1 interact 2 astronomer 3 gravity 4 laboratory 5 database 6 forward

C 1 improve 2 plan 3 natural 4 upload

D 1 microscope 2 telescope 3 laptop 4 planet

E 1 equipment 2 research 3 prove(d) 4 mobile

Daily Check-up

PLAN 10 문학과 언어

Day 34 문학과 출판

A 1 literature 2 출판하다 3 genre 4 소설; 허구 5 biography 6 시 7 tale 8 상상, 공상 9 tragedy 10 plot 11 배경 12 author 13 구성하다; 짓다; 작곡하다 14 content 15 문맥; 정황, 배경 16 edit 17 editor 18 –판 19 review 20 copyright

B 1 literature 2 copyright 3 edited 4 plot 5 biography

Day 35 글의 분위기

A 1 따분한, 재미없는 2 boring 3 gloomy 4 외로운, 쓸쓸한 5 dynamic 6 생기 넘치는, 활발한 7 active 8 희망에 찬; 희망적인 9 cheerful 10 장관의; 극적인 11 festive 12 환상적인, 멋진 13 긴장한; 긴박한 14 stressful 15 horrified 16 무서운 17 calm 18 평화로운 19 heartwarming 20 낭만적인, 애정의

B 1 spectacular 2 dynamic 3 heartwarming 4 dull 5 festive

Day 36 언어

A 1 language 2 구; 구절, 관용구 3 sentence 4 단락 5 conversation 6 방언, 사투리 7 proverb 8 연설; 말; 언어 능력 9 speaker 10 몸짓; 손[몸]짓을 하다 11 pause 12 reflect 13 펴다, 펼치다; 퍼뜨리다 14 pronounce 15 이중 언어를 사용하는 16 spell 17 표현하다 18 memorize 19 정의하다, 뜻을 명확히 하다 20 intonation

B 1 bilingual 2 Proverbs 3 paragraph 4 pause 5 intonation

Review Test

A 1 setting 배경 2 romantic 낭만적인, 애정의 3 gloomy 어두운; 우울한 4 literature 문학 5 sentence 문장 6 spread 펴다, 펼치다; 퍼뜨리다 7 pause 잠시 멈추다; 멈춤 8 language 언어 9 spectacular 장관의; 극적인 10 reflect 비추다; 반영하다, 나타내다 11 bilingual 이중 언어를 사용하는 12 genre 장르 13 poetry 시 14 spell 철자를 말하다[쓰다] 15 fantasy 상상, 공상 16 tale 이야기 17 express 표현하다 18 intonation 억양 19 review 검토; 논평; (재)검토하다; 논평하다 20 lively 생기 넘치는, 활발한

B 1 lonely 2 define 3 biography

4 proverb 5 genre 6 edit

C 1 revise 2 boring 3 comedies
4 passive

D 1 speech 2 horrified 3 festive
4 author

E 1 calm 2 pronounce
3 heartwarming 4 dialect

Daily Check-up

PLAN 11 산업과 경제

Day 37 농업

A 1 agriculture 2 농사, 영농 3 rotate
4 유기농의 5 pesticide 6 field 7 토양, 흙 8 rake 9 (씨를) 뿌리다 10 seed
11 물을 주다; 물 12 fertilizer 13 잡초
14 cultivate 15 익은 16 pick
17 crop 18 밀 19 grain 20 수확(량); 수확하다

B 1 pesticides 2 Agriculture 3 pick
4 Rake 5 crop

Day 38 산업

A 1 industry 2 회사 3 facility 4 노동; 노동자 5 found 6 수도; 대문자; 자본금
7 venture 8 trade 9 수입하다; 수입(품)
10 export 11 전략 12 yield 13 수익, 이윤 14 manufacture 15 조립하다
16 goods 17 작동, 가동 18 supply
19 요구, 수요; 요구하다 20 utilize

B 1 export 2 venture 3 utilize 4 labor
5 firm

Day 39 경제

A 1 account 2 저축, 저금 3 balance
4 부, 재산 5 property 6 소득, 수입
7 재정; 자금 8 invest 9 시장
10 exchange 11 거래, 합의; 다루다, 처리하다 12 commerce 13 예산
14 fund 15 benefit 16 성장; 증가
17 increase 18 감소하다; 감소, 하락
19 loss 20 빚, 부채

B 1 budget 2 commerce 3 debt
4 income 5 wealth

Day 40 소비

A 1 product 2 질, 품질 3 luxury
4 expensive 5 꼬리표, 표 6 purchase
7 여유가 되다 8 소비자 9 customer
10 판매되는; 할인 중인 11 discount
12 영수증 13 refund 14 현금
15 credit card 16 값, 비용; (비용이) 들다
17 charge 18 돈, 비용 19 spend
20 세금

B 1 refund 2 purchase 3 quality
4 charge 5 consumer

Review Test

A 1 afford 여유가 되다 2 quality 질, 품질
3 utilize 활용하다, 이용하다 4 cultivate 경작하다; 재배하다 5 charge 청구하다; 요금 6 fund 기금; 기금을 대다
7 agriculture 농업 8 industry 산업, 공업
9 import 수입하다; 수입(품) 10 commerce 상업; 무역 11 finance 재정; 자금
12 decrease 감소하다; 감소, 하락
13 assemble 조립하다 14 ripe 익은
15 operation 작동, 가동 16 capital 수도; 대문자; 자본금 17 property 재산; 부동산
18 yield 내다, 산출하다 19 fertilizer 비료
20 purchase 구매하다; 구매

B 1 customer 2 pesticide 3 found
4 crop 5 debt 6 receipt

C 1 grown 2 merchandise 3 supply
4 cheap

D 1 soil 2 tag 3 cash 4 seed

E 1 weed(s) 2 refund 3 manufacture
4 spend

Daily Check-up

PLAN 12 건강한 생활

Day 41 건강

A **1** health **2** condition **3** 건강한; 건강에 좋은 **4** immune **5** 정신의, 마음의 **6** medical **7** 조사[검토]하다; 진찰하다 **8** pill **9** 약; 의학 **10** drug **11** 반응 **12** remedy **13** 대하다, 다루다; 치료하다 **14** relieve **15** 고치다; 낫게 하다 **16** cure **17** manage **18** 휴식을 취하다; 풀게 하다 **19** prevent **20** 활동

B **1** healthy **2** examined **3** reaction **4** Medical **5** heal

Day 42 질병과 치료

A **1** symptom **2** 어지러운 **3** vomit **4** 시달리다; 고통받다; 겪다 **5** severe **6** 작은, 가벼운 **7** disease **8** 아픈, 병든 **9** heart attack **10** 암 **11** stomachache **12** 두통 **13** infect **14** 고통, 통증 **15** sore **16** 수술 **17** patient **18** operate **19** 행하다, 실시하다; 공연하다 **20** recover

B **1** surgery **2** sore **3** minor **4** dizzy **5** infected

Day 43 사고

A **1** 사고; 우연 **2** emergency **3** 발생하다, 일어나다 **4** situation **5** 부딪치다 **6** crash **7** 숨 쉬다, 호흡하다 **8** unexpected **9** injure **10** 멍, 타박상; 멍이 생기다 **11** wound **12** 피 **13** 손상, 피해; 피해를 입히다 **14** rescue **15** manual **16** 긴급한, 시급한 **17** first aid **18** 즉시 **19** bandage **20** 기부하다, 기증하다

B **1** blood **2** breathe **3** first aid **4** damaged **5** occurred

Review Test

A **1** damage 손상, 피해; 피해를 입히다 **2** relieve 완화하다, 덜어 주다 **3** operate 작동되다; 가동하다; 수술하다 **4** recover 회복되다 **5** urgent 긴급한, 시급한 **6** medical 의학의, 의료의 **7** severe 심각한, 극심한; 가혹한 **8** blood 피 **9** symptom 증상 **10** immune 면역성이 있는, 면역의 **11** situation 상황 **12** drug 약; 마약 **13** sore 아픈 **14** injure 부상을 입히다 **15** remedy 치료, 요법 **16** reaction 반응 **17** health 건강 **18** disease 병, 질병 **19** emergency 비상사태, 위급 **20** crash 충돌/추락 사고; 충돌/추락하다

B **1** examine **2** prevent **3** donate **4** bruise **5** accident **6** pain

C **1** immediately **2** saved **3** physical **4** severe

D **1** pill **2** breathe **3** headache **4** bandage

E **1** patient **2** healthy **3** occur **4** (t)reat(ed)

Daily Check-up

PLAN 13 국가와 정치

Day 44 정치

A **1** politics **2** 정치의, 정치적인 **3** liberal **4** party **5** 정책 **6** majority **7** government **8** 대통령; 회장 **9** democracy **10** 공화국 **11** protest **12** 반대하다; 물건; 목적, 목표 **13** take part in **14** 개혁하다; 개혁 **15** campaign **16** 후보자 **17** run for **18** 여론 조사 **19** vote **20** 선출하다

B **1** protest **2** political **3** poll **4** majority **5** object

Day 45 국가

A 1 의무; 직무, 임무 2 authority 3 기능, 역할; 기능하다 4 public 5 공식적인, 공적인; 공무원 6 loyal 7 개인의; 개인 8 population 9 ambassador 10 외교관 11 international 12 보호하다, 지키다 13 citizen 14 조직, 기구 15 민족의, 종족의 16 native 17 인종의 18 identity 19 전통 20 border

B 1 duty 2 official 3 tradition 4 border 5 diplomat

Day 46 법과 범죄

A 1 court 2 정의; 공정; 사법, 재판 3 jury 4 법률의; 합법의 5 lawyer 6 crime 7 고발하다, 기소하다 8 arrest 9 자백하다 10 trial 11 유죄의; 죄책감이 드는 12 sentence 13 discipline 14 관습, 풍습 15 obey 16 금지하다 17 regulate 18 금지, 금지령; 금지하다 19 allow 20 허락, 허가

B 1 arrested 2 sentenced 3 court 4 forbids 5 ban

Day 47 세계 이슈와 시사

A 1 issue 2 사회적인, 사회의 3 worldwide 4 충돌; 충돌하다 5 hostile 6 탈출하다 7 poverty 8 피난처 9 settle 10 선언[선포]하다 11 relation 12 임무 13 responsible 14 고투하다, 애쓰다; 투쟁; 분투 15 confront 16 자원하다; 자원봉사자, 지원자 17 unify 18 복지 19 equally 20 집단의, 단체의

B 1 struggle 2 mission 3 clashed 4 shelter 5 welfare

Review Test

A 1 clash 충돌; 충돌하다 2 president 대통령; 회장 3 forbid 금지하다 4 native 출생지의; 토박이의; 원주민의 5 racial 인종의 6 equally 똑같이, 동등하게 7 social 사회적인, 사회의 8 candidate 후보자 9 ambassador 대사 10 party 정당, ~당 11 sentence 형벌, 형; 선고하다 12 accuse 고발하다, 기소하다 13 authority 권한; 권위 14 declare 선언[선포]하다 15 regulate 규제하다 16 individual 개인의; 개인 17 liberal 진보적인 18 object 반대하다; 물건; 목적, 목표 19 custom 관습, 풍습 20 confront 직면하다; 맞서다

B 1 confess 2 protest 3 settle 4 citizen 5 struggle 6 ban

C 1 flee 2 permitted 3 friendly 4 domestic

D 1 poverty 2 vote 3 arrest 4 border

E 1 population(s) 2 (l)oyal 3 permission 4 majority

Daily Check-up

PLAN 14 시간과 공간

Day 48 시간

A 1 constant 2 계속되는, 지속적인 3 permanent 4 영원히 5 moment 6 분; 잠깐, 순간 7 temporary 8 즉각적인 9 past 10 앞의, 이전의 11 ago 12 이전의; 예전의, 과거의 13 present 14 요즘에는 15 recently 16 새벽 17 daytime 18 자정, 밤 12시, 한밤중 19 period 20 10년

B 1 continuous 2 minute 3 immediate 4 previous 5 present

Day 49 방향과 공간

A 1 direction 2 space 3 forward 4 뒤로, 뒤쪽으로 5 reverse 6 앞으로, 앞에 7 aside 8 수직의, 세로의 9 straight 10 가로의, 수평의 11 position 12 반점; 곳, 장소 13 distant 14 떨어져, 따로 15 nearby 16 내부의; 체내의 17 external 18 위층으로; 위층 19 upper 20 맨 아래쪽의; 맨 아래; 바닥

B 1 reverse 2 ahead 3 external 4 horizontal 5 distant

Day 50 수와 양

A 1 calculate 2 덧셈; 추가 3 subtract 4 분할; 분배; 나눗셈 5 multiply 6 ~이다, 같다; 동일한; 동등한 7 quantity 8 부유한; 풍부한 9 sufficient 10 초과하다 11 extra 12 부족, 결핍; ~이 없다, 부족하다 13 scarce 14 figure 15 단 하나의; 1인용의 16 plural 17 이상한; 홀수의 18 even 19 quarter 20 12개짜리 한 묶음; 다수, 수십

B 1 quarter 2 odd 3 sufficient 4 scarce 5 subtract

Review Test

A 1 ahead 앞으로, 앞에 2 upper 더 위에 있는, 위쪽의 3 position 위치; 자세; 입장 4 quantity 양, 수량 5 extra 추가의 6 dawn 새벽 7 space 공간 8 immediate 즉각적인 9 former 이전의; 예전의, 과거의 10 multiply 곱하다; 증가하다 11 rich 부유한; 풍부한 12 daytime 낮, 주간 13 constant 끊임없는; 변함없는 14 external 외부의; 외부적인 15 sufficient 충분한 16 nowadays 요즘에는 17 reverse 뒤바꾸다; (정)반대; (정)반대의 18 forward 앞으로 19 scarce 부족한, 드문 20 quarter 1/4; 25센트짜리 동전

B 1 period 2 plural 3 aside 4 ago 5 horizontal 6 lack

C 1 lately 2 former 3 near 4 permanent

D 1 midnight 2 direction 3 calculate 4 dozen

E 1 exceed(s) 2 decade 3 figure 4 (n)earby

Index

D

S

누적 테스트

★ 빈칸에 알맞은 우리말 뜻 또는 영어를 쓰시오.

Days 1-2

맞은 개수 /30

1. wage ____________
2. career ____________
3. assignment ____________
4. assist ____________
5. instruct ____________
6. peer ____________
7. cafeteria ____________
8. attend ____________
9. commute ____________
10. absence ____________
11. lecture ____________
12. term ____________
13. auditorium ____________
14. principal ____________
15. pupil ____________
16. 교육 ____________
17. 협력하다 ____________
18. 체육관 ____________
19. 주제; 과목 ____________
20. 제출하다 ____________
21. 졸업하다; 졸업생 ____________
22. 고용하다 ____________
23. 학업의, 학교의 ____________
24. 은퇴하다 ____________
25. 기숙사 ____________
26. 승진시키다 ____________
27. 장학금 ____________
28. 집중하다 ____________
29. 전문가 ____________
30. 고용주 ____________

Days 2-3

맞은 개수 /30

1. apply ____________
2. secretary ____________
3. occupation ____________
4. department ____________
5. interpreter ____________
6. task ____________
7. receptionist ____________
8. employee ____________
9. workplace ____________
10. mechanic ____________
11. colleague ____________
12. senior ____________
13. staff ____________
14. officer ____________
15. counselor ____________
16. 전문직 종사자 ____________
17. 아나운서 ____________
18. 기사, 기술자 ____________
19. 번역가 ____________
20. 정치인 ____________
21. 책임자; 감독 ____________
22. 소방관 ____________
23. 사진작가 ____________
24. 판매원 ____________
25. 우주 비행사 ____________
26. 우두머리; 주된 ____________
27. 회계사 ____________
28. 건축가 ____________
29. 조종사, 비행사 ____________
30. 음악가 ____________

Days 3-4

맞은 개수 /30

1. conflict ______
2. comment ______
3. consult ______
4. mention ______
5. architect ______
6. apology ______
7. politician ______
8. refer ______
9. astronaut ______
10. remark ______
11. against ______
12. accountant ______
13. respond ______
14. director ______
15. admit ______
16. 반대하다 ______
17. 통역사 ______
18. 소리 지르다 ______
19. 메시지, 전갈 ______
20. 비서 ______
21. 협상하다 ______
22. 정비공 ______
23. 토론(하다), 논쟁(하다) ______
24. 상담 전문가 ______
25. 해결하다 ______
26. 직업 ______
27. 오해하다 ______
28. 의사소통하다 ______
29. 논쟁, 논란 ______
30. 불평[항의]하다 ______

Days 4-5

맞은 개수 /30

1. infant ______
2. divorce ______
3. message ______
4. communicate ______
5. adopt ______
6. bridegroom ______
7. marriage ______
8. resolve ______
9. toddler ______
10. oppose ______
11. elderly ______
12. take care of ______
13. complain ______
14. niece ______
15. nephew ______
16. 사과 ______
17. 청소년, 십대 ______
18. 성인, 어른 ______
19. 임신한 ______
20. 발언; 발언하다 ______
21. 어린 시절 ______
22. 출산하다 ______
23. 갈등; 대립하다 ______
24. 음식을 먹이다 ______
25. 친척; 비교상의 ______
26. 인정/시인하다 ______
27. 조상 ______
28. 대답/대응하다 ______
29. 신부 ______
30. 사촌 ______

★ 빈칸에 알맞은 우리말 뜻 또는 영어를 쓰시오.

Days 5-6

맞은 개수 /30

1. wipe ______
2. iron ______
3. dust ______
4. relative ______
5. tidy ______
6. scrub ______
7. pregnant ______
8. messy ______
9. bride ______
10. routine ______
11. give birth to ______
12. vacuum ______
13. teenager ______
14. laundry ______
15. arrange ______
16. 쓰레기 ______
17. 결혼 (생활) ______
18. 수리하다, 고치다 ______
19. 상을 차리다 ______
20. 일, 허드렛일 ______
21. 연세 드신 ______
22. 입양/채택하다 ______
23. 잠자리를 정돈하다 ______
24. 이혼; 이혼하다 ______
25. 버리다 ______
26. 쓸다 ______
27. (남자) 조카 ______
28. 가사, 집안일 ______
29. 설거지하다 ______
30. 빗자루 ______

Days 6-7

맞은 개수 /30

1. chore ______
2. preserve ______
3. sweep ______
4. raw ______
5. trash ______
6. rare ______
7. meal ______
8. instant ______
9. flavor ______
10. mend ______
11. vegetarian ______
12. dairy ______
13. throw away ______
14. tasty ______
15. digest ______
16. 냉동된 ______
17. 용기, 그릇 ______
18. 깔끔한; 정리하다 ______
19. 음료 ______
20. 썩은, 부패한 ______
21. 문질러 청소하다 ______
22. 신선한, 갓 딴 ______
23. 세탁물; 세탁 ______
24. 냉장고 ______
25. 지저분한, 어질러진 ______
26. 영양; 영양물 ______
27. 가공된 ______
28. 상자; 포장하다 ______
29. 닦다 ______
30. 요리법; 요리 ______

Days 7-8

맞은 개수 /30

1. rotten	______	16. 갈다, 빻다	______
2. roast	______	17. 껍질을 벗기다	______
3. seasoning	______	18. 붓다, 따르다	______
4. processed	______	19. 드문; 살짝 익힌	______
5. prepare	______	20. 측정하다	______
6. steam	______	21. 풍미, 맛	______
7. boil	______	22. 재료	______
8. nutrition	______	23. 추가하다; 더하다	______
9. mix	______	24. 식사	______
10. chop	______	25. 굽다	b______
11. frozen	______	26. 석쇠; 석쇠에 굽다	______
12. blend	______	27. 소화하다	______
13. slice	______	28. 즉각적인; 순간	______
14. cuisine	______	29. (부글부글 계속) 끓이다	______
15. stir	______	30. 장식하다	______

Days 8-9

맞은 개수 /30

1. muscle	______	16. 가슴, 유방	______
2. buttock	______	17. 섞다, 젓다	______
3. stomach	______	18. 턱	______
4. decorate	______	19. 굽다	r______
5. tongue	______	20. 신장, 콩팥	______
6. eyebrow	______	21. 양념, 조미료	______
7. pour	______	22. 폐	______
8. cheek	______	23. 허벅지	______
9. peel	______	24. 잇몸	______
10. knee	______	25. 준비하다	______
11. organ	______	26. 흉부, 가슴	______
12. grind	______	27. 이마	______
13. liver	______	28. 얇게 썰다	______
14. add	______	29. 손바닥	______
15. skull	______	30. 목구멍, 목	______

★ 빈칸에 알맞은 우리말 뜻 또는 영어를 쓰시오.

Days 9-10

맞은 개수 /30

1. bend ______
2. creep ______
3. lay ______
4. forehead ______
5. squeeze ______
6. throat ______
7. dig ______
8. thigh ______
9. kidney ______
10. blink ______
11. drag ______
12. chew ______
13. lung ______
14. stretch ______
15. frown ______
16. 볼, 뺨 ______
17. 무릎 ______
18. 묶다 ______
19. 당기다, 끌다 ______
20. 오르다, 올라가다 ______
21. 간 ______
22. 무릎을 꿇다 ______
23. 들어 올리다 ______
24. 구르다; 뒹굴다 ______
25. 내려오다 ______
26. 접다, 개키다 ______
27. 눈썹 ______
28. 깡충깡충 뛰다 ______
29. 장기 ______
30. (입으로) 불다 ______

Days 10-11

맞은 개수 /30

1. competition ______
2. outdoor ______
3. penalty ______
4. ascend ______
5. lift ______
6. work out ______
7. descend ______
8. championship ______
9. bounce ______
10. score ______
11. spirit ______
12. kneel ______
13. indoor ______
14. athletic ______
15. match ______
16. 힘; 강점 ______
17. 최선을 다하다 ______
18. 방어[수비]하다 ______
19. 놓다, 두다 ______
20. 씹다; 물어뜯다 ______
21. 심판 ______
22. 끌다, 끌고 가다 ______
23. 규칙적으로 ______
24. 땀; 땀을 흘리다 ______
25. 짜다 ______
26. 도전; 도전하다 ______
27. 파다 ______
28. 공정한, 공평한 ______
29. 응원하다; 환호 ______
30. 운동선수 ______

Days 11-12

맞은 개수 /30

1. mild	______	16. 후한; 관대한	______
2. considerate	______	17. 인색한; 심술궂은	______
3. negative	______	18. 시합, 경기	______
4. positive	______	19. 야외의	______
5. defend	______	20. 수동적인, 소극적인	______
6. confident	______	21. 용감한, 대담한	______
7. sweat	______	22. 실내의	______
8. rude	______	23. 엄격한, 엄한	______
9. modest	______	24. 처벌; 벌칙	______
10. challenge	______	25. 성격; 개성	______
11. optimist	______	26. 조심성 있는	______
12. fair	______	27. 성질, 화	______
13. aggressive	______	28. 운동하다	______
14. sensitive	______	29. ~을 자랑하다	______
15. athlete	______	30. 열정적인, 열렬한	______

Days 12-13

맞은 개수 /30

1. depressed	______	16. 긴장 (상태); 갈등	______
2. envy	______	17. 동정(심), 연민	______
3. temper	______	18. 낙천주의자, 낙관론자	______
4. concerned	______	19. 감정; 정서	______
5. regret	______	20. 긴장한, 불안해하는	______
6. generous	______	21. 세심한; 예민한	______
7. embarrassed	______	22. 감사하는	______
8. passive	______	23. 불안해하는, 걱정하는	______
9. offend	______	24. 부정적인, 비관적인	______
10. passionate	______	25. 슬픔	______
11. comfort	______	26. 순한, 온화한	______
12. mood	______	27. 무례한, 버릇없는	______
13. ashamed	______	28. 진정한, 진심의	______
14. show off	______	29. 겁먹은, 무서워하는	______
15. delight	______	30. 만족하는	______

★ 빈칸에 알맞은 우리말 뜻 또는 영어를 쓰시오.

Days 13-14

맞은 개수 /30

1. emotion ____________
2. suppose ____________
3. recognize ____________
4. sincere ____________
5. sensible ____________
6. conscious ____________
7. satisfied ____________
8. memory ____________
9. grateful ____________
10. anxious ____________
11. remind ____________
12. sympathy ____________
13. recall ____________
14. consider ____________
15. reason ____________
16. 상상하다 ____________
17. 견해; ~을 보다 ____________
18. 결론을 내리다 ____________
19. 아마 ____________
20. 판단하다; 판사 ____________
21. 논리 ____________
22. 걱정하는, 염려하는 ____________
23. 유감; 후회하다 ____________
24. 비교하다 ____________
25. 기분 상하게 하다 ____________
26. 대조하다; 대조 ____________
27. 예상하다, 기대하다 ____________
28. 우울한; 불경기의 ____________
29. 깨닫다 ____________
30. 인지하다 ____________

Days 14-15

맞은 개수 /30

1. doubt ____________
2. insist ____________
3. expect ____________
4. argument ____________
5. logic ____________
6. call for ____________
7. contrast ____________
8. wonder ____________
9. support ____________
10. request ____________
11. compare ____________
12. discuss ____________
13. perceive ____________
14. require ____________
15. propose ____________
16. 동의하다 ____________
17. 제안하다 ____________
18. 조언, 충고 ____________
19. 알아보다; 인정하다 ____________
20. 강조하다 ____________
21. 설득하다 ____________
22. 기억(력); 추억 ____________
23. 추천하다 ____________
24. 이유; 이성 ____________
25. 주장(하다); 요구(하다) ____________
26. 의식하는; 의도적인 ____________
27. 동의하지 않다 ____________
28. 강요하다; 힘 ____________
29. 생각나게 하다 ____________
30. 의견, 견해 ____________

Days 15-16

맞은 개수 /30

1. site ________
2. locate ________
3. exit ________
4. architecture ________
5. interior ________
6. emphasize ________
7. claim ________
8. persuade ________
9. lawn ________
10. staircase ________
11. address ________
12. hallway ________
13. advice ________
14. disagree ________
15. entrance ________
16. 논쟁; 논거, 주장 ________
17. 대문; 출입구 ________
18. 마당, 뜰 ________
19. 요청하다; 요청 ________
20. 기둥 ________
21. 현관 ________
22. 논의하다, 토론하다 ________
23. 통로 ________
24. 주요 지형지물 ________
25. 근처, 이웃 ________
26. 궁금하다; 경이 ________
27. 지하실 ________
28. 로비 ________
29. 의심하다; 의문 ________
30. 차고 ________

Days 16-17

맞은 개수 /30

1. steer ________
2. flat ________
3. crossroad ________
4. yard ________
5. traffic light ________
6. accelerate ________
7. garage ________
8. automobile ________
9. seatbelt ________
10. basement ________
11. aisle ________
12. pedestrian ________
13. gate ________
14. license ________
15. parking lot ________
16. 횡단보도 ________
17. ~를 태우러 가다 ________
18. 바퀴 ________
19. 주소; 연설 ________
20. 재충전하다 ________
21. 계단 ________
22. 브레이크, 제동 장치 ________
23. 출구; 나가다 ________
24. 전기의 ________
25. 장소, 부지 ________
26. 주유소 ________
27. (출)입구 ________
28. 보도, 인도 ________
29. 고속 도로 ________
30. 엔진 ________

★ 빈칸에 알맞은 우리말 뜻 또는 영어를 쓰시오.

Days 17-18

맞은 개수 /30

1. transport ______
2. cabin ______
3. land ______
4. wheel ______
5. fare ______
6. ferry ______
7. electric ______
8. traffic ______
9. via ______
10. crosswalk ______
11. aircraft ______
12. transfer ______
13. highway ______
14. vehicle ______
15. recharge ______
16. 비행; 항공기 ______
17. 목적지, 행선지 ______
18. 면허(증); 허가하다 ______
19. 탑승하다 ______
20. 경로; 노선 ______
21. 여정, 여행 ______
22. 조종하다, 몰다 ______
23. 이륙하다 ______
24. 승무원 ______
25. 신호등 ______
26. 안전벨트 ______
27. 보행자; 보행자의 ______
28. 지연; 지연시키다 ______
29. 갑판 ______
30. 승객 ______

Days 18-19

맞은 개수 /30

1. take off ______
2. travel agent ______
3. attraction ______
4. leave ______
5. board ______
6. customs ______
7. destination ______
8. route ______
9. baggage ______
10. check in ______
11. sightseeing ______
12. delay ______
13. souvenir ______
14. suitcase ______
15. brochure ______
16. 예약 ______
17. 요금 ______
18. 방학, 휴가 ______
19. 놀이공원 ______
20. 운송 수단, 탈것 ______
21. 취소하다 ______
22. 항공기 ______
23. 보험 ______
24. 관광객 ______
25. 수송하다; 수송 ______
26. 여권 ______
27. ~을 경유하여 ______
28. 경치, 풍경 ______
29. 일정; 시간표 ______
30. 외국의 ______

Days 19-20

맞은 개수 /30

1. craft ______
2. reservation ______
3. classical ______
4. value ______
5. artwork ______
6. original ______
7. foreign ______
8. passport ______
9. display ______
10. stage ______
11. insurance ______
12. appreciate ______
13. imaginative ______
14. scenery ______
15. fine art ______
16. 여행 가방 ______
17. 공연; 연주회 ______
18. 고무[격려]하다 ______
19. 전시회; 전시 ______
20. 조각품 ______
21. 수하물 ______
22. 인상, 느낌 ______
23. 세관; 관세 ______
24. 창작; 창작물 ______
25. 명소; 매력 ______
26. 걸작, 명작 ______
27. 비평가, 평론가 ______
28. 관중; 청중 ______
29. 탑승 수속을 밟다 ______
30. 추상적인 ______

Days 20-21

맞은 개수 /30

1. trend ______
2. exhibition ______
3. celebrity ______
4. press ______
5. current ______
6. inspire ______
7. abstract ______
8. journalist ______
9. critic ______
10. journal ______
11. impression ______
12. fame ______
13. script ______
14. broadcast ______
15. visual ______
16. 지식 ______
17. 기사, 글 ______
18. 원래의; 독창적인 ______
19. 대중 매체 ______
20. 공예(품); 기술 ______
21. 광고하다 ______
22. 영향을 미치다 ______
23. 오락(물) ______
24. 전시하다; 전시 ______
25. 영향력 있는 ______
26. 단계; 무대 ______
27. 표제 ______
28. 상상력이 풍부한 ______
29. 특집 기사; 특징으로 삼다 ______
30. 화면; 감시하다 ______

★ 빈칸에 알맞은 우리말 뜻 또는 영어를 쓰시오.

Days 21-22

맞은 개수 /30

1. affect ____________
2. knowledge ____________
3. wallet ____________
4. article ____________
5. costume ____________
6. tight ____________
7. bracelet ____________
8. handkerchief ____________
9. advertise ____________
10. knit ____________
11. backpack ____________
12. formal ____________
13. mass media ____________
14. fabric ____________
15. leather ____________
16. 평상시의 ____________
17. 명성 ____________
18. 단정한, 정돈된 ____________
19. 보석류 ____________
20. 풀린; 헐렁한 ____________
21. 바지 ____________
22. 현재의; 최신의 ____________
23. 방송하다; 방송 ____________
24. 교복; 균일한 ____________
25. 옷 ____________
26. 연예인; 유명 인사 ____________
27. 소매 ____________
28. 조끼 ____________
29. 기자 ____________
30. 정장; 어울리다 ____________

Days 22-23

맞은 개수 /30

1. trousers ____________
2. ecosystem ____________
3. coast ____________
4. neat ____________
5. rainforest ____________
6. ocean ____________
7. suit ____________
8. phenomenon ____________
9. casual ____________
10. drought ____________
11. clothes ____________
12. flood ____________
13. polar ____________
14. natural ____________
15. species ____________
16. 해양의, 바다의 ____________
17. 화산 ____________
18. 가죽 ____________
19. 서식지 ____________
20. 사막 ____________
21. 천, 직물 ____________
22. 열대 지방의 ____________
23. 의상 ____________
24. 야생 생물 ____________
25. 팔찌 ____________
26. 지갑 ____________
27. 재난, 재해 ____________
28. 태풍 ____________
29. 지진 ____________
30. 대륙 ____________

Days 23-24

맞은 개수 /30

1. evaporate		16. 북극/남극의
2. freeze		17. 수분, 습기
3. thunder		18. 안개가 낀
4. earthquake		19. 현상
5. lightning		20. 생태계
6. dew		21. 날씨
7. climate		22. 온도계
8. marine		23. 예보; 예측하다
9. habitat		24. 산들바람
10. melt		25. 가뭄
11. volcano		26. 우박
12. rainfall		27. 습한
13. degree		28. 종
14. continent		29. 온도, 기온
15. predict		30. 눈보라

Days 24-25

맞은 개수 /30

1. waste		16. 얼다; 얼리다	
2. foggy		17. 보호	p
3. poisonous		18. 증발하다	
4. moisture		19. 환경의	
5. shortage		20. 남용하다	
6. hail		21. 강우; 강우량	
7. endangered		22. 자원	
8. weather		23. 번개	
9. greenhouse		24. 쓰레기	g
10. conservation		25. 재사용하다	
11. acid		26. 이슬	
12. temperature		27. 재활용하다	
13. renewable		28. 오염, 공해	
14. exhaust		29. 탄소	
15. dispose		30. 줄이다	

★ 빈칸에 알맞은 우리말 뜻 또는 영어를 쓰시오.

Days 25-26

맞은 개수 /30

1. vapor ____________
2. environmental ____________
3. run out of ____________
4. reuse ____________
5. tidal ____________
6. solar ____________
7. garbage ____________
8. reduce ____________
9. cut down ____________
10. flow ____________
11. fuel ____________
12. power plant ____________
13. resource ____________
14. alternative ____________
15. nuclear ____________
16. 풍차 ____________
17. 풍부한 ____________
18. 산성의; 산 ____________
19. 변형시키다 ____________
20. 석탄 ____________
21. 낭비하다; 쓰레기 ____________
22. 위기 ____________
23. 유독한, 독성이 있는 ____________
24. 전기 ____________
25. 발생시키다 ____________
26. 효율적인, 능률적인 ____________
27. 부족 ____________
28. 화석 ____________
29. 유한한, 한정된 ____________
30. 멸종 위기에 처한 ____________

Days 26-27

맞은 개수 /30

1. heritage ____________
2. fossil ____________
3. pioneer ____________
4. abundant ____________
5. historic ____________
6. liberty ____________
7. efficient ____________
8. slave ____________
9. noble ____________
10. finite ____________
11. document ____________
12. era ____________
13. coal ____________
14. dynasty ____________
15. royal ____________
16. 역사상의, 역사적인 ____________
17. 제국 ____________
18. 원자력의; 핵의 ____________
19. 통치하다; 통치 ____________
20. 태양의 ____________
21. 흐름; 흐르다 ____________
22. 정복하다 ____________
23. 대체 가능한; 대안 ____________
24. 식민지 ____________
25. 독립 ____________
26. ~을 다 써버리다 ____________
27. 고대의 ____________
28. 문명 ____________
29. 혁명 ____________
30. 설립하다 ____________

Days 27-28

맞은 개수 /30

1. worship	______	16. 의식, 식	______
2. ritual	______	17. 시대	______
3. spiritual	______	18. 신성한, 성스러운	______
4. independence	______	19. 귀족의; 고결한	______
5. faith	______	20. 유산	______
6. priest	______	21. 사원, 사찰	______
7. civilization	______	22. ~을 믿다	______
8. sacred	______	23. 개척자; 개척하다	______
9. empire	______	24. 자비	______
10. choir	______	25. 완전한; 절대적인	______
11. conquer	______	26. 종교	______
12. revolution	______	27. 기도하다	______
13. superstition	______	28. 자유	______
14. extreme	______	29. 악; 사악한	______
15. supernatural	______	30. 마음을 사로잡다	______

Days 28-29

맞은 개수 /30

1. defense	______	16. 군대; 군사의	______
2. troop	______	17. 정신적인; 종교적인	______
3. absolute	______	18. 군인	______
4. occupy	______	19. 숭배하다; 예배	______
5. fascinate	______	20. 신부, 사제	______
6. religion	______	21. 전쟁	______
7. defeat	______	22. 미신	______
8. temple	______	23. 통합하다	______
9. attack	______	24. 무기	______
10. battle	______	25. 폭탄	______
11. mercy	______	26. 믿음; 신앙심	______
12. victim	______	27. 승리	______
13. command	______	28. 침략하다	______
14. memorial	______	29. 터지다, 폭발하다	______
15. bullet	______	30. 적, 적군	______

★ 빈칸에 알맞은 우리말 뜻 또는 영어를 쓰시오.

Days 29-30

맞은 개수 /30

1. conduct ____________
2. material ____________
3. enemy ____________
4. unite ____________
5. laboratory ____________
6. invade ____________
7. theory ____________
8. scientific ____________
9. prove ____________
10. principle ____________
11. bomb ____________
12. experiment ____________
13. atom ____________
14. microscope ____________
15. victory ____________
16. 계획, 프로젝트 ____________
17. 방법 ____________
18. 명령/지시하다 ____________
19. 유전자 ____________
20. 진화/진전하다 ____________
21. 세포 ____________
22. 생물학 ____________
23. 방어 ____________
24. 호기심 ____________
25. 상호 작용하다 ____________
26. 공격하다; 공격 ____________
27. 피해자, 희생자 ____________
28. 물리학 ____________
29. 전투; 싸우다 ____________
30. 화학 ____________

Days 30-31

맞은 개수 /30

1. oxygen ____________
2. lunar ____________
3. physics ____________
4. spacecraft ____________
5. outer space ____________
6. interact ____________
7. universe ____________
8. method ____________
9. planet ____________
10. cell ____________
11. footprint ____________
12. astronomer ____________
13. solar system ____________
14. curiosity ____________
15. evolve ____________
16. 중력 ____________
17. 재료, 물질 ____________
18. 천문학 ____________
19. 회전하다, 돌다 ____________
20. 우주 정거장 ____________
21. 이론 ____________
22. 대기 ____________
23. 증명[입증]하다 ____________
24. 하다; 행동 ____________
25. 위성 ____________
26. 은하계 ____________
27. 관찰하다 ____________
28. 실험; 실험하다 ____________
29. 표면 ____________
30. 탐사[탐험]하다 ____________

Days 31-32

맞은 개수 /30

1. device ____
2. astronomy ____
3. advance ____
4. observe ____
5. convenient ____
6. surface ____
7. spin ____
8. electronic ____
9. precise ____
10. technician ____
11. process ____
12. atmosphere ____
13. improve ____
14. technology ____
15. progress ____
16. 인공의 ____
17. 분석하다 ____
18. 달의 ____
19. 우주선 ____
20. 혁신 ____
21. 가상의 ____
22. 산소 ____
23. 연구(하다), 조사(하다) ____
24. 이동하기 쉬운 ____
25. 태양계 ____
26. 데이터베이스 ____
27. 행성 ____
28. 대신[대체]하다 ____
29. 장비, 설비 ____
30. 휴대용의 ____

Days 32-33

맞은 개수 /30

1. virtual ____
2. equipment ____
3. browse ____
4. personal ____
5. laptop ____
6. mobile ____
7. secure ____
8. analyze ____
9. forward ____
10. log in ____
11. access ____
12. shut down ____
13. tool ____
14. research ____
15. wireless ____
16. 기술자 ____
17. 비밀번호 ____
18. 삭제하다 ____
19. 정확한, 정밀한 ____
20. 키보드 ____
21. 진전; 진보하다 ____
22. 편리한 ____
23. 갱신하다 ____
24. 첨부하다 ____
25. 디지털의 ____
26. 장치, 기구 ____
27. 정보 ____
28. 망, 네트워크 ____
29. 내려받다 ____
30. 온라인의 ____

★ 빈칸에 알맞은 우리말 뜻 또는 영어를 쓰시오.

Days 33-34

맞은 개수 /30

1. password ________
2. biography ________
3. delete ________
4. author ________
5. poetry ________
6. genre ________
7. digital ________
8. attach ________
9. fiction ________
10. review ________
11. information ________
12. context ________
13. plot ________
14. compose ________
15. tale ________
16. 저작권 ________
17. 내용; 목차 ________
18. 비극 ________
19. 접근; 접속하다 ________
20. 문학 ________
21. 편집자 ________
22. 무선의 ________
23. -판 ________
24. 개인의, 개인적인 ________
25. (소설 등의) 배경 ________
26. 휴대용 컴퓨터 ________
27. 상상, 공상 ________
28. 안전한; 안정된 ________
29. 편집/수정하다 ________
30. 출판하다 ________

Days 34-35

맞은 개수 /30

1. lively ________
2. tragedy ________
3. calm ________
4. copyright ________
5. literature ________
6. horrified ________
7. dull ________
8. gloomy ________
9. edit ________
10. spectacular ________
11. fantastic ________
12. publish ________
13. festive ________
14. lonely ________
15. tense ________
16. 스트레스가 많은 ________
17. 장르 ________
18. 활발한; 역동적인 ________
19. 줄거리 ________
20. 소설; 허구 ________
21. 활동/적극적인 ________
22. 논평; (재)검토하다 ________
23. 무서운 ________
24. 짓다; 작곡하다 ________
25. 낭만적인, 애정의 ________
26. 발랄한, 쾌활한 ________
27. 평화로운 ________
28. 지루한 ________
29. 희망적인 ________
30. 마음이 따스해지는 ________

Days 35-36

맞은 개수 /30

1. cheerful ____________
2. speaker ____________
3. dialect ____________
4. stressful ____________
5. reflect ____________
6. phrase ____________
7. hopeful ____________
8. peaceful ____________
9. pause ____________
10. scary ____________
11. define ____________
12. bilingual ____________
13. gesture ____________
14. proverb ____________
15. spread ____________
16. 침착한, 차분한 ____________
17. 철자를 말하다 ____________
18. 겁에 질린 ____________
19. 연설; 말 ____________
20. 외로운, 쓸쓸한 ____________
21. 언어 ____________
22. 단락 ____________
23. 문장 ____________
24. 따분한; 재미없는 ____________
25. 발음하다 ____________
26. 표현하다 ____________
27. 암기하다 ____________
28. 억양 ____________
29. 긴장한; 긴박한 ____________
30. 대화 ____________

Days 36-37

맞은 개수 /30

1. memorize ____________
2. rotate ____________
3. rake ____________
4. language ____________
5. pronounce ____________
6. grain ____________
7. pesticide ____________
8. pick ____________
9. soil ____________
10. express ____________
11. sow ____________
12. cultivate ____________
13. spell ____________
14. ripe ____________
15. harvest ____________
16. 밭 ____________
17. 정의하다 ____________
18. 방언, 사투리 ____________
19. 비료 ____________
20. 농사, 영농 ____________
21. 비추다; 반영하다 ____________
22. 속담 ____________
23. 물을 주다 ____________
24. 씨, 씨앗 ____________
25. 구; 구절, 관용구 ____________
26. 밀 ____________
27. 농업 ____________
28. 농작물 ____________
29. 잡초 ____________
30. 유기농의 ____________

★ 빈칸에 알맞은 우리말 뜻 또는 영어를 쓰시오.

Days 37-38

맞은 개수 /30

1. seed ______
2. yield ______
3. export ______
4. field ______
5. venture ______
6. demand ______
7. goods ______
8. fertilizer ______
9. capital ______
10. agriculture ______
11. operation ______
12. crop ______
13. manufacture ______
14. found ______
15. assemble ______
16. 경작/재배하다 ______
17. 전략 ______
18. 수확(량); 수확하다 ______
19. 회사 ______
20. 시설 ______
21. 곡물; 낟알 ______
22. 익은 ______
23. 수입하다; 수입(품) ______
24. 노동; 노동자 ______
25. 토양, 흙 ______
26. 공급; 공급하다 ______
27. 산업, 공업 ______
28. 활용[이용]하다 ______
29. 무역; 거래하다 ______
30. 수익, 이윤 ______

Days 38-39

맞은 개수 /30

1. exchange ______
2. commerce ______
3. benefit ______
4. firm ______
5. fund ______
6. import ______
7. strategy ______
8. finance ______
9. decrease ______
10. facility ______
11. savings ______
12. increase ______
13. property ______
14. trade ______
15. debt ______
16. 내다, 산출하다 ______
17. 소득, 수입 ______
18. 시장 ______
19. 작동, 가동 ______
20. 예산 ______
21. 성장; 증가 ______
22. 상품 ______
23. 조립하다 ______
24. 설립하다 ______
25. 분실; 손실, 손해 ______
26. 부, 재산 ______
27. 거래; 다루다 ______
28. 균형; 잔고 ______
29. 투자하다 ______
30. 계좌 ______

Days 39-40

맞은 개수 /30

1. charge		16. 비싼	
2. refund		17. 현금	
3. balance		18. 상업; 무역	
4. credit card		19. 질, 품질	
5. discount		20. 고객, 손님	
6. spend		21. 빚, 부채	
7. product		22. 호화로움, 사치	
8. income		23. 소비자	
9. cost		24. 영수증	
10. deal		25. 감소하다; 감소	
11. loss		26. 여유가 되다	
12. on sale		27. 재산; 부동산	
13. tag		28. 증가하다; 증가	
14. purchase		29. 돈, 비용	
15. invest		30. 세금	

Days 40-41

맞은 개수 /30

1. expense		16. 제품, 상품	
2. healthy		17. 의학의, 의료의	
3. medicine		18. 할인; 할인하다	
4. customer		19. 알약, 정제	
5. examine		20. 정신의, 마음의	
6. remedy		21. 예방하다, 막다	
7. cash		22. 환불	
8. receipt		23. 건강	
9. drug		24. 반응	
10. consumer		25. 구매하다; 구매	
11. relax		26. 치료제; 치유하다	
12. immune		27. 완화하다	
13. treat		28. 쓰다; 보내다	
14. condition		29. (상처 등을) 고치다	
15. manage		30. 활동	

★ 빈칸에 알맞은 우리말 뜻 또는 영어를 쓰시오.

Days 41-42

맞은 개수 /30

1. pain ______
2. heart attack ______
3. activity ______
4. prevent ______
5. disease ______
6. medical ______
7. ill ______
8. operate ______
9. relieve ______
10. severe ______
11. perform ______
12. cure ______
13. suffer ______
14. surgery ______
15. minor ______
16. 두통 ______
17. 면역성이 있는 ______
18. 토하다 ______
19. 암 ______
20. 약; 의학 ______
21. 치료, 요법 ______
22. (건강이) 회복되다 ______
23. 환자 ______
24. (염증 등으로) 아픈 ______
25. 상태; 환경 ______
26. 어지러운 ______
27. 약; 마약 ______
28. 감염시키다 ______
29. 복통, 위통 ______
30. 증상 ______

Days 42-43

맞은 개수 /30

1. dizzy ______
2. occur ______
3. damage ______
4. accident ______
5. first aid ______
6. stomachache ______
7. manual ______
8. wound ______
9. rescue ______
10. recover ______
11. breathe ______
12. crash ______
13. right away ______
14. bruise ______
15. symptom ______
16. 작은, 가벼운 ______
17. 병, 질병 ______
18. 피 ______
19. 고통, 통증 ______
20. 부딪치다 ______
21. 예기치 않은 ______
22. 긴급한, 시급한 ______
23. 수술 ______
24. 기부[기증]하다 ______
25. 비상사태 ______
26. 부상을 입히다 ______
27. 상황 ______
28. 심각한, 극심한 ______
29. 시달리다; 고통받다 ______
30. 붕대 ______

Days 43-44

맞은 개수 /30

1.	blood	16.	정부
2.	president	17.	멍; 멍이 생기다
3.	urgent	18.	발생하다, 일어나다
4.	liberal	19.	여론 조사
5.	vote	20.	구하다; 구출(하다)
6.	emergency	21.	정치
7.	republic	22.	~에 출마하다
8.	unexpected	23.	응급 처치
9.	majority	24.	운동, 캠페인
10.	object	25.	선출하다
11.	take part in	26.	숨 쉬다, 호흡하다
12.	injure	27.	정당, ~ 당
13.	candidate	28.	민주주의
14.	protest	29.	정책
15.	reform	30.	정치의, 정치적인

Days 44-45

맞은 개수 /30

1.	ambassador	16.	외교관
2.	elect	17.	인종의
3.	individual	18.	공화국
4.	run for	19.	권한; 권위
5.	function	20.	후보자
6.	native	21.	국민; 시민
7.	government	22.	항의하다; 시위
8.	official	23.	충실한
9.	poll	24.	대다수
10.	identity	25.	보호하다, 지키다
11.	democracy	26.	진보적인
12.	ethnic	27.	국제적인
13.	public	28.	조직, 기구
14.	duty	29.	인구
15.	border	30.	전통

★ 빈칸에 알맞은 우리말 뜻 또는 영어를 쓰시오.

Days 45-46

맞은 개수 /30

1. discipline ____________
2. tradition ____________
3. lawyer ____________
4. organization ____________
5. legal ____________
6. confess ____________
7. authority ____________
8. racial ____________
9. arrest ____________
10. sentence ____________
11. citizen ____________
12. permission ____________
13. justice ____________
14. ban ____________
15. obey ____________
16. 국경 ____________
17. 규제하다 ____________
18. 고발/기소하다 ____________
19. 유죄의 ____________
20. 배심원단 ____________
21. 의무; 직무, 임무 ____________
22. 대사 ____________
23. 법원, 법정 ____________
24. 허용[허락]하다 ____________
25. 금지하다 ____________
26. 개인의; 개인 ____________
27. 재판, 공판 ____________
28. 허락, 허가 ____________
29. 대중의; 공공의 ____________
30. 관습, 풍습 ____________

Days 46-47

맞은 개수 /30

1. social ____________
2. trial ____________
3. regulate ____________
4. settle ____________
5. permission ____________
6. jury ____________
7. worldwide ____________
8. custom ____________
9. confront ____________
10. issue ____________
11. struggle ____________
12. clash ____________
13. equally ____________
14. volunteer ____________
15. responsible ____________
16. 변호사 ____________
17. 선언[선포]하다 ____________
18. 피난처 ____________
19. 체포하다; 체포 ____________
20. 적대적인 ____________
21. 법률의; 합법의 ____________
22. 탈출하다 ____________
23. 가난, 빈곤 ____________
24. 형벌; 선고하다 ____________
25. 통합[통일]하다 ____________
26. 자백하다 ____________
27. 복지 ____________
28. 관계 ____________
29. 임무 ____________
30. 집단의, 단체의 ____________

Days 47-48

맞은 개수 /30

1. dawn		16. 앞의, 이전의	
2. minute		17. 직면하다; 맞서다	
3. welfare		18. 임시의, 일시적인	
4. past		19. 전에	
5. daytime		20. 영구적인	
6. shelter		21. 똑같이, 동등하게	
7. moment		22. 주제, 쟁점, 문제점	
8. former		23. 요즘에는	n
9. period		24. 사회적인, 사회의	
10. unify		25. 즉각적인	
11. hostile		26. 영원히	
12. continuous		27. 최근에	
13. present		28. 자정, 밤 12시	
14. constant		29. 해결하다	
15. poverty		30. 10년	

Days 48-49

맞은 개수 /30

1. nearby		16. 공간	
2. horizontal		17. 외부의; 외부적인	
3. temporary		18. 방향; 지시	
4. permanent		19. 떨어져, 따로	
5. reverse		20. 계속되는, 지속적인	
6. previous		21. 한쪽으로, 옆쪽에	
7. straight		22. 새벽	
8. position		23. 과거; 과거의	
9. immediate		24. 앞으로, 앞에	
10. bottom		25. 이전의; 예전의	
11. vertical		26. 앞으로	
12. upstairs		27. 기간; 시대, 시기	
13. spot		28. 먼, 떨어진	
14. decade		29. 뒤로, 뒤쪽으로	
15. internal		30. 더 위에 있는	

★ 빈칸에 알맞은 우리말 뜻 또는 영어를 쓰시오.

Days 49-50 맞은 개수 /30

1. multiply	______	16. 계산하다	______
2. quarter	______	17. 빼다	______
3. forward	______	18. 수직의, 세로의	______
4. equal	______	19. 복수형의; 복수형	______
5. external	______	20. 숫자, 수치; 인물	______
6. lack	______	21. 똑바로; 곧은	______
7. addition	______	22. 초과하다	______
8. upper	______	23. 반점; 곳, 장소	______
9. single	______	24. 추가의	______
10. aside	______	25. 부족한, 드문	______
11. odd	______	26. 내부의; 체내의	______
12. space	______	27. 충분한	______
13. even	______	28. 양, 수량	______
14. division	______	29. 위층으로; 위층	______
15. dozen	______	30. 부유한; 풍부한	______

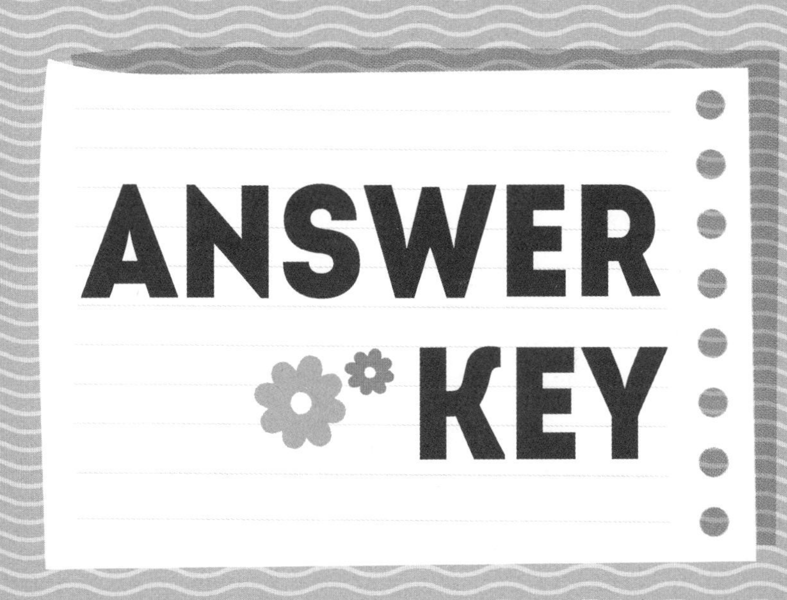
ANSWER
KEY

Days 1-2

1 임금 **2** 직업; 경력 **3** 과제 **4** 돕다 **5** 가르치다; 지시하다 **6** 또래 **7** 구내식당 **8** 참석하다; (~에) 다니다 **9** 통근하다 **10** 결석, 결근 **11** 강의, 강연 **12** 용어; 학기 **13** 강당 **14** 교장; 주요한, 주된 **15** 학생 **16** education **17** cooperate **18** gym **19** subject **20** submit **21** graduate **22** employ **23** academic **24** retire **25** dormitory **26** promote **27** scholarship **28** concentrate **29** expert **30** employer

Days 2-3

1 지원하다; 신청하다; 적용하다 **2** 비서 **3** 직업 **4** 부서 **5** 통역사 **6** 업무, 일 **7** 접수 담당자 **8** 종업원, 직원, 고용인 **9** 직장 **10** 정비공 **11** 동료 **12** 상급자; 상급의, 고위의 **13** 직원 **14** 장교; 관리; 임원 **15** 상담 전문가 **16** professional **17** announcer **18** engineer **19** translator **20** politician **21** director **22** firefighter **23** photographer **24** salesperson **25** astronaut **26** chief **27** accountant **28** architect **29** pilot **30** musician

Days 3-4

1 갈등, 충돌; 대립하다, 충돌하다 **2** 논평, 의견; 논평하다 **3** 상담하다, 상의하다 **4** 언급하다; 언급 **5** 건축가 **6** 사과 **7** 정치인 **8** 참조하다; 언급하다 **9** 우주 비행사 **10** 발언; 발언하다, 말하다 **11** ~에 반대하여 **12** 회계사 **13** 대답하다; 대응하다 **14** 책임자; 감독 **15** 인정하다, 시인하다 **16** oppose **17** interpreter **18** yell **19** message **20** secretary **21** negotiate **22** mechanic **23** debate **24** counselor **25** resolve **26** occupation **27** misunderstand **28** communicate **29** controversy **30** complain

Days 4-5

1 유아, 젖먹이; 유아의 **2** 이혼; 이혼하다 **3** 메시지, 전갈 **4** 의사소통하다 **5** 입양하다; 채택하다 **6** 신랑 **7** 결혼 (생활); 결혼식 **8** 해결하다 **9** 아장아장 걷는 아기 **10** 반대하다 **11** 연세 드신 **12** ~을 돌보다; ~에 신경을 쓰다 **13** 불평하다, 항의하다 **14** (여자) 조카 **15** (남자) 조카 **16** apology **17** teenager **18** adult **19** pregnant **20** remark **21** childhood **22** give birth to **23** conflict **24** feed **25** relative **26** admit **27** ancestor **28** respond **29** bride **30** cousin

Days 5-6

1 닦다 **2** 다리미; 다리미질을 하다 **3** 먼지; 먼지를 털다 **4** 친척; 비교상의; 상대적인 **5** 깔끔한, 잘 정돈된; 정리[정돈]하다 **6** 문질러 청소하다 **7** 임신한 **8** 지저분한, 어질러진 **9** 신부 **10** 일상, 일과; 일상적인, 판에 박힌 **11** 출산하다 **12** 진공청소기; 진공청소기로 청소하다 **13** 청소년, 십대 **14** 세탁물; 세탁 **15** 정리하다, 배열하다; 준비하다 **16** trash **17** marriage **18** mend **19** set the table **20** chore **21** elderly **22** adopt **23** make one's bed **24** divorce **25** throw away **26** sweep **27** nephew **28** housework **29** do the dishes **30** broom

Days 6-7

1 일, 허드렛일 **2** 보존하다; 저장하다; 설탕 절임, 잼 **3** 쓸다 **4** 익히지 않은, 날것의 **5** 쓰레기 **6** 드문; 살짝 익힌 **7** 식사 **8** 즉각적인; 인스턴트의; 순간 **9** 풍미, 맛 **10** 수리하다, 고치다 **11** 채식주의자; 채식주의(자)의 **12** 유제품의;

낙농(업)의 **13** 버리다 **14** 맛있는 **15** 소화하다, 소화시키다 **16** frozen **17** container **18** tidy **19** beverage **20** rotten **21** scrub **22** fresh **23** laundry **24** refrigerator **25** messy **26** nutrition **27** processed **28** package **29** wipe **30** cuisine

Days 7-8

1 썩은, 부패한 **2** 굽다 **3** 양념, 조미료 **4** 가공된, 가공 처리한 **5** 준비하다 **6** 찌다; 김, 증기 **7** 끓다, 끓이다; 삶다 **8** 영양; 영양물 **9** 섞다, 혼합하다 **10** 썰다 **11** 냉동된 **12** 섞다, 혼합하다 **13** 얇은 조각; 얇게 썰다 **14** 요리법; 요리 **15** 섞다, 젓다 **16** grind **17** peel **18** pour **19** rare **20** measure **21** flavor **22** ingredient **23** add **24** meal **25** (b)ake **26** grill **27** digest **28** instant **29** simmer **30** decorate

Days 8-9

1 근육 **2** 엉덩이 **3** 위, 복부 **4** 장식하다 **5** 혀; 언어 **6** 눈썹 **7** 붓다, 따르다 **8** 볼, 뺨 **9** 껍질을 벗기다; 껍질 **10** 무릎 **11** 장기 **12** 갈다, 빻다 **13** 간 **14** 추가하다; 더하다 **15** 두개골; 머리 **16** breast **17** stir **18** chin **19** (r)oast **20** kidney **21** seasoning **22** lung **23** thigh **24** gum **25** prepare **26** chest **27** forehead **28** slice **29** palm **30** throat

Days 9-10

1 굽히다; 구부리다 **2** 살금살금 움직이다 **3** 놓다, 두다 **4** 이마 **5** 짜다 **6** 목구멍, 목 **7** 파다 **8** 허벅지 **9** 신장, 콩팥 **10** 눈을 깜박이다; 깜박거림; 일순간 **11** 끌다, 끌고 가다 **12** 씹다; 물어뜯다 **13** 폐 **14** 늘이다; 늘어지다; 기지개를 켜다; 뻗다 **15** 얼굴을 찡그리다; 눈살을 찌푸리다 **16** cheek **17** knee **18** bind **19** pull **20** ascend **21** liver **22** kneel **23** lift **24** roll **25** descend **26** fold **27** eyebrow **28** bounce **29** organ **30** blow

Days 10-11

1 경쟁; 대회, 시합 **2** 야외의 **3** 처벌; 벌칙 **4** 오르다, 올라가다 **5** 들어 올리다 **6** 운동하다 **7** 내려오다 **8** 선수권 대회 **9** 튀다; 튀기다; 깡충깡충 뛰다 **10** 득점, 점수; 득점하다 **11** 정신, 마음 **12** 무릎을 꿇다 **13** 실내의 **14** 탄탄한; 운동 경기의 **15** 시합, 경기 **16** strength **17** do one's best **18** defend **19** lay **20** chew **21** referee **22** drag **23** regularly **24** sweat **25** squeeze **26** challenge **27** dig **28** fair **29** cheer **30** athlete

Days 11-12

1 순한; 온화한; 포근한 **2** 사려 깊은, 배려하는 **3** 부정적인, 비관적인; 거절하는 **4** 긍정적인; 확신하는, 분명한 **5** 방어[수비]하다 **6** 자신감 있는; 확신하는 **7** 땀; 땀을 흘리다 **8** 무례한, 버릇없는 **9** 겸손한; 적당한 **10** 도전; 도전하다 **11** 낙천주의자, 낙관론자 **12** 공정한, 공평한 **13** 공격적인; 적극적인, 의욕적인 **14** 세심한; 예민한, 민감한 **15** 운동선수 **16** generous **17** mean **18** match **19** outdoor **20** passive **21** bold **22** indoor **23** strict **24** penalty **25** personality **26** careful **27** temper **28** work out **29** show off **30** passionate

Days 12-13

1 우울한; 불경기의 **2** 부러워하다; 질투하다; 부러움, 선망 **3** 성질, 화 **4** 걱정하는, 염려하는 **5** 유감(으로 생각하다); 후회(하다) **6** 후한; 관대한

7 당황스러운, 쑥스러운 **8** 수동적인, 소극적인
9 기분 상하게 하다 **10** 열정적인, 열렬한
11 위로(하다), 위안(하다) **12** 기분; 분위기
13 부끄러워하는, 수치스러운 **14** ~을 자랑[과시]하다 **15** 기쁨, 즐거움; 매우 기쁘게 하다
16 tension **17** sympathy **18** optimist
19 emotion **20** nervous **21** sensitive
22 grateful **23** anxious **24** negative
25 sorrow **26** mild **27** rude **28** sincere
29 frightened **30** satisfied

Days 13-14

1 감정; 정서 **2** 생각하다, 추정하다; 가정하다
3 알아보다; 인정[인식]하다 **4** 진정한, 진심의
5 합리적인, 분별 있는 **6** 의식하는, 알고 있는; 의도적인 **7** 만족하는 **8** 기억(력); 추억
9 감사하는 **10** 불안해하는, 걱정하는
11 생각나게 하다, 상기시키다 **12** 동정(심), 연민
13 기억해 내다, 상기하다 **14** 고려하다, 숙고하다; ~로 여기다 **15** 이유; 근거; 이성, 사고력
16 imagine **17** view **18** conclude
19 probably **20** judge **21** logic
22 concerned **23** regret **24** compare
25 offend **26** contrast **27** expect
28 depressed **29** realize **30** perceive

Days 14-15

1 의심하다; 의문, 의심 **2** 고집하다, 주장하다
3 예상하다, 기대하다 **4** 논쟁; 논거, 주장 **5** 논리
6 ~을 요구하다 **7** 대조하다; 대조, 대비
8 궁금하다; 놀라다; 경이 **9** 지지(하다); 지원하다; 부양하다 **10** 요청하다; 요청 **11** 비교하다
12 논의하다, 토론하다 **13** 인지하다
14 필요로 하다; 요구하다 **15** 제안하다; 청혼하다
16 agree **17** suggest **18** advice
19 recognize **20** emphasize **21** persuade
22 memory **23** recommend **24** reason
25 claim **26** conscious **27** disagree
28 force **29** remind **30** opinion

Days 15-16

1 장소, 부지 **2** 찾아내다; ~에 위치하다 **3** 출구; 나가다 **4** 건축(학); 건축 양식 **5** 내부의; 내부
6 강조하다 **7** 주장(하다); 요구(하다) **8** 설득하다
9 잔디밭 **10** 계단 **11** 주소; 연설 **12** 복도
13 조언, 충고 **14** 동의하지 않다 **15** (출)입구
16 argument **17** gate **18** yard **19** request
20 column **21** porch **22** discuss **23** aisle
24 landmark **25** neighborhood **26** wonder
27 basement **28** lobby **29** doubt
30 garage

Days 16-17

1 조종하다, 몰다 **2** 평평한; 바람이 빠진 **3** 교차로
4 마당, 뜰 **5** 신호등 **6** 속도를 높이다; 가속화하다
7 차고 **8** 자동차 **9** 안전벨트 **10** 지하실, 지하층
11 통로 **12** 보행자; 보행자의 **13** 대문; 출입구
14 면허(증); 허가하다 **15** 주차장 **16** crosswalk
17 pick up **18** wheel **19** address
20 recharge **21** staircase **22** brake
23 exit **24** electric **25** site **26** gas station
27 entrance **28** sidewalk **29** highway
30 engine

Days 17-18

1 수송하다; 수송 (수단) **2** 객실, 선실 **3** 착륙[도착]하다; 육지, 땅 **4** 바퀴 **5** 요금 **6** 연락선, 여객선
7 전기의 **8** 교통(량), 통행 **9** ~을 경유하여, ~을 거쳐 **10** 횡단보도 **11** 항공기 **12** 이동하다; 환승하다 **13** 고속 도로 **14** 운송 수단, 탈것, 차
15 재충전하다 **16** flight **17** destination
18 license **19** board **20** route **21** journey
22 steer **23** take off **24** crew **25** traffic

light **26** seatbelt **27** pedestrian **28** delay **29** deck **30** passenger

Days 18-19

1 이룩하다 **2** 여행사 직원 **3** 명소; 매력 **4** 떠나다; 휴가 **5** 탑승하다 **6** 세관; 관세 **7** 목적지, 행선지 **8** 경로; 노선 **9** 수하물 **10** 탑승[투숙] 수속을 밟다 **11** 관광 **12** 지연; 지연시키다 **13** 기념품 **14** 여행 가방 **15** (안내) 책자 **16** reservation **17** fare **18** vacation **19** amusement park **20** vehicle **21** cancel **22** aircraft **23** insurance **24** tourist **25** transport **26** passport **27** via **28** scenery **29** schedule **30** foreign

Days 19-20

1 공예, 공예품; 기술 **2** 예약 **3** 고전적인; 클래식의 **4** 가치; 가치 있게 생각하다 **5** 미술품, 예술품 **6** 원래의; 독창적인 **7** 외국의 **8** 여권 **9** 전시하다; 전시, 진열 **10** 단계; 무대 **11** 보험 **12** 진가를 알아보다; 감상하다; 고마워하다 **13** 창의적인, 상상력이 풍부한 **14** 경치, 풍경 **15** 미술 **16** suitcase **17** performance **18** inspire **19** exhibition **20** sculpture **21** baggage **22** impression **23** customs **24** creation **25** attraction **26** masterpiece **27** critic **28** audience **29** check in **30** abstract

Days 20-21

1 동향, 추세; 유행 **2** 전시회; 전시 **3** 연예인; 유명 인사 **4** 신문, 언론; 누르다 **5** 현재의; 최신의 **6** 고무하다, 격려하다 **7** 추상적인 **8** 기자 **9** 비평가, 평론가 **10** 학술지, 잡지; 일기 **11** 인상, 느낌 **12** 명성 **13** 대본, 각본 **14** 방송하다; 방송 **15** 시각의 **16** knowledge **17** article **18** original **19** mass media **20** craft **21** advertise **22** affect **23** entertainment **24** display **25** powerful **26** stage **27** headline **28** imaginative **29** feature **30** monitor

Days 21-22

1 영향을 미치다 **2** 지식 **3** 지갑 **4** 기사, 글 **5** 의상 **6** 딱 붙는, 꽉 조이는 **7** 팔찌 **8** 손수건 **9** 광고하다 **10** 뜨다; 뜨개질한 옷, 니트 **11** 배낭; 배낭여행을 하다 **12** 격식을 차린; 공식적인 **13** 대중 매체 **14** 천, 직물 **15** 가죽 **16** casual **17** fame **18** neat **19** jewelry **20** loose **21** trousers **22** current **23** broadcast **24** uniform **25** clothes **26** celebrity **27** sleeve **28** vest **29** journalist **30** suit

Days 22-23

1 바지 **2** 생태계 **3** 해안, 연안 **4** 단정한, 정돈된 **5** 열대 우림 **6** 대양, 바다 **7** 정장; 어울리다 **8** 현상 **9** 평상시의 **10** 가뭄 **11** 옷 **12** 홍수; 물에 잠기다[잠기게 하다] **13** 북극/남극의, 극지의 **14** 자연의; 당연한; 타고난 **15** 종 **16** marine **17** volcano **18** leather **19** habitat **20** desert **21** fabric **22** tropical **23** costume **24** wildlife **25** bracelet **26** wallet **27** disaster **28** typhoon **29** earthquake **30** continent

Days 23-24

1 증발하다 **2** 얼다; 얼리다 **3** 천둥 **4** 지진 **5** 번개 **6** 이슬 **7** 기후 **8** 해양의, 바다의 **9** 서식지 **10** 녹다; 녹이다 **11** 화산 **12** 강우; 강우량 **13** 도; 정도; 학위 **14** 대륙 **15** 예측하다 **16** polar **17** moisture **18** foggy **19** phenomenon **20** ecosystem

21 weather 22 thermometer 23 forecast
24 breeze 25 drought 26 hail 27 humid
28 species 29 temperature
30 snowstorm

Days 24-25

1 낭비하다; 낭비; 쓰레기 2 안개가 낀 3 유독한, 독성이 있는 4 수분, 습기 5 부족 6 우박
7 멸종 위기에 처한 8 날씨 9 온실 10 보호
11 산성의; 산 12 온도, 기온 13 재생 가능한
14 배기가스; 다 써버리다 15 처리하다; 배치하다
16 freeze 17 (p)rotection 18 evaporate
19 environmental 20 overuse 21 rainfall
22 resource 23 lightning 24 (g)arbage
25 reuse 26 dew 27 recycle 28 pollution
29 carbon 30 reduce

Days 25-26

1 증기 2 환경의 3 ~을 다 써버리다; ~을 바닥내다 4 재사용하다 5 조수의 6 태양의
7 쓰레기 8 줄이다 9 줄이다 10 흐름; 흐르다
11 연료; 연료를 공급하다 12 발전소 13 자원
14 대체 가능한; 대안 15 원자력의; 핵(무기)의
16 windmill 17 abundant 18 acid
19 transform 20 coal 21 waste
22 crisis 23 poisonous 24 electricity
25 generate 26 efficient 27 shortage
28 fossil 29 finite 30 endangered

Days 26-27

1 유산 2 화석 3 개척자; 개척하다 4 풍부한
5 역사적인, 역사적으로 중요한 6 자유 7 효율적인, 능률적인 8 노예 9 귀족의; 고결한, 숭고한
10 유한한, 한정된 11 기록하다; 서류, 문서
12 시대 13 석탄 14 왕조, 왕가 15 국왕의, 왕실의 16 historical 17 empire 18 nuclear
19 rule 20 solar 21 flow 22 conquer
23 alternative 24 colony
25 independence 26 run out of
27 ancient 28 civilization 29 revolution
30 establish

Days 27-28

1 예배(하다), 숭배(하다) 2 의식 3 정신적인; 종교적인 4 독립 5 믿음; 신앙심 6 신부, 사제
7 문명 8 성스러운, 종교적인 9 제국 10 합창단, 성가대 11 정복하다 12 혁명 13 미신
14 극심한; 극단적인 15 초자연적인
16 ceremony 17 era 18 holy 19 noble
20 heritage 21 temple 22 believe in
23 pioneer 24 mercy 25 absolute
26 religion 27 pray 28 liberty 29 evil
30 fascinate

Days 28-29

1 방어 2 병력, 군대 3 완전한, 완벽한; 절대적인
4 차지하다; 점령하다 5 마음을 사로잡다 6 종교
7 패배시키다, 이기다; 패배 8 사원, 사찰
9 공격하다; 공격 10 전투; 싸우다 11 자비
12 피해자, 희생자 13 명령하다, 지시하다; 명령
14 기념[추도]의; 기념비, 기념관 15 총알
16 military 17 spiritual 18 soldier
19 worship 20 priest 21 war
22 superstition 23 unite 24 weapon
25 bomb 26 faith 27 victory 28 invade
29 explode 30 enemy

Days 29-30

1 하다; 행동 2 재료, 물질 3 적, 적군 4 통합하다
5 실험실 6 침략하다 7 이론 8 과학의; 과학적인
9 증명[입증]하다 10 원리, 원칙; 신념, 신조
11 폭탄 12 실험; 실험하다 13 원자 14 현미경

15 승리 16 project 17 method
18 command 19 gene 20 evolve 21 cell
22 biology 23 defense 24 curiosity
25 interact 26 attack 27 victim
28 physics 29 battle 30 chemistry

Days 30-31

1 산소 2 달의 3 물리학 4 우주선 5 우주 공간
6 상호 작용하다 7 우주 8 방법 9 행성
10 세포 11 발자국 12 천문학자 13 태양계
14 호기심 15 진화하다; 발전[진전]하다
16 gravity 17 material 18 astronomy
19 spin 20 space station 21 theory
22 atmosphere 23 prove 24 conduct
25 satellite 26 galaxy 27 observe
28 experiment 29 surface 30 explore

Days 31-32

1 장치, 기구 2 천문학 3 진전, 발전; 진보하다,
증진되다 4 관찰하다 5 편리한 6 표면
7 회전하다, 돌다 8 전자의 9 정확한, 정밀한
10 기술자 11 과정, 절차; 처리하다 12 대기
13 개선되다; 향상시키다 14 기술 15 진전;
진행하다; 진전을 보이다 16 artificial
17 analyze 18 lunar 19 spacecraft
20 innovation 21 virtual 22 oxygen
23 research 24 mobile 25 solar system
26 database 27 planet 28 replace
29 equipment 30 portable

Days 32-33

1 가상의 2 장비, 설비 3 대강 훑어보다; 검색하다
4 개인의, 개인적인 5 휴대용 컴퓨터 6 이동하는,
이동하기 쉬운 7 안전한; 안정된 8 분석하다
9 보내다; 다시 보내 주다 10 접속하다, 로그인하다
11 접근; 이용; 접속하다 12 정지하다; 문을 닫다
13 도구, 연장 14 연구(하다), 조사(하다)
15 무선의 16 technician 17 password
18 delete 19 precise 20 keyboard
21 advance 22 convenient 23 update
24 attach 25 digital 26 device
27 information 28 network 29 download
30 online

Days 33-34

1 비밀번호 2 전기 3 삭제하다 4 작가 5 시
6 장르 7 디지털(방식)의 8 붙이다, 첨부하다
9 소설; 허구 10 검토; 논평; (재)검토하다;
논평하다 11 정보 12 문맥; 정황, 배경 13 줄거리
14 구성하다; 짓다; 작곡하다 15 이야기
16 copyright 17 content 18 tragedy
19 access 20 literature 21 editor
22 wireless 23 version 24 personal
25 setting 26 laptop 27 fantasy
28 secure 29 edit 30 publish

Days 34-35

1 생기 넘치는, 활발한 2 비극 3 침착한, 차분한
4 저작권 5 문학 6 겁에 질린 7 따분한;
재미없는 8 어두운; 우울한 9 편집하다; 수정하다
10 장관의; 극적인 11 환상적인, 멋진
12 출판하다 13 축제의 14 외로운, 쓸쓸한
15 긴장한; 긴박한 16 stressful 17 genre
18 dynamic 19 plot 20 fiction 21 active
22 review 23 scary 24 compose
25 romantic 26 cheerful 27 peaceful
28 boring 29 hopeful 30 heartwarming

Days 35-36

1 발랄한, 쾌활한 2 연설가; 사용자 3 방언, 사투리
4 스트레스가 많은 5 비추다; 반영하다, 나타내다
6 구; 구절, 관용구 7 희망에 찬; 희망적인

8 평화로운 9 잠시 멈추다; 멈춤 10 무서운
11 정의하다, 뜻을 명확히 하다
12 이중 언어를 사용하는 13 몸짓; 손[몸]짓을 하다
14 속담 15 펴다, 펼치다; 퍼뜨리다 16 calm
17 spell 18 horrified 19 speech 20 lonely
21 language 22 paragraph 23 sentence
24 dull 25 pronounce 26 express
27 memorize 28 intonation 29 tense
30 conversation

Days 36-37

1 암기하다 2 회전하다; 교대로 하다, 윤작하다
3 갈퀴질을 하다; 갈퀴 4 언어 5 발음하다
6 곡물; 낟알 7 살충제, 농약 8 고르다, 선택하다;
따다 9 토양, 흙 10 표현하다 11 (씨를) 뿌리다
12 경작하다; 재배하다 13 철자를 말하다[쓰다]
14 익은 15 수확; 수확량; 수확하다 16 field
17 define 18 dialect 19 fertilizer
20 farming 21 reflect 22 proverb
23 water 24 seed 25 phrase 26 wheat
27 agriculture 28 crop 29 weed
30 organic

Days 37-38

1 씨, 씨앗 2 내다, 산출하다 3 수출하다; 수출(품)
4 밭 5 벤처 사업, 모험; ~에 걸다 6 요구; 수요;
요구하다 7 상품 8 비료 9 수도; 대문자; 자본금
10 농업 11 작동, 가동 12 농작물 13 제조하다;
제조 14 설립하다 15 조립하다 16 cultivate
17 strategy 18 harvest 19 firm 20 facility
21 grain 22 ripe 23 import 24 labor
25 soil 26 supply 27 industry 28 utilize
29 trade 30 profit

Days 38-39

1 교환; 환전; 교환하다 2 상업; 무역 3 혜택,
이득; ~에게 이익이 되다; 이익을 얻다 4 회사
5 기금; 기금을 대다 6 수입하다; 수입(품) 7 전략
8 재정; 자금 9 감소하다; 감소, 하락 10 시설
11 저축, 저금 12 증가하다; 증가 13 재산; 부동산
14 거래(하다), 무역(하다) 15 빚, 부채 16 yield
17 income 18 market 19 operation
20 budget 21 growth 22 goods
23 assemble 24 found 25 loss 26 wealth
27 deal 28 balance 29 invest 30 account

Days 39-40

1 청구하다; 요금 2 환불 3 균형; 잔고;
균형을 잡다 4 신용 카드 5 할인; 할인하다
6 쓰다; 보내다 7 제품, 상품 8 소득, 수입 9 값,
비용; (비용이) 들다 10 거래, 합의; 다루다, 처리하다
11 분실; 손실, 손해 12 판매되는; 할인 중인
13 꼬리표, 표 14 구매하다; 구매 15 투자하다
16 expensive 17 cash 18 commerce
19 quality 20 customer 21 debt
22 luxury 23 consumer 24 receipt
25 decrease 26 afford 27 property
28 increase 29 expense 30 tax

Days 40-41

1 돈, 비용 2 건강한; 건강에 좋은 3 약; 의학
4 고객, 손님 5 조사하다, 검토하다; 진찰하다
6 치료, 요법 7 현금 8 영수증 9 약; 마약
10 소비자 11 휴식을 취하다; 풀게 하다
12 면역성이 있는, 면역의 13 대하다, 다루다;
치료하다 14 상태; 환경 15 간신히 해내다;
운영[관리]하다 16 product 17 medical
18 discount 19 pill 20 mental 21 prevent
22 refund 23 health 24 reaction
25 purchase 26 cure 27 relieve
28 spend 29 heal 30 activity

Days 41-42

1 고통, 통증 **2** 심장 마비 **3** 활동 **4** 예방하다, 막다 **5** 병, 질병 **6** 의학의, 의료의 **7** 아픈, 병든 **8** 작동되다; 가동하다; 수술하다 **9** 완화하다, 덜어 주다 **10** 심각한, 극심한; 가혹한 **11** 행하다, 실시하다; 공연하다 **12** 치료제, 치료법; 치유하다 **13** 시달리다; 고통받다; 겪다 **14** 수술 **15** 작은, 가벼운 **16** headache **17** immune **18** vomit **19** cancer **20** medicine **21** remedy **22** recover **23** patient **24** sore **25** condition **26** dizzy **27** drug **28** infect **29** stomachache **30** symptom

Days 42-43

1 어지러운 **2** 발생하다, 일어나다 **3** 손상, 피해; 피해를 입히다 **4** 사고; 우연 **5** 응급 처치 **6** 복통, 위통 **7** 설명서; 손으로 하는, 육체 노동의 **8** 상처, 부상; 부상[상처]을 입히다 **9** 구하다, 구출하다; 구출, 구조 **10** 회복되다 **11** 숨 쉬다, 호흡하다 **12** 충돌/추락 사고; 충돌/추락하다 **13** 즉시 **14** 멍, 타박상; 멍이 생기다 **15** 증상 **16** minor **17** disease **18** blood **19** pain **20** bump **21** unexpected **22** urgent **23** surgery **24** donate **25** emergency **26** injure **27** situation **28** severe **29** suffer **30** bandage

Days 43-44

1 피 **2** 대통령; 회장 **3** 긴급한, 시급한 **4** 진보적인 **5** 표; 투표하다 **6** 비상사태 **7** 공화국 **8** 예기치 않은, 뜻밖의 **9** 대다수 **10** 반대하다; 물건; 목적, 목표 **11** ~에 참여[참가]하다 **12** 부상을 입히다 **13** 후보자 **14** 항의하다; 항의; 시위 **15** 개혁하다; 개혁 **16** government **17** bruise **18** occur **19** poll **20** rescue **21** politics **22** run for **23** first aid **24** campaign **25** elect **26** breathe **27** party **28** democracy **29** policy **30** political

Days 44-45

1 대사 **2** 선출하다 **3** 개인의; 개인 **4** ~에 출마하다 **5** 기능, 역할; 기능하다 **6** 출생지의; 토박이의; 원주민의 **7** 정부 **8** 공식적인, 공적인; 공무원 **9** 여론 조사 **10** 신원; 정체성, 독자성 **11** 민주주의 **12** 민족의, 종족의 **13** 대중의; 공공의 **14** 의무; 직무, 임무 **15** 국경 **16** diplomat **17** racial **18** republic **19** authority **20** candidate **21** citizen **22** protest **23** loyal **24** majority **25** protect **26** liberal **27** international **28** organization **29** population **30** tradition

Days 45-46

1 징계하다; 규율, 훈육 **2** 전통 **3** 변호사 **4** 조직, 기구 **5** 법률의; 합법의 **6** 자백하다 **7** 권한; 권위 **8** 인종의 **9** 체포하다; 체포 **10** 형벌, 형; 선고하다 **11** 국민; 시민 **12** 허락, 허가 **13** 정의, 공정; 사법, 재판 **14** 금지, 금지령; 금지하다 **15** 따르다, 순종하다 **16** border **17** regulate **18** accuse **19** guilty **20** jury **21** duty **22** ambassador **23** court **24** allow **25** forbid **26** individual **27** trial **28** permission **29** public **30** custom

Days 46-47

1 사회적인, 사회의 **2** 재판, 공판 **3** 규제하다 **4** 해결하다, 합의를 보다 **5** 허락, 허가 **6** 배심원단 **7** 전 세계적인; 전 세계에 **8** 관습, 풍습 **9** 직면하다; 맞서다 **10** 주제, 쟁점, 문제점 **11** 고투하다, 애쓰다; 투쟁; 분투 **12** 충돌; 충돌하다 **13** 똑같이, 동등하게 **14** 자원하다; 자원봉사자, 지원자 **15** 책임이 있는; 책임지고 있는

16 lawyer 17 declare 18 shelter
19 arrest 20 hostile 21 legal 22 escape
23 poverty 24 sentence 25 unify
26 confess 27 welfare 28 relation
29 mission 30 collective

Days 47-48

1 새벽 2 분; 잠깐, 순간 3 복지 4 과거; 과거의; 이전의 5 낮, 주간 6 피난처 7 잠시; 순간
8 이전의; 예전의, 과거의 9 기간; 시대, 시기
10 통합하다, 통일하다 11 적대적인 12 계속되는, 지속적인 13 현재의; 참석한; 선물; 현재
14 끊임없는; 변함없는 15 가난, 빈곤
16 previous 17 confront 18 temporary
19 ago 20 permanent 21 equally
22 issue 23 (n)owadays 24 social
25 immediate 26 forever 27 recently
28 midnight 29 settle 30 decade

Days 48-49

1 인근의, 가까운; 가까이에(서) 2 가로의, 수평의
3 임시의, 일시적인 4 영구적인 5 뒤바꾸다; (정)반대; (정)반대의 6 앞의, 이전의 7 똑바로; 곧장; 곧은, 똑바른 8 위치; 자세; 입장 9 즉각적인
10 맨 아래쪽의; 맨 아래; 바닥 11 수직의, 세로의
12 위층으로; 위층 13 반점; 곳, 장소 14 10년
15 내부의; 체내의 16 space 17 external
18 direction 19 apart 20 continuous
21 aside 22 dawn 23 past 24 ahead
25 former 26 forward 27 period
28 distant 29 backward 30 upper

Days 49-50

1 곱하다; 증가하다 2 1/4; 25센트짜리 동전
3 앞으로 4 ~이다, 같다; 동일한; 동등한
5 외부의; 외부적인 6 부족, 결핍; ~이 없다, 부족하다 7 덧셈; 추가 8 더 위에 있는, 위쪽의
9 단 하나의; 1인용의 10 한쪽으로, 옆쪽에
11 이상한; 홀수의 12 공간 13 평평한; 짝수의
14 분할; 분배; 나눗셈 15 12개짜리 한 묶음; 다수, 수십 16 calculate 17 subtract
18 vertical 19 plural 20 figure 21 straight
22 exceed 23 spot 24 extra 25 scarce
26 internal 27 sufficient 28 quantity
29 upstairs 30 rich

나만의 학습 플래너

Day 1 | Date 년 월 일

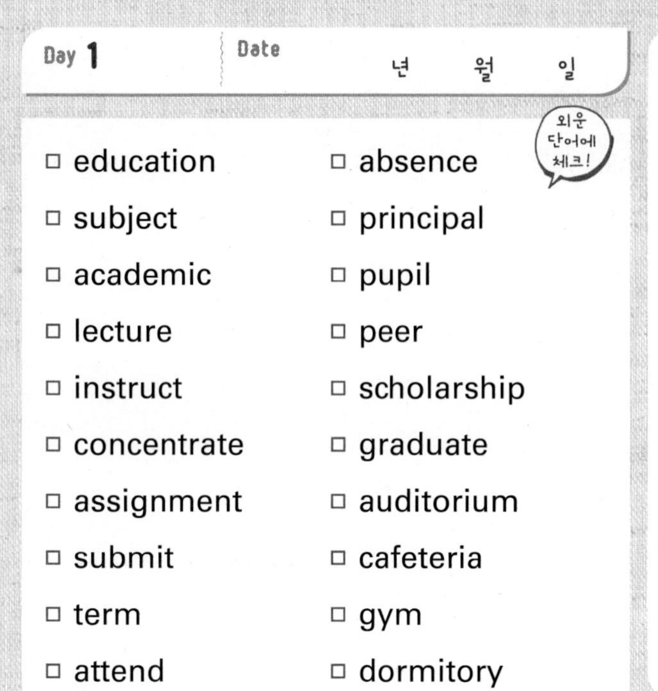

- ☐ education
- ☐ subject
- ☐ academic
- ☐ lecture
- ☐ instruct
- ☐ concentrate
- ☐ assignment
- ☐ submit
- ☐ term
- ☐ attend
- ☐ absence
- ☐ principal
- ☐ pupil
- ☐ peer
- ☐ scholarship
- ☐ graduate
- ☐ auditorium
- ☐ cafeteria
- ☐ gym
- ☐ dormitory

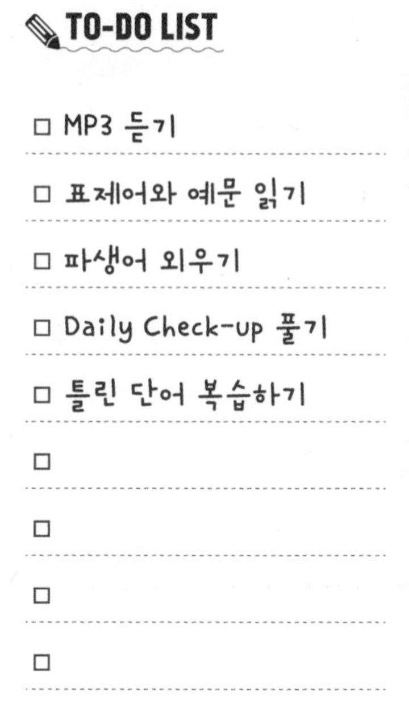

TO-DO LIST

- ☐ MP3 듣기
- ☐ 표제어와 예문 읽기
- ☐ 파생어 외우기
- ☐ Daily Check-up 풀기
- ☐ 틀린 단어 복습하기
- ☐
- ☐
- ☐
- ☐

★ 새로 알게 된 단어

★ 아직 못 외운 단어

Day 2 | Date 년 월 일

- ☐ workplace
- ☐ apply
- ☐ employ
- ☐ employer
- ☐ employee
- ☐ commute
- ☐ wage
- ☐ task
- ☐ department
- ☐ staff
- ☐ chief
- ☐ senior
- ☐ colleague
- ☐ cooperate
- ☐ assist
- ☐ career
- ☐ promote
- ☐ professional
- ☐ expert
- ☐ retire

TO-DO LIST

- ☐ MP3 듣기
- ☐ 표제어와 예문 읽기
- ☐ 파생어 외우기
- ☐ Daily Check-up 풀기
- ☐ 누적 테스트 풀기
- ☐ 틀린 단어 복습하기
- ☐
- ☐
- ☐

★ 새로 알게 된 단어

★ 아직 못 외운 단어

Day 3 | Date 년 월 일

- □ occupation
- □ politician
- □ officer
- □ accountant
- □ astronaut
- □ pilot
- □ announcer
- □ interpreter
- □ translator
- □ musician
- □ photographer
- □ director
- □ architect
- □ firefighter
- □ mechanic
- □ engineer
- □ receptionist
- □ secretary
- □ counselor
- □ salesperson

TO-DO LIST

- □ MP3 듣기
- □ 표제어와 예문 읽기
- □ 파생어 외우기
- □ Daily Check-up 풀기
- □ 누적 테스트 풀기
- □ 틀린 단어 복습하기
- □
- □
- □

★ 새로 알게 된 단어

★ 아직 못 외운 단어

Day 4 | Date 년 월 일

- □ communicate
- □ message
- □ mention
- □ comment
- □ refer
- □ remark
- □ misunderstand
- □ controversy
- □ conflict
- □ against
- □ oppose
- □ complain
- □ yell
- □ debate
- □ negotiate
- □ consult
- □ admit
- □ respond
- □ apology
- □ resolve

TO-DO LIST

- □ MP3 듣기
- □ 표제어와 예문 읽기
- □ 파생어 외우기
- □ Daily Check-up 풀기
- □ 누적 테스트 풀기
- □ Review Test 풀기
- □ 틀린 단어 복습하기
- □
- □

★ 새로 알게 된 단어

★ 아직 못 외운 단어

Day 5

Date 년 월 일

- □ infant
- □ toddler
- □ childhood
- □ teenager
- □ adult
- □ elderly
- □ bride
- □ bridegroom
- □ marriage
- □ divorce
- □ pregnant
- □ give birth to
- □ take care of
- □ feed
- □ adopt
- □ relative
- □ cousin
- □ nephew
- □ niece
- □ ancestor

TO-DO LIST

- □ MP3 듣기
- □ 표제어와 예문 읽기
- □ 파생어 외우기
- □ Daily Check-up 풀기
- □ 누적 테스트 풀기
- □ 틀린 단어 복습하기
- □
- □
- □

★ 새로 알게 된 단어

★ 아직 못 외운 단어

Day 6

Date 년 월 일

- □ housework
- □ routine
- □ chore
- □ make one's bed
- □ set the table
- □ do the dishes
- □ laundry
- □ iron
- □ dust
- □ broom
- □ sweep
- □ scrub
- □ wipe
- □ vacuum
- □ messy
- □ tidy
- □ arrange
- □ mend
- □ throw away
- □ trash

TO-DO LIST

- □ MP3 듣기
- □ 표제어와 예문 읽기
- □ 파생어 외우기
- □ Daily Check-up 풀기
- □ 누적 테스트 풀기
- □ 틀린 단어 복습하기
- □
- □
- □

★ 새로 알게 된 단어

★ 아직 못 외운 단어

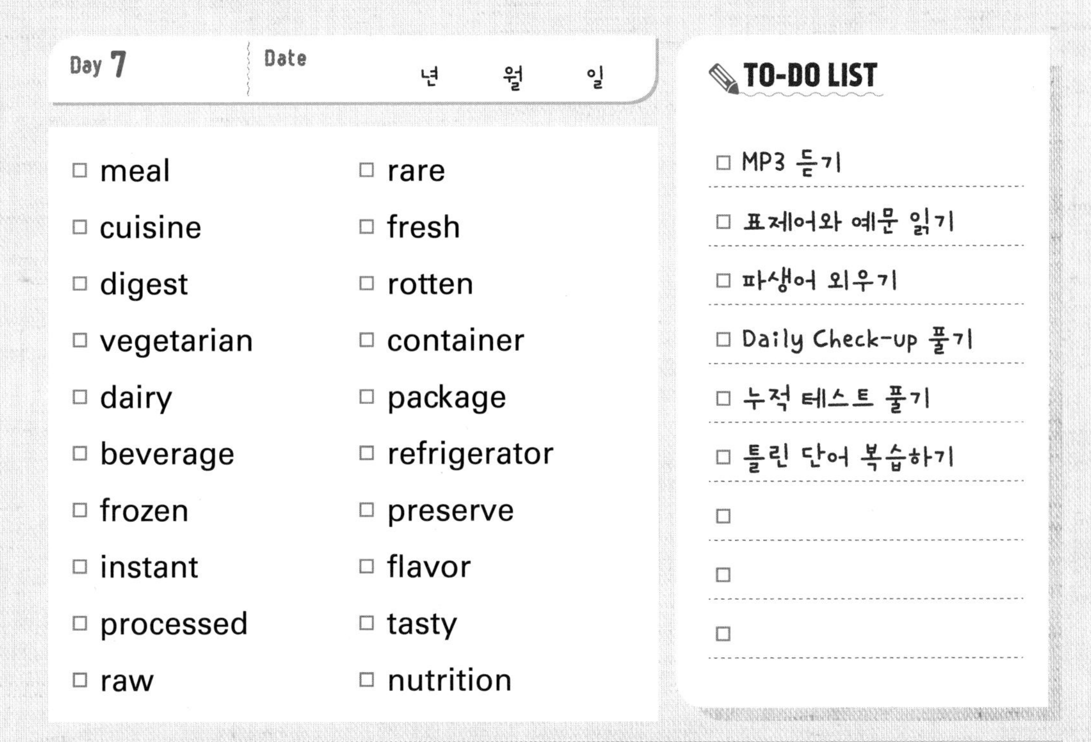

Day 7 | Date 년 월 일

- □ meal
- □ cuisine
- □ digest
- □ vegetarian
- □ dairy
- □ beverage
- □ frozen
- □ instant
- □ processed
- □ raw
- □ rare
- □ fresh
- □ rotten
- □ container
- □ package
- □ refrigerator
- □ preserve
- □ flavor
- □ tasty
- □ nutrition

TO-DO LIST

- □ MP3 듣기
- □ 표제어와 예문 읽기
- □ 파생어 외우기
- □ Daily Check-up 풀기
- □ 누적 테스트 풀기
- □ 틀린 단어 복습하기
- □
- □
- □

★ 새로 알게 된 단어

★ 아직 못 외운 단어

Day 8 | Date 년 월 일

- □ prepare
- □ ingredient
- □ measure
- □ peel
- □ slice
- □ chop
- □ pour
- □ mix
- □ blend
- □ stir
- □ grind
- □ add
- □ boil
- □ simmer
- □ grill
- □ roast
- □ bake
- □ steam
- □ seasoning
- □ decorate

TO-DO LIST

- □ MP3 듣기
- □ 표제어와 예문 읽기
- □ 파생어 외우기
- □ Daily Check-up 풀기
- □ 누적 테스트 풀기
- □ Review Test 풀기
- □ 틀린 단어 복습하기
- □
- □

★ 새로 알게 된 단어

★ 아직 못 외운 단어

Day 9

Date 년 월 일

- ☐ skull
- ☐ forehead
- ☐ eyebrow
- ☐ cheek
- ☐ chin
- ☐ gum
- ☐ tongue
- ☐ throat
- ☐ chest
- ☐ breast
- ☐ buttock
- ☐ thigh
- ☐ knee
- ☐ muscle
- ☐ palm
- ☐ organ
- ☐ stomach
- ☐ kidney
- ☐ liver
- ☐ lung

TO-DO LIST

- ☐ MP3 듣기
- ☐ 표제어와 예문 읽기
- ☐ 파생어 외우기
- ☐ Daily Check-up 풀기
- ☐ 누적 테스트 풀기
- ☐ 틀린 단어 복습하기
- ☐
- ☐
- ☐

★ 새로 알게 된 단어

★ 아직 못 외운 단어

Day 10

Date 년 월 일

- ☐ ascend
- ☐ descend
- ☐ creep
- ☐ stretch
- ☐ kneel
- ☐ bend
- ☐ bounce
- ☐ roll
- ☐ lay
- ☐ fold
- ☐ bind
- ☐ squeeze
- ☐ dig
- ☐ pull
- ☐ drag
- ☐ lift
- ☐ frown
- ☐ blow
- ☐ blink
- ☐ chew

TO-DO LIST

- ☐ MP3 듣기
- ☐ 표제어와 예문 읽기
- ☐ 파생어 외우기
- ☐ Daily Check-up 풀기
- ☐ 누적 테스트 풀기
- ☐ 틀린 단어 복습하기
- ☐
- ☐
- ☐

★ 새로 알게 된 단어

★ 아직 못 외운 단어

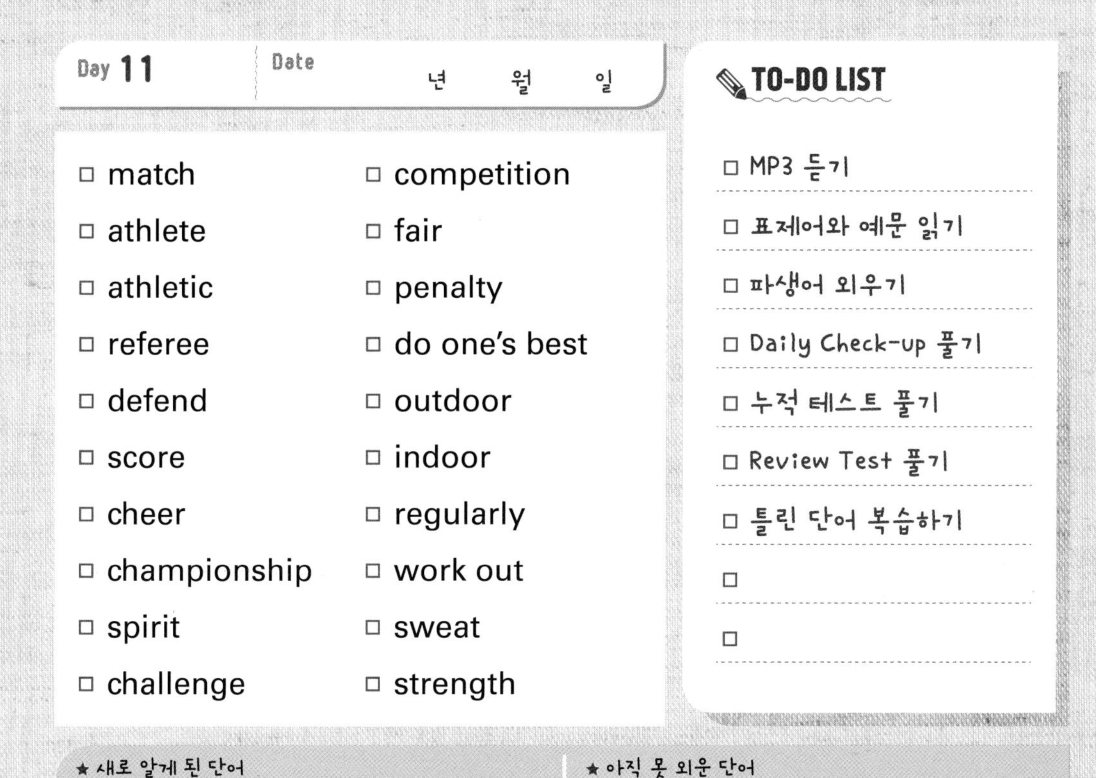

Day **11** | Date 년 월 일

- □ match
- □ athlete
- □ athletic
- □ referee
- □ defend
- □ score
- □ cheer
- □ championship
- □ spirit
- □ challenge
- □ competition
- □ fair
- □ penalty
- □ do one's best
- □ outdoor
- □ indoor
- □ regularly
- □ work out
- □ sweat
- □ strength

TO-DO LIST

- □ MP3 듣기
- □ 표제어와 예문 읽기
- □ 파생어 외우기
- □ Daily Check-up 풀기
- □ 누적 테스트 풀기
- □ Review Test 풀기
- □ 틀린 단어 복습하기
- □
- □

★ 새로 알게 된 단어

★ 아직 못 외운 단어

Day **12** | Date 년 월 일

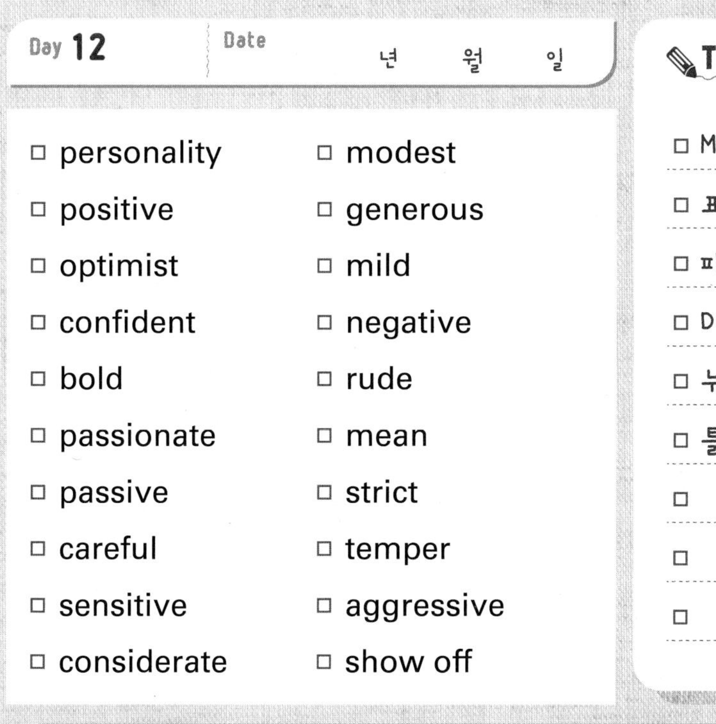

- □ personality
- □ positive
- □ optimist
- □ confident
- □ bold
- □ passionate
- □ passive
- □ careful
- □ sensitive
- □ considerate
- □ modest
- □ generous
- □ mild
- □ negative
- □ rude
- □ mean
- □ strict
- □ temper
- □ aggressive
- □ show off

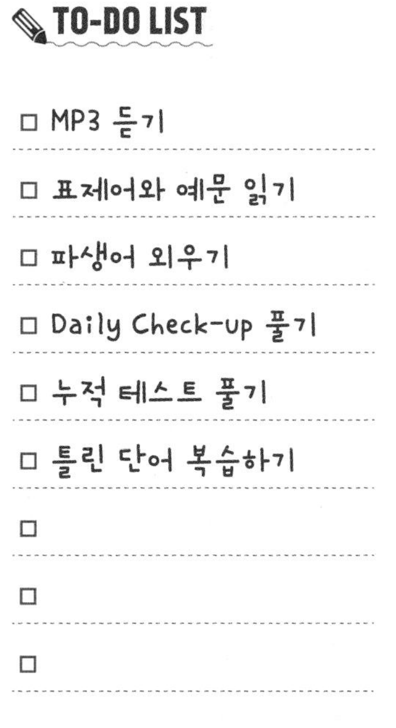

TO-DO LIST

- □ MP3 듣기
- □ 표제어와 예문 읽기
- □ 파생어 외우기
- □ Daily Check-up 풀기
- □ 누적 테스트 풀기
- □ 틀린 단어 복습하기
- □
- □
- □

★ 새로 알게 된 단어

★ 아직 못 외운 단어

Day 13

Date 년 월 일

- ☐ emotion
- ☐ mood
- ☐ delight
- ☐ satisfied
- ☐ sorrow
- ☐ depressed
- ☐ concerned
- ☐ comfort
- ☐ sincere
- ☐ sympathy
- ☐ grateful
- ☐ embarrassed
- ☐ ashamed
- ☐ envy
- ☐ offend
- ☐ regret
- ☐ nervous
- ☐ tension
- ☐ anxious
- ☐ frightened

TO-DO LIST

- ☐ MP3 듣기
- ☐ 표제어와 예문 읽기
- ☐ 파생어 외우기
- ☐ Daily Check-up 풀기
- ☐ 누적 테스트 풀기
- ☐ 틀린 단어 복습하기
- ☐
- ☐
- ☐

★ 새로 알게 된 단어

★ 아직 못 외운 단어

Day 14

Date 년 월 일

- ☐ reason
- ☐ logic
- ☐ imagine
- ☐ expect
- ☐ consider
- ☐ probably
- ☐ suppose
- ☐ conscious
- ☐ perceive
- ☐ recognize
- ☐ recall
- ☐ remind
- ☐ memory
- ☐ compare
- ☐ contrast
- ☐ view
- ☐ sensible
- ☐ realize
- ☐ judge
- ☐ conclude

TO-DO LIST

- ☐ MP3 듣기
- ☐ 표제어와 예문 읽기
- ☐ 파생어 외우기
- ☐ Daily Check-up 풀기
- ☐ 누적 테스트 풀기
- ☐ 틀린 단어 복습하기
- ☐
- ☐
- ☐

★ 새로 알게 된 단어

★ 아직 못 외운 단어

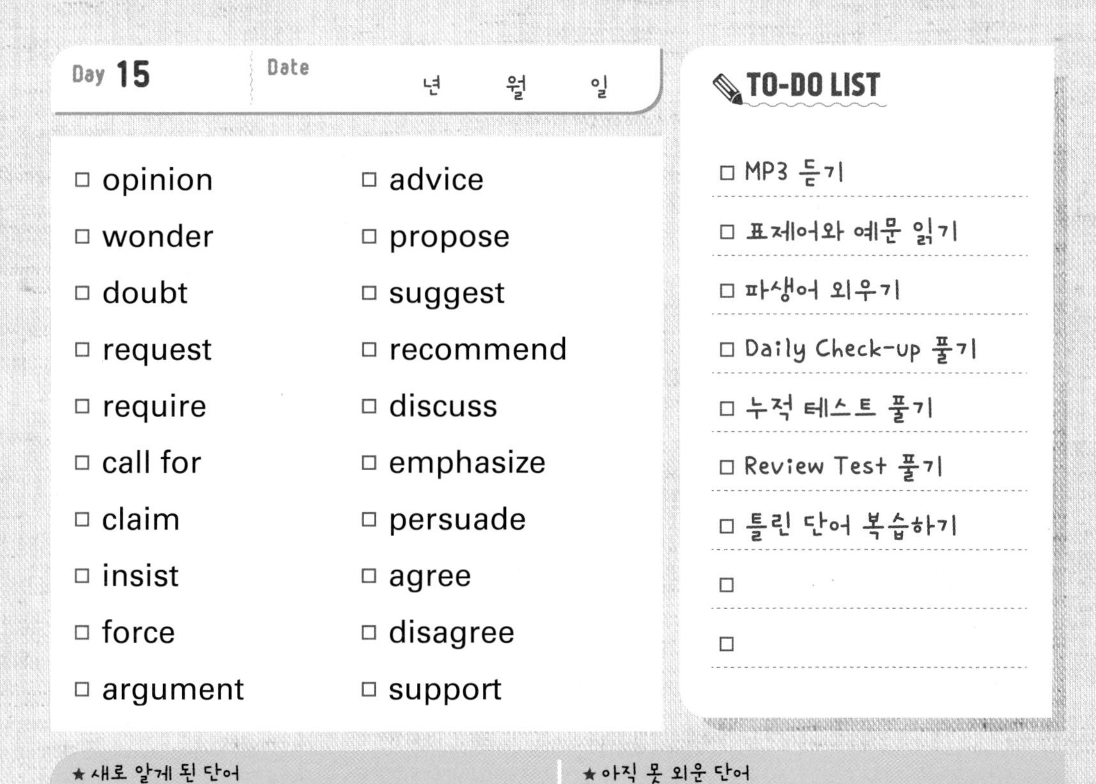

★ 새로 알게 된 단어

★ 아직 못 외운 단어

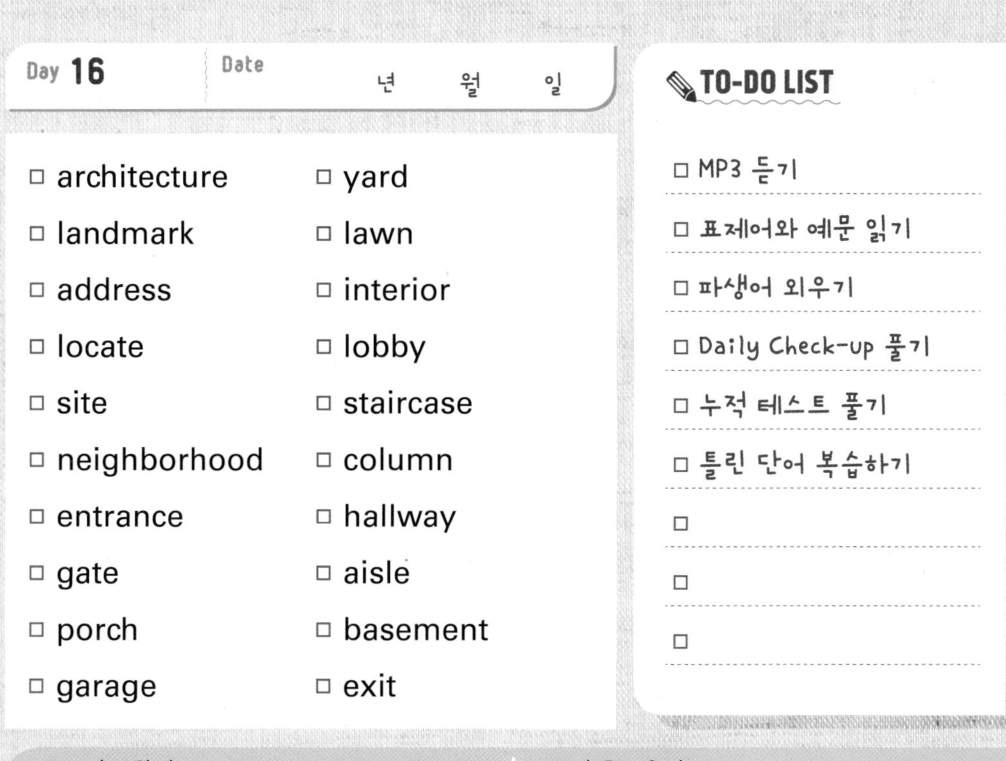

★ 새로 알게 된 단어

★ 아직 못 외운 단어

Day 17 | Date 년 월 일

□ highway
□ crossroad
□ crosswalk
□ sidewalk
□ pedestrian
□ traffic light
□ automobile
□ brake
□ engine
□ wheel
□ electric
□ seatbelt
□ steer
□ license
□ accelerate
□ recharge
□ gas station
□ pick up
□ flat
□ parking lot

TO-DO LIST

□ MP3 듣기
□ 표제어와 예문 읽기
□ 파생어 외우기
□ Daily Check-up 풀기
□ 누적 테스트 풀기
□ 틀린 단어 복습하기
□
□
□

★새로 알게 된 단어

★아직 못 외운 단어

Day 18 | Date 년 월 일

□ traffic
□ vehicle
□ passenger
□ transport
□ transfer
□ fare
□ flight
□ aircraft
□ ferry
□ crew
□ cabin
□ deck
□ board
□ take off
□ delay
□ via
□ route
□ land
□ destination
□ journey

TO-DO LIST

□ MP3 듣기
□ 표제어와 예문 읽기
□ 파생어 외우기
□ Daily Check-up 풀기
□ 누적 테스트 풀기
□ 틀린 단어 복습하기
□
□
□

★새로 알게 된 단어

★아직 못 외운 단어

Day **19** Date 년 월 일

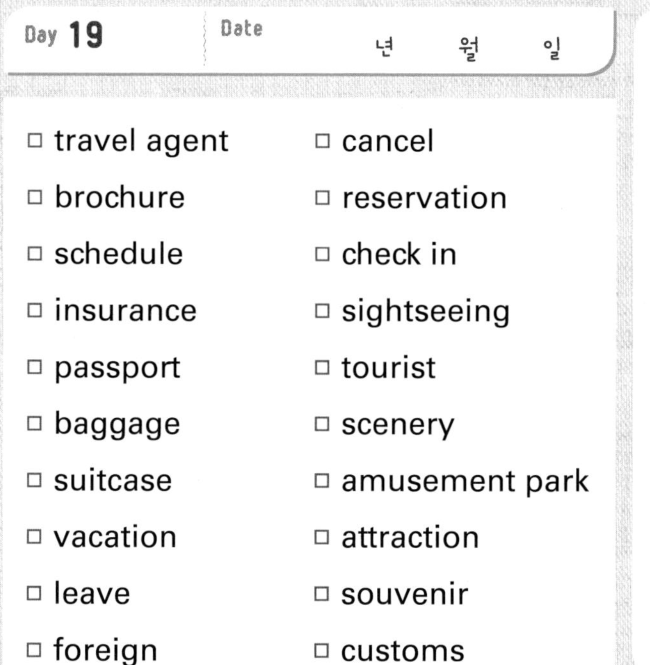

- ☐ travel agent
- ☐ brochure
- ☐ schedule
- ☐ insurance
- ☐ passport
- ☐ baggage
- ☐ suitcase
- ☐ vacation
- ☐ leave
- ☐ foreign
- ☐ cancel
- ☐ reservation
- ☐ check in
- ☐ sightseeing
- ☐ tourist
- ☐ scenery
- ☐ amusement park
- ☐ attraction
- ☐ souvenir
- ☐ customs

TO-DO LIST

- ☐ MP3 듣기
- ☐ 표제어와 예문 읽기
- ☐ 파생어 외우기
- ☐ Daily Check-up 풀기
- ☐ 누적 테스트 풀기
- ☐ Review Test 풀기
- ☐ 틀린 단어 복습하기
- ☐
- ☐

★새로 알게 된 단어

★아직 못 외운 단어

Day **20** Date 년 월 일

- ☐ fine art
- ☐ artwork
- ☐ sculpture
- ☐ masterpiece
- ☐ craft
- ☐ creation
- ☐ imaginative
- ☐ abstract
- ☐ original
- ☐ exhibition
- ☐ display
- ☐ performance
- ☐ classical
- ☐ stage
- ☐ audience
- ☐ appreciate
- ☐ impression
- ☐ inspire
- ☐ value
- ☐ critic

TO-DO LIST

- ☐ MP3 듣기
- ☐ 표제어와 예문 읽기
- ☐ 파생어 외우기
- ☐ Daily Check-up 풀기
- ☐ 누적 테스트 풀기
- ☐ 틀린 단어 복습하기
- ☐
- ☐
- ☐

★새로 알게 된 단어

★아직 못 외운 단어

Day 21

Date 년 월 일

- □ broadcast
- □ press
- □ advertise
- □ entertainment
- □ trend
- □ celebrity
- □ fame
- □ script
- □ visual
- □ mass media
- □ journal
- □ journalist
- □ headline
- □ article
- □ current
- □ feature
- □ affect
- □ powerful
- □ monitor
- □ knowledge

TO-DO LIST

- □ MP3 듣기
- □ 표제어와 예문 읽기
- □ 파생어 외우기
- □ Daily Check-up 풀기
- □ 누적 테스트 풀기
- □ 틀린 단어 복습하기
- □
- □
- □

★새로 알게 된 단어

★아직 못 외운 단어

Day 22

Date 년 월 일

- □ jewelry
- □ bracelet
- □ handkerchief
- □ backpack
- □ wallet
- □ casual
- □ formal
- □ loose
- □ tight
- □ neat
- □ leather
- □ fabric
- □ clothes
- □ costume
- □ suit
- □ uniform
- □ knit
- □ trousers
- □ vest
- □ sleeve

TO-DO LIST

- □ MP3 듣기
- □ 표제어와 예문 읽기
- □ 파생어 외우기
- □ Daily Check-up 풀기
- □ 누적 테스트 풀기
- □ Review Test 풀기
- □ 틀린 단어 복습하기
- □
- □

★새로 알게 된 단어

★아직 못 외운 단어

Day 23

Date 년 월 일

- □ natural
- □ continent
- □ ocean
- □ marine
- □ coast
- □ ecosystem
- □ species
- □ wildlife
- □ habitat
- □ tropical
- □ rainforest
- □ desert
- □ polar
- □ disaster
- □ phenomenon
- □ earthquake
- □ volcano
- □ typhoon
- □ flood
- □ drought

TO-DO LIST

- □ MP3 듣기
- □ 표제어와 예문 읽기
- □ 파생어 외우기
- □ Daily Check-up 풀기
- □ 누적 테스트 풀기
- □ 틀린 단어 복습하기
- □
- □
- □

★ 새로 알게 된 단어

★ 아직 못 외운 단어

Day 24

Date 년 월 일

- □ weather
- □ forecast
- □ predict
- □ climate
- □ foggy
- □ dew
- □ hail
- □ rainfall
- □ snowstorm
- □ lightning
- □ thunder
- □ breeze
- □ temperature
- □ degree
- □ thermometer
- □ moisture
- □ evaporate
- □ humid
- □ melt
- □ freeze

TO-DO LIST

- □ MP3 듣기
- □ 표제어와 예문 읽기
- □ 파생어 외우기
- □ Daily Check-up 풀기
- □ 누적 테스트 풀기
- □ 틀린 단어 복습하기
- □
- □
- □

★ 새로 알게 된 단어

★ 아직 못 외운 단어

Day 25 | Date 년 월 일

- □ environmental
- □ conservation
- □ protection
- □ resource
- □ pollution
- □ poisonous
- □ exhaust
- □ overuse
- □ waste
- □ garbage
- □ carbon
- □ endangered
- □ greenhouse
- □ shortage
- □ acid
- □ dispose
- □ recycle
- □ reuse
- □ reduce
- □ renewable

TO-DO LIST

- □ MP3 듣기
- □ 표제어와 예문 읽기
- □ 파생어 외우기
- □ Daily Check-up 풀기
- □ 누적 테스트 풀기
- □ 틀린 단어 복습하기
- □
- □
- □

★새로 알게 된 단어

★아직 못 외운 단어

Day 26 | Date 년 월 일

- □ fuel
- □ coal
- □ fossil
- □ run out of
- □ finite
- □ crisis
- □ cut down
- □ alternative
- □ solar
- □ tidal
- □ vapor
- □ nuclear
- □ abundant
- □ efficient
- □ electricity
- □ generate
- □ transform
- □ flow
- □ power plant
- □ windmill

TO-DO LIST

- □ MP3 듣기
- □ 표제어와 예문 읽기
- □ 파생어 외우기
- □ Daily Check-up 풀기
- □ 누적 테스트 풀기
- □ Review Test 풀기
- □ 틀린 단어 복습하기
- □
- □

★새로 알게 된 단어

★아직 못 외운 단어

Day 27

Date 년 월 일

- □ historic
- □ historical
- □ ancient
- □ era
- □ document
- □ heritage
- □ civilization
- □ empire
- □ dynasty
- □ royal
- □ noble
- □ conquer
- □ establish
- □ rule
- □ colony
- □ slave
- □ liberty
- □ pioneer
- □ independence
- □ revolution

TO-DO LIST

- □ MP3 듣기
- □ 표제어와 예문 읽기
- □ 파생어 외우기
- □ Daily Check-up 풀기
- □ 누적 테스트 풀기
- □ 틀린 단어 복습하기
- □
- □
- □

★새로 알게 된 단어

★아직 못 외운 단어

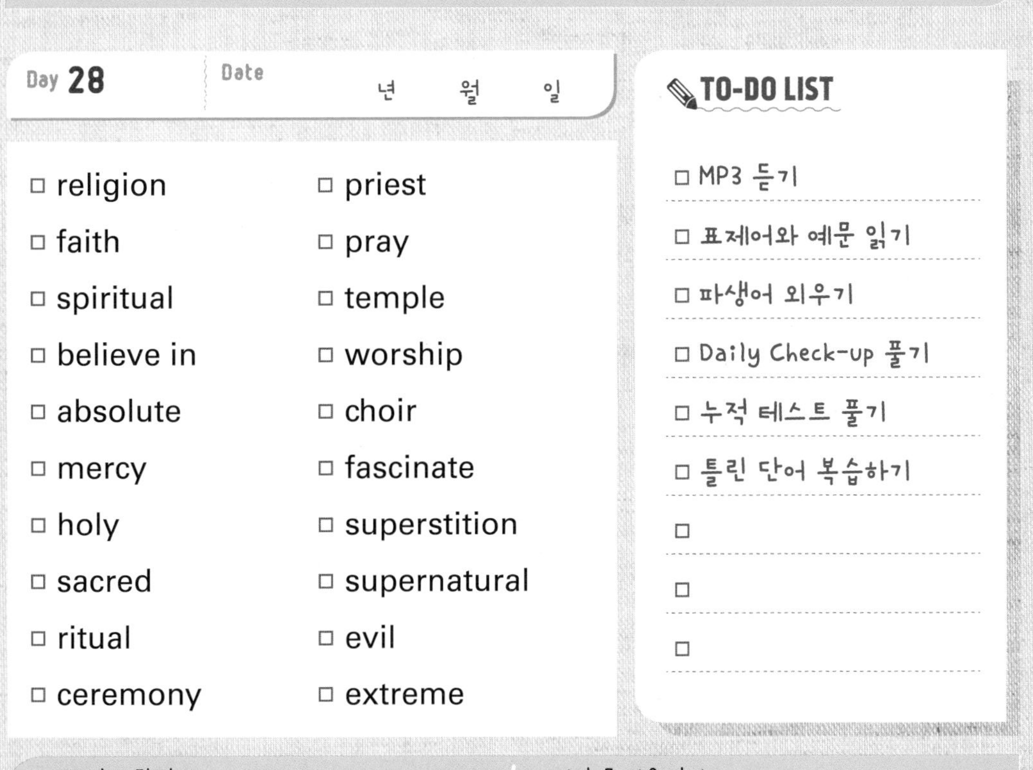

Day 28

Date 년 월 일

- □ religion
- □ faith
- □ spiritual
- □ believe in
- □ absolute
- □ mercy
- □ holy
- □ sacred
- □ ritual
- □ ceremony
- □ priest
- □ pray
- □ temple
- □ worship
- □ choir
- □ fascinate
- □ superstition
- □ supernatural
- □ evil
- □ extreme

TO-DO LIST

- □ MP3 듣기
- □ 표제어와 예문 읽기
- □ 파생어 외우기
- □ Daily Check-up 풀기
- □ 누적 테스트 풀기
- □ 틀린 단어 복습하기
- □
- □
- □

★새로 알게 된 단어

★아직 못 외운 단어

Day 29

Date 년 월 일

- □ war
- □ military
- □ troop
- □ soldier
- □ battle
- □ enemy
- □ invade
- □ command
- □ attack
- □ bomb
- □ explode
- □ weapon
- □ bullet
- □ defense
- □ defeat
- □ occupy
- □ victim
- □ victory
- □ unite
- □ memorial

TO-DO LIST

- □ MP3 듣기
- □ 표제어와 예문 읽기
- □ 파생어 외우기
- □ Daily Check-up 풀기
- □ 누적 테스트 풀기
- □ Review Test 풀기
- □ 틀린 단어 복습하기
- □
- □

★ 새로 알게 된 단어

★ 아직 못 외운 단어

Day 30

Date 년 월 일

- □ scientific
- □ physics
- □ chemistry
- □ atom
- □ interact
- □ biology
- □ evolve
- □ gene
- □ cell
- □ laboratory
- □ project
- □ curiosity
- □ experiment
- □ material
- □ conduct
- □ method
- □ microscope
- □ theory
- □ prove
- □ principle

TO-DO LIST

- □ MP3 듣기
- □ 표제어와 예문 읽기
- □ 파생어 외우기
- □ Daily Check-up 풀기
- □ 누적 테스트 풀기
- □ 틀린 단어 복습하기
- □
- □
- □

★ 새로 알게 된 단어

★ 아직 못 외운 단어

Day 31 | Date 년 월 일

- ☐ universe
- ☐ outer space
- ☐ galaxy
- ☐ solar system
- ☐ planet
- ☐ spin
- ☐ astronomy
- ☐ astronomer
- ☐ satellite
- ☐ spacecraft
- ☐ space station
- ☐ explore
- ☐ footprint
- ☐ telescope
- ☐ observe
- ☐ atmosphere
- ☐ gravity
- ☐ surface
- ☐ lunar
- ☐ oxygen

TO-DO LIST

- ☐ MP3 듣기
- ☐ 표제어와 예문 읽기
- ☐ 파생어 외우기
- ☐ Daily Check-up 풀기
- ☐ 누적 테스트 풀기
- ☐ 틀린 단어 복습하기
- ☐
- ☐
- ☐

★ 새로 알게 된 단어

★ 아직 못 외운 단어

Day 32 | Date 년 월 일

- ☐ technology
- ☐ advance
- ☐ progress
- ☐ technician
- ☐ precise
- ☐ virtual
- ☐ artificial
- ☐ innovation
- ☐ device
- ☐ equipment
- ☐ electronic
- ☐ mobile
- ☐ portable
- ☐ convenient
- ☐ research
- ☐ analyze
- ☐ database
- ☐ process
- ☐ replace
- ☐ improve

TO-DO LIST

- ☐ MP3 듣기
- ☐ 표제어와 예문 읽기
- ☐ 파생어 외우기
- ☐ Daily Check-up 풀기
- ☐ 누적 테스트 풀기
- ☐ 틀린 단어 복습하기
- ☐
- ☐
- ☐

★ 새로 알게 된 단어

★ 아직 못 외운 단어

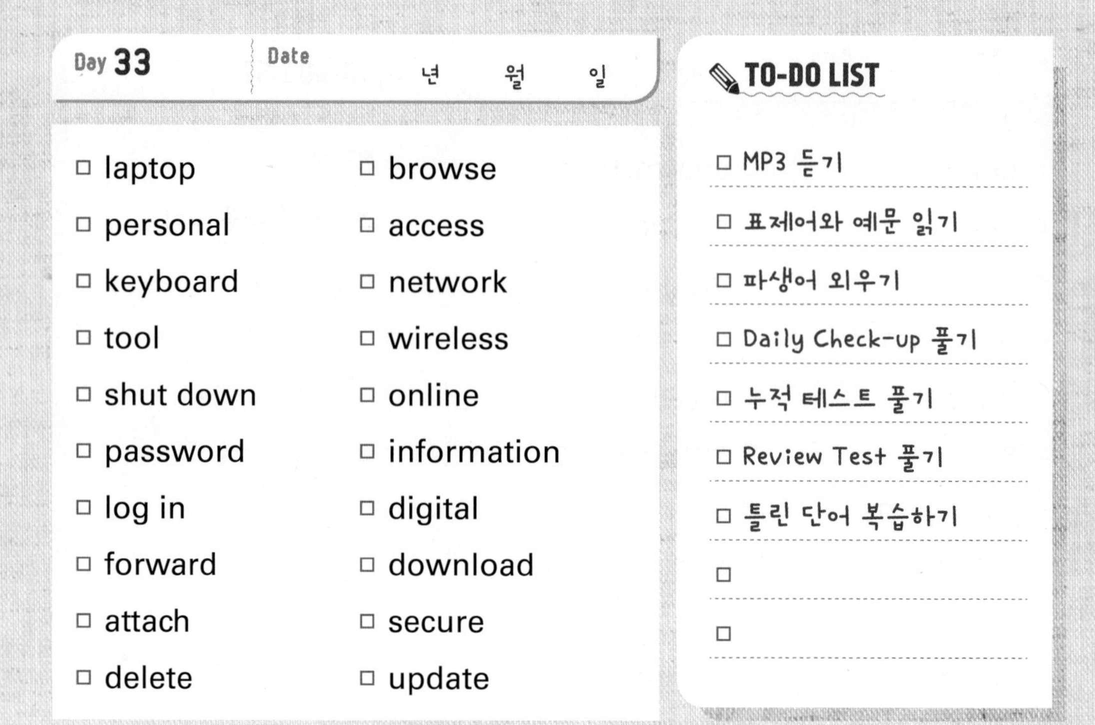

Day 33 Date 년 월 일

- □ laptop
- □ personal
- □ keyboard
- □ tool
- □ shut down
- □ password
- □ log in
- □ forward
- □ attach
- □ delete
- □ browse
- □ access
- □ network
- □ wireless
- □ online
- □ information
- □ digital
- □ download
- □ secure
- □ update

TO-DO LIST

- □ MP3 듣기
- □ 표제어와 예문 읽기
- □ 파생어 외우기
- □ Daily Check-up 풀기
- □ 누적 테스트 풀기
- □ Review Test 풀기
- □ 틀린 단어 복습하기
- □
- □

★ 새로 알게 된 단어

★ 아직 못 외운 단어

Day 34 Date 년 월 일

- □ literature
- □ publish
- □ genre
- □ fiction
- □ poetry
- □ biography
- □ tale
- □ fantasy
- □ tragedy
- □ plot
- □ setting
- □ compose
- □ author
- □ content
- □ context
- □ edit
- □ editor
- □ version
- □ review
- □ copyright

TO-DO LIST

- □ MP3 듣기
- □ 표제어와 예문 읽기
- □ 파생어 외우기
- □ Daily Check-up 풀기
- □ 누적 테스트 풀기
- □ 틀린 단어 복습하기
- □
- □
- □

★ 새로 알게 된 단어

★ 아직 못 외운 단어

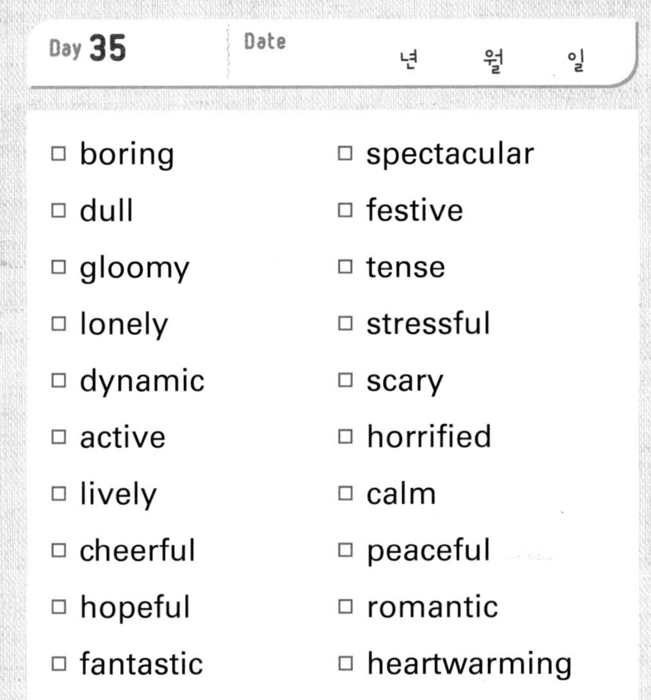

Day 35

Date 년 월 일

- □ boring
- □ dull
- □ gloomy
- □ lonely
- □ dynamic
- □ active
- □ lively
- □ cheerful
- □ hopeful
- □ fantastic
- □ spectacular
- □ festive
- □ tense
- □ stressful
- □ scary
- □ horrified
- □ calm
- □ peaceful
- □ romantic
- □ heartwarming

TO-DO LIST

- □ MP3 듣기
- □ 표제어와 예문 읽기
- □ 파생어 외우기
- □ Daily Check-up 풀기
- □ 누적 테스트 풀기
- □ 틀린 단어 복습하기
- □
- □
- □

★ 새로 알게 된 단어

★ 아직 못 외운 단어

Day 36

Date 년 월 일

- □ language
- □ phrase
- □ sentence
- □ paragraph
- □ conversation
- □ dialect
- □ proverb
- □ speech
- □ speaker
- □ gesture
- □ pause
- □ spread
- □ reflect
- □ pronounce
- □ bilingual
- □ spell
- □ express
- □ memorize
- □ define
- □ intonation

TO-DO LIST

- □ MP3 듣기
- □ 표제어와 예문 읽기
- □ 파생어 외우기
- □ Daily Check-up 풀기
- □ 누적 테스트 풀기
- □ Review Test 풀기
- □ 틀린 단어 복습하기
- □
- □

★ 새로 알게 된 단어

★ 아직 못 외운 단어

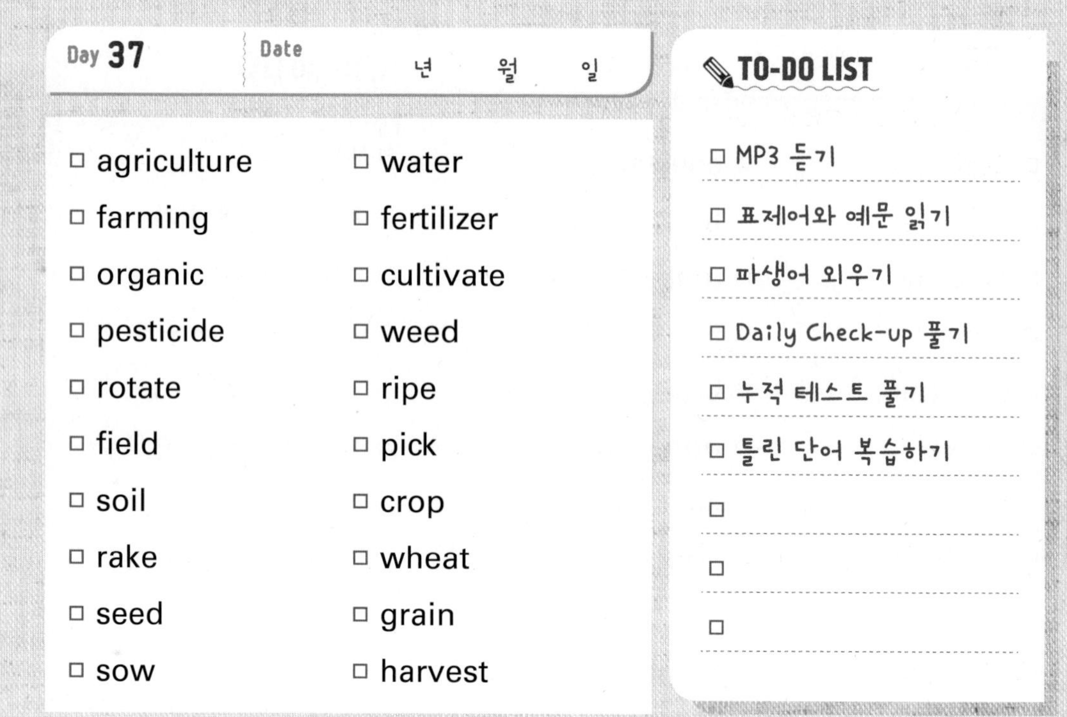

Day 37 | Date 년 월 일

- ☐ agriculture
- ☐ farming
- ☐ organic
- ☐ pesticide
- ☐ rotate
- ☐ field
- ☐ soil
- ☐ rake
- ☐ seed
- ☐ sow
- ☐ water
- ☐ fertilizer
- ☐ cultivate
- ☐ weed
- ☐ ripe
- ☐ pick
- ☐ crop
- ☐ wheat
- ☐ grain
- ☐ harvest

TO-DO LIST

- ☐ MP3 듣기
- ☐ 표제어와 예문 읽기
- ☐ 파생어 외우기
- ☐ Daily Check-up 풀기
- ☐ 누적 테스트 풀기
- ☐ 틀린 단어 복습하기
- ☐
- ☐
- ☐

★ 새로 알게 된 단어

★ 아직 못 외운 단어

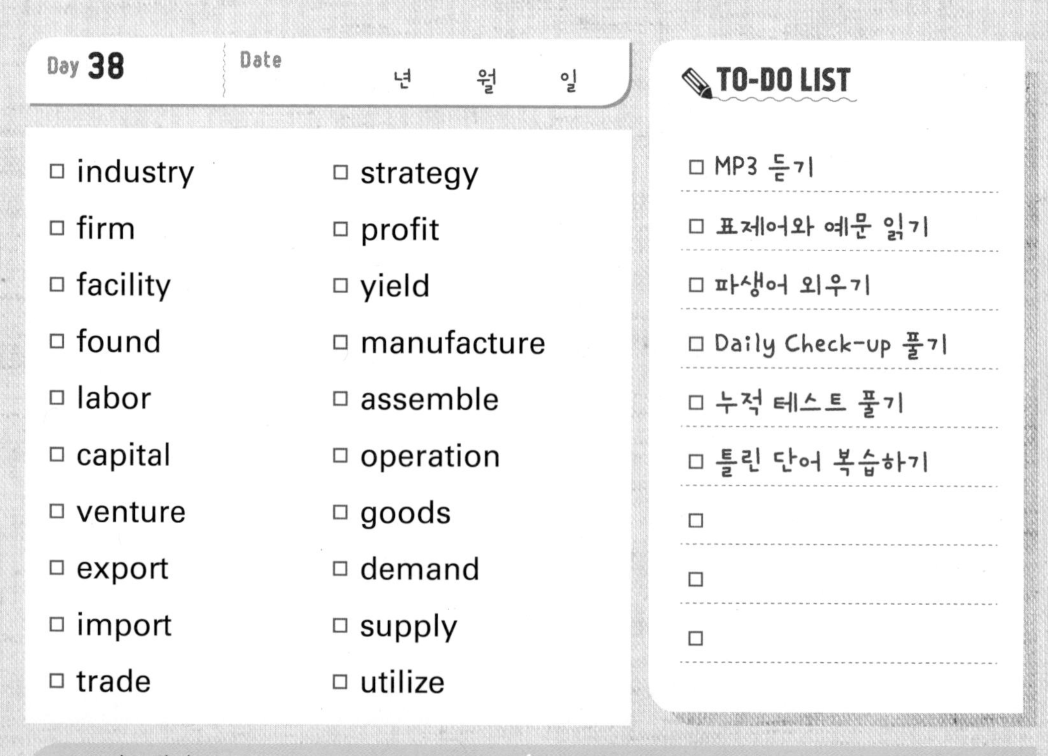

Day 38 | Date 년 월 일

- ☐ industry
- ☐ firm
- ☐ facility
- ☐ found
- ☐ labor
- ☐ capital
- ☐ venture
- ☐ export
- ☐ import
- ☐ trade
- ☐ strategy
- ☐ profit
- ☐ yield
- ☐ manufacture
- ☐ assemble
- ☐ operation
- ☐ goods
- ☐ demand
- ☐ supply
- ☐ utilize

TO-DO LIST

- ☐ MP3 듣기
- ☐ 표제어와 예문 읽기
- ☐ 파생어 외우기
- ☐ Daily Check-up 풀기
- ☐ 누적 테스트 풀기
- ☐ 틀린 단어 복습하기
- ☐
- ☐
- ☐

★ 새로 알게 된 단어

★ 아직 못 외운 단어

Day 39

Date 년 월 일

- ☐ account
- ☐ balance
- ☐ savings
- ☐ property
- ☐ wealth
- ☐ income
- ☐ finance
- ☐ market
- ☐ invest
- ☐ exchange
- ☐ commerce
- ☐ deal
- ☐ budget
- ☐ fund
- ☐ benefit
- ☐ growth
- ☐ increase
- ☐ decrease
- ☐ loss
- ☐ debt

TO-DO LIST

- ☐ MP3 듣기
- ☐ 표제어와 예문 읽기
- ☐ 파생어 외우기
- ☐ Daily Check-up 풀기
- ☐ 누적 테스트 풀기
- ☐ 틀린 단어 복습하기
- ☐
- ☐
- ☐

★ 새로 알게 된 단어

★ 아직 못 외운 단어

Day 40

Date 년 월 일

- ☐ product
- ☐ quality
- ☐ expensive
- ☐ luxury
- ☐ tag
- ☐ purchase
- ☐ afford
- ☐ consumer
- ☐ customer
- ☐ discount
- ☐ on sale
- ☐ refund
- ☐ receipt
- ☐ cash
- ☐ credit card
- ☐ charge
- ☐ cost
- ☐ spend
- ☐ expense
- ☐ tax

TO-DO LIST

- ☐ MP3 듣기
- ☐ 표제어와 예문 읽기
- ☐ 파생어 외우기
- ☐ Daily Check-up 풀기
- ☐ 누적 테스트 풀기
- ☐ Review Test 풀기
- ☐ 틀린 단어 복습하기
- ☐
- ☐

★ 새로 알게 된 단어

★ 아직 못 외운 단어

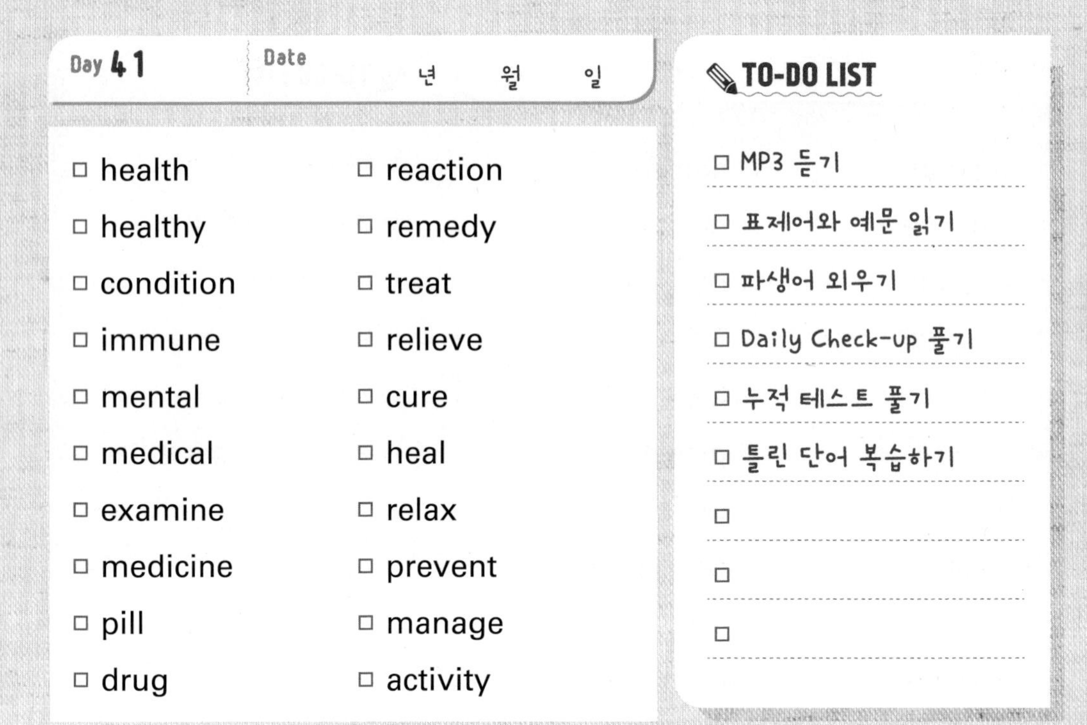

Day 41 | Date 년 월 일

☐ health
☐ healthy
☐ condition
☐ immune
☐ mental
☐ medical
☐ examine
☐ medicine
☐ pill
☐ drug
☐ reaction
☐ remedy
☐ treat
☐ relieve
☐ cure
☐ heal
☐ relax
☐ prevent
☐ manage
☐ activity

TO-DO LIST

☐ MP3 듣기
☐ 표제어와 예문 읽기
☐ 파생어 외우기
☐ Daily Check-up 풀기
☐ 누적 테스트 풀기
☐ 틀린 단어 복습하기
☐
☐
☐

★ 새로 알게 된 단어

★ 아직 못 외운 단어

Day 42 | Date 년 월 일

☐ symptom
☐ vomit
☐ dizzy
☐ suffer
☐ minor
☐ severe
☐ disease
☐ ill
☐ cancer
☐ heart attack
☐ stomachache
☐ headache
☐ pain
☐ sore
☐ infect
☐ surgery
☐ patient
☐ operate
☐ perform
☐ recover

TO-DO LIST

☐ MP3 듣기
☐ 표제어와 예문 읽기
☐ 파생어 외우기
☐ Daily Check-up 풀기
☐ 누적 테스트 풀기
☐ 틀린 단어 복습하기
☐
☐
☐

★ 새로 알게 된 단어

★ 아직 못 외운 단어

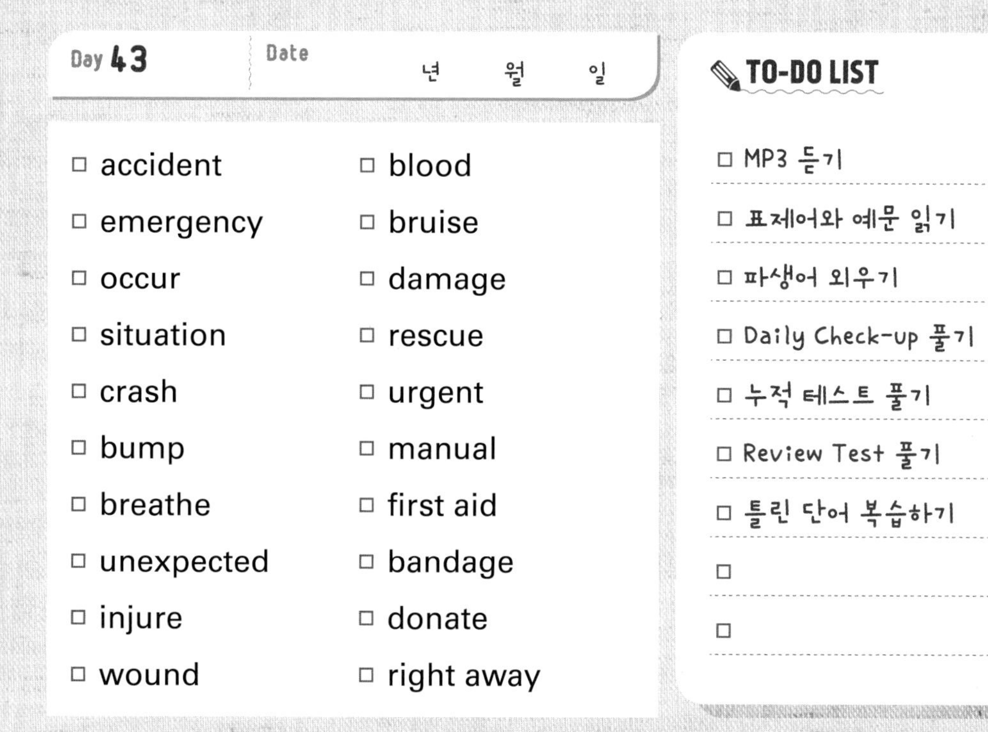

Day 43 | Date 년 월 일

- ☐ accident
- ☐ emergency
- ☐ occur
- ☐ situation
- ☐ crash
- ☐ bump
- ☐ breathe
- ☐ unexpected
- ☐ injure
- ☐ wound
- ☐ blood
- ☐ bruise
- ☐ damage
- ☐ rescue
- ☐ urgent
- ☐ manual
- ☐ first aid
- ☐ bandage
- ☐ donate
- ☐ right away

TO-DO LIST

- ☐ MP3 듣기
- ☐ 표제어와 예문 읽기
- ☐ 파생어 외우기
- ☐ Daily Check-up 풀기
- ☐ 누적 테스트 풀기
- ☐ Review Test 풀기
- ☐ 틀린 단어 복습하기
- ☐
- ☐

★ 새로 알게 된 단어

★ 아직 못 외운 단어

Day 44 | Date 년 월 일

- ☐ politics
- ☐ political
- ☐ liberal
- ☐ party
- ☐ majority
- ☐ policy
- ☐ government
- ☐ president
- ☐ democracy
- ☐ republic
- ☐ object
- ☐ protest
- ☐ reform
- ☐ take part in
- ☐ campaign
- ☐ poll
- ☐ run for
- ☐ candidate
- ☐ vote
- ☐ elect

TO-DO LIST

- ☐ MP3 듣기
- ☐ 표제어와 예문 읽기
- ☐ 파생어 외우기
- ☐ Daily Check-up 풀기
- ☐ 누적 테스트 풀기
- ☐ 틀린 단어 복습하기
- ☐
- ☐
- ☐

★ 새로 알게 된 단어

★ 아직 못 외운 단어

Day 45 | Date 년 월 일

- □ duty
- □ authority
- □ function
- □ official
- □ public
- □ loyal
- □ individual
- □ population
- □ ambassador
- □ diplomat
- □ international
- □ citizen
- □ protect
- □ organization
- □ ethnic
- □ native
- □ racial
- □ identity
- □ tradition
- □ border

TO-DO LIST

- □ MP3 듣기
- □ 표제어와 예문 읽기
- □ 파생어 외우기
- □ Daily Check-up 풀기
- □ 누적 테스트 풀기
- □ 틀린 단어 복습하기
- □
- □
- □

★ 새로 알게 된 단어

★ 아직 못 외운 단어

Day 46 | Date 년 월 일

- □ court
- □ jury
- □ justice
- □ lawyer
- □ legal
- □ crime
- □ accuse
- □ arrest
- □ trial
- □ confess
- □ sentence
- □ guilty
- □ custom
- □ discipline
- □ obey
- □ regulate
- □ forbid
- □ ban
- □ permission
- □ allow

TO-DO LIST

- □ MP3 듣기
- □ 표제어와 예문 읽기
- □ 파생어 외우기
- □ Daily Check-up 풀기
- □ 누적 테스트 풀기
- □ 틀린 단어 복습하기
- □
- □
- □

★ 새로 알게 된 단어

★ 아직 못 외운 단어

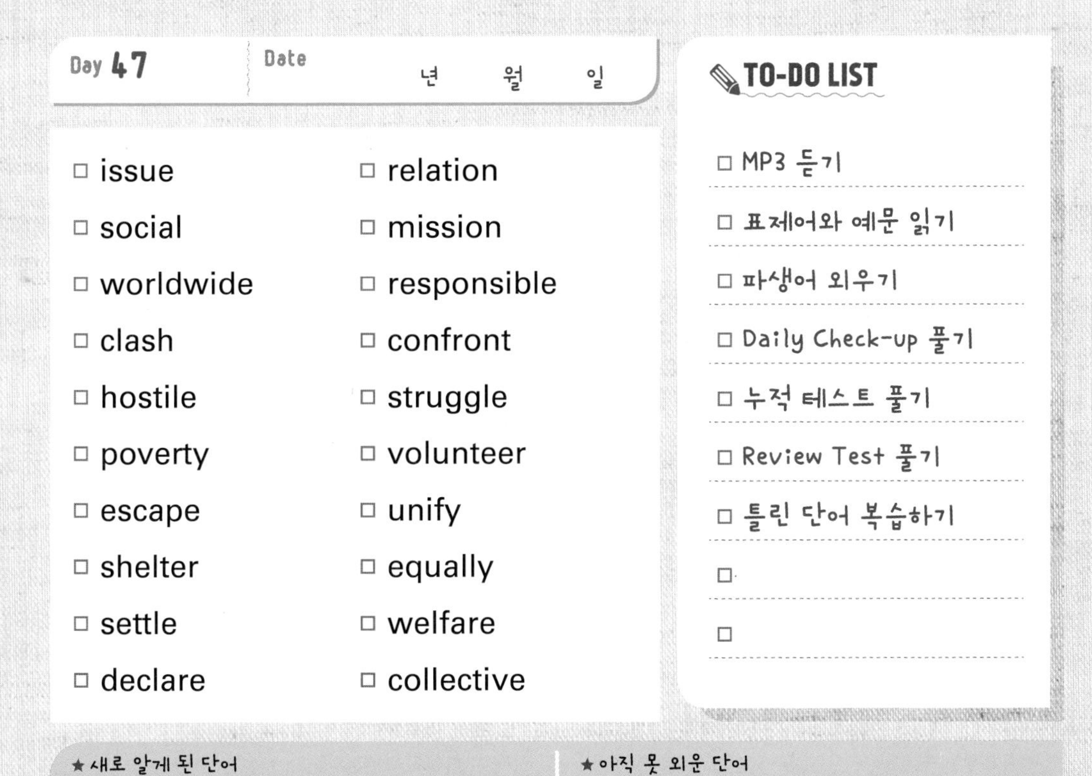

Day 47 | Date 년 월 일

□ issue
□ social
□ worldwide
□ clash
□ hostile
□ poverty
□ escape
□ shelter
□ settle
□ declare
□ relation
□ mission
□ responsible
□ confront
□ struggle
□ volunteer
□ unify
□ equally
□ welfare
□ collective

TO-DO LIST

□ MP3 듣기
□ 표제어와 예문 읽기
□ 파생어 외우기
□ Daily Check-up 풀기
□ 누적 테스트 풀기
□ Review Test 풀기
□ 틀린 단어 복습하기
□
□

★새로 알게 된 단어

★아직 못 외운 단어

Day 48 | Date 년 월 일

□ constant
□ continuous
□ forever
□ permanent
□ moment
□ minute
□ temporary
□ immediate
□ past
□ ago
□ previous
□ former
□ present
□ recently
□ nowadays
□ dawn
□ daytime
□ midnight
□ period
□ decade

TO-DO LIST

□ MP3 듣기
□ 표제어와 예문 읽기
□ 파생어 외우기
□ Daily Check-up 풀기
□ 누적 테스트 풀기
□ 틀린 단어 복습하기
□
□
□

★새로 알게 된 단어

★아직 못 외운 단어

Day 49

Date 년 월 일

- ☐ direction
- ☐ space
- ☐ forward
- ☐ backward
- ☐ reverse
- ☐ ahead
- ☐ aside
- ☐ straight
- ☐ vertical
- ☐ horizontal
- ☐ position
- ☐ spot
- ☐ apart
- ☐ distant
- ☐ nearby
- ☐ internal
- ☐ external
- ☐ upstairs
- ☐ bottom
- ☐ upper

TO-DO LIST

- ☐ MP3 듣기
- ☐ 표제어와 예문 읽기
- ☐ 파생어 외우기
- ☐ Daily Check-up 풀기
- ☐ 누적 테스트 풀기
- ☐ 틀린 단어 복습하기
- ☐
- ☐
- ☐

★새로 알게 된 단어

★아직 못 외운 단어

Day 50

Date 년 월 일

- ☐ calculate
- ☐ addition
- ☐ division
- ☐ multiply
- ☐ subtract
- ☐ equal
- ☐ quantity
- ☐ sufficient
- ☐ rich
- ☐ exceed
- ☐ extra
- ☐ scarce
- ☐ lack
- ☐ figure
- ☐ single
- ☐ plural
- ☐ odd
- ☐ even
- ☐ dozen
- ☐ quarter

TO-DO LIST

- ☐ MP3 듣기
- ☐ 표제어와 예문 읽기
- ☐ 파생어 외우기
- ☐ Daily Check-up 풀기
- ☐ 누적 테스트 풀기
- ☐ Review Test 풀기
- ☐ 틀린 단어 복습하기
- ☐
- ☐

★새로 알게 된 단어

★아직 못 외운 단어

VOCA PLANNER

중등 심화

Sogang Korean 1B

Grammar and Vocabulary Handbook

문법 · 단어 참고서

STUDENT'S BOOK

1B

문법·단어 참고서

주소 서울시 마포구 백범로 35 서강대학교 한국어교육원
Tel (82-2) 713-8005
Fax (82-2) 701-6692
e-mail sogangkorean@sogang.ac.kr

서강대학교 한국어교육원
http://klec.sogang.ac.kr

K.L.E.C

서강한국어 교사 사이트
http://koreanteachers.org

Sogang Korean Teachers

여름 특별과정(7-8월)
http://koreanimmersion.org

S.K.I.P

출판·판매·유통

초판 발행 2024년 8월 22일
1판 2쇄 2024년 11월 27일
펴낸이 박영호
펴낸곳 (주)도서출판 하우
주소 서울시 중랑구 망우로68길 48
Tel (82-2) 922-7090 **Fax** (82-2) 922-7092
홈페이지 http://www.hawoo.co.kr **e-mail** hawoo@hawoo.co.kr
등록번호 제2016-000017호

Contents

Target Grammar and Extra Vocabulary

	Target Grammar	Extra Vocabulary
Unit 1	–(으)ㄹ 수 있어요/없어요 –아/어야 해요 –아/어요 (형용사)	
Unit 2	– (으)ㄴ – 지 않아요 – 아/어 보세요	
Unit 3	–하고 – 고 – (으)ㄹ까요?①	
Unit 4	–(으)세요② –(으)셨어요	신체 명사
Unit 5	–(으)ㄹ 줄 알아요/몰라요 –거나 –지만	운동과 악기
Unit 6	–고 있어요 못 보다 더	
Unit 7	–아/어 주세요 –아/어 드릴게요 –아/어 봤어요	
Unit 8	–아/어서① –지요? –(으)려고 해요	

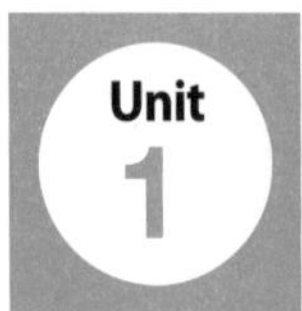

-(으)ㄹ 수 있어요/없어요
-아/어야 해요
-아/어요 (형용사)

-(으)ㄹ 수 있어요/없어요: can (do)/can not (do)

e.g. A: 토요일에 미나 씨하고 한강공원에 갈 거예요. **같이 갈 수 있어요**? (I'm going to go to Han River Park with Mina on Saturday. Can you go with us?)
B : 네, 좋아요. 같이 가요. (Sure, that sounds good. I'll go with you.)

- '-(으)ㄹ 수 있어요/없어요' is used to express ability/possibility or inability/impossibility.
- '-(으)ㄹ 수 있어요' indicates ability, capability, possibility or permission.
- '-(으)ㄹ 수 없어요' is the negative form.
- '-(으)ㄹ 수 있어요/없어요' is used with verbs.
- If the verb stem ends in a consonant,'-을 수 있어요/없어요' is added, and if the verb stem ends in a vowel, '-ㄹ 수 있어요/없어요' is added.

먹다 : 먹 -을 수 있어요/없어요 → 먹을 수 있어요/없어요
((I) can eat./ (I) can't eat.)

가다 : 가 -ㄹ 수 있어요/없어요 → 갈 수 있어요/없어요
((I) can go./ (I) can't go.)

e.g. ① 영어를 할 수 있어요. (I can speak English.)
② 오늘 갈 수 있어요. (I can go today.)
③ 오늘 같이 공부할 수 없어요. (I can't study together today.)

! With verbs that end in the consonant 'ㄹ', such as '만들다', '살다', and '놀다', the 'ㄹ' of the stem is dropped (resulting in a verb stem that ends in a vowel), and then '-ㄹ 수 있어요/없어요' is added .

살다 : 사 - ㄹ 수 있어요/없어요 → 살 수 있어요/없어요

e.g. A: 여기에서 살 수 있어요? (Can (you) live here?)
B : 아니요, 살 수 없어요. (No, (I) can't.)

-아/어야 해요: must (do), have to (do), should, ought to

e.g. A: 정말요? 요즘 바빠요? (Really? Are you busy these days?)
B : 네, 프로젝트가 있어요. 그래서 서류를 **만들어야 해요**. (Yes, I have a project, so I have to make documents.)

- -아/어야 해요' expresses necessity.
- '-아/어야 해요' is used with adjectives, '-이다/아니다', verbs and '있다/없다'. If the last vowel of the stem is '아' or '오', '-아야 해요' is added. If the last vowel of the stem is a vowel other than '아' or '오', '-어야 해요' is added. If the stem ends with '-하다', then '- 하다 'becomes '-해야 해요'.

먹다 : 먹 -어야 해요 → 먹어야 해요

가다 : 가 -아야 해요 → 가야 해요

친절하다 : → 친절해야 해요

e.g. ① 집에 가야 해요. (I should go home.)
② 밥을 먹어야 해요. (I should eat.)
③ 선생님은 친절해야 해요. (Teachers should be kind.)

!

1. 'ㄷ' irregular verbs

With verbs that end in the consonant 'ㄷ', the 'ㄷ' of the stem is changed to 'ㄹ' and then '-아/어야 해요' is added.

듣다 : 듣 -어야 해요 → 들 -어야 해요 → 들어야 해요

2. '으' irregular verbs/adjectives

With verbs/adjectives that end in the vowel '으', the '으' of the stem is dropped and then '-아/어야 해요' is added.

쓰다 : 쓰 -어야 해요 → ㅆ -어야 해요 → 써야 해요
바쁘다 : 바쁘 -아야 해요 → 바ㅃ -아야 해요 → 바빠야 해요

3. 'ㅂ' irregular adjectives

With adjectives that end in the consonant 'ㅂ', the 'ㅂ' of the stem is changed to '우' and then '-아/어야 해요' is added.

쉽다 : 쉽 -어야 해요 → 쉬우 -어야 해요 → 쉬워야 해요

-아/어요(형용사): adjectives

A: 가격이 어때요? (How's the price?)
B : 좀 **비싸요**. 하지만 학교가 아주 **가까워요**. 그래서 아침에 늦게까지 잘 수 있어요. 진짜 **편해요**. (It's a little expensive. But it's very close to the school, so I get to wake up late in the morning. It's really convenient.)

• Adjectives are used to explain or describe the subject. Adjectives change their form the same way that verbs do.

① 꽃이 아름다워요. (The flower is beautiful.)
② 방이 작아요. (The room is small.)
③ 한국 영화가 재미있어요. (Korean movies are interesting.)

	PRESENT
좋다 (to be good)	좋아요
크다 (to be big)	커요
많다 (to be many)	많아요
싸다 (to be cheap)	싸요
높다 (to be high)	높아요
길다 (to be long)	길어요
빠르다 (to be fast)	빨라요
덥다 (to be hot)	더워요
가깝다 (to be close)	가까워요

	PRESENT
나쁘다 (to be bad)	나빠요
작다 (to be small)	작아요
적다 (to be few)	적어요
비싸다 (to be expensive)	비싸요
낮다 (to be low)	낮아요
짧다 (to be short)	짧아요
느리다 (to be slow)	느려요
춥다 (to be cold)	추워요
멀다 (to be far)	멀어요

어렵다 (to be difficult)	어려워요
맛있다 (to be delicious)	맛있어요
재미있다 (to be interesting)	재미있어요

↔

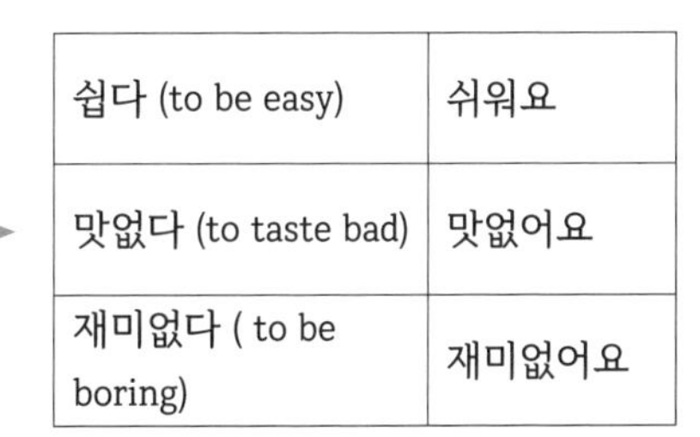

쉽다 (to be easy)	쉬워요
맛없다 (to taste bad)	맛없어요
재미없다 (to be boring)	재미없어요

Unit 2

-(으)ㄴ
-지 않아요
-아/어 보세요

-(으)ㄴ : noun modifier

A: 노트북요? 이거 어때요? (Laptops? How about this one?)
B : 좀 무거워요. **가벼운** 노트북 없어요? (It's a little heavy. Don't you have any light laptops?)

- Korean adjectives are used at the end of a clause or sentence and conjugated like verbs.

- The noun modifiers '-(으)ㄴ' are added to adjectives and are always placed before the noun. If the adjective ends in a vowel, '-ㄴ' is added to the stem, while '-은' is added if the adjective ends in a consonant.

- 예쁘다 : 예쁘 -ㄴ → 예쁜 꽃 (a pretty flower)
- 작다 : 작 -은 → 작은 방 (a small room)

ADJECTIVE		
BASIC FORM	AT THE END OF A SENTENCE	BEFORE A NOUN
예쁘다 작다	꽃이 예뻐요. 방이 작아요.	예쁜 꽃 작은 방

‘-는’ is used after ‘있다’, ‘없다’ and compound words like ‘재미있다’, ‘맛있다’.

맛있다 : 맛있 -는 → 맛있는 음식 (delicious food)

재미없다 : 재미없 -는 → 재미없는 사람 (an uninteresting person)

-지 않아요: to not (do) something

e.g. A: 맵**지 않아요**? (Isn't it spicy?)

B : 안 매워요. (It's not spicy.)

- ‘-지 않아요’ is used to make a negation.
  There is no difference in meaning between the form ‘안 + verb/adjective’ and the form ‘verb/adjective stem + -지 않아요’.

- ‘-지 않아요’ is used with both verbs and adjectives. The same form is used when the verb/adjective stem ends in a consonant or a vowel.

[동사] 가다 : 가 -지 않다 → 가지 않아요(= 안 가요)

먹다 : 먹 -지 않다 → 먹지 않아요(= 안 먹어요)

숙제하다 : 숙제하 -지 않다 → 숙제하지 않아요 (= 숙제 안 해요)

[형용사] 친절하다 : 친절하 -지 않다 → 친절하지 않아요 (= 안 친절해요)

e.g. A: 학교에 가요? (Are you going to school?)

B : 아니요, 학교에 가지 않아요. (=안 가요) (No, I'm not going to school.)

가다 means ‘to go’ but with -지 않다 the sentence becomes negative 가지 않다 ‘to not go’.

-아/어 보세요: please try doing (something)

e.g. A: 이 티셔츠 좀 입어 볼 수 있어요? (Can I try this T-shirt on?)

B : **네, 입어 보세요**. 아주 예쁜 티셔츠예요. (Yes, go ahead. That's a very pretty T-shirt.)

- '-아/어 보세요' is used to suggest that someone do or try doing something new.
- '-아/어 보세요' is used with verbs. If the last vowel of the verb stem is '아' or '오', '-아 보세요' is added. If the last vowel of the verb stem is a vowel other than '아' or '오', '- 어 보세요' is added. If the verb ends with '-하다', then '-하다' becomes '-해 보세요'.

가다 : 가 -아 보세요 → 가 보세요 (Please try going there.)

먹다 : 먹 -어 보세요 → 먹어 보세요 (Please try eating it.)

말하다 : → 말해 보세요 (Please try saying it.)

!

The verb '보다', which means 'to see', is not used with this form. Instead '보세요' alone is used.

보다 : 보 -아 보세요 → 봐 보세요 (X)
보세요 (O)

e.g. 영화가 재미있어요. 한번 보세요.(The movie is interesting. Try watching it.)

Unit 3

하고
-고
-(으)ㄹ까요? ①

하고: and

e.g. A: 그럼 우리 같이 서울을 구경할까요? (In that case, how about sightseeing in Seoul together?)
B : 네, 좋아요. 저는 인사동**하고** 북촌에 가고 싶어요. (Sure, that sounds good. I want to go to Insadong and Bukchon.)

- '하고' is often used to connect nouns. In this case, it means 'and'.

e.g. ① 김밥**하고** 떡볶이를 먹어요. (I eat Kimbap and Tteokbokki.)
② 커피**하고** 녹차가 있어요. (There's coffee and green tea.)

'하고' is added to nouns and means 'with'

e.g. 친구하고 영화관에 갔어요. (I went to the movies with a friend.)

-고: and

e.g.
A: 그럼 같이 점심 먹을까요? (In that case, would you like to have lunch together?)
B: 좋아요. 같이 점심 **먹고** 산책해요. (Sure. Let's grab lunch and go for a walk.)

- '-고' is used to link two main clauses.
- '-고' is used with verbs, adjectives, 있다/없다, and '-이다/아니다'. The same form is used whether the stem ends in a consonant or a vowel.

e.g.
① 소라 씨는 텔레비전을 보고 미나 씨는 공부해요. (Sora watches TV, and Mina studies.)
② 사전이 작고 가벼워요. (The dictionary is small and light.)

- '-고' can be used to link either clauses which have the same subject or clauses with different subjects.

e.g.
① 앤디 씨가 친절하고 똑똑해요. (Andy is kind and clever.)
② 앤디 씨가 기타를 치고 미나 씨가 노래해요. (Andy plays the guitar, and Mina sings.)

- When '-고' is used to connect two or more verbs or adjectives in the past or future tense, the tense is expressed only in the last verb or adjective.

[동사] 책을 읽었어요. 그리고 텔레비전을 봤어요.
→ 책을 읽고 텔레비전을 봤어요. (I read a book and watched TV.)
책을 읽을 거예요. 그리고 텔레비전을 볼 거예요.
→ 책을 읽고 텔레비전을 볼 거예요. (I will read a book and watch TV.)

[형용사] 피곤했어요. 그리고 배고팠어요.
→ 피곤하고 배고팠어요. (I was tired and hungry.)

-(으)ㄹ까요?①: Shall we ~?

e.g. A: 우리 같이 **등산할까요**? 사라 씨하고 같이 등산하고 싶어요. (Why don't we go hiking together? I'd like to go hiking with you.)

B : 미안해요. 내일 아르바이트를 해요. (I'm sorry. I have a part-time job tomorrow.)

- '-(으)ㄹ까요?' is used to express a proposition.
- '-(으)ㄹ까요?' is used with the first person plural subject, '우리' (we), but the subject is often omitted.

e.g. 갈까요? (Shall we go?)

- '-(으)ㄹ까요?' is used with verbs and '있다'. However this form can be used with '있다' only when it has the meaning of 'stay'. If the verb ends in a consonant, '-을까요?' is added, and if the verb ends in a vowel, '-ㄹ까요?' is added.

먹다 : 먹 -을까요? → 먹을까요?

보다 : 보 -ㄹ까요? → 볼까요?

e.g. ① 영화를 볼까요? (Shall we watch a movie together?)

② 점심을 먹을까요? (Shall we eat lunch together?)

③ 커피를 마실까요? (Shall we drink coffee together?)

!

① 'ㄷ' irregular verbs

With verbs that end in the consonant 'ㄷ', the 'ㄷ' of the stem is changed to 'ㄹ' and then '- 을까요?' is added.

걷다 : 걷 -을까요? → 걸을까요?

e.g. 좀 걸을까요? (Shall we take a walk?)

② 'ㄹ' irregular verbs

With verb stems that end in the consonant 'ㄹ', the 'ㄹ' of the stem is dropped (resulting in a verb stem that ends in a vowel), and then '-ㄹ까요?' is added to the stem.

만들다 : 만드 -ㄹ까요? → 만들까요?

e.g. 같이 음식을 만들까요? (Shall we make some food together?)

The form '-아/어요' is used when agreeing to do the proposed activity together.

e.g. ① A : 같이 영화를 볼까요?
B : 네, 좋아요. 봐요.

② A : 커피 마실까요?
B : 네, 마셔요.

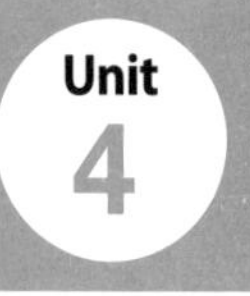

-(으)세요②
-(으)셨어요
신체 명사

-(으)세요 ②: honorific sentence ending, present tense

e.g. A: 민수 씨는 매운 음식을 **좋아하세요**? (Do you like spicy food, Minsu?)
B : 네, 좋아해요. (Yes, I do.)

- '-(으)세요', covered in <서강 한국어1A>, is used to make a polite request or command. '-(으)세요' shown here is used to indicate respect on the part of the speaker for the subject of the sentence. These two different uses are not distinguished in the form of the verb, so the correct meaning must be inferred from the context.

- The subject of the sentence must be the listener or a third person and never the speaker. Therefore '-(으)세요' is only used in the second or third person, never in the first person.

- '-(으)세요' is used with verbs and adjectives. If the verb/adjective stem ends in a consonant, '-으세요' is added. And if the verb/adjective stem ends in a vowel, '-세요' is added.

[동사]　읽다 : 읽　-으세요 → 읽으세요
　　　가다 : 가　-세요　 → 가세요

[형용사]　친절하다 : 친절하 -세요　→ 친절하세요

e.g. ① 선생님이 여섯 시에 집에 가세요. (The teacher goes home at 6 o'clock.)
② 우리 어머니가 책을 읽으세요. (My mother is reading a book.)
③ 우리 아버지가 정말 친절하세요. (My father is really kind.)

!

1. 'ㄷ' irregular verbs

With verbs that end in the consonant 'ㄷ', the 'ㄷ' of the stem is changed to 'ㄹ' and then '-으세요' is added.

듣다 : 듣 -으세요 → 들으세요

e.g. 우리 어머니가 음악을 들으세요. (My mother is listening to music.)

2. 'ㅂ' irregular adjectives

With adjectives that end in the consonant 'ㅂ', the 'ㅂ' of the stem is changed to '우' and then '-으세요' is added.

춥다 : 춥 -으세요 → 추우 -세요 → 추우세요

e.g. 많이 추우세요? (Are you cold?)

3. 'ㄹ' irregular verbs

With verbs that end in the consonant 'ㄹ', the 'ㄹ' of the stem is dropped and then '- 으세요' is added.

살다 : 살 -으세요 → 사 -세요 → 사세요

e.g. 우리 부모님은 이탈리아에 사세요. (My parents live in Italy.)

• '-으세요' is also used to make a polite question '-(으)세요?'

e.g. ① 마이클 씨, 지금 학교에 가세요? (Michael, are you going to school now?)
② 마이클 씨 어머니가 선생님이세요? (Is Michael's mother a teacher?)

When answering a question that ends with '-(으)세요?', '-아/어요' must be used when the speaker is the subject of the sentence (i.e. the answer is in the first person).

e.g. A: 집에 가세요? (Are you going home?)
B : 네, 집에 가요. (Yes, I'm going home.)

Some verbs have special honorific forms.

ADJECTIVE	polite form	honorific form	
있다 (to be at or in a place, the location)	있어요	계세요	*있다(to have): 있으세요
없다 (not to be at or in a place, the location)	없어요	안 계세요	*없다(not to have): 없으세요
먹다 (to eat)	먹어요	드세요, 잡수세요	
마시다 (to drink)	마셔요	드세요	
자다 (to sleep)	자요	주무세요	
말하다 (to say, to talk)	말해요	말씀하세요	

- The honorific '계세요' is used only when the subject (of the sentence) is a person, and when the verb '있어요' has the meaning of location or existence of the person.

e.g. ① 우리 **할머니가** 방에 계세요. (My grandmother is in the room.)
└→ The subject is a person.

- When the subject is a thing (not a person) and the verb '있어요' has the meaning of possession, '있으세요/없으세요' is used to express respect for the possessors of the thing.

e.g. ① 오늘 오후에 **시간이** 있으세요? (Do you have time in the afternoon?)
└→ The subject is a thing.
② 우리 할머니는 아무 **걱정이** 없으세요. (My grandmother doesn't have any worries.) └→ The subject is a thing.

When creating the honorific form, the subject marker can be changed from '이/가' to '-께서' to make the statement even more polite.

어머니가 → 어머니께서

e.g. 우리 어머니께서 오후에 시장에 가세요. (My mother goes to the market in the afternoon.)

-(으)셨어요: honorific sentence ending, past tense

e.g. A: 언제 한국에 **오셨어요**? (When did you come to Korea?)
B : 두 달 전에 왔어요. (I came two months ago.)

- To express the past tense with an honorific, one simply replaces '-(으)세요' with '-(으)셨어요'.

- '-(으)셨어요' is used with verbs and adjectives. If the verb/adjective stem ends in a consonant, '-으셨어요' is added. And if the verb/adjective stem ends in a vowel, '-셨어요' is added.

[동사] 가다 : 가 -셨어요 → 가셨어요
읽다 : 읽 -으셨어요 → 읽으셨어요

[형용사] 친절하다 : 친절하 -셨어요 → 친절하셨어요

신체 명사: words for body parts

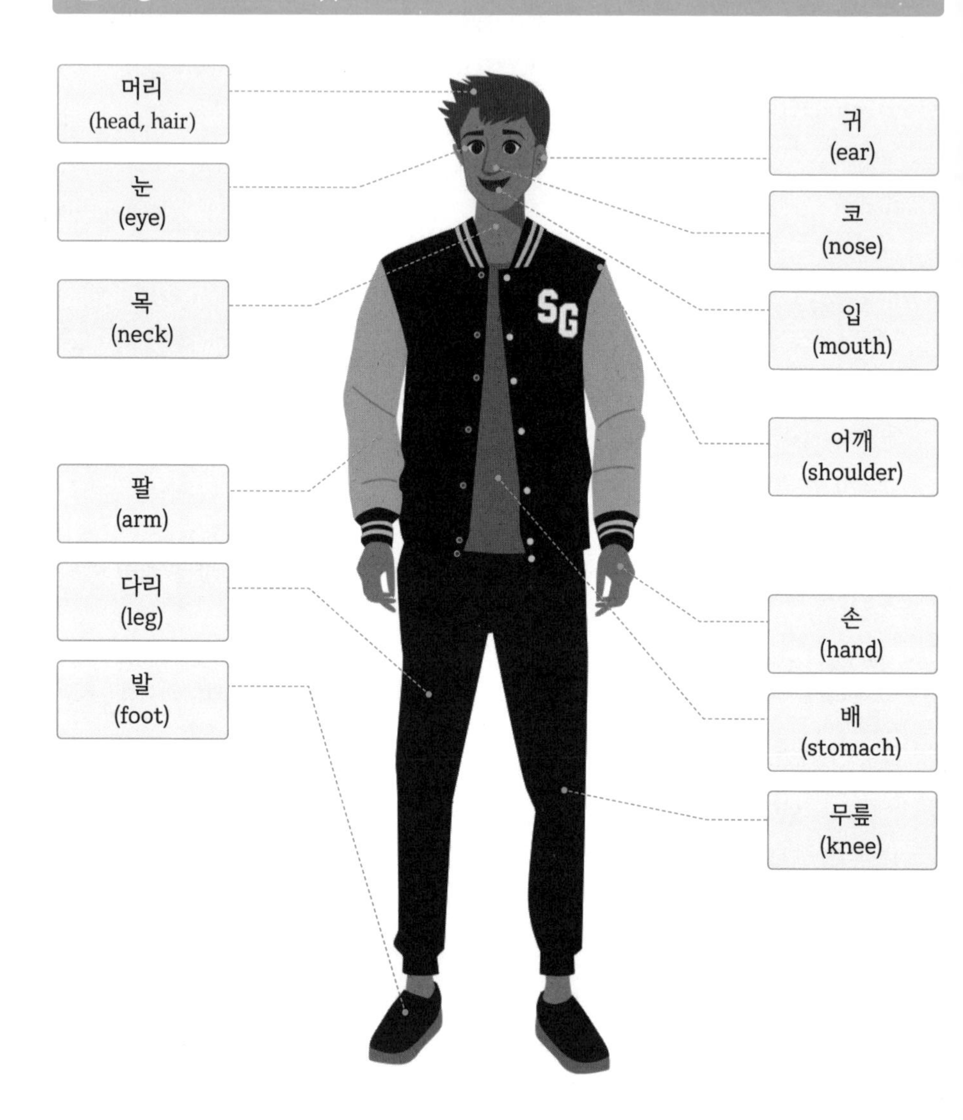

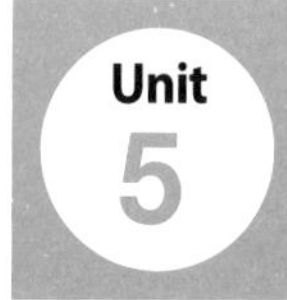

-(으)ㄹ 줄 알아요/몰라요　운동과 악기
-거나
-지만

-(으)ㄹ 줄 알아요/몰라요: to know/not know how to do something

e.g. A: 한스 씨는 테니스 **칠 줄 아세요**? (Do you know how to play tennis, Hans?)
B: 네, 칠 줄 알아요. (Yes, I know how to play.)

- '-(으)ㄹ 줄 알아요' expresses that the subject knows and '-(으)ㄹ 줄 몰라요' that the subject does not know how to do a certain action.
- '-(으)ㄹ 줄 알아요/몰라요' is used with verbs. If the verb stem ends in a vowel, '-ㄹ 줄 알아요/몰라요' is added. If the verb stem ends in a consonant, '-(으)ㄹ 줄 알아요/몰라요' is added.

읽다　　: 읽　-을 줄 알아요 → 읽을 줄 알아요

수영하다 : 수영하 -ㄹ 줄 알아요 → 수영할 줄 알아요

e.g. ① A: 한자를 읽을 줄 알아요? (Do you know how to read Chinese characters?)
B: 네, 한자를 읽을 줄 알아요. (Yes, I know how to read Chinese characters.)

② A: 수영할 줄 아세요? (Do you know how to swim?) <honorific form>
B: 네, 수영할 줄 알아요. (Yes, I know how to swim.)
아니요, 수영할 줄 몰라요. (No, I don't know how to swim.)

!

With verb stems that end in the consonant 'ㄹ' such as '만들다', '살다' and '놀다', the 'ㄹ' of the stem is dropped (resulting in a verb stem that ends in a vowel), and then 'ㄹ' 줄 알아요/몰라요' is added.

만들다 : 만드 -ㄹ 줄 알아요 → 만들 줄 알아요.

e.g. 한국 음식을 만들 줄 알아요? (Do you know how to cook Korean food?)

When '-(으)ㄹ 수 있어요/없어요' (Unit 1) is used to express the ability to do something, '-(으)ㄹ 수 있어요/없어요' has almost the same meaning as '-(으)ㄹ 줄 알아요/ 몰라요', and therefore they can be interchanged.

e.g. 앤디 씨가 불고기를 만들 수 있어요. (Andy is able to make bulgogi.)
= 앤디 씨가 불고기를 만들 줄 알아요. (Andy knows how to make bulgogi.)

However, while '-을 수 있어요/없어요' can also be used to express the possibility of doing something, '-을 줄 알아요/몰라요' cannot be.

e.g. 내일 영화를 볼 수 있어요. (I can/It's possible to see a movie tomorrow.)
내일 영화를 볼 줄 알아요. (X)

-거나: either -- or --

e.g. A: 시간이 있을 때 뭐 하세요? (What do you do in your free time?)
B : 운동을 하**거나** 음악을 들어요. (I play sports or listen to music.)

- '-거나' is added to verbs or adjectives to mean 'either -- or --'.
- '-거나' is used with verbs, adjectives, '있다/없다', and '이다/아니다'. '-거나' directly follows the stem. The same form is used whether the stem ends in a consonant or a vowel.

(verb or adjective stem)-거나 (another verb or adjective)

[동사] 먹다 / 마시다 → 먹거나 마셔요.
보다 / 읽다 → 보거나 읽어요.
[형용사] 좋다 / 나쁘다 → 좋거나 나빠요.

e.g. ① 저녁에 텔레비전을 보거나 신문을 읽어요. (In the evening I watch television or read the newspaper.)
② 아침에 과일을 먹거나 주스를 마셔요. (For breakfast, I eat fruit or drink juice.)

- With '-거나', tense is not expressed in the verb preceding '-거나' but only in the verb of the final clause.

e.g. A: 주말에 뭐 할 거예요? (What are you going to do on the weekend?)
B: 친구를 만나거나 여행을 갈 거예요. (I will either meet my friend or go traveling.)

'(이)나' has the same meaning as '-거나', but this form is only used for connecting two nouns. '-나' is used after nouns ending in a vowel, while '(이)나' is used after nouns ending in a consonant.

noun(이)나 noun
책 / 신문 : 책이나 신문
커피 / 차 : 커피나 차

e.g. ① 책이나 신문을 읽어요. (I read a book or newspaper.)
② 커피나 차를 마셔요. (I drink coffee or tea.)

-지만: but, although

e.g. A: 테니스를 배우세요? 테니스 수업이 어떠세요? (Are you learning tennis? How is it?)
B: 어렵**지만** 재미있어요. (It's difficult but fun.)

- The conjunctive ending '-지만', much like the conjunction 'but,' acknowledges what was said in the preceding clause while adding differing or opposing information.

- '-지만' is used with verbs and adjectives. It takes the same form whether the verb or adjective stem ends in a vowel or a consonant.

한국어가 어렵다 / 재미있다 → 한국어가 어렵지만 재미있어요.
갈비가 비싸다 / 맛있다 → 갈비가 비싸지만 맛있어요.
피아노를 칠 줄 모르다 / 기타를 칠 줄 알다 → 피아노를 칠 줄 모르지만 기타를 칠 줄 알아요.

운동과 악기: sports and musical instruments

- As these Korean expressions use a variety of verbs, students are encouraged to pay special attention.

수영 야구 축구 농구 태권도	+ 하다

테니스 배드민턴 탁구 골프 피아노 기타	+ 치다

자전거 스키 스케이트 스노보드	+ 타다

하모니카 플루트	+ 불다

Unit 6

-고 있어요
못
보다 더

-고 있어요: am/is/are ~ing

e.g. A: 혹시 완 씨가 거기에 있어요? (Is Wan there by any chance?)
B : 네, 지금 숙제하**고 있어요**. (Yes, she's doing homework right now.)

- '-고 있다' is used to express actions in progress or repeated actions. It has the same meaning as 'to be doing (something)'.

- It is usually used with '지금' when it is used to express an action in progress and '요즘' when it is used to express a repeated action.

e.g. **[actions in progress]**
완 씨가 지금 친구하고 통화하고 있어요. (Wan is on the phone with a friend now.)
렌핑 씨가 지금 PC방에서 게임하고 있어요.(Lenping is playing a game in the PC room now.

[repeated actions]

히로미 씨가 요즘 요리 학원에 다니고 있어요. (Hiromi is attending a cooking school these days.)

투안 씨가 요즘 태권도를 배우고 있어요. (Tuan has been learning Taekwondo these days.)

- '-고 있다' is always attached directly to the end of verb stems.

보다 → 보고 있어요

듣다 → 듣고 있어요

e.g. 수잔 씨가 방에서 컴퓨터로 영화를 보고 있어요. (Susan is watching a movie on her computer in the room.)

한스 씨가 요즘 아침마다 음악을 듣고 있어요. (Hans is listening to music every morning these days.)

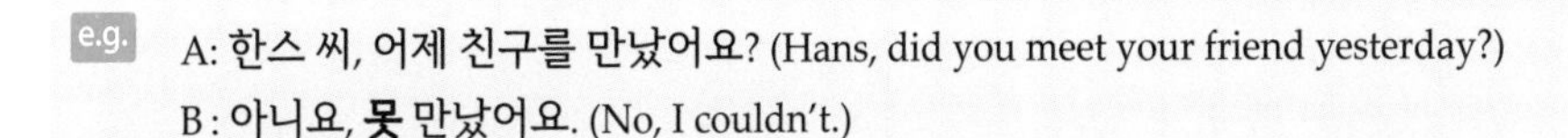

못: cannot, to be unable to

e.g. A: 한스 씨, 어제 친구를 만났어요? (Hans, did you meet your friend yesterday?)

B : 아니요, <u>못</u> 만났어요. (No, I couldn't.)

- The adverb '못' expresses impossibility, strong denial or refusal. '-지 못해요' can be used to express the same idea as '못'.
- '못' and '-지 못해요' are used with verbs. '못' is followed by a verb. '-지 못해요' is added to a verb stem and the same form is used whether the verb stem ends in a consonant or a vowel.

> **!** Just as with '안', '못' is located just before the verb. However, in the case of verbs using '-하다', '못' is placed right before '-하다'.
>
> e.g. ① 파티에 못 가요. (I can't go to the party.)
> ② 친구를 못 만났어요. (I couldn't meet my friend.)
> ③ A: 공부했어요? (Did you study?)
> B : 아니요, 공부 못 했어요. (No, I couldn't study.)

보다 더: (more) than

e.g. A: 혹시 이 우산이에요? (Is it this umbrella by any chance?)
B : 아니요, 이거보다 더 긴 우산이에요. (No, it's a longer umbrella than this one.)

- '보다 더' is used to compare two items. The noun followed by '이/가' is the main subject and the noun followed by '보다 더' is what the subject is being compared to. '보다 더' is added to the noun and '더' can be used after '보다' to make the comparison stronger.

[subject] 이/가 [noun] 보다 (더) [verb/adjective]

e.g. ① 한국말이 영어보다 더 어려워요. (Korean is more difficult than English.)
② 캐나다가 한국보다 더 커요. (Canada is bigger than Korea.)

!

'더' can be used without '보다'.

e.g. A : 코지 씨하고 토니 씨 중에서 누가 더 커요? (Between Kozi and Tony, who is taller?)
B : 토니 씨가 더 커요. (Tony is taller.)

+

The order of the items compared does not affect the meaning as long as '보다' remains attached to the appropriate noun.

e.g. 한국보다 캐나다가 커요.
= 캐나다가 한국보다 커요. (Canada is bigger than Korea.)

-아/어 주세요
-아/어 드릴게요
-아/어 봤어요

-아/어 주세요: please do something

e.g. A: 저, 죄송하지만 자리 좀 **바꿔 주세요**. 너무 추워요. (Um, I'm sorry to bother you, but can you seat me somewhere else? It's too cold here.)

B: 네, 알겠습니다. (Sure, I'll do that.)

- '-아/어 주세요' expresses a polite request or polite command to do something for the speaker.
- '-아/어 주세요' is used with verbs. If the last vowel of the stem is '아' or '오', '-아 주세요' is added. If the last vowel of the verb stem is a vowel other than '아' or '오', '-어 주세요' is added. If the verb ends with '-하다', '-하다' is changed to '-해 주세요'.

닫다 : 닫 -아 주세요 → 닫아 주세요

읽다 : 읽 -어 주세요 → 읽어 주세요

하다 : → 해 주세요

e.g. ① 문을 닫아 주세요. (Please close the door.)

② 이 책을 읽어 주세요. (Please read this book for me.)

③ 해 주세요. (Please do this for me.)

!

1. 'ㅡ' irregular verbs/adjectives

With verbs/adjectives that end in the vowel 'ㅡ', the 'ㅡ' of the stem is dropped and then '-어 주세요' is added.

쓰다 : 쓰 -어 주세요 → ㅆ -어 주세요 → 써 주세요

2. 'ㄷ' irregular verbs

With verbs that end in the consonant 'ㄷ', the 'ㄷ' of the stem is changed to 'ㄹ' and then '- 어 주세요' is added.

듣다 : 듣 -어 주세요 → 들 -어 주세요 → 들어 주세요

3. '르'irregular verbs

With verbs that end in the letter '르', the 'ㅡ' of the '르' is dropped, and 'ㄹ' and '-어 주세요' is added.

부르다 : 부르 -어 주세요 → 부ㄹ ㄹ -어 주세요 → 불러 주세요

e.g. ① 전화번호를 써 주세요. (Please write down the phone number.)
② 제 이야기를 좀 들어 주세요. (Please listen to me.)
③ 전화로 택시를 불러 주세요. (Please call a taxi for me.)

- 아/어 드릴게요: I will do (something) for you

e.g. A: 바야르 씨가 맛있는 식당 좀 소개해 주세요. (Can you introduce me to a tasty restaurant?)
B : 네, 제가 **알려 드릴게요**. (Sure, I'll tell you about one.)

- '-아/어 드릴게요' is used to offer to do a service or to help the listener in some way. It has the same meaning as 'I will do (something) for you'. It shows more respect to the listener than '-아/어 줄게요'.
- If the last vowel of the stem is '아' or '오', '-아 드릴게요' is added. If the last vowel is other than '아' or '오', '-어 드릴게요' is added. If the verb ends with '-하다', '하다' is changed to '-해 드릴게요.'

사다 : 사 -아 드릴게요 → 사 드릴게요

가르치다 : 가르치 -어 드릴게요 → 가르쳐 드릴게요

하다 : → 해 드릴게요

e.g. ① 같이 점심 먹으러 가요. 오늘 제가 점심을 사 드릴게요. (Let's go to have lunch together. I'll treat you today.)

② A: 사무실 전화번호 좀 가르쳐 주세요. (Please let me know the office phone number.)
B : 네, 가르쳐 드릴게요. (Okay, I'll let you know.)

③ A: 학교 사무실이 어디에 있어요? (Where is the school office?)
B : 제가 안내해 드릴게요. 이쪽으로 오세요. (I'll show you. This way, please.)

-아/어 봤어요: have tried (something), have done (something)

e.g.
A: 바야르 씨, 비빔밥 **먹어 보셨어요**? (Bayar, have you tried bibimbap?)
B: 네, **먹어 봤어요**. 가브리엘 씨는요? (Yes, I have. What about you?)
A: 아직 못 **먹어 봤어요**. (I haven't tried it yet.)

- '-아/어 봤어요' expresses a person's past experience.

- It is conjugated in the same way as '-아/어 보세요'. (see Unit 2).

가다 : 가 -아 봤어요 → 가 봤어요

먹다 : 먹 -어 봤어요 → 먹어 봤어요

e.g.
① 제주도에 가 봤어요. (I have been to Jeju Island.)
② 인삼을 먹어 봤어요. (I have eaten Ginseng.)
③ 한번 해 봤어요. (I have done it once.)

!
The verb '보다', which means 'to see', is not used with this form. Instead '봤어요' alone is used.
보다 : 봐 봤어요. (X)
보다 : 봤어요. (O)

Unit 8

-아/어서①
-지요?
-(으)려고 해요

-아/어서: so, because

e.g.
A: 뭐가 제일 좋았어요? (What was the best part about it?)
B: 말하기 수업이 **재미있어서** 좋았어요. (I liked speaking class because it was fun.)

- '-아/어서' is used to express a reason or cause for an action or state.

[reason] -아/어서 [action/state]

e.g. **배가 아파서 병원에 갔어요**. (My stomach hurt, so I went to the hospital.)
REASON ↵ ↳ ACTION

- '아/어서' is used with verbs, adjectives, '있다/없다' and '-이다/아니다'. If the last vowel of the stem is '아' or '오', '-아서' is added. If the last vowel of the stem is a vowel other than '아' or '오', '-어서' is added. If the verb ends with '-하다', then '-하다' becomes '-해서'.

비싸다 : 비싸 -아서 → 비싸서

먹다 : 먹 -어서 → 먹어서

피곤하다 : → 피곤해서

!

1. '으' irregular verbs/adjectives

With verbs/adjectives that end in the vowel 'ㅡ', the 'ㅡ' of the stem is dropped and then -아/어서 is added.

바쁘다 : 바쁘 -아서 → 바ㅃ -아서 → 바빠서
크다 : 크 -어서 → ㅋ -어서 → 커서

2. 'ㄷ' irregular verbs

With verbs that end in the consonant 'ㄷ', the 'ㄷ' of the stem is changed to 'ㄹ' and then -아/어서 is added.

걷다 : 걷 -어서 → 걸 -어서 → 걸어서

3. 'ㅂ' irregular adjectives

With adjectives that end in the consonant 'ㅂ', the 'ㅂ' of the stem is changed to '우' and then '-아/어서' is added.

덥다 : 덥 -어서 → 더우 -어서 → 더워서

4. '르' irregular verbs

With verbs that end in the letter '르', the 'ㅡ' of the stem is dropped and then 'ㄹ' and '-아/어서' are added.

모르다 : 모르 -아서 → 모ㄹ ㄹ -아서 → 몰라서

e.g. ① 바빠서 영화관에 안 가요. (I am busy, so I don't go to the cinema.)
② 많이 걸어서 다리가 아파요. (I walked a lot, so my legs hurt.)
③ 더워서 창문을 열었어요. (It was hot, so I opened the window.)
④ 몰라서 선생님한테 물어봤어요. (I didn't know, so I asked the teacher.)

- The tense is not expressed in '-아/어서'. The tense is expressed in the final verb of the second clause only, never in the verb connected to '-아/어서'.

비싸요	-아서	→	비싸서 안 사요.
비쌌어요	-아서	→	비싸서 안 샀어요.
비쌀 거예요	-아서	→	비싸서 안 살 거예요.

e.g. ① A: 왜 안 샀어요? (Why didn't you buy it?)
B : 비싸서 안 샀어요. (It was expensive, so I didn't buy it.)

② A: 살 거예요? (Are you going to buy it?)
B : 아니요, 비싸서 안 살 거예요. (No, it's expensive, so I'm not going to buy it.)

!

'-아/어서' cannot be used when the main clause has an imperative form '-(으)세요' or propositive form '-(으)ㄹ까요?'.

① 바빠서 내일 가세요.(X)
② 바빠서 내일 갈까요?(X)

e.g. ① 바쁘니까 내일 가세요. (Since you are busy, go tomorrow.)
② 바쁘니까 내일 갈까요? (Since you are busy, shall we go tomorrow?)

-지요?: tag question

e.g. A: 하루카 씨, **숙제했지요**? (Haruka, you did your homework, didn't you?)
B : 아니요, 못 했어요. (No, I couldn't do it.)

- '-지요?' expresses that the speaker wants to verify the listener's agreement with a fact or statement.

- '-지요?' is used with verbs and adjectives. It does not change whether the verb or adjective stem ends in a consonant or a vowel.

e.g. ① 날씨가 좋지요? (The weather is nice, isn't it?)
② 소라 씨가 참 친절하지요? (Sora is kind, isn't she?)
③ 숙제 다 했지요? (You did your homework, didn't you?)

-(으)려고 해요: intend to, plan to, hope to

e.g. A: 방학 때 뭐 할 거예요? (What are you going to do during the school vacation?)
B : 저는 고향에 갔다 올 거예요. 앤디 씨는요? (I'm going to visit my hometown. What about you, Andy?)
A: 저는 부산에 여행 **가려고 해요**. (I'm planning to take a trip to Busan.)

- '-(으)려고 해요' expresses the speaker's intention or future plan to do something.
- '-(으)려고 해요' is added to the verb stem. If the verb stem ends in a consonant, '-으려고 해요' is added, and if the verb stem ends in a vowel, '-려고 해요' is added.

찾다 : 찾 -으려고 해요 → 찾으려고 해요

가다 : 가 -려고 해요 → 가려고 해요

e.g. ① 내일 영화관에 가려고 해요. (I plan to go to the theater tomorrow.)
② 은행에서 돈을 찾으려고 해요. (I plan to withdraw money from the bank.)

!

1. 'ㄷ' irregular verbs

With verbs that end in the consonant 'ㄷ', the 'ㄷ' of the stem is changed to 'ㄹ' and then '-으려고 해요' is added.

듣다 : 듣 -으려고 → 들 -으려고 → 들으려고

e.g. 음악을 들으려고 해요. (I plan to listen to music.)

2. 'ㄹ' irregular verbs

With verbs that end in the consonant 'ㄹ', '-려고 해요' is added directly to the stem.

살다 : 살 -려고 해요 → 살려고 해요

e.g. 서울에서 살려고 해요. (I plan to live in Seoul.)

불규칙 동사/형용사
irregular verbs/adjectives

▶ ㄷ irregular verbs

When a verb stem ends in 'ㄷ' and the attached ending begins with a vowel, 'ㄷ' is changed to 'ㄹ'.

듣다 (to listen): 듣 -어요 → 들어요
-었어요 → 들었어요
-을 거예요 → 들을 거예요

	followed by a vowel (final consonant ㄷ -> ㄹ)	followed by a consonant
듣다 (to listen)	들어요	듣고 싶어요
묻다 (to ask)	물어요	묻고 싶어요
걷다 (to walk)	걸어요	걷고 싶어요

▶ 르 irregular verbs/adjectives

When verb and adjective stems ending with '르' are followed by '아' or '어', the vowel 'ㅡ' is omitted, and another 'ㄹ' is added to the preceding syllable.

모르다 (to not know) : 모르 -아요 → 몰르 -아요 → 몰라요

부르다 (to call) : 부르 -어요 → 불ㄹ -어요 → 불러요

e.g. ① 지하철이 **빨라요**. (The subway is fast.)
② 앤디 씨 이메일 주소를 **몰라요**. (I don't know Andy's email address.)

'르' irregular verbs	
모르다 (to not know)	몰라요
부르다 (to call)	불러요

'르' irregular adjectives	
빠르다 (to be fast)	빨라요
다르다 (to be different)	달라요

▶ ㅂ irregular adjectives

When a verb or adjective stem ends with 'ㅂ' and the attached ending begins with a vowel, 'ㅂ' is changed to '우'. 'ㅂ' irregular verbs are still conjugated with the verb ending '-어요'.

쉽다 (to be easy): 쉽 -어요 → 쉬우 -어요 → 쉬워요

춥다 (to be cold): 춥 -어요 → 추우 -어요 → 추워요

'ㅂ' irregular adjectives	
쉽다 (to be easy)	쉬워요
어렵다 (to be difficult)	어려워요
춥다 (to be cold)	추워요
덥다 (to be hot)	더워요

▶ ㄹ irregular verbs/adjectives (ㄹ deletion)

Verbs or adjectives ending in the consonant 'ㄹ', such as '살다', '길다', and '놀다', drop the 'ㄹ' when followed by an ending that begins with 'ㄴ', 'ㅂ', and 'ㅅ'

살다 (to live) : 살 - 세요 → 사세요

알다 (to know) : 알 - ㅂ니다 → 압니다

길다 (to be long) : 길 - ㄴ → 긴 치마

Use the acronym '나쁜 사람' to remind you when to drop "'ㄹ'.

나 → ㄴ / 쁜 → ㅂ / 사람 → ㅅ

e.g. ① 지금 어디에서 사세요? (Where do you live?)
② 할 줄 압니다. (I know how to do it.)
③ 소라 씨가 보통 긴 치마를 입어요. (Sora normally wears long skirts.)

ㄹ irregular verbs	-(으)세요	-ㅂ/습니다
살다 (to live)	사세요	삽니다
알다 (to know)	아세요	압니다
만들다 (to make)	만드세요	만듭니다
놀다 (to play)	노세요	놉니다

ㄹ irregular adjectives	- (으)세요	-ㅂ/습니다	- (으)ㄴ
멀다 (to be far)	머세요	멉니다	먼
길다 (to be long)	기세요	깁니다	긴

Vocabulary and Expressions

● Noun ■ Verb ▲ Adjective ◆ Other □ Expression

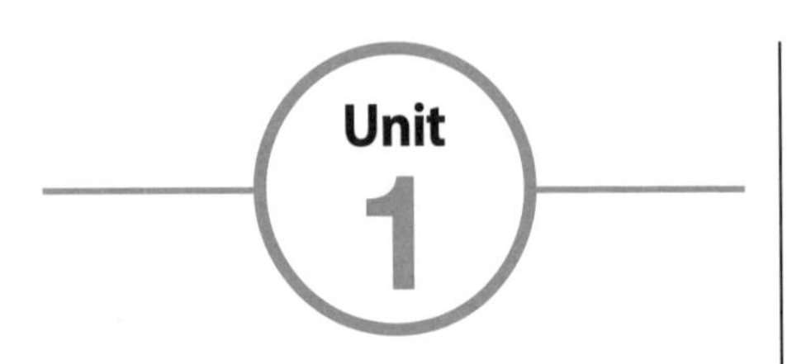

말하기 Speaking

형용사① Adjectives①

높다-높아요	to be high
낮다-낮아요	to be low
많다-많아요	many/a lot
적다-적어요	few/not a lot
크다-커요	to be big
작다-작아요	to be small
싸다-싸요	to be cheap
비싸다-비싸요	to be expensive
덥다-더워요	to be hot
춥다-추워요	to be cold
맛있다-맛있어요	to taste good
맛없다-맛없어요	to taste bad

문법 Grammar

◆ 잠깐	(just) a moment
■ 들어가다	to go in
◆ 일주일 동안	for a week
■ 연습하다	to practice
◆ 돈을 찾다	to get some money
◆ 약을 먹다	to take some medicine
● 문화	culture
■ 알다	to know
● 역사	history
◆ 발음을 잘하다	to have good pronunciation
● 비행기표	airplane ticket

대화 Dialogue

□ 알겠어요.	I understand.
◆ 다른 약속이 있다	to have other plans
◆ 너무	too, too much
◆ 프로젝트가 있다	to have a project
◆ 서류를 만들다	to make a document
◆ 출장을 가다	to go on a business trip
◆ 서울을 안내하다	to give a tour of Seoul
▲ 넓다	to be wide
◆ 경치가 좋다	to have a good view
◆ 바람이 시원하다	the wind is refreshing
◆ 푸드 트럭	food truck

읽고 말하기 Reading and Speaking

□ 잘 지내요?	Are you doing well?
● 생활	lifestyle
◆ 마음에 들다	to like
▲ 편하다	to be comfortable, convenient
□ 건강 조심하세요.	Take care of your health.
◆ 모두	everyone, everything, all
▲ 친절하다	to be kind, friendly
▲ 재미있다	to be fun, interesting
■ 복습하다	to review

● 학기	semester
◆ 새 집	new house
◆ 집을 찾다	to look for a house
▲ 불편하다	to be uncomfortable
● 부엌	kitchen
◆ 드림	(follows the signature in an email)

듣고 말하기 Listening and Speaking

● 부동산	real estate
◆ 또	also, in addition
ㅁ 교통이 불편해요.	It's not easy to get around.
ㅁ 글쎄요.	Hmm. (when unsure how to answer)
● 가격	price
◆ 늦게까지	until late
◆ 진짜	real, genuine
◆ 좋은 집	a good house

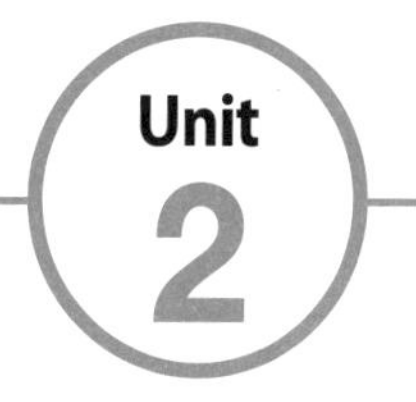

말하기 Speaking

형용사② Adjectives②

길다-길어요-긴 바지	to be long/long pants
짧다-짧아요-짧은 바지	to be short/short pants
빠르다-빨라요-빠른 버스	to be fast/a fast bus
느리다-느려요-느린 버스	to be slow/a slow bus
같다-같아요-같은 옷	to be the same/the same clothing
다르다-달라요-다른 옷	to be different/ different clothing
쉽다-쉬워요-쉬운 시험	to be easy/an easy test
어렵다-어려워요-어려운 시험	to be difficult/a difficult test
가볍다-가벼워요-가벼운 가방	to be light/a light bag
무겁다-무거워요-무거운 가방	to be heavy/a heavy bag
조용하다-조용해요-조용한 교실	to be quiet/a quiet classroom
시끄럽다-시끄러워요-시끄러운 교실	to be loud/a loud classroom

문법 Grammar

● 스카프	scarf
● 날씨	weather
● 머리	head, hair
● 과자	cookies, snack foods
● 막걸리	makgeolli (rice beer)
◆ 아름다운 곳	a beautiful place
▲ 예쁘다	to be pretty
▲ 멋있다	to look good, look nice
■ 쓰다	to wear (a hat or glasses)
◆ 옷 가게	clothing store

대화 Dialogue

□ 어서 오세요.	Welcome.
□ 뭐 찾으세요?	What are you looking for?
● 선풍기	fan
● 드라이기	hair dryer
● 김치	kimchi
▲ 맵다	to be spicy
□ 여기요.	Excuse me. (to a server)
□ 맛있게 드세요.	Enjoy your meal.
● 김	gim (dried seaweed)
▲ 짜다	to be salty
● 귤	tangerine
▲ 시다	to be sour
▲ 달다	to be sweet
◆ 이 티셔츠	this T-shirt
■ 입다	to wear (but not shoes/socks)
● 색깔	color
● 치마	skirt
● 바지	pants
● 구두	dress shoes
● 운동화	tennis shoes, sneakers
● 부츠	boots
■ 신다	to wear (shoes/socks)

읽고 말하기 Reading and Speaking

● 시장	market
● 액세서리	accessory
● 꽃	flower
● 선물	present, gift
● 거리	street, road
● 버스킹	busking, performing on the street
▲ 유명하다	to be famous
● 노래방	karaoke room
◆ 게임 센터	gaming center

듣고 말하기 Listening and Speaking

● 원룸	studio apartment ("one room")
▲ 깨끗하다	to be clean
● 침대	bed
● 냉장고	refrigerator
● 에어컨	air conditioner ("air con")
● 세탁기	washing machine
● 위치	location
◆ 바로	right away
● 월세	monthly rent
● 고시원	cheap boarding house for students
□ 한 달에 45만원 이에요.	It's 450,000 won per month.
□ 그럼요.	Of course.
◆ 둘 다	both

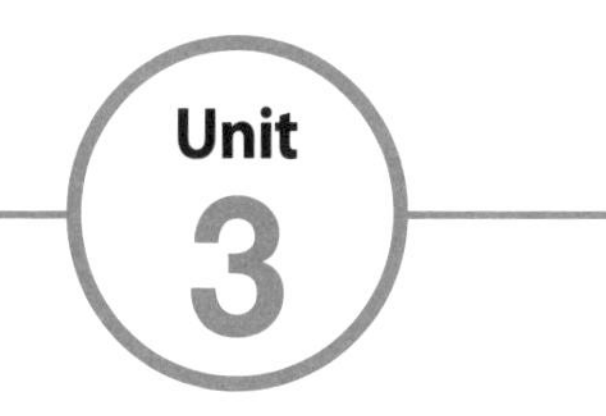

말하기 Speaking

여가 활동 Leisure Activities

■ 운동하다	to exercise
■ 산책하다	to go for a walk
■ 등산하다	to go hiking
■ 게임하다	to play video games
◆ 미술관에 가다	to go to an art museum
◆ 콘서트에 가다	to go to a concert
◆ 노래방에 가다	to go to a karaoke room
◆ 영화를 보다	to see a movie
◆ 공연을 보다	to see a performance
◆ 사진을 찍다	to take a photograph
◆ 쿠키를 만들다	to make cookies

문법 Grammar

● 떡볶이	tteokbokki
● 반지	ring
● 귀걸이	earring

대화 Dialogue

□ 아직 잘 모르겠어요.	I'm not sure yet.
● 치킨	fried chicken
◆ 커피 한잔하다	to have a cup of coffee

읽고 말하기 Reading and Speaking

● 나무	tree, wood
◆ 다 같이	all together
■ 이기다	to win
◆ 다시	again
■ 대답하다	to answer
◆ 둘이서만	just the two of (us)

듣고 말하기 Listening and Speaking

□ 아직 특별한 계획은 없어요.	I don't have any special plans yet.
● 축제	festival
▲ 다양하다	to be diverse, various
● 이벤트	event
◆ 여러 가지	several kinds
◆ 선물을 받다	to get a present
◆ 세계 여러 나라 음식	food from several countries around the world
■ 공연하다	to put on a performance
◆ 표를 사다	to buy a ticket
● 무료	free
◆ 누구든지	anyone
◆ 일찍부터	early (in the day)
◆ 줄을 서다	to stand in line
● 정문	front gate/entrance

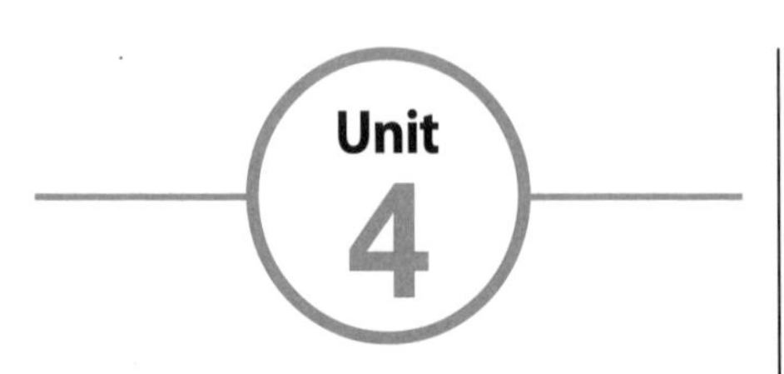

말하기 Speaking

신체 Body Parts

● 머리	head, hair
● 눈	eye
● 목	neck
● 팔	arm
● 다리	leg
● 발	foot
● 귀	ear
● 코	nose
● 입	mouth
● 어깨	shoulder
● 손	hand
● 배	stomach
● 무릎	knee

존댓말 *Jondaenmal* (Honorifics)

■ 주무세요-주무셨어요	sleeps/slept
■ 드세요-드셨어요	eats/ate
■ 말씀하세요-말씀하셨어요	speaks/spoke
■ 계세요-계셨어요	is/was (somewhere)

문법 Grammar

◆ 뉴스를 보다	to watch the news
● 신문	newspaper
● 한복	hanbok (traditional Korean attire)
◆ 몇 잔	how many glasses/cups

대화 Dialogue

□ 그러세요?	Is that so?
□ 얼굴이 안 좋으세요.	You don't look well.
▲ 아프다	to hurt, be sick
◆ 열이 나다	to have a fever
◆ 알레르기가 있다	to have an allergy
◆ 감기에 걸리다	to catch a cold
▲ 따뜻하다	to be warm
■ 주문하다	to order
● 한국말	Korean language
◆ 참	really, truly
■ 잘하다	to do well, to be good (at something)

읽고 말하기 Reading and Speaking

● 거기	there
◆ 날씨가 좋다	the weather is nice
◆ 비가 오다	it rains
◆ 바람이 불다	the wind blows
● 할머니	grandmother, old woman
● 건강	health
● 할아버지	grandfather, old man
◆ 친한 친구	a close friend

● 거실	living room
● 언니	older sister (of a woman)
◆ 요가(를) 하다	to do yoga
● 간식	snack
◆ 조금 후	after a little while

듣고 말하기 Listening and Speaking

□ 들어오세요.	Please come in.
● 내과	internal medicine department
◆ 갔다 오다	to come back (from somewhere)
▲ 괜찮다	to be OK, fine
□ 푹 쉬세요.	Get plenty of rest.
◆ 시험을 보다	to take a test
□ 어떻게 해요?	What am I supposed to do?
■ 걱정하다	to worry
□ 내일 학교에 꼭 오세요.	Be sure to come to school tomorrow.
□ 빨리 나으세요.	Get well soon.

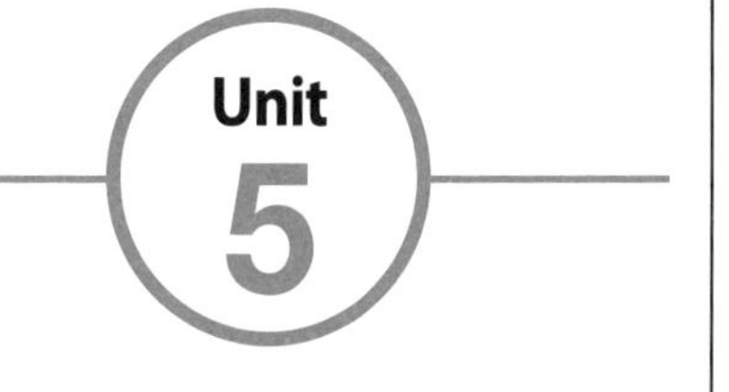

말하기 Speaking

운동과 악기 Sports and Musical Instruments

■ 수영하다	to swim
■ 야구하다	to play baseball
■ 축구하다	to play football (soccer)
■ 농구하다	to play basketball
◆ 테니스를 치다	to play tennis
◆ 배드민턴을 치다	to play badminton
◆ 탁구를 치다	to play table tennis
◆ 골프를 치다	to play golf
◆ 자전거를 타다	to ride a bicycle
◆ 스키를 타다	to go skiing
◆ 스케이트를 타다	to go ice skating
◆ 스노보드를 타다	to go snowboarding
◆ 피아노를 치다	to play the piano
◆ 기타를 치다	to play the guitar
◆ 하모니카를 불다	to play the harmonica
◆ 플루트를 불다	to play the flute

대화 Dialogue

□ 시간이 있을 때 뭐 하세요?	What do you do in your free time?
● 힙합	hip-hop
● 클래식	classical (music)
● 재즈	jazz
● 케이팝	K-pop
● 라틴 댄스	Latin dance
● 코미디 영화	comedy movie
● 액션 영화	action movie
● 공포 영화	horror movie
● 애니메이션	animation

▲ 힘들다	to be hard, have a hard time
◆ 손이 아프다	(my) hand hurts
◆ 수업료가 비싸다	the tuition is expensive
□ 요즘 어떻게 지내세요?	How are you doing these days?
◆ 배우러 다니다	to go to learn (something)

읽고 말하기 Reading and Speaking

● 자기소개서	personal statement
● 방송국	(TV/radio) broadcaster
● 신문방송학	field of journalism and broadcasting
■ 전공하다	to major
◆ 인턴을 하다	to do an internship
● 고등학교	high school
◆ 관심이 많다	to be very interested
● 학년	year in school (first grade, etc.)
■ 이해하다	to understand
◆ 학원에 다니다	to go to a private academy
● 프로그램	program
■ 사용하다	to use
◆ 특히	especially, particularly
● 편집	editing
● 방송	broadcast
□ 잘 부탁드립니다.	(a stock phrase used when introducing oneself)

듣고 말하기 Listening and Speaking

◆ 일주일에 몇 번	several times a week
◆ 퇴근 후	after getting off work
◆ 소개해 주다	to make an introduction
◆ 신촌 역 2번 출구	Exit 2 of Sinchon Station

말하기 Speaking

색깔 Colors

● 빨간색	red
● 주황색	orange
● 노란색	yellow
● 초록색	green
● 파란색	blue
● 남색	navy blue
● 보라색	purple
● 하얀색	white
● 까만색	black
□ 무슨 색이에요?	What color is it?

문법 Grammar

◆ 이를 닦다	to brush one's teeth
◆ 손을 씻다	to wash one's hands
◆ 그림을 그리다	to draw a picture

● 코트	coat
▲ 얇다	to be thin

대화 Dialogue

● 단어	a word
■ 외우다	to memorize
■ 번역하다	to translate
■ 찾아보다	to look for
◆ 일이 생기다	something happens
□ 잠깐만요.	Just a moment.
□ 무슨 색 우산이 에요?	What color umbrella is it?
◆ 이 우산	this umbrella
◆ 이거	this (one)
● 목도리	scarf, muffler

읽고 말하기 Reading and Speaking

● 토끼	rabbit, hare
● 거북	turtle, tortoise
◆ 옛날옛날에	Once upon a time (fairy tale opener)
◆ 어느 날	One day
◆ 그때	Just then
◆ 천천히	slowly
■ 걸어가다	to walk
■ 물어보다	to ask
◆ 크게	loudly
■ 웃다	to smile, laugh
◆ 기분이 나쁘다	to be in a bad mood
■ 달리기하다	to run a race
◆ 빨리	quickly
■ 뛰어가다	to run
■ 생각하다	to think
◆ 열심히	diligently
◆ 얼마 후	after some time
□ 야호!	Yahoo! Yoo-hoo!
● 소리	sound, voice
■ 부르다	to call

듣고 말하기 Listening and Speaking

■ 잃어버리다	to lose
● 사무실	office
□ 한번 물어보세요.	Try asking (something).
□ 저기 죄송한데요.	I'm sorry to bother you, but…
● 학생증	student ID
□ 혹시 이거예요?	Is this it by any chance?
◆ 유실물 센터	lost and found
◆ 전화를 받다	to answer the phone
◆ 시청 역	City Hall Station (on the subway)

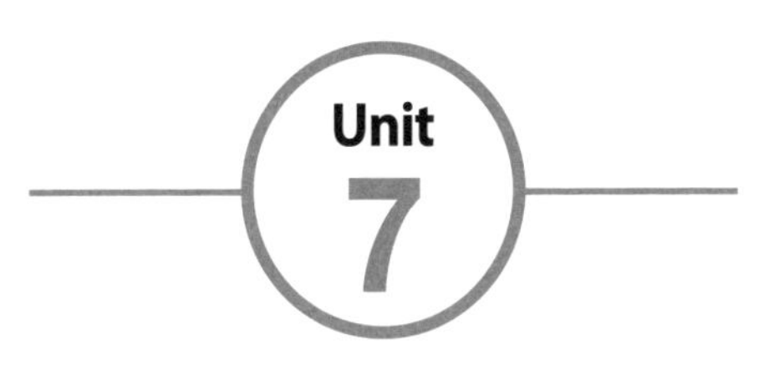

말하기 Speaking

한국 음식 Korean Food

● 순두부찌개	sundubu jjigae

● 비빔밥	bibimbap
● 김치볶음밥	kimchi bokkeumbap
● 김밥	gimbap
● 잔치국수	janchi guksu
● 비빔국수	bibim guksu
● 라면	ramen noodles
● 떡볶이	tteokbokki

문법 Grammar

■ 포장하다	to pack, wrap
■ 켜다	to turn on
■ 돕다	to help
□ A/S센터	service center
□ 고장났어요.	(Something) broke.
■ 계산하다	to calculate (e.g., the bill)
◆ 가방을 들다	to lift/carry a bag
■ 누르다	to press (e.g., a button)
■ 끄다	to turn off
▲ 어둡다	to be dark
◆ 가지고 오다	to bring (something)
● 외국	a foreign country
● 찜질방	jjimjilbang (Korean sauna)
◆ 번지 점프를 하다	to go bungee jumping
■ 낚시하다	to go fishing

대화 Dialogue

◆ 자리를 바꾸다	to move to a different venue
◆ 테이블을 닦다	to wipe the table
▲ 지저분하다	to be dirty, messy
◆ 오이를 빼다	to hold the cucumber (when ordering food)
◆ 다 먹을 수 없다	to not be able to eat it all
● 맛집	a great dining spot, a popular restaurant
■ 추천하다	to recommend
◆ 이따가	later, in a little while
● 예매	buying in advance (e.g., tickets)
◆ 확인(을) 하다	to check, make sure
■ 소개하다	to introduce
■ 알리다	to inform, let (someone) know

읽고 말하기 Reading and Speaking

□ 만들어 주셨습니다.	(She) made (something) for (someone).
● 불고기	bulgogi
■ 부탁하다	to ask a favor
◆ 언제든지	whenever, at any time
◆ 며칠 후	a few days later
◆ 먼저	first
● 간장	soy sauce
● 설탕	sugar
● 참기름	sesame oil
● 마늘	garlic
■ 넣다	to put in
■ 섞다	to mix together
● 소고기	beef
● 당근	carrot

● 양파	onion
● 파	green onion
■ 볶다	to stir-fry
▲ 기쁘다	to be glad, happy
□ 말씀하셨습니다.	(She) said (something).

듣고 말하기 Listening and Speaking

● 메뉴판	restaurant menu
□ 뭐 주문하시겠어요?	Would you like to order something?
□ 잠깐만 기다려 주세요.	Please wait just a moment.
■ 시키다	to order
● 삼겹살	samgyeopsal
◆ 배가 고프다	to be hungry
◆ 2인분	two servings
■ 굽다	to grill
■ 저기요.	Excuse me.
● 반찬	side dish
□ 반찬은 셀프예요.	The side dishes are self-serve.
◆ 셀프 코너	self-service corner
□ 제가 가지고 올게요.	I'll go get some.
□ 식사는 뭘로 하시겠어요?	What would you like for your entrée?
□ 한번 드셔 보세요.	Why don't you give it a try?
◆ 식사가 나오다	the entrée is served
■ 자르다	to cut

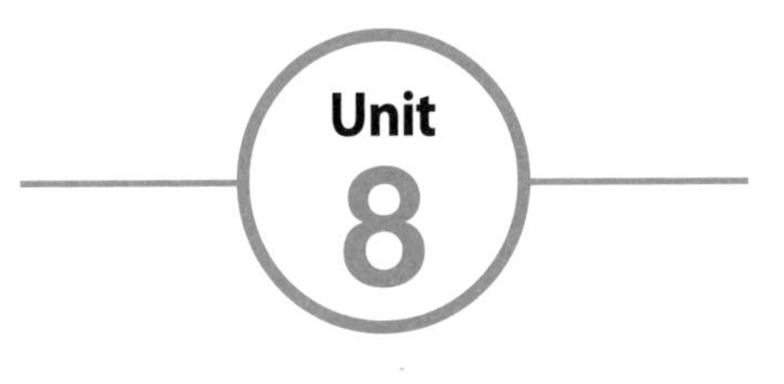

말하기 Speaking

이유 Reasons

◆ 머리가 아프다	to have a headache
◆ 시간이 없다	to have no time
◆ 너무 피곤하다	to be so tired
◆ 일이 생기다	something happens
◆ 다른 일이 있다	there is something else to do
◆ 숙제가 많다	to have a lot of homework
◆ 감기에 걸리다	to catch a cold
▲ 바쁘다	to be busy
◆ 시험이 있다	to have a test

대화 Dialogue

□ 저도 다 못 했어요.	I couldn't finish mine, either.
◆ 인터뷰 준비하다	to prepare for an interview
● 졸업식	graduation ceremony
◆ 시험 공부하다	to study for a test
◆ 제일	(superlative marker, like "most" or "-est")
□ 저도요.	Me, too.
◆ 벌써 다 끝났어요.	It's already all over.
◆ 시간이 빠르다	time flies

□ 방학 잘 보내세요.	Enjoy your school vacation.
● 여기저기	here and there

읽고 말하기 Reading and Speaking

● 처음	at first
● 건물	building
● 휴게실	break room
▲ 부지런하다	to be hardworking
● 휴일	a day off
□ 거의 다 알아요.	(I) know nearly all (of something).
◆ 정말	really
▲ 똑똑하다	to be smart
◆ 가끔	sometimes
▲ 즐겁다	to be fun, enjoyable

듣고 말하기 Listening and Speaking

■ 출발하다	to depart, set out
◆ 그러니까	So, for that reason
▲ 두껍다	to be thick
▲ 필요하다	to need
◆ 사다 주다	to pick up, to buy on (someone's) behalf
● 제목	title (of a book)
□ 메시지로 보낼게요.	I'll send it to you in a text.
□ 준비 다 했어요?	Are you done getting ready?
□ 거의 다 했어요.	I'm almost done.
■ 걱정되다	to be worried
◆ 금방	right away, before long

English Translations

(Dialogue / Reading Texts / Listening Transcripts)

Unit 1 Han River Park Was Very Big

<Speaking>

Dialogue 1: Can You Go With Us?

Andy: I'm going to go to Han River Park with Mina on Saturday. Can you go with us?
Sarah: Sure, that sounds good. I'll go with you.

Andy: I'm going to go to Han River Park with Mina on Saturday. Can you go with us?
Bayar: I'm sorry. I have other plans on Saturday.
Andy: OK. You can go with us another time.

Dialogue 2: I Have to Make Documents

Susan: Hello? Gabriela, where are you right now?
Gabriel: I'm in the classroom.
Susan: Oh, really? Is my book in the classroom by any chance?
Gabriel: Yes, it's on your desk.

Dialogue 3: How Was Han River Park?

Wan: Where is this?
Tuan: This is Han River Park. I rode my bicycle there last week.
Wan: Han River Park? How was it?
Tuan: The park was very big.
Wan: Is that so? I'd like to go sometime, too.

Reading and Speaking: I Really Like Life in Seoul

To: jmlee@amail.com
Subject: Hello, this is Gabriel

Hello Jeongmin,
I'm doing well in Seoul. I really like life in Seoul. I've met a lot of new friends. My Korean friends are very kind. Studying Korean is fun, but it's a little difficult. So I have to review every day.
How is life in Brazil, Jeongmin? Are you still playing football? I don't have any free time, so I can't play football. But I learned taekwondo at school last month. Taekwondo was very fun.
This semester will be over in one month. I have to find a new house during the

school vacation. The reason is my current house is a little uncomfortable. The rooms are too small. There's also no kitchen, so I can't cook. Plus, my house is far from school. It takes about an hour on the subway.

When are you going to come to Korea, Jeongmin? I want to talk to you in Korean. I want to play football with you, too.

Thanks for your email.

Take care of your health.

Your friend,

Gabriel

Listening and Speaking: I Have to Visit a Real Estate Agent Right Now

Bayar: Gabriel, can you grab a meal with me today?

Gabriel: I'm sorry. I have to visit a real estate agent right now.

Bayar: A real estate agent? What for?

Gabriel: My current house is a little far from school, so I want to move.

Bayar: Where is your house? It takes an hour

Gabriel: Jamsil.

Bayar: How do you get from school to your house?

Gabriel: I take the subway from Sinchon Station to Jamsil Station. Then I have to take a bus from Jamsil Station to my house. So transportation is very inconvenient.

Bayar: OK, so where do you want to move?

Gabriel: I'm not sure. Where do you live, Bayar?

Bayar: I live near the school.

Gabriel: Is that so? How is the area near the school?

Bayar: It's very nice. There are a lot of restaurants and cafés. There's a supermarket, too.

Gabriel: How's the price?

Bayar: It's a little expensive. But it's very close to the school, so I get to wake up late in the morning. It's really convenient.

Gabriel: Is that so?

Bayar: Yes. Try going to the real estate agent near the school. You'll probably be able to find a nice house.

Gabriel: Thanks.

Don't You Have Any Light Laptops?

<Speaking>

Dialogue 1: Don't You Have Any Light Laptops?

Employee: Welcome! What are you looking for?
Lenping: Can you show me some laptops, please?
Employee: Laptops? How about this one?
Lenping: It's a little heavy. Don't you have any light laptops?
Employee: In that case, how about this one?
Lenping: Great. I'll take that one.

Dialogue 2: Isn't It Spicy?

Employee: Welcome. We have some tasty kimchi.
Haruka: Isn't it spicy?
Employee: It's not spicy. How about giving it a try? Here you are.
...
Haruka: Wow, it's tasty. I'll take one.
Employee: OK, here you are. Enjoy your meal.
Haruka: Thank you.

Dialogue 3: Why Don't You Try Them On?

Wan: Can I try this T-shirt on?
Employee: Yes, go ahead. That's a very nice T-shirt.
Wan: OK. ... Isn't it big?
Employee: It's not big. It looks very good on you.
Wan: Hmm. Do you have any other colors?
Employee: Yes, we have a lot of other colors here. Why don't you try them on?

Reading and Speaking: Namdaemun Market Is a Big Market

Namdaemun Market

Namdaemun Market is a big market. There are very many stores there. There are stores for clothing, glasses, accessories, flowers, and fruit. You can buy Korean souvenirs. There are very many restaurants, so you can also eat a lot of tasty Korean foods. Hotteok, kalguksu, and mandu are tasty. They're not spicy. Why don't you give them a try? Myeongdong and Namsan are close by, so you can also go sightseeing there.

Go out Exit 5 of Hoehyeon Station on Subway Line 4.

The prices are cheap, and there are many kinds of things. There are a lot of Korean souvenirs. You should try the kimchi mandu. Namsan is nearby. Go check out Myeongdong.

Hongdae Street

Hongdae Street is a very interesting place. It is famous for busking. You can listen to singing and hear dancing, too. You can buy cheap clothing, and you can also buy pretty accessories. There are karaoke rooms, cafés, restaurants, and gaming centers. Do you want to hang out with your friends? In that case, you should go to Hongdae Street.

Go out Exit 9 of Hongik University Station on Subway Line 2.
You can see busking. There are a lot of cheap clothing stores. Try singing a song in a karaoke room. You can play some fun video games.

Listening and Speaking: I'm Looking for a Clean Room

Employee: Welcome!
Gabriel: Hello. Can you show me a studio apartment please?
Employee: Sure, we have a lot of rooms. What kind of room are you looking for?
Gabriel: I'm looking for a clean room.
Employee: Take a look at this photography. How about this room? It's very clean.
Gabriel: Is the room large?
Employee: Yes, it's large. There's a bed, a desk, a refrigerator, and an air conditioner. There's a washing machine, too.
Gabriel: Where is the location?
Employee: It's right by Sogang University.
Gabriel: How much is the monthly rent?
Employee: It's 650,000 won. You know, there's a big park in front of the building. It's very nice.
Gabriel: There's a park? But that's a little expensive. Don't you have any cheap rooms?
Employee: Then how about this goshiwon (cheap apartment for students)? It's 450,000 won per month.
Gabriel: Is it clean?
Employee: Yes, it's a new goshiwon, so the rooms are very clean. But it's a little small.
Gabriel: Does the room have a bathroom?
Employee: Of course.
Gabriel: Is it close to Sogang University?
Employee: Yes, it takes about 10 minutes by bus.
Gabriel: Then how long does it take on foot?
Employee: About 20 minutes.
Gabriel: 20 minutes? Hmm.
Employee: It's not far.
Gabriel: Um, can I see both of them today?
Employee: Of course.

Unit 3 How About Sightseeing in Seoul Together?

<Speaking>

Dialogue 1: I Want to Go to Insadong and Bukchon

Andy: What are you going to do on Saturday, Susan?
Susan: Hmm. I'm not sure yet.
Andy: In that case, how about sightseeing in Seoul together?
Susan: Sure, that sounds good. I want to go to Insadong and Bukchon.
Andy: Insadong? Great. Let's go there.

Dialogue 2: Why Don't We Go Hiking Together?

Lenping: Sarah, are you busy tomorrow?
Sarah: Why do you ask?
Lenping: Why don't we go hiking together? I'd like to go hiking with you.
Sarah: I'm sorry. I have a part-time job tomorrow.
Lenping: Is that so? In that case, let's go another time.

Dialogue: 3 Let's Grab Lunch and Go for a Walk

Hans: Bayar, are you free after class tomorrow?
Bayar: Yes, I am.
Hans: Is that so? In that case, would you like to have lunch together?
Bayar: Sure. Let's grab lunch and go for a walk.
Hans: So should we meet in front of the school at 1 p.m. tomorrow?
Bayar: Yes, see you tomorrow.

Reading and Speaking: He Went to World Cup Park with His Friends

The weather was very nice yesterday, so Andy went to World Cup Park with his friends. World Cup Park wasn't far from school. It took about 20 minutes on the subway. The park was very big. There were many trees, and the flowers were beautiful.
Andy had a tasty lunch with his friends at the park. They ate gimbap and chicken. After that, they strolled through the park and took photographs. Then they all played a game together. Andy won, so he was in a good mood.
Mina said, "Andy, World Cup Park is really great. Why don't we come back another time?"
Andy replied, "Sure, that sounds good. Next time, it should be just the two of us."

Listening and Speaking: How About Going to the Festival Together?

Jihun: Wan, what are you going to do on Friday?
Wan: Hmm. I don't have any special plans yet. What about you?
Jihun: I'm going to the school festival.
Wan: The Sogang University festival? What's that like?
Jihun: It's very fun. There are a variety of events. You can play a number of games and receive presents.
Wan: Is that so?
Jihun: There are also a lot of food trucks. You can eat both Korean food and food from several countries around the world.
Wan: What else do you do?
Jihun: Famous singers will be holding a concert.
Wan: Ah, is that so? Do you have to buy tickets?
Jihun: No, it's free. Anyone can watch the concert.
Wan: What time does the concert start?
Jihun: It starts at 8 p.m. But you have to line up early.
Wan: I'd like to go, too.
Jihun: Then how about we go together? We can play games together, eat some tasty food, and watch the concert.
Wan: Great. So what time should we meet?
Jihun: Um... Can we meet a little early? How about 4 o'clock?
Wan: OK, see you in front of the main school entrance at 4 o'clock.

Unit 4 When Did You Come to Korea?

<Speaking>

Dialogue 1: Do You Like Spicy Food?

Minsu: Susan, did you have lunch?
Susan: Yes, I had bibimbap. What about you?
Minsu: I had kimchi jjigae.
Susan: Do you like spicy food, Minsu?
Minsu: Yes, I do.
Susan: Is that so? I like spicy food, too.

Dialogue 2: What Are You Sick With?

Minsu: Susan, you don't look well. Do you feel sick?
Susan: Yes, I have a stomachache.

Minsu: Did you eat spicy food by any chance?
Susan: Yes, I did.
Minsu: Take some medicine and then go home early.
Susan: OK, I will. Thank you.

Dialogue 3: What Country Are You From?

Sarah: Did you order some hot lemon tea? Here it is.
Customer: Thanks. Your Korean is very good. What country are you from?
Sarah: I'm from France.
Customer: When did you come to Korea?
Sarah: I came two months ago.

Reading and Speaking: Grandmother Is Sleeping in Her Room

Today is Sunday. On Sunday morning, my family normally goes to a park near our house. We go for a walk there and do some exercise. But the weather isn't good today. It's raining, and it's very windy. So we're all at home right now.
Grandmother is sleeping in her room. She's not in good health nowadays. Grandfather is reading a book next to Grandmother. I'm talking on the phone with a friend in my room. My close friend went to study in France. I'm going to go see my friend during school vacation.
Mother is in the living room. She's watching a TV drama. Mother really likes dramas. My older sister is in the living room, too. She's doing yoga there.
Father is in the kitchen. He's making a tasty snack there. Father is good at cooking. In a little while, my family will get to have a tasty snack.

Listening and Speaking: Why Didn't You Come to School Last Week?

Teacher: Please come in.
Andy: Hello, teacher.
Teacher: Hello, Andy. Why didn't you come to school last week?
Andy: I was really sick.
Teacher: What were you sick with?
Andy: I had a high fever, and then my throat got very sore, too.
Teacher: Did you see the doctor?
Andy: Yes, I saw a doctor of internal medicine near my house.
Teacher: Are you OK now?
Andy: No, my throat is still a little sore.
Teacher: Is that so? Drink a lot of warm water. Also, get plenty of rest.
Andy: Yes, I will.
Teacher: Andy, by the way, there's going to be a test next week.
Andy: A test? What am I supposed to do? I haven't studied.
Teacher: Don't worry. We'll review tomorrow. Andy, be sure to come to school tomorrow.
Andy: When will the test be next week?

Teacher: On Monday.
Andy: OK, got it. Goodbye, teacher.
Teacher: Goodbye, Andy. Get well soon.

Do You Know How to Ski?

<Speaking>

Dialogue 1: I Play Sports or Listen to Music

Haruka: What do you do in your free time?
Andy: I play sports or listen to music.
Haruka: What kind of sports do you like?
Andy: I like taekwondo.
Haruka: Well, what kind of music do you like?
Andy: I like hip-hop.

Dialogue 2: It's Difficult But Fun

Lenping: Susan, are you busy this afternoon?
Susan: Why do you ask?
Lenping: How about playing table tennis together in the gym?
Susan: I'm sorry. I have a tennis lesson today.
Lenping: Are you learning tennis? How is it?
Susan: It's difficult but fun.

Dialogue 3: Do You Know How to Play Tennis?

Hans: Susan, how are you doing these days?
Susan: I'm doing fine. I've been going to tennis lessons.
Hans: Is that so?
Susan: Do you know how to play tennis, Hans?
Hans: Yes, I know how to play.
Susan: Then we should play tennis together sometime.
Hans: Sure, that sounds good.

Reading and Speaking: I'm Very Good at English

Personal Statement
Kim Jihun

My name is Kim Jihun. I want to work at SG Broadcasting. I majored in journalism and broadcasting, so I did an internship at a broadcasting company during the school vacation.
I have been very interested in the cultures of other countries since I was in high school. For that reason, I studied English in the United States for a year in my freshman year of university. I'm able to understand the news in English. I also attended a Chinese language institute for a year, so I can speak Chinese, too.
I'm also good at using several computer programs. I'm particularly good at editing.
I want to make good shows for SG Broadcasting. I hope you will consider my application.

Email: jhkim0815@amail.com
Kim, Jihun

Listening and Speaking: I'm Learning Tennis These Days

Tuan: Hello, Susan. Where are you going right now?
Susan: I'm going to the tennis court. I'm learning tennis these days.
Tuan: Ah, is that so? When did you start tennis?
Susan: I started last month.
Tuan: Where are you learning?
Susan: At a tennis court near my company.
Tuan: How is that tennis court?
Susan: It's really nice, and the teacher is kind, too.
Tuan: How many times do you go a week?
Susan: Twice a week.
Tuan: When do you usually go to the tennis court?
Susan: I go early in the morning or after work. Why do you ask?
Tuan: I don't know how to play tennis, so I'd like to learn a little, too.
Susan: Is that so? Then let's go together next time.
Tuan: Sure. Can you introduce me to your teacher when we go?
Susan: Of course. How about tomorrow, Tuan?
Tuan: That sounds good.
Susan: In that case, let's go to the tennis court together tomorrow.
Tuan: What time should we meet?
Susan: Um, let's meet at Exit 2 of Sinchon Station at 6 p.m. tomorrow.
Tuan: OK. Well, see you tomorrow!

It's a Longer Umbrella Than This One

<Speaking>

Dialogue 1: He's Doing Homework Right Now

Bayar: Hello, Andy. Where are you right now?

Andy: I'm at the study café. Why do you ask?

Bayar: Is Wan there by any chance?

Andy: Yes, she's doing homework right now.

Dialogue 2: I Couldn't Meet My Friend

Dialogue 3: It's a Red Umbrella

Gabriel: Hello. I don't suppose you've seen an umbrella, have you?

Employee: Just a moment. What color umbrella is it?

Gabriel: It's a red umbrella.

Employee: Is it this umbrella by any chance?

Gabriel: No, it's a longer umbrella than this one.

Reading and Speaking: The Tortoise and the Hare

Once upon a time, there lived a tortoise and a hare. One day, the hare was going to meet a friend. At that moment, the tortoise was slowly walking in front of the hare.

The hare saw the tortoise and said, "Hello, Tortoise. Where are you going?" The tortoise replied, "I'm going to my grandmother's house to see my grandmother." The hare said, "Tortoise, you're very slow. Can you make it to your grandmother's house today?" Then he laughed loudly. That put the tortoise in a bad mood.

The tortoise said to the hare, "Why don't we race to that hill over there, Hare? I can win." The hare replied, "Ha ha ha, you can beat me? Fine. We'll do a race. You can't beat me."

The tortoise and the hare started the race. The hare was much faster than the tortoise. He ran quickly. But the tortoise was slow. He walked slowly.

The hare looked behind him. The tortoise was down below, coming along very slowly. The hare thought, "Ah, this is no fun. Tortoise is really slow. I'm going to take a nap here for a moment." Then the hare took a nap under a tree. But the tortoise didn't rest. He walked diligently.

A little later, the hare woke up and then looked behind him. The tortoise wasn't there. Just then, the tortoise called to the hare in a loud voice. "Yoo-hoo, Tortoise!" The hare looked at the top of the hill. The tortoise was there at the top.
The tortoise reached the hill faster than the tortoise. The tortoise won. He was in a great mood.

Listening and Speaking: I'm Looking for My Wallet

Jihun: Wan, why aren't you here? Everyone is waiting for you.
Wan: Hey, I'm sorry. I lost my wallet, so I'm looking for it.
Jihun: Your wallet? Where are you right now?
Wan: Sinchon Station.
Jihun: Well, there's an office inside the subway station. Try asking the employees there.
Wan: OK, thanks.

Wan: Excuse me. I'm sorry to bother you, but I've lost my wallet.
Employee: What kind of wallet is it?
Wan: It's a small wallet.
Employee: What color is it?
Wan: It's black. There's a student ID and a bank card and money inside.
Employee: Just a moment please. Is this it by any chance?
Wan: No, it's smaller than this one.
Employee: In that case, it's not here.
Wan: Ah, OK.
Employee: Excuse me, ma'am. Why don't you make a call to lost and found?
Wan: Lost and found? What's their phone number?
Employee: 02-6110-1122. They should answer the phone until 6 p.m. There's a lost and found at City Hall Station.
Wan: Thank you.

Can You Recommend a Good Restaurant?

<Speaking>

Dialogue 1: Can You Seat Me Somewhere Else?

Andy: Excuse me, can I have one sundubu jjigae please?
Employee: Yes.

Andy: Um, I'm sorry to bother you, but can you seat me somewhere else? It's too cold here.

Employee: Sure, I'll do that.

Andy: Thank you.

Dialogue 2: I'll Recommend Some in a Little While

Andy: Um, Mina...

Mina: Yes, Andy. What is it?

Andy: My friend is coming to Korea next week. Can you recommend some great dining spots?

Mina: Sure, I can. But right now I'm a little busy. I'll recommend some in a little while.

Andy: Thanks.

Dialogue 3: Have You Tried Bibimbap?

Gabriel: Bayar, have you tried bibimbap?

Bayar: Yes, I have. What about you?

Gabriel: I haven't tried it yet. Can you introduce me to a tasty restaurant?

Bayar: Sure, I'll tell you about one.

Gabriel: Thanks.

Reading and Speaking: He Made Bulgogi

Last weekend, Wan went over to Mina's house with her classmates. Mina's mother made Korean food for them. Wan and her classmates enjoyed the food. The bulgogi was particularly tasty. So Wan asked Mina's mother for a favor.
"Bulgogi is really delicious. How do you make it? Can you teach me?"
"Is that so? You can come over any time. I'll teach you."
A few days later, Wan went to Mina's house to learn bulgogi.
Wan made bulgogi together with Mina's mother. First, they mixed sugar, sesame oil, and garlic with soy sauce. Then they placed the beef into the soy sauce and waited for about 30 minutes. After that, they stir-fried the beef with the carrots, onions, and green onions. Wan's bulgogi was a little salty, but Mina's mother's bulgogi was sweet and very tasty.
Wan can make good bulgogi now. That made her very glad.
Mina's mother said, "Do you know how to make Thai food? Can you teach me, too?"
"Of course! I'll teach you Thai food next time."

Listening and Speaking: Let Me Grill It For You

Bayar: Excuse me. Please wipe the table down.

Employee: OK, I will. Here is the menu. Would you like to order something?

Bayar: Please wait just a moment.

Bayar: Gabriel, have you tried samgyeopsal by any chance?
Gabriel: No, I haven't. Is it tasty?
Bayar: Yes, it's very taste. You should give it a try.
Gabriel: Great. How about ordering quickly? I'm so hungry.

Bayar: Excuse me, we would like two servings of samgyeopsal.
Employee: Here are two servings of samgyeopsal. Let me grill it for you.
Bayar & Gabriel: Wow! Thanks.

Gabriel: Excuse me! I would like some more side dishes please.
Employee: The side dishes are self-serve. The self-service corner is over there.
Gabriel: I'll go get some.

Employee: What would you like for your entrée?
Bayar: What are my options?
Employee: We have naengmyeon and doenjang jjigae.
Gabriel: Um, isn't the doenjang jjigae spicy?
Employee: It's not spicy. It tastes good. Why don't you give it a try?
Gabriel: In that case, I'll take the doenjang jjigae.
Bayar: I'll have the mul-naengmyeon.

Employee: Here are your entrees. Enjoy your meal.
Bayar: Excuse me, I would like some scissors please.
Employee: Let me cut it for you.
Bayar: Thanks.

I Liked Speaking Class Because It Was Fun

<Speaking>

Dialogue 1: You Did Your Homework, Didn't You?

Hans: Haruka, you did your homework, didn't you?
Haruka: No, I couldn't do it.
Hans: Why not?
Haruka: I didn't have enough time to do it.

Hans: Is that so? I couldn't finish mine, either. How about doing it together today?
Haruka: Sure. Let's do it together.

Dialogue 2: I Had to Get Up Early, Which Was Hard

Sarah: Lenping, how was this semester?
Lenping: It was really good.
Sarah: What was the best part about it?
Lenping: I liked speaking class because it was fun.
Sarah: Me, too. But I had to get up early, which was a little hard.

Dialogue 3: I'm Planning to Take a Trip to Busan

Andy: This semester is already all over.
Bayar: Yeah, time really flies.
Andy: What are you going to do during the school vacation?
Bayar: I'm going to visit my hometown. What about you?
Andy: I'm planning to take a trip to Busan.
Bayar: Ah, is that so? Well, enjoy your school vacation, Andy.

Reading and Speaking: Now I Can Speak in Korean

Hello! Today I'm going to talk about school life. I started studying Korean in the United States last year, but it was so difficult I didn't do very well. So three months ago, I came to Korea to study Korean. At first, I spoke to my friends in English. But now I can speak in Korean.

Look here. There's a red building, right? This is where I learn Korean. There are classrooms, an office, a break room, and a study café in this building. My classroom is on the eighth floor. Here is the classroom. I study here from 9 o'clock to 1 o'clock.

These are my classmates. This is Hans. He's very hardworking. He studies Korean in the morning and goes to the office in the afternoon. He goes hiking or swimming on his days off. This is Sarah. Sarah really likes Korean movies. She knows nearly all the names of Korean movie actors. Haruka is the best at Korean in our class. She's really smart and kind.

After class, I go to the student cafeteria. The menu items are different everyday and the prices are cheap, so I often go here. After lunch, I exercise. Sometimes I play soccer with Gabriel or Lenping or play tennis with Susan.

Before a test, I go to the study café with my classmates. This is where we study together.

This semester ends next week. I'm going to take a trip to Busan with my Korean friends during the school vacation. I'm planning to look around Busan and also try delicious food. Life in Korea is busy, but it's really fun. Next time, I'll talk to you about my trip to Busan.

Listening and Speaking: See You at the Airport on Monday

Jenny: Hello?

Jihun: Jenny, this is Jihun.

Jenny: How are you? Jihun, I've been waiting for your call.

Jihun: Jenny, you're departing next week, aren't you?

Jenny: Yes, I'm departing at 9 a.m. next Monday.

Jihun: Do you mean 9 a.m. Korea time?

Jenny: No, I depart at 9 a.m. Sydney time. Then I'll arrive at 6 p.m. Korea time.

Jihun: Is that so? In that case, Jenny, I'll see you at the airport on Monday. I'll be there.

Jenny: Really? Thanks. Oh by the way, Jihun, how's the weather in Korea these days? Is it cold?

Jihun: Yes, it's really cold nowadays. So be sure to bring some thick clothing.

Jenny: OK, I'll do that. Do you not need anything, Jihun?

Jihun: Hmm. Ah, could you pick up an English book for me?

Jenny: An English book?

Jihun: Yes, there's an English book I'd like to read. I'll send you the title of the book in a text a little later.

Jenny: OK, that's fine. And there's nothing else you need?

Jihun: No, there's not. By the way, are you done getting ready?

Jenny: I'm almost done. The thing is, I'm worried about not being very good at Korean.

Jihun: Don't worry about it. You'll be good at it before long.

Jenny: Thanks, Jihun.

Jihun: Well, see you at the airport, Jenny.

Jenny: All right, Jihun. See you then.

Ganada Order Index

● Noun ■ Verb ▲ Adjective ◆ Other □ Expression

2인분	◆	two servings	1B 7과	듣고 말하기
A/S센터	□	service center	1B 7과	말하기

ㄱ

가격	●	price	1B 1과	듣고 말하기
가끔	◆	sometimes	1B 8과	읽고 말하기
가방을 들다	◆	to lift/carry a bag	1B 7과	말하기
가볍다-가벼워요-가벼운 가방	▲	to be light/a light bag	1B 2과	말하기
가지고 오다	◆	to bring (something)	1B 7과	말하기
간식	●	snack	1B 4과	읽고 말하기
간장	●	soy sauce	1B 7과	읽고 말하기
감기에 걸리다	◆	to catch a cold	1B 4, 8과	말하기
갔다 오다	◆	to come back (from somewhere)	1B 4과	듣고 말하기
강아지	●	puppy	1B 1과	말하기
같다-같아요-같은 옷	▲	to be the same/the same clothing	1B 2과	말하기
거기	●	there	1B 4과	읽고 말하기
거리	●	street, road	1B 2과	읽고 말하기
거북	●	turtle, tortoise	1B 6과	읽고 말하기
거실	●	living room	1B 4과	읽고 말하기
거의 다 알아요.	□	(I) know nearly all (of something).	1B 8과	읽고 말하기
거의 다 했어요.	□	I'm almost done.	1B 8과	듣고 말하기
걱정되다	■	to be worried	1B 8과	듣고 말하기
걱정하다	■	to worry	1B 4과	듣고 말하기
건강	●	health	1B 4과	읽고 말하기
건강 조심하세요.	□	Take care of your health.	1B 1과	읽고 말하기
건물	●	building	1B 8과	읽고 말하기
걸어가다	■	to walk	1B 6과	읽고 말하기

게임 센터	◆	gaming center	1B 2과	읽고 말하기
게임하다	◆	to play video games	1B 3과	말하기
경치가 좋다	◆	to have a good view	1B 1과	말하기
계산하다	■	to calculate (e.g., the bill)	1B 7과	말하기
계세요-계셨어요	■	is/was (somewhere)	1B 4과	말하기
고등학교	●	high school	1B 5과	읽고 말하기
고시원	●	cheap boarding house for students	1B 2과	듣고 말하기
고장났어요.	□	(Something) broke.	1B 7과	말하기
골프를 치다	◆	to play golf	1B 5과	말하기
공연	●	a performance	1B 8과	말하기
공연을 보다	◆	to see a performance	1B 3과	말하기
공연하다	■	to put on a performance	1B 3과	듣고 말하기
공포 영화	●	horror movie	1B 5과	말하기
과자	●	cookies, snack foods	1B 2과	말하기
관심이 많다	◆	to be very interested	1B 5과	읽고 말하기
괜찮다	▲	to be OK, fine	1B 4과	듣고 말하기
교통이 불편해요.	□	It's not easy to get around.	1B 1과	듣고 말하기
구두	●	dress shoes	1B 2과	말하기
굽다	■	to grill	1B 7과	듣고 말하기
귀	●	ear	1B 4과	말하기
귀걸이	●	earring	1B 3과	말하기
귤	●	tangerine	1B 2과	말하기
그때	◆	Just then	1B 6과	읽고 말하기
그러니까	◆	So, for that reason	1B 8과	듣고 말하기
그러세요?	□	Is that so?	1B 4과	말하기
그럼요.	□	Of course.	1B 2과	듣고 말하기
그림을 그리다	◆	to draw a picture	1B 6과	말하기
글쎄요.	□	Hmm. (when unsure how to answer)	1B 1과	듣고 말하기
금방	◆	right away, before long	1B 8과	듣고 말하기

기분이 나쁘다	◆	to be in a bad mood	1B 6과	읽고 말하기
기쁘다	▲	to be glad, happy	1B 7과	읽고 말하기
기타를 치다	◆	to play the guitar	1B 5과	말하기
길다-길어요-긴 바지	▲	to be long/long pants	1B 2과	말하기
김	●	gim (dried seaweed)	1B 2과	말하기
김밥	●	gimbap	1B 7과	말하기
김치	●	kimchi	1B 2과	말하기
김치볶음밥	●	kimchi bokkeumbap	1B 7과	말하기
까만색	●	black	1B 6과	말하기
깨끗하다	▲	to be clean	1B 2과	듣고 말하기
꽃	●	flower	1B 2과	읽고 말하기
끄다	■	to turn off	1B 7과	말하기

ㄴ

나무	●	tree, wood	1B 3과	읽고 말하기
낚시하다	■	to go fishing	1B 7과	말하기
날씨	●	weather	1B 2과	말하기
날씨가 좋다	◆	the weather is nice	1B 4과	읽고 말하기
남색	●	navy blue	1B 6과	말하기
낮다-낮아요	▲	to be low	1B 1과	말하기
내과	●	internal medicine department	1B 4과	듣고 말하기
내일 학교에 꼭 오세요.	□	Be sure to come to school tomorrow.	1B 4과	듣고 말하기
냉장고	●	refrigerator	1B 2과	듣고 말하기
너무	◆	too, too much	1B 1과	말하기
너무 피곤하다	◆	to be so tired	1B 8과	말하기
넓다	▲	to be wide	1B 1과	말하기
넣다	■	to put in	1B 7과	읽고 말하기
노란색	●	yellow	1B 6과	말하기

노래방	●	karaoke room	1B 2과	읽고 말하기
노래방에 가다	◆	to go to a karaoke room	1B 3과	말하기
농구하다	■	to play basketball	1B 5과	말하기
높다-높아요	▲	to be high	1B 1과	말하기
누구든지	◆	anyone	1B 3과	듣고 말하기
누르다	■	to press (e.g., a button)	1B 7과	말하기
눈	●	eye	1B 4과	말하기
뉴스를 보다	◆	to watch the news	1B 4과	말하기
느리다-느려요-느린 버스	▲	to be slow/a slow bus	1B 2과	말하기
늦게까지	◆	until late	1B 1과	듣고 말하기

ㄷ

다 같이	◆	all together	1B 3과	읽고 말하기
다 먹을 수 없다	◆	to not be able to eat it all	1B 7과	말하기
다르다-달라요-다른 옷	▲	to be different/different clothing	1B 2과	말하기
다른 약속이 있다	◆	to have other plans	1B 1과	말하기
다른 일이 있다	◆	there is something else to do	1B 8과	말하기
다리	●	leg	1B 4과	말하기
다시	◆	again	1B 3과	읽고 말하기
다양하다	▲	to be diverse, various	1B 3과	듣고 말하기
단어	●	a word	1B 6과	말하기
달다	▲	to be sweet	1B 2과	말하기
달리기하다	■	to run a race	1B 6과	읽고 말하기
당근	●	carrot	1B 7과	읽고 말하기
대답하다	■	to answer	1B 3과	읽고 말하기
덥다-더워요	▲	to be hot	1B 1과	말하기
돈을 찾다	◆	to get some money	1B 1과	말하기
돕다	■	to help	1B 7과	말하기

두껍다	▲	to be thick	1B 8과	읽고 말하기
둘 다	◆	both	1B 2과	듣고 말하기
둘이서만	◆	just the two of (us)	1B 3과	읽고 말하기
드라이기	●	hair dryer	1B 2과	말하기
드림	◆	(follows the signature in an email)	1B 1과	읽고 말하기
드세요-드셨어요	■	eats/ate	1B 4과	말하기
들어가다	■	to go in	1B 1과	말하기
들어오세요.	□	Please come in.	1B 4과	듣고 말하기
등산하다	◆	to go hiking	1B 3과	말하기
따뜻하다	▲	to be warm	1B 4과	말하기
떡볶이	●	tteokbokki	1B 3, 7과	말하기
또	◆	also, in addition	1B 1과	듣고 말하기
똑똑하다	▲	to be smart	1B 8과	읽고 말하기
뛰어가다	■	to run	1B 6과	읽고 말하기

ㄹ

라면	●	ramen noodles	1B 7과	말하기
라틴 댄스	●	Latin dance	1B 5과	말하기

ㅁ

마늘	●	garlic	1B 7과	읽고 말하기
마음에 들다	◆	to like	1B 1과	읽고 말하기
막걸리	●	makgeolli (rice beer)	1B 2과	말하기
만들어 주셨습니다.	□	(She) made (something) for (someone).	1B 7과	읽고 말하기
많다-많아요	▲	many/a lot	1B 1과	말하기
말씀하세요-말씀하셨어요	■	speaks/spoke	1B 4과	말하기

말씀하셨습니다.	□	(She) said (something).	1B 7과	읽고 말하기
맛없다-맛없어요	▲	to taste bad	1B 1과	말하기
맛있게 드세요.	□	Enjoy your meal.	1B 2과	말하기
맛있다-맛있어요	▲	to taste good	1B 1과	말하기
맛집	●	a great dining spot, a popular restaurant	1B 7과	말하기
맵다	▲	to be spicy	1B 2과	말하기
머리	●	head, hair	1B 2, 4과	말하기
머리가 아프다	◆	to have a headache	1B 8과	말하기
먼저	◆	first	1B 7과	읽고 말하기
멋있다	▲	to look good, look nice	1B 2과	말하기
메뉴판	●	restaurant menu	1B 7과	듣고 말하기
메시지로 보낼게요.	□	I'll send it to you in a text.	1B 8과	듣고 말하기
며칠 후	◆	a few days later	1B 7과	읽고 말하기
몇 잔	◆	how many glasses/cups	1B 4과	말하기
모두	◆	everyone, everything, all	1B 1과	읽고 말하기
목	●	neck	1B 4과	말하기
목도리	●	scarf, muffler	1B 6과	말하기
무겁다-무거워요-무거운 가방	▲	to be heavy/a heavy bag	1B 2과	말하기
무료	●	free	1B 3과	듣고 말하기
무릎	●	knee	1B 4과	말하기
무슨 색 우산이에요?	□	What color umbrella is it?	1B 6과	말하기
무슨 색이에요?	□	What color is it?	1B 6과	말하기
문화	●	culture	1B 1과	말하기
물어보다	■	to ask	1B 6과	읽고 말하기
뭐 주문하시겠어요?	□	Would you like to order something?	1B 7과	듣고 말하기
뭐 찾으세요?	□	What are you looking for?	1B 2과	말하기
미술관에 가다	◆	to go to an art museum	1B 3과	말하기

ㅂ

바람이 불다	◆	the wind blows	1B 4과	읽고 말하기
바람이 시원하다	◆	the wind is refreshing	1B 1과	말하기
바로	◆	right away	1B 2과	듣고 말하기
바쁘다	▲	to be busy	1B 8과	말하기
바지	●	pants	1B 2과	말하기
반지	●	ring	1B 3과	말하기
반찬	●	side dish	1B 7과	듣고 말하기
반찬은 셀프예요.	□	The side dishes are self-serve.	1B 7과	듣고 말하기
발	●	foot	1B 4과	말하기
발음을 잘하다	◆	to have good pronunciation	1B 1과	말하기
방송	●	broadcast	1B 5과	읽고 말하기
방송국	●	(TV/radio) broadcaster	1B 5과	읽고 말하기
방학 잘 보내세요.	□	Enjoy your school vacation.	1B 8과	말하기
배	●	stomach	1B 4과	말하기
배가 고프다	◆	to be hungry	1B 7과	듣고 말하기
배드민턴을 치다	◆	to play badminton	1B 5과	말하기
배우러 다니다	◆	to go to learn (something)	1B 5과	말하기
버스킹	●	busking, performing on the street	1B 2과	읽고 말하기
번역하다	■	to translate	1B 6과	말하기
번지 점프를 하다	◆	to go bungee jumping	1B 7과	말하기
벌써 다 끝났어요.	□	It's already all over.	1B 8과	말하기
보라색	●	purple	1B 6과	말하기
복습하다	■	to review	1B 1과	읽고 말하기
볶다	■	to stir-fry	1B 7과	읽고 말하기
부동산	●	real estate	1B 1과	듣고 말하기
부르다	■	to call	1B 6과	읽고 말하기

부엌	●	kitchen	1B 1과	읽고 말하기
부지런하다	▲	to be hardworking	1B 8과	읽고 말하기
부츠	●	boots	1B 2과	말하기
부탁하다	■	to ask a favor	1B 7과	읽고 말하기
불고기	●	bulgogi	1B 7과	읽고 말하기
불편하다	▲	to be uncomfortable	1B 1과	읽고 말하기
비가 오다	◆	it rains	1B 4과	읽고 말하기
비빔국수	●	bibim guksu	1B 7과	말하기
비빔밥	●	bibimbap	1B 7과	말하기
비싸다-비싸요	▲	to be expensive	1B 1과	말하기
비행기표	●	airplane ticket	1B 1과	말하기
빠르다-빨라요-빠른 버스	▲	to be fast/a fast bus	1B 2과	말하기
빨간색	●	red	1B 6과	말하기
빨리	◆	quickly	1B 6과	읽고 말하기
빨리 나으세요.	□	Get well soon.	1B 4과	듣고 말하기

ㅅ

사다 주다	◆	to pick up, to buy on (someone's) behalf	1B 8과	듣고 말하기
사무실	●	office	1B 6과	듣고 말하기
사용하다	■	to use	1B 5과	읽고 말하기
사진을 찍다	◆	to take a photograph	1B 3과	말하기
산책하다	◆	to go for a walk	1B 3과	말하기
삼겹살	●	samgyeopsal	1B 7과	듣고 말하기
새 집	◆	new house	1B 1과	읽고 말하기
색깔	●	color	1B 2과	말하기
생각하다	■	to think	1B 6과	읽고 말하기
생활	●	lifestyle	1B 1과	읽고 말하기
서류를 만들다	◆	to make a document	1B 1과	말하기

서울을 안내하다	◆	to give a tour of Seoul	1B 1과	말하기
섞다	■	to mix together	1B 7과	읽고 말하기
선물	●	present, gift	1B 2과	읽고 말하기
선물을 받다	◆	to get a present	1B 3과	듣고 말하기
선풍기	●	fan	1B 2과	말하기
설탕	●	sugar	1B 7과	읽고 말하기
세계 여러 나라 음식	◆	food from several countries around the world	1B 3과	듣고 말하기
세탁기	●	washing machine	1B 2과	듣고 말하기
셀프 코너	◆	self-service corner	1B 7과	듣고 말하기
소개하다	■	to introduce	1B 7과	말하기
소개해 주다	◆	to make an introduction	1B 5과	듣고 말하기
소고기	●	beef	1B 7과	읽고 말하기
소리	●	sound, voice	1B 6과	읽고 말하기
손	●	hand	1B 4과	말하기
손을 씻다	◆	to wash one's hands	1B 6과	말하기
손이 아프다	◆	(my) hand hurts	1B 5과	말하기
수업료가 비싸다	◆	the tuition is expensive	1B 5과	말하기
수영하다	■	to swim	1B 5과	말하기
숙제가 많다	◆	to have a lot of homework	1B 8과	말하기
순두부찌개	●	sundubu jjigae	1B 7과	말하기
쉽다-쉬워요-쉬운 시험	▲	to be easy/an easy test	1B 2과	말하기
스노보드를 타다	◆	to go snowboarding	1B 5과	말하기
스카프	●	scarf	1B 2과	말하기
스케이트를 타다	◆	to go ice skating	1B 5과	말하기
스키를 타다	◆	to go skiing	1B 5과	말하기
시간이 빠르다	◆	time flies	1B 8과	말하기
시간이 없다	◆	to have no time	1B 8과	말하기
시간이 있을 때 뭐 하세요?	□	What do you do in your free time?	1B 5과	말하기

시끄럽다-시끄러워요-시끄러운 교실	▲	to be loud/a loud classroom	1B 2과	말하기
시다	▲	to be sour	1B 2과	말하기
시장	●	market	1B 2과	읽고 말하기
시청 역	◆	City Hall Station (on the subway)	1B 6과	듣고 말하기
시키다	■	to order	1B 7과	듣고 말하기
시험 공부하다	◆	to study for a test	1B 8과	말하기
시험을 보다	◆	to take a test	1B 4과	듣고 말하기
시험이 있다	◆	to have a test	1B 8과	말하기
식사가 나오다	◆	the entrée is served	1B 7과	듣고 말하기
식사는 뭘로 하시겠어요?	□	What would you like for your entrée?	1B 7과	듣고 말하기
신다	■	to wear (shoes/socks)	1B 2과	말하기
신문	●	newspaper	1B 4과	말하기
신문방송학	●	field of journalism and broadcasting	1B 5과	읽고 말하기
신촌 역 2번 출구	◆	Exit 2 of Sinchon Station	1B 5과	듣고 말하기
싸다-싸요	▲	to be cheap	1B 1과	말하기
쓰다	■	to wear (a hat or glasses)	1B 2과	말하기

ㅇ

아름다운 곳	◆	a beautiful place	1B 2과	말하기
아직 잘 모르겠어요.	□	I'm not sure yet.	1B 3과	말하기
아직 특별한 계획은 없어요.	□	I don't have any special plans yet.	1B 3과	듣고 말하기
아프다	▲	to hurt, be sick	1B 4과	말하기
안내하다	■	to guide, show around	1B 7과	말하기
알겠어요.	□	I understand.	1B 1과	말하기
알다	■	to know	1B 1과	말하기
알레르기가 있다	◆	to have an allergy	1B 4과	말하기

알리다	■	to inform, let (someone) know	1B 7과	말하기
애니메이션	●	animation	1B 5과	말하기
액세서리	●	accessory	1B 2과	읽고 말하기
액션 영화	●	action movie	1B 5과	말하기
야구하다	■	to play baseball	1B 5과	말하기
야호!	□	Yahoo! Yoo-hoo!	1B 6과	읽고 말하기
약을 먹다	◆	to take some medicine	1B 1과	말하기
얇다	▲	to be thin	1B 6과	말하기
양파	●	onion	1B 7과	읽고 말하기
어깨	●	shoulder	1B 4과	말하기
어느 날	◆	One day	1B 6과	읽고 말하기
어둡다	▲	to be dark	1B 7과	말하기
어떻게 해요?	□	What am I supposed to do?	1B 4과	듣고 말하기
어렵다-어려워요-어려운 시험	▲	to be difficult/a difficult test	1B 2과	말하기
어서 오세요.	□	Welcome.	1B 2과	말하기
언니	●	older sister (of a woman)	1B 4과	읽고 말하기
언제든지	◆	whenever, at any time	1B 7과	읽고 말하기
얼굴이 안 좋으세요.	□	You don't look well.	1B 4과	말하기
얼마 후	◆	after some time	1B 6과	읽고 말하기
에어컨	●	air conditioner ("air con")	1B 2과	듣고 말하기
여기요.	□	Excuse me. (to a server)	1B 2과	말하기
여기저기	●	here and there	1B 8과	말하기
여러 가지	◆	several kinds	1B 3과	듣고 말하기
역사	●	history	1B 1과	말하기
연습하다	■	to practice	1B 1과	말하기
열이 나다	◆	to have a fever	1B 4과	말하기
열심히	◆	diligently	1B 6과	읽고 말하기
영화를 보다	◆	to see a movie	1B 3과	말하기

예매	■	buying in advance (e.g., tickets)	1B 7과	말하기
예쁘다	▲	to be pretty	1B 2과	말하기
옛날옛날에	◆	Once upon a time (fairy tale opener)	1B 6과	읽고 말하기
오이를 빼다	◆	to hold the cucumber (when ordering food)	1B 7과	말하기
옷 가게	◆	clothing store	1B 2과	말하기
외국	●	a foreign country	1B 7과	말하기
외우다	■	to memorize	1B 6과	말하기
요가(를) 하다	◆	to do yoga	1B 4과	읽고 말하기
요즘 어떻게 지내세요?	□	How are you doing these days?	1B 5과	말하기
운동하다	◆	to exercise	1B 3과	말하기
운동화	●	tennis shoes, sneakers	1B 2과	말하기
웃다	■	to smile, laugh	1B 6과	읽고 말하기
원룸	●	studio apartment ("one room")	1B 2과	듣고 말하기
월세	●	monthly rent	1B 2과	듣고 말하기
위치	●	location	1B 2과	듣고 말하기
유명하다	▲	to be famous	1B 2과	읽고 말하기
유실물 센터	◆	lost and found	1B 6과	듣고 말하기
이 우산	◆	this umbrella	1B 6과	말하기
이 티셔츠	◆	this T-shirt	1B 2과	말하기
이거	◆	this (one)	1B 6과	말하기
이기다	■	to win	1B 3과	읽고 말하기
이따가	◆	later, in a little while	1B 7과	말하기
이를 닦다	◆	to brush one's teeth	1B 6과	말하기
이벤트	●	event	1B 3과	듣고 말하기
이해하다	■	to understand	1B 5과	읽고 말하기
인터뷰 준비하다	◆	to prepare for an interview	1B 8과	말하기
인턴을 하다	◆	to do an internship	1B 5과	읽고 말하기

일이 생기다	◆	something happens	1B 6, 8과	말하기
일주일 동안	◆	for a week	1B 1과	말하기
일주일에 몇 번	◆	several times a week	1B 5과	듣고 말하기
일찍부터	◆	early (in the day)	1B 3과	듣고 말하기
잃어버리다	■	to lose	1B 6과	듣고 말하기
입	●	mouth	1B 4과	말하기
입다	■	to wear (but not shoes/ socks)	1B 2과	말하기

ㅈ

자기소개서	●	personal statement	1B 5과	읽고 말하기
자르다	■	to cut	1B 7과	듣고 말하기
자리를 바꾸다	◆	to move to a different venue	1B 7과	말하기
자전거를 타다	◆	to ride a bicycle	1B 5과	말하기
작다-작아요	▲	to be small	1B 1과	말하기
잔치국수	●	janchi guksu	1B 7과	말하기
잘 지내요.	□	Take care.	1B 1과	읽고 말하기
잘 부탁드립니다.	□	(a stock phrase used when introducing oneself)	1B 5과	읽고 말하기
잘하다	■	to do well, to be good (at something)	1B 4과	말하기
잠깐	◆	(just) a moment	1B 1과	말하기
잠깐만 기다려 주세요.	□	Please wait just a moment.	1B 7과	듣고 말하기
잠깐만요.	□	Just a moment.	1B 6과	말하기
재미있다	▲	to be fun, interesting	1B 1과	읽고 말하기
재즈	●	jazz	1B 5과	말하기
저기 죄송한데요,	□	I'm sorry to bother you, but…	1B 6과	듣고 말하기
저기요!	□	Excuse me!	1B 7과	듣고 말하기
저도 다 못 했어요.	□	I couldn't finish mine, either.	1B 8과	말하기

저도요.	□	Me, too.	1B 8과	말하기
적다-적어요	▲	few/not a lot	1B 1과	말하기
전공하다	■	to major	1B 5과	읽고 말하기
전화를 받다	◆	to answer the phone	1B 6과	듣고 말하기
정말	◆	really	1B 8과	읽고 말하기
정문	●	front gate/entrance	1B 3과	듣고 말하기
제가 가지고 올게요.	□	I'll go get some.	1B 7과	듣고 말하기
제목	●	title (of a book)	1B 8과	듣고 말하기
제일	◆	(superlative marker, like "most" or "-est")	1B 8과	말하기
조금 후	◆	after a little while	1B 4과	읽고 말하기
조용하다-조용해요-조용한 교실	▲	to be quiet/a quiet classroom	1B 2과	말하기
졸업식	●	graduation ceremony	1B 8과	말하기
좋은 집	◆	a good house	1B 1과	듣고 말하기
주무세요-주무셨어요	■	sleeps/slept	1B 4과	말하기
주문하다	■	to order	1B 4과	말하기
주황색	●	orange	1B 6과	말하기
준비 다 했어요?	□	Are you done getting ready?	1B 8과	듣고 말하기
줄을 서다	◆	to stand in line	1B 3과	듣고 말하기
즐겁다	▲	to be fun, enjoyable	1B 8과	읽고 말하기
지저분하다	▲	to be dirty, messy	1B 7과	말하기
진짜	◆	real, genuine	1B 1과	듣고 말하기
집을 찾다	◆	to look for a house	1B 1과	읽고 말하기
짜다	▲	to be salty	1B 2과	말하기
짧다-짧아요-짧은 바지	▲	to be short/short pants	1B 2과	말하기
찜질방	●	jjimjilbang (Korean sauna)	1B 7과	말하기

ㅊ

참	◆	really, truly	1B 4과	말하기
참기름	●	sesame oil	1B 7과	읽고 말하기
찾아보다	■	to look for	1B 6과	말하기
처음	●	at first	1B 8과	읽고 말하기
천천히	◆	slowly	1B 6과	읽고 말하기
초록색	●	green	1B 6과	말하기
추천하다	■	to recommend	1B 7과	말하기
축구하다	■	to play football (soccer)	1B 5과	말하기
축제	●	festival	1B 3과	듣고 말하기
출발하다	■	to depart, set out	1B 8과	듣고 말하기
출장을 가다	◆	to go on a business trip	1B 1과	말하기
춥다-추워요	▲	to be cold	1B 1과	말하기
치마	●	skirt	1B 2과	말하기
치킨	●	fried chicken	1B 3과	말하기
친절하다	▲	to be kind, friendly	1B 1과	읽고 말하기
친한 친구	◆	a close friend	1B 4과	읽고 말하기
침대	●	bed	1B 2과	듣고 말하기

ㅋ

커피 한잔하다	◆	to have a cup of coffee	1B 3과	말하기
케이팝	●	K-pop	1B 5과	말하기
켜다	■	to turn on	1B 7과	말하기
코	●	nose	1B 4과	말하기
코미디 영화	●	comedy movie	1B 5과	말하기
코트	●	coat	1B 6과	말하기
콘서트에 가다	◆	to go to a concert	1B 3과	말하기
쿠키를 만들다	◆	to make cookies	1B 3과	말하기
크게	◆	loudly	1B 6과	읽고 말하기

크다-커요	▲	to be big	1B 1과	말하기
클래식	●	classical (music)	1B 5과	말하기

ㅌ

탁구를 치다	◆	to play table tennis	1B 5과	말하기
테니스를 치다	◆	to play tennis	1B 5과	말하기
테이블을 닦다	◆	to wipe the table	1B 7과	말하기
토끼	●	rabbit, hare	1B 6과	읽고 말하기
퇴근 후	◆	after getting off work	1B 5과	듣고 말하기
특히	◆	especially, particularly	1B 5과	읽고 말하기

ㅍ

파	●	green onion	1B 7과	읽고 말하기
파란색	●	blue	1B 6과	말하기
팔	●	arm	1B 4과	말하기
편집	●	editing	1B 5과	읽고 말하기
편하다	▲	to be comfortable, convenient	1B 1과	읽고 말하기
포장하다	■	to pack, wrap	1B 7과	말하기
표를 사다	◆	to buy a ticket	1B 3과	듣고 말하기
푸드 트럭	●	food truck	1B 1과	말하기
푹 쉬세요.	□	Get plenty of rest.	1B 4과	듣고 말하기
프로그램	●	program	1B 5과	읽고 말하기
프로젝트가 있다	◆	to have a project	1B 1과	말하기
플루트를 불다	◆	to play the flute	1B 5과	말하기
피아노를 치다	◆	to play the piano	1B 5과	말하기
필요하다	▲	to need	1B 8과	듣고 말하기

하모니카를 불다	◆	to play the harmonica	1B 5과	말하기
하얀색	●	white	1B 6과	말하기
학기	●	semester	1B 1과	읽고 말하기
학년	●	year in school (first grade, etc.)	1B 5과	읽고 말하기
학생증	●	student ID	1B 6과	듣고 말하기
학원에 다니다	◆	to go to a private academy	1B 5과	읽고 말하기
한 달에 45만원이에요.	□	It's 450,000 won per month.	1B 2과	듣고 말하기
한국말	●	Korean language	1B 4과	말하기
한번 드셔 보세요.	□	Why don't you give it a try?	1B 7과	듣고 말하기
한번 물어보세요.	□	Try asking (something).	1B 6과	듣고 말하기
한복	●	hanbok (traditional Korean attire)	1B 4, 7과	말하기
할머니	●	grandmother, old woman	1B 4과	읽고 말하기
할아버지	●	grandfather, old man	1B 4과	읽고 말하기
혹시 이거예요?	□	Is this it by any chance?	1B 6과	듣고 말하기
확인(을) 하다	◆	to check, make sure	1B 7과	말하기
휴게실	●	break room	1B 8과	읽고 말하기
휴일	●	a day off	1B 8과	읽고 말하기
힘들다	▲	to be hard, have a hard time	1B 5과	말하기
힙합	●	hip-hop	1B 5과	말하기

Sogang Korean 1A

Grammar and Vocabulary Handbook

문법 · 단어 참고서

STUDENT'S BOOK

1A

문법·단어 참고서

주소 서울시 마포구 백범로 35 서강대학교 한국어교육원

Tel (82-2) 713-8005

Fax (82-2) 701-6692

e-mail sogangkorean@sogang.ac.kr

서강대학교 한국어교육원
http://klec.sogang.ac.kr

서강한국어 교사 사이트
http://koreanteachers.org

여름 특별과정(7-8월)
http://koreanimmersion.org

출판·판매·유통

초판 발행 2024년 8월 22일
1판 2쇄 2024년 10월 25일
펴낸이 박영호
펴낸곳 (주)도서출판 하우
주소 서울시 중랑구 망우로68길 48
Tel (82-2) 922-7090 **Fax** (82-2) 922-7092
홈페이지 http://www.hawoo.co.kr **e-mail** hawoo@hawoo.co.kr
등록번호 제2016-000017호

Contents

I. The Korean Language and Hanguel

Hanguel is Korea's unique system of writing that was invented in the fifteenth century by King Sejong of the Joseon Dynasty (1397–1450). Until that point, Koreans had written their language in Chinese characters, but those were very difficult for ordinary people. Perceiving the need for a writing system that would be easy for anyone to use, Sejong came up with a new method of writing in 1443 that he called Hunminjeongeum, which can be translated as "the correct sounds for the instruction of the people."

II. The Structure of Hanguel

Hanguel consists of twenty-one vowels and nineteen consonants, for a total of forty letters.

1. Vowels

The vowels of Hangul are composed of elements that symbolize sky (•), earth (—), and humankind (ㅣ).

ㅣ + · = ㅣ· = ㅏ　　· + ㅣ = ·ㅣ = ㅓ

· + ㅡ = ·ㅡ = ㅗ　　ㅡ + · = ㅡ· = ㅜ

21 vowels: ㅏ ㅑ ㅓ ㅕ ㅗ ㅛ ㅜ ㅠ ㅡ ㅣ ㅐ ㅔ ㅒ ㅖ ㅘ ㅙ ㅝ ㅞ ㅚ ㅟ ㅢ

2. Consonants

The consonants of Hangul are modeled after the shape of the articulatory organs, indicating where and how each consonant sound is made.

Basic consonants	ㄱ	ㄴ	ㅁ	ㅅ	ㅇ
Articulatory organs	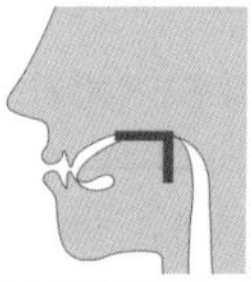 ㄱ	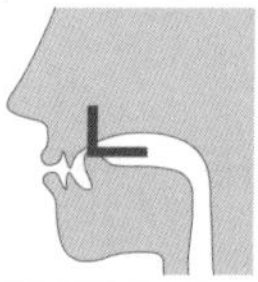 ㄴ	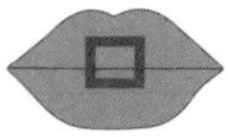 ㅁ	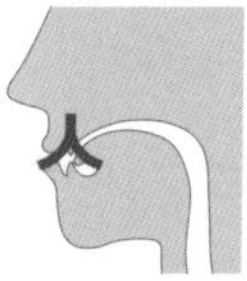 ㅅ	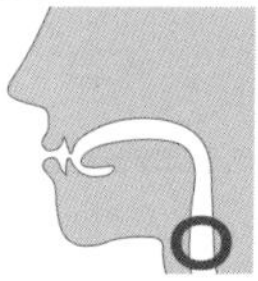 ㅇ
	Back of the tongue, soft palate	Tip of the tongue, hard palate	Lips	Tongue and teeth	Throat

A total of nineteen consonants are derived from these five basic consonants (ㄱ, ㄴ, ㅁ, ㅅ, ㅇ), typically through reduplication of the consonant or through addition of strokes.

ㄱ	ㄴ	ㄷ	ㄹ	ㅁ	ㅂ	ㅅ	ㅈ	ㅇ
ㅋ	-	ㅌ	-	-	ㅍ	-	ㅊ	ㅎ
ㄲ	-	ㄸ	-	-	ㅃ	ㅆ	ㅉ	-

19 consonants: ㄱ ㄴ ㄷ ㄹ ㅁ ㅂ ㅅ ㅇ ㅈ ㅊ ㅋ ㅌ ㅍ ㅎ ㄲ ㄸ ㅃ ㅆ ㅉ

3. Structure of the Syllable and Sentence

(1) Syllables

Every character in Hangul is a syllabic unit made of consonants and vowels.

Type 1 consonant + vowel

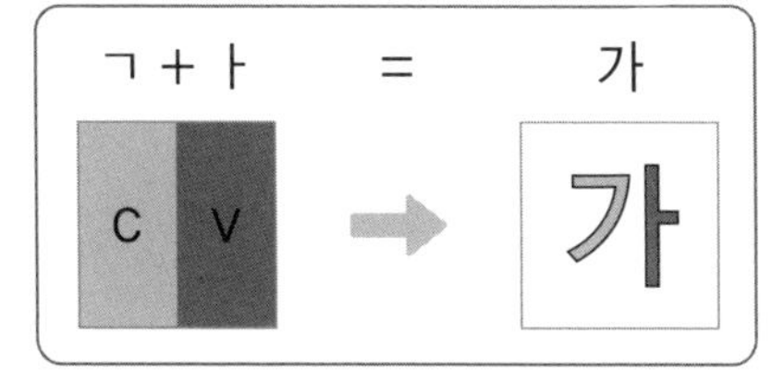

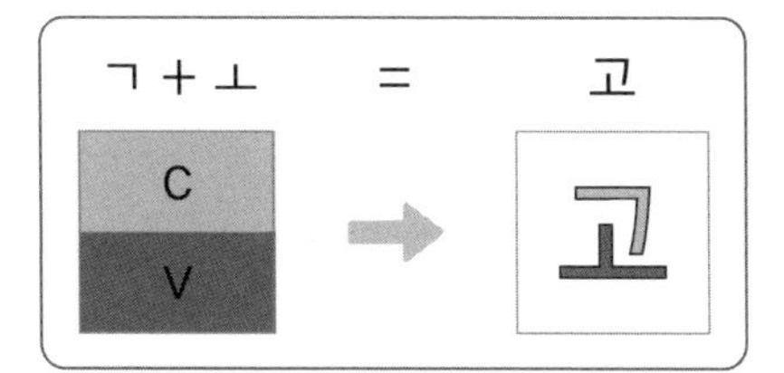

Type 2 silent consonant 'ㅇ' + vowel

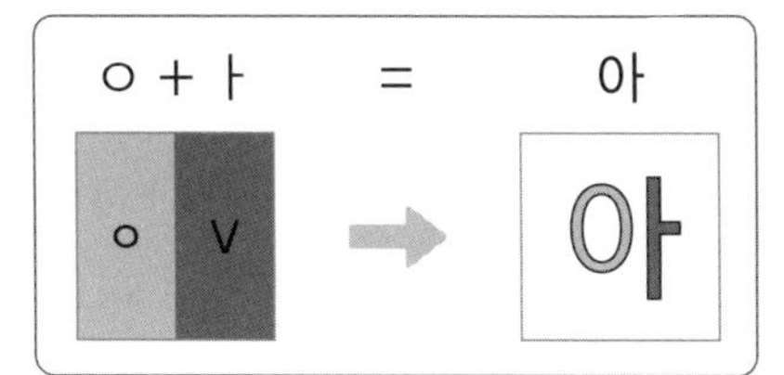

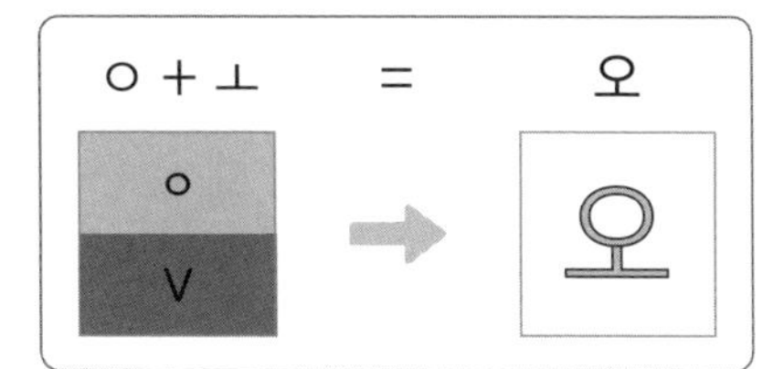

Type 3 consonant + vowel + batchim

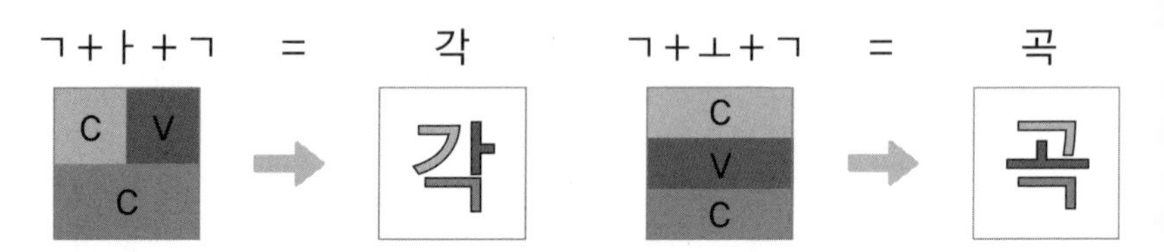

Type 4 silent consonant 'ㅇ' + vowel + batchim

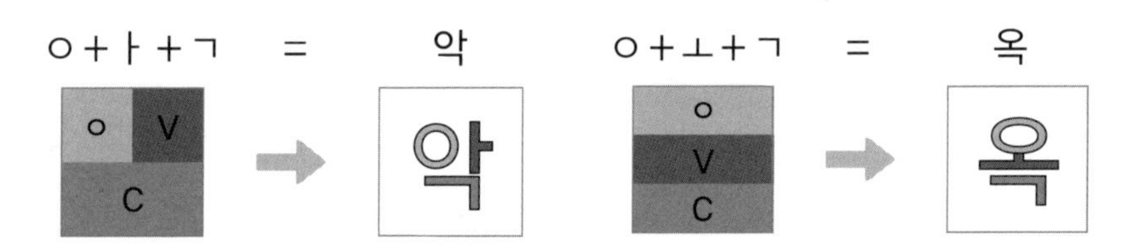

(2) Sentences

In the Korean language, the parts of the sentence are distinguished with particles. In the example sentence below, you can see how the subject particle 이/가 and the object particle 을/를 make it possible to tell apart the subject and object.

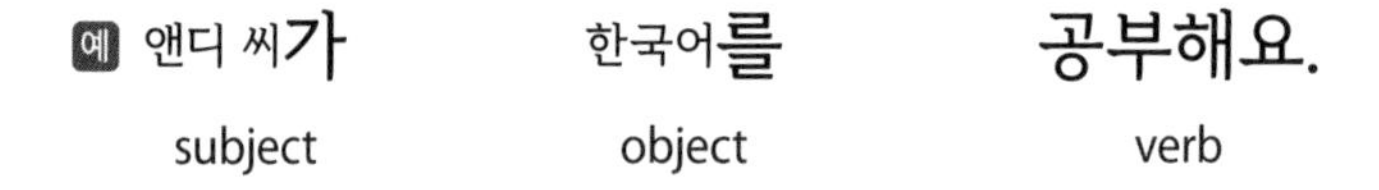

4. Writing Hangul and Sentence Spacing

(1) Writing Hanguel

When writing Hanguel, there is a set order of strokes to follow. The basic order is from left to right, and from top to bottom. In addition, vowels are written either to the right of consonants or below them.

(2) Sentence spacing

In Korean, sentence spacing is oriented on particles.

예 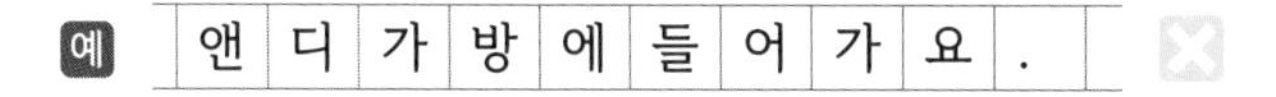

Since the 가 that follows 앤디 (Andy) in the sentence above is the subject particle, failing to put a space after that particle can lead to an erroneous reading. In the example above, if the subject particle -가 is not written directly after 앤디, it would merge with the following word 방 (room) to make the unintended word 가방 (bag).

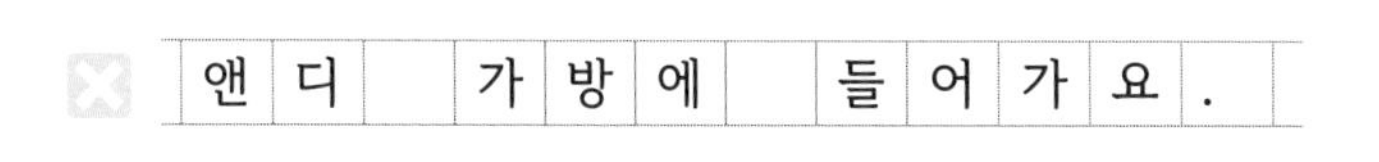

That is why proper sentence spacing is so important in Korean.

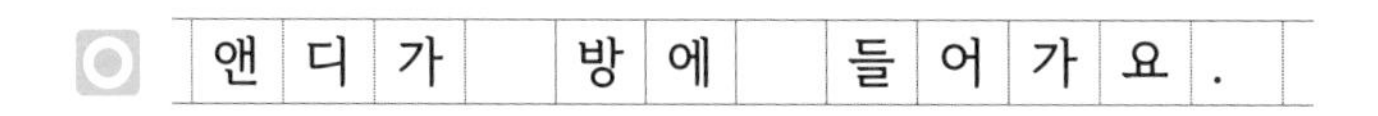

Korean sentences also need to be properly punctuated. Declarative sentences (statements) end in a period (.), and longer sentences consisting of multiple clauses need to have commas (,) to help readers distinguish the separate parts. Interrogative sentences should end in a question mark (?), and exclamatory sentences should end in an exclamation point (!).

5. Pronunciation

(1) Pronunciation of vowels

Vowels	ㅏ	father
	ㅓ	ago
	ㅗ	over
	ㅜ	moon
	ㅡ	put
	ㅣ	see
	ㅐ	care
	ㅔ	met
Vowels beginning with [y]	ㅑ	Yahoo
	ㅕ	young
	ㅛ	yo-yo
	ㅠ	you
	ㅒ	yes
	ㅖ	yellow
Vowels beginning with [w]	ㅘ	Hawaii
	ㅚ	way
	ㅙ	weight
	ㅝ	war
	ㅞ	well
	ㅟ	we
–	ㅢ	–

•There is almost no difference in pronunciation between 애–에, 얘–예, and 왜–웨–외.

(2) Pronunciation of consonants

Consonant	Initial sound	Final consonant (batchim)
ㄱ	gate, kite	sick
ㄴ	noon	moon
ㄷ	dog	cat
ㄹ	line, rain	mall
ㅁ	moon	mom
ㅂ	boy	cap
ㅅ	smile	cat
ㅇ	(no sound)	young
ㅈ	joy	cat
ㅊ	church	cat
ㅋ	Korea	sick
ㅌ	table	cat
ㅍ	piano	cap
ㅎ	home	cat
ㄲ	skip	sick
ㄸ	stop	–
ㅃ	spy	–
ㅆ	sip	cat
ㅉ	pizza	–

Target Grammar and Extra Grammar

	Target Grammar	Extra Grammar
Preparatory Unit 1	–이에요/예요	누구
Preparatory Unit 2	이게/저게	뭐예요?
Preparatory Unit 3	있어요/없어요	숫자 ① (Sino–Korean numbers) 몇 번 /몇 월 며칠
Preparatory Unit 4	주세요	숫자 ② (Numbers) 개 • 명 • 장 • 권 몇 개/ 몇 명 얼마예요?
Unit 1	이/가 (장소)에 있어요 (위 • 아래 • 앞 • 뒤 • 옆 • 왼쪽 • 오른쪽 • 사이)에 있어요	어디
Unit 2	(시간)에 (장소)에 가요 –아/어요①	몇 시 뭐 해요? 은/는
Unit 3	을/를 –아/어요② 에서	
Unit 4	–았/었어요 안 도	'으'불규칙
Unit 5	–고 싶어요 (으)로① –(으)세요①	–지 마세요 에서 까지 어떻게
Unit 6	–(으)러 가요 (이)나 –(으)ㄹ 거예요	

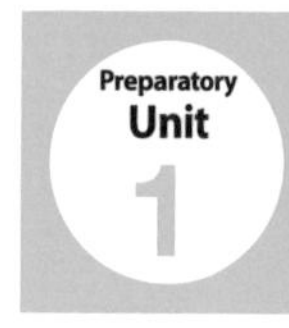

-이에요 / 예요
누구

-이에요/예요: to be(am, is, are)

e.g. A: 안녕하세요? 수잔**이에요**. (Hello! I'm Susan.)
B : 수잔 씨, 안녕하세요? (Hello, Susan.)
저는 앤디**예요**. (I'm Andy.)

• '이에요/예요' is attached to a noun with no space. '-이에요' is used when the noun ends in a consonant, and '-예요' is used when a noun ends in a vowel.

consonant	-이에요	vowel	-예요
미국 사람 (American) 회사원 (company employee)		앤디 씨 (Andy) 의사 (doctor)	

e.g. ① 미국 사람**이에요**. (This person is an American.)
② 앤디 씨**예요**. (This is Andy.)

Sentence Structure in the Korean Language

The basic Korean sentence structure consists of a subject and a predicate.

As in English, the subject precedes the predicate.

이분이	**앤디 씨예요.**
subject	predicate

누구: who

e.g. A: 이분이 **누구예요**? (Who is this?)
B : 앤디 씨예요. (This is Andy.)

- 'Who' is an interrogative pronoun used to ask about a person.

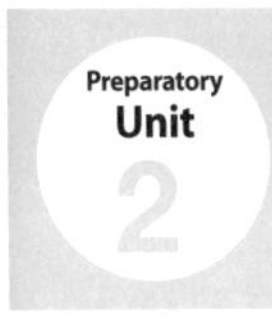

이게/저게 뭐예요?

이게/저게: this (thing) / that (thing)

- '이게' is used to indicate an object that is close to the speaker. '저게' is used to indicate an object that is far from both the listener and the speaker.

- Both of these are used only as the subject of a sentence.

e.g. ① **이게** 의자예요. (This is a chair.)
② **저게** 가방이에요. (That is a bag.)

뭐예요?: What is -?

e.g. A: 이게 **뭐예요**? (What's this?)
B : 연필이에요. (It's a pencil.)
A: 그럼 저게 **뭐예요**? (Then what's that?)
B : 시계예요. (It's a clock.)

- The interrogative pronoun '뭐' means 'what' in English. The ending '-예요' is directly attached to '뭐'.

- When you answer the question '이게/저게 뭐예요?', the subject '이게/저게' is usually omitted.

e.g. ① A: 이게 **뭐예요**? (What is this?)
B : (이게) 의자예요. (This is a chair.)

② A: 저게 **뭐예요**? (What is that)?
B : (저게) 가방이에요. (That is a bag.)

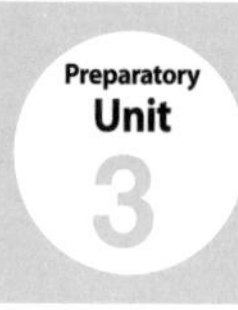

Preparatory Unit 3

있어요/없어요
숫자 ① (Sino-Korean numbers)
몇 번
몇 월 며칠

있어요/없어요: to have / to not have

e.g. A: 수잔 씨, 한국 전화번호 **있어요**? (Susan, do you have a Korean phone number?)
B : 네, **있어요**. (Yes, I do.)

e.g. A: 연필 **있어요**? (Do you have a pencil?)
B : 네, **있어요**. (Yes, I do.)

- The opposite of '있어요' is '없어요'.

e.g. A: 지우개 **있어요**? (Do you have an eraser?)
B : 아니요, **없어요**? (No, I don't.)

숫자 ①: Sino-Korean numbers

e.g. A: 렌핑 씨 생일이 며칠이에요? (What date is Lenping's birthday?)
B : **7월 15일**이에요. (It's July 15.)

- There are two numbering systems in Korean: pure Korean numbers and Sino-Korean numbers.

- Pure Korean numbers are used mostly for counting.

• Sino-Korean numbers can be used to express prices, telephone or bus numbers, and dates.

1 일	2 이	3 삼	4 사	5 오	6 육	7 칠	8 팔	9 구
10 십	20 이십	30 삼십	40 사십	50 오십	60 육십	70 칠십	80 팔십	90 구십
100		백						

e.g. price: 10원, 100원
phone number: 02-925-3857
bus number: 34번, 70번
date: 2월 14일, 5월 8일, 12월 25일

The word for zero is '영'; however, in a telephone number, another word, '공', is used.

몇 번: what number / which number

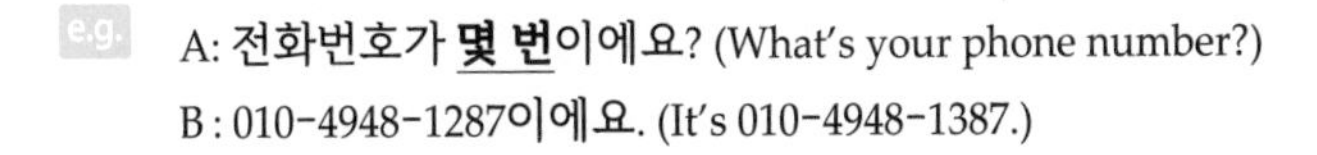

e.g. A: 전화번호가 **몇 번**이에요? (What's your phone number?)
B : 010-4948-1287이에요. (It's 010-4948-1387.)

• '몇' was translated as 'how many'; however, if '몇' is used with '번'(number), the meaning of '몇' is changed to 'what' or 'which'. For instance, '몇 번' is used to ask a numerical question (e.g. a telephone number or a bus number).

e.g. ① A: 몇 번 버스예요? (What is the bus number?)
B : 701번(칠백 일 번) 버스예요. (It's number 701.)

② A: 전화번호가 몇 번이에요? (What's your telephone number?)
B : 565 - 8578이에요. [오육오에 팔오칠팔이에요] (It's 565-8578.)

!

1) When you give a telephone number in Korean, say '에' for the dash.
2) Remember, pure Korean numbers must be used in response to the question "몇 개 있어요?"; however, Sino-Korean numbers must be used in response to the question "몇 번이에요?"

몇 월 며칠: what month / which date

e.g. A: 오늘이 **몇 월 며칠**이에요? (What's the date today?)
B : 7월 5일이에요. (It's July 5th.)

- The interrogative '몇' can also be used with month '월' or day '일' to ask about the date.
- Note that '며칠', not '몇 일,' is used to ask for the date. The two are indistinguishable in pronunciation, but '며칠' must be used in writing.

Note that 육 in 6월 and 십 in 10월 become '유' and '시' respectively.

The Month

1월(일월) / 2월(이월) / 3월(삼월) / 4월(사월) / 5월(오월) / *6월(유월)
7월(칠월) / 8월(팔월) / 9월(구월) / *10월(시월) / 11월(십일월) / 12월(십이월)

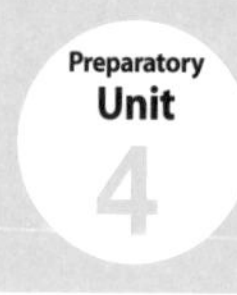

주세요 / 숫자② (numbers) / 개, 명, 장, 권 / 몇 개 / 몇 명 / 얼마예요?

주세요: Could I have…?

e.g. A: 여기요, 물 좀 **주세요**. (Excuse me. I'd like some water.)
B : 네. (OK.)

- The literal meaning of "주세요" is "please give (something)," but it is also used in polite contexts in the sense of "could I have (something)?" When placing an order at a restaurant, café, or market, "주세요" is said after the noun in question.

e.g. A: 커피 **주세요**. (Could I have some coffee?)
B : 여기 있어요. (Here you go.)

숫자 ②: Numbers

e.g. A: 된장찌개 **한** 개, 비빔밥 **두** 개 주세요. (I'd like one serving of *doenjang jjigae* and two servings of *bibimbap*.)

B: 여기 있어요. (Here you are.)

• There are two numbering systems in Korean: pure Korean numbers and Sino-Korean numbers. pure Korean numbers are used mostly for counting.

Pure Korean Numbers							
1	하나	6	여섯	11	열 하나	16	열 여섯
2	둘	7	일곱	12	열 둘	17	열 일곱
3	셋	8	여덟	13	열 셋	18	열 여덟
4	넷	9	아홉	14	열 넷	19	열 아홉
5	다섯	10	열	15	열 다섯	20	스물

개·명·장·권: Counters

e.g. A: 우유 2**개** 주세요. 얼마예요? (I'd like two cartons of milk. How much is that?)

B: 5,700원이에요. (That's 5,700 won.)

When counting	things	'개'
	people	'명'
	paper	'장'
	books	'권'
	bottles	'병'

Pure Korean Numbers + counters (개/명/장/권/병)				
물건 (things)	사람 (people)	장(paper)	권 (books)	병 (bottles)
한 개	한 명	한 장	한 권	한 병
두 개	두 명	두 장	두 권	두 병

세 개	세 명	세 장	세 권	세 병
네 개	네 명	네 장	네 권	네 병
다섯 개	다섯 명	다섯 장	다섯 권	다섯 병

- Pure Korean numbers over 20, as well as other counters besides the five listed above, will be presented in higher levels of the Sogang Korean textbook series.

Note that when used with counters, the following Korean numbers change their forms:

• 하나 → 한 개 •둘 → 두 개 •셋 → 세 개 •넷 → 네 개

몇 개 / 몇 명: how many things / how many people

A: **몇 개** 있어요? (How many are there?)
B : 세 개 있어요. (There are three.)

A: **몇 명** 있어요? (How many people are there?)
B : 네 명 있어요. (There are four people.)

- The interrogative pronoun '몇' means 'how many' in English. When it is used with '개', it refers to 'how many items or objects.' When it is used with '명', it refers to 'how many people'. As mentioned above, Korean numbers, not Sino-Korean numbers, are used with counters.

Counters

마리: animals / 송이: flowers

얼마예요?

e.g. A: 포도 **얼마예요**? (How much are your grapes?)
B : 한 개에 7,800원이에요. (One bunch of grapes is 7,800 won.)

• '얼마예요?' is the expression used to ask how much something costs. Prices are given in Sino-Korean numbers.

1 일	2 이	3 삼	4 사	5 오	6 육	7 칠	8 팔	9 구
10 십	20 이십	30 삼십	40 사십	50 오십	60 육십	70 칠십	80 팔십	90 구십
100		백		1,000,000			백만	
1,000		천		10,000,000			천만	
10,000		만		100,000,000			억	
100,000		십만						

In contrast to English, the base for counting large numbers in Korean is 10,000 (만).
For example, 1,000,000 (백만) is expressed as 100 (백) ten thousand (만).

이/가
(장소)에 있어요
어디
(위 • 아래 • 앞 • 뒤 • 옆 • 왼쪽 • 오른쪽 • 사이)에 있어요

이/가: Subject marker

① 선생님**이** 도서관에 있어요. (My teacher is in the library.)
② 미나 씨**가** 여기 있어요. (Mina is here.)

• The subject marker '이/가' is attached to a noun to indicate the subject of a verb or an adjective.

• 이' is used after words that end in a consonant while '가' is used after words that end with a vowel.

consonant	이	vowel	가
집 (house) 대사관 (embassy) 한국 (Korea)		미나 씨 (Mina) 앤디 씨 (Andy) 학교 (school)	

e.g. ① 집**이** 있어요. (I have a house.)
② 미나 씨**가** 있어요. (Mina is here.)
앤디 씨**가** 없어요. (Andy is not here.)

> In the above examples, '있어요' has the meaning of existence and possesion. Because '있어요' can have two different meanings as mentioned earlier, context is necessary to understand which meaning is expressed.

(장소)에 있어요: be at / in (a place)

e.g. ① 앤디 씨가 학교**에** 있어요. (Andy is at school.)
② 앤디 씨가 집**에** 없어요. (Andy is not at home.)

- '에' is a location/place marker. Attach '에' to a noun (place) to indicate the location of something or somebody. The verb '있어요/없어요' is always used in this case.

어디: where

e.g. A: 스터디 카페가 **어디**에 있어요? (Where is the study café?)
B : A빌딩에 있어요. (It's in A Building.)

- '어디' is an interrogative pronoun used to ask about the location of a person or object.

위 (on) / 아래 (under) / 앞 (in front of) / 뒤 (behind) / 옆 (beside) / 왼쪽 (left), 오른쪽 (right), 사이 (between)에 있어요

• 위/아래/앞/뒤/옆/사이' are directional words used in conjunction with the location marker '에'

e.g. 가방이 책상 **위**에 있어요. (There is a bag on the desk.)
가방이 책상 **아래**에 있어요. (There is a bag under the desk.)
가방이 책상 **앞**에 있어요. (There is a bag in front of the desk.)
가방이 책상 **뒤**에 있어요. (There is a bag behind the desk.)
가방이 책상 **옆**에 있어요. (There is a bag beside the desk.)
가방이 책상 **왼쪽**에 있어요. (There is a bag on the left side of the desk.)
가방이 책상 **오른쪽**에 있어요. (There is a bag on the right side of the desk.)
가방이 앤디 씨 가방하고 미나 씨 가방 **사이**에 있어요.
(There is a bag between Andy's bag and Mina's bag.)

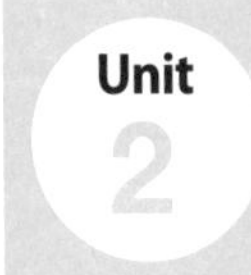

The marker '으로' can be used to express going in a specific direction or toward a specific location.

e.g. 오른쪽**으로** 가세요. (Go to the right, please.)
이쪽**으로** 가세요. (Go this way, please.)

Unit 2

(시간)에
몇 시
(장소)에 가요
-아/어요①
뭐 해요?
은/는

(시간)에: (time marker)

A: 사라 씨, 내일 저녁 여섯 시**에** 시간 있어요? (Sarah, are you free tomorrow at 6:00 pm?)
B : 왜요? (Why do you ask?)

• We have previously seen that the marker '에' can refer to locations, but by attaching it to a noun of time it can be used to indicate the time when something takes place.

e.g. A: 몇 시에 가요? (What time do you go?)
B : 일곱 시에 가요. (I go at 7 o'clock.)

몇 시: what time

e.g. A: **몇 시**에 공항에 가요? (What time are you going to the airport?)
B : 오후 다섯 시에 공항에 가요. (I'm going to the airport at 5:00 pm.)

- The interrogative pronoun '몇' can be attached to the noun '시' to ask for the time. For instance, '몇 시예요?' means 'what time is it?' in English.

- Korean numbers are used for the hours, whereas Sino-Korean numbers are used for the minutes (refer to Preparatory Unit 3 for a review of Sino-Korean numbers).

Telling the hour (pure Korean numbers)

한 시 / 두 시 / 세 시 / 네 시 / 다섯 시 / 여섯 시
일곱 시 / 여덟 시 / 아홉 시 / 열 시 / 열한 시 / 열두 시
십 분 / 이십 분 / 삼십오 분 / 사십칠 분 / 오십 분 / 오십육 분

e.g. 1:40 **한 시** **사십 분** 2:30 **두 시** **삼십 분**

(장소)에 가요: go to (a place)

e.g. A: 지금 어디**에** 가요? (Where are you going now?)
B : 도서관**에** 가요. (I'm going to the library.)

- In addition to indicating the time and location, '에' is used with '가다' and '오다' to express where someone comes and goes.

-아/어요①: informal polite style sentence ending, present tense

e.g. A: 저는 여섯 시에 **일어나요**. 그럼 몇 시에 **자요**? (I get up at 6:00. So what time do you go to bed?)
B: 열한 시에 **자요**. (I go to bed at 11:00.)

- There are three different styles of speech in Korean: informal polite, formal polite, and plain style. Factors such as the age of the speaker and the formality of the situation determine which style is used.

- A sentence in informal polite style ends in '요'. Adult speakers normally use this style in daily conversation where further formality is not necessary.

- In this unit, we will learn the verbs '가다' and '하다'. The informal polite form for '가다' is '가요', while '하다' becomes '해요'. More verbs that can combine with '요' will be presented in Unit 3.

e.g. A: 어디에 **가요**? (Where are you going?)
B : 학교에 **가요**. (I'm going to school.)

!

When the informal polite form is used in conversation, the name or title of the person being spoken to is used, not the pronoun 'you'.

e.g. A: 앤디 씨, 뭐 **해요**? (What are you doing? – when talking to Andy.)
B: 운동**해요**. (I'm exercising.)

!

The present simple tense can be used to refer to events that happen in the present, as well as in the near future.

e.g. ① 지금은 집에 **있어요**. ((I am at home now. – present state)
② 오늘은 뭐 **해요**? (What are you doing today? – plans for near future)

It can also be used to refer to ongoing events, for which the present progressive tense would often be used in English.

e.g. ① 지금은 뭐 **해요**? (What are you doing right now? – present progressive)

뭐 해요?: What are you doing?

e.g. A: 렌핑 씨, 오늘 오후에 공부해요? (Lenping, are you studying this afternoon?)
B : 아니요. (No.)
A: 그럼 **뭐 해요**? (So what are you doing?)
B : 명동에 가요. (I'm going to Myeongdong.)

- The interrogative pronoun '뭐' can be added to '-해요?' to ask about an action.

e.g. A: 오후에 **뭐 해요**? (What are you doing in the afternoon?)
B : 영화관에 가요. (I am going to a movie theater.)

> '뭐 해요? (What are you doing?)' and '뭐예요? (What is it?)'
> Because the sound of 'ㅎ' becomes weaker when placed between two vowels, the phrase '뭐 해요' can sound very similar to '뭐예요[뭐에요]'. The context of conversation makes their meaning clear so they are not confused.

은/는: topic particle

e.g. A: 체육관에 가요. 수잔 씨는 어디에 가요? (I'm going to the gym. Where are you going, Susan?)
B : 저도 체육관에 가요. (I'm going to the gym, too.)

- '은/는' is a marker without a good English equivalent that is used to introduce the topic or emphasize the information that follows.

e.g. ① 오늘은 날씨가 좋아요. (The weather is nice today.)

② 서울은 공원이 많아요. (Seoul has many parks.)

이/가 vs. 은/는

① 저 사람**이** 앤디예요. (That person is Andy.)
② 앤디 씨**는** 대학생이에요. (Andy is a university student.)

In sentence ② 앤디 씨는 is the topic of the sentence and is already known. In the context '대학생이에요' is the new information. In sentence ① '이' is used to bring attention to the attached information (i.e. '이' is added to 사람, which is the most important word in this sentence). The speaker focuses on who Andy is.

Unit 3

을/를
-아/어요 ②
에서

을/를: object marker

e.g. ① 텔레비전**을** 봐요. (I watch television.)
② 한국어**를** 공부해요. (I study Korean.)

- The marker '을/를', when attached to a noun, indicates that the noun is the direct object of a transitive verb. Transitive verbs are verbs that take an object.
- '을' is used when a noun ends in a consonant, and '를' is used when a noun ends in a vowel.

In colloquial speech, the object marker can sometimes be omitted. Beginners are encouraged to practice using the object marker, even though it tends to be omitted by native Korean speakers.

e.g. ① 사과**를** 좋아해요. (=사과 좋아해요.)
② 공부**를** 해요. (=공부해요.)

-아/어요②: informal polite style sentence ending

e.g. 저는 월요일에 체육관에서 태권도를 **배워요**. (On Monday, I learn Taekwondo at the gym.)
화요일에 친구하고 **점심 식사해요**. (On Tuesday, I have lunch with a friend.)
식당에서 중국 음식을 **먹어요**. (We eat Chinese food at a restaurant.)
금요일에 친구 집에서 영화를 **봐요**. (On Friday, I watch a movie at my friend's house.)

- '-아/어요' is attached to a verb or an adjective to ask and answer about actions or states in informal polite style sentence. (See Unit 2.) There are three variants.

1) If the final vowel of a verb or an adjective stem is '아' or '오', '-아요' is added.

stem	ending	-아요	contraction
살	다	살 -아요	살아요
오	다	오 -아요	와요(오 + 아 → 와)
가	다	가 -아요	가요(가 + 아 → 가)
많	다	많 -아요	많아요

2) If the final vowel of a verb or an adjective stem is a vowel other than '아' or '오', '-어요' is added.

stem	ending	-어요	contraction
먹	다	먹 -어요	먹어요
주	다	주 -어요	줘요(주 + 어 → 줘)
마시	다	마시 -어요	마셔요(마시 + 어 → 마셔)
적	다	적 -어요	적어요

3) If a verb or an adjective ends with '-하다', then '하다' is changed to'-해요'.

stem	ending	contraction
말하	다	말해요
공부하	다	공부해요
피곤하	다	피곤해요

Verbs and adjectives in Korean consist of a stem and an ending. For regular verbs/adjectives, the stem stays the same while the ending changes.

가다 : 가 + 다
stem ending

In Korean, there are four types of sentences: declarative, imperative, interrogative, and propositive. The informal polite style sentence ending is used to express all four sentence types.

Declarative sentence : 나는 집에 가요. (I'm going home.)
Imperative sentence : 집에 가요! (Go home!)
Interrogative sentence : 집에 가요? (Are you going home?)
Propositive sentence : 집에 같이 가요. (Let's go home together.)

에서: at, in

e.g. A: 어디**에서** 한국 요리를 배워요? (Where are you learning Korean cooking?)
B : 요리 교실**에서** 한국 요리를 배워요. (I'm learning Korean cooking at the culinary classroom.)

- '에' is used to simply indicate a location where someone or something exists (using the verb '있다').
- The marker '에서', in contrast, is attached to a place (i.e. school, office, or restaurant) to indicate where some action takes place.

e.g. ① 집**에서** 공부해요. (I study at home.)
② 오늘 집**에** 있어요. (I am at home today.)

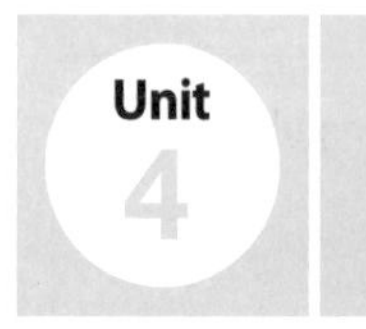

-았/었어요 '으'불규칙
안
도

-았/었어요: Sentence ending of the past tense

- The verbal and adjectival conjugation '-았/었어요' is used to construct the past tense.

- It can indicate an action as well as a state in the past. The rules for past tense conjugation are the same as for the present tense.

1) If the final vowel of a verb or an adjective stem is '아' or '오', '-았어요' is added.

stem	ending	-았어요	contraction
살	다	살 -았어요	살았어요
오	다	오 -았어요	왔어요(오 + 았 → 왔)
가	다	가 -았어요	갔어요(가 + 았 → 갔)
많	다	많 -았어요	많았어요

2) If the final vowel of a verb or an adjective stem is a vowel other than '아' or '오', '-었어요' is added.

stem	ending	-었어요	contraction
먹	다	먹 -었어요	먹었어요
주	다	주 -었어요	줬어요(주 + 었 → 줬)
마시	다	마시 -었어요	마셨어요(마시 + 었 → 마셨)
적	다	적 -었어요	적었어요

3) If a verb or an adjective ends with '-하다', then 하다 becomes 했어요.

stem	ending	contraction
말하	다	말했어요
공부하	다	공부했어요
피곤하	다	피곤했어요

안: not

- Placed directly before a verb or an adjective, the adverb '안' is used to express negation.

안 + verb: 앤디 씨가 오늘 학교에 안 가요. (Andy isn't going to school today.)

안 + adjective: 날씨가 안 좋아요. (The weather isn't nice.)

For verbs that end with '하다', '안' is placed between the noun and '하다'.
noun + 안 + 하다 : 앤디 씨가 공부 안 해요. (Andy doesn't study.)

도: also, too

e.g. A: 집에서 뭐 했어요? (What did you do at home?)
B : 요리했어요. 그리고 청소도 했어요. (I cooked, and I also cleaned.)

• Attached to a noun, '도' replaces the subject maker '이/가' or the object marker '을/를'.

e.g. 앤디 씨가 김치를 좋아해요. 미나 씨도 김치를 좋아해요.
(Andy likes kimchi. Mina likes kimchi, too.)

'으' Irregular verbs/adjectives

e.g. A: 네, 그런데 하루카 씨는 어제 왜 파티에 안 왔어요? (Yes. By the way, why didn't you come to the party yesterday?)
B : 어제 **바빴어요**. (I was busy yesterday.)

• Followed by '-아/어요', '으' is dropped when the verb or adjective is conjugated.

1) If the vowel before '으' is '아' or '오', '-아요' is added.

e.g. 바쁘다(to be busy) : 바쁘 -아요 → 미나 씨가 바빠요. (Mina is busy.)

2) If the vowel before '으' is a vowel other than '아' or '오', '-어요' is added.

e.g. 예쁘다(to be pretty) : 예쁘 -어요 → 미나 씨가 예뻐요. (Mina is pretty.)

3) If the stem is monosyllabic, '-어요' is added.

e.g. 쓰다(to write) : 쓰 -어요 → 미나 씨가 전화번호를 써요. (Mina writes a telephone number.)

Irregular Verbs and Adjectives

Some verbs and adjectives change their stem when certain endings (i.e. '아/어요') or conjunctions are added. These verbs and adjectives are called irregular verbs/adjectives. Some of the verbs and adjectives that have irregular forms are the ones with stems ending in 'ㄷ', 'ㄹ', 'ㅂ', 'ㅅ', '으', and '르'. These irregular forms will be introduced later.

Unit 5

-고 싶어요 | -지 마세요
(으)로① | 에서 까지
-(으)세요① | 어떻게

-고 싶어요: would like to (do something), want to (do something)

e.g. ① 안나 씨를 **만나고 싶어요**. (I would like to meet Anna.)
② 빵을 **먹고 싶어요**. (I would like to eat some bread.)

• '-고 싶어요' expresses the subject's desire to do something.

• '-고 싶어요' is used with verbs. It has the same form whether the verb stem ends in a consonant or a vowel.

만나다 : 만나 - 고 싶어요 → 만나고 싶어요

먹다 : 먹 - 고 싶어요 → 먹고 싶어요

(으)로 ①: by (means of)

e.g. 앤디: 스티브 씨는 어떻게 학교에 와요? (How do you get to school?)
스티브: 지하철로 와요. (I come to school by subway.)

• This marker indicates the method or means by which something is done. It is used in conjunction with means of transportation (e.g. a taxi), means of communication (e.g. a telephone), instruments (e.g a pen), and parts of the body (e.g. the hands). In this unit, we will learn how it is used with means of transportation.

- '으로' is used after nouns ending in all consonants except 'ㄹ', while '로' is used after nouns ending in a vowel or the consonant 'ㄹ'.

버스 -로 (by bus)

지하철 -로 (by subway)

-(으)세요①: Please do (something)

e.g. 지하철 2호선을 **타세요**. (Take Subway Line 2.)
그리고 을지로 3가 역에서 3호선으로 **갈아타세요**. (Then transfer to Line 3 at Euljiro 3-ga Station.)

- Attaching this ending to a verb creates a polite request or command.

- '-으세요' is used after verb stems ending in a consonant, and '-세요' is used after verb stems ending in a vowel.

가다 (to go) : 가 -세요 → 가세요. (Please go.)

읽다 (to read) : 읽 -으세요 → 읽으세요. (Please read.)

-지 마세요: Please do not (something)

e.g. 집에 가**지 마세요**. (Please don't go home.)

- '-지 마세요' is an expression attached to the end of verb stem to indicate aprohibition of and action. This expression is mainly used in imperative or request semtences.

에서 까지: from A to B

e.g. 학교**에서** 집**까지** 걸어서 왔어요. (I walked from school to my house.)

• These are expreesions using the marker '에서', which indicates the starting point, and the marker '까지', which indicates the destination, together. These two markers are placed directly after place nouns.

부터 까지: from A until/to B

The markers '부터' (from) and '까지' (to) can be used together to express a time frame. They are attached directly to time words.

 마이클 씨가 아침**부터** 저녁**까지** 일을 해요. (Michael works from morning to evening.)

어떻게: how

① **어떻게** 가요? (How do I get there?)

② 김치는 **어떻게** 만들어요? (How do I make kimchi?)

• '어떻게' is the interrogative equivalent of 'how' in English and is used to ask how to do something.

Unit 6

-(으)러 가요/와요

(이)나

-(으)ㄹ 거예요

-(으)러 가요/와요: go in order to (do something)

① 책을 사**러** 서점에 **가요**. (I go to the bookstore to buy a book.)

② 점심을 먹**으러** 식당에 **가요**. (I go to a restaurant to eat lunch.)

③ 공원에 놀**러 왔어요**. (I came to the park to play.)

• '-으러 가요/와요' is used after the verb stems ending in all consonants except 'ㄹ', while '-러 가요/와요' is used after the verb stems ending in a vowel or the consonant 'ㄹ'.

Consonants except 'ㄹ' + -으러 가다 : 먹다(to eat) : 먹 -으러 가다 → 먹으러 가다

Vowel or 'ㄹ' + -러 가다: 사다(to buy) : 사 -러 가다 → 사러 가다

> Tense is expressed only in the verb 가다/오다, never in the verb preceding '-(으)러'.
>
> e.g. ① 어제 책을 사러 서점에 갔어요. (Yesterday, I went to a bookstore to buy a book)
> ② 어제 책을 샀으러 서점에 갔어요. (X)

(이)나: or

e.g. A: 어디에 갈 거예요? (Where are you going to go?)
B : 북한산**이나** 관악산에 갈 거예요. (I'm going to go to Mt. Bukhansan or Mt. Gwanaksan.)

- '-거나' is added to verbs or adjectives to mean 'either - or' - . '(이)나' has the same meaning as '-거나', but this form is only used for connecting two nouns. '나' is used after nouns ending in a vowel, while '이나' is used after nouns ending in a consonant.

Noun + -(이)나 + Noun
커피 / 차 : 커피**나** 차
책 / 신문 : 책**이나** 신문

-(으)ㄹ 거예요: the future tense of '-아/어요'

e.g. ① A: 안나 씨, 언제 부산에 **갈 거예요**? (Anna, when are you going to go to Busan?)
B : 다음 주에 **갈 거예요**. (I am going to go there next week.)

② 오늘 친구하고 점심을 먹**을 거예요**. (I am going to eat lunch with my friend today.)

- '-(으)ㄹ 거예요' expresses an action that is going to take place in the future.
- '-(으)ㄹ 거예요' is used to construct the future tense.
- '-(으)ㄹ 거예요' is used with verbs. If the verb stem ends in a consonant, '-을 거예요' is added, and if the verb stem ends in a vowel, '-ㄹ 거예요' is added.

가다: 가 -ㄹ 거예요 → 갈 거예요

먹다: 먹 -을 거예요 → 먹을 거예요

With verbs that end in the consonant 'ㄹ' such as '만들다', '살다', and '놀다', the 'ㄹ' of the stem is dropped (resulting in a verb stem that ends in a vowel), and then '-ㄹ 거예요' is added to the stem.

살다 : 사 ('ㄹ' ending is dropped) -ㄹ 거예요 → 살 거예요
만들다 : 만드 ('ㄹ' ending is dropped) -ㄹ 거예요 → 만들 거예요.

e.g. 한국에서 살 거예요. (I am going to live in Korea.)

When the subject of the sentence is the third person (i.e. he, she, it, they,) '-을 거예요' can also express the speaker's guess about what the subject is probably like or what the subject is probably doing, thinking or feeling.

e.g. ① 앤디 씨가 운동을 **좋아할 거예요**. (Andy probably likes sports.)
② 앤디 씨가 지금 식당에 **있을 거예요**. (Andy is probably in the restaurant now.)
③ 앤디 씨 생일이 **5월일 거예요.** (I think Andy's birthday is May.)

Vocabulary and Expressions

● Noun ■ Verb ▲ Adjective ◆ Other □ Expression

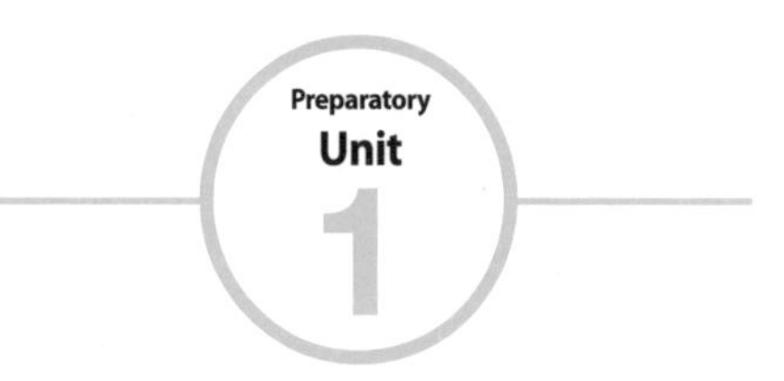

말하기 Speaking

국적 Countries

● 미국	United States
● 한국	Korea
● 중국	China
● 태국	Thailand
● 일본	Japan
● 독일	Germany
● 베트남	Vietnam
● 프랑스	France
● 몽골	Mongolia
● 브라질	Brazil

직업 Jobs

● 학생	student
● 선생님	teacher
● 회사원	office worker
● 의사	doctor
● 간호사	nurse
● 요리사	cook
● 가수	singer
● 배우	actor
● 작가	writer, artist
● 패션 디자이너	fashion designer
● 군인	soldier
● 경찰	police officer

대화 Dialogue

□ 안녕하세요?	Hello/How are you?
□ 이름이 뭐예요?	What is your name?
□ A: 어느 나라 사람이에요?	What country are you from?
□ B: 미국 사람이에요.	I'm from the United States.
□ 아, 그래요?	Ah, is that so?
□ 반갑습니다.	It's nice to meet you.
□ 무슨 일을 하세요?	What work do you do?
● 일본어 선생님	Japanese language teacher
● 가이드	guide
● 프로그래머	programmer
□ A: 이분이 누구예요?	Who is this?
□ B: 가브리엘 씨예요.	This is Gabriel.

읽고 말하기 Reading and Speaking

● 운동	exercise
□ 좋아해요.	I like (something).
□ 만나서 반갑습니다.	It's nice to meet you.
● 드라마	TV drama
● 공부	studying

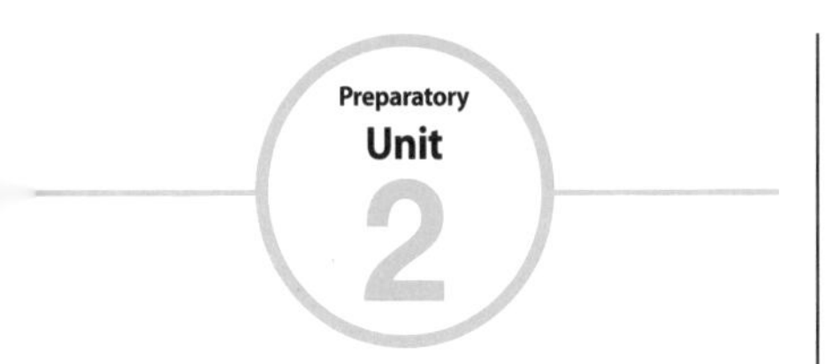

Preparatory Unit 2

말하기 Speaking

사물 Items

● 책	book
● 공책	notebook
● 필통	pencil case
● 연필	pencil
● 샤프	mechanical pencil
● 볼펜	ballpoint pen
● 지우개	eraser
● 수정 테이프	correction tape
● 가위	scissors
● 가방	bag
● 우산	umbrella
● 달력	calendar
● 책상	desk
● 의자	chair
● 시계	clock
● 노트북	laptop computer
● 텔레비전	television
● 에어컨	air conditioner

대화 Dialogue

◆ 그럼	in that case, then
□ A: 누구 거예요?	A: Whose is this?
□ B: 제 거예요.	B: It's mine.
□ 여기 있어요.	Here you go.
□ A: 고마워요.	A: Thanks.
□ B: 아니에요.	B: Don't mention it.
● 충전기	charger (for electronic devices)
● 핸드폰	mobile phone

듣고 말하기 Listening and Speaking

● 거울	mirror
● 비누	soap
● 수건	towel
● 휴지	toilet paper
● 칫솔	toothbrush
● 치약	toothpaste
● 접시	dish, plate
● 컵	cup
● 숟가락	spoon
● 젓가락	chopsticks
□ 이게 한국어로 뭐예요?	What's this in Korean?
□ 사라 씨 거예요.	It's Sarah's.

Preparatory Unit 3

말하기 Speaking

숫자 ① Numbers ①

◆ 0 공	zero
◆ 1 일	one

◆ 2 이	two
◆ 3 삼	three
◆ 4 사	four
◆ 5 오	five
◆ 6 육	six
◆ 7 칠	seven
◆ 8 팔	eight
◆ 9 구	nine
◆ 10 십	ten
◆ 20 이십	twenty
◆ 30 삼십	thirty
◆ 40 사십	forty
◆ 50 오십	fifty
◆ 60 육십	sixty
◆ 70 칠십	seventy
◆ 80 팔십	eighty
◆ 90 구십	ninety
◆ 100 백	one hundred

날짜 Dates

● 1월 일월	January
● 2월 이월	February
● 3월 삼월	March
● 4월 사월	April
● 5월 오월	May
● 6월 유월	June
● 7월 칠월	July
● 8월 팔월	August
● 9월 구월	September
● 10월 시월	October
● 11월 십일월	November
● 12월 십이월	December

문법 Grammar

◆ 지금	now
● 안경	glasses
● 컴퓨터	computer
● 선글라스	sunglasses
● 교통카드	transportation card
● 여권	passport

대화 Dialogue

● 전화번호	phone number
□ A: 전화번호가 몇 번이에요?	A: What's your phone number?
□ B: 010-4948-1287이에요.	B: It's 010-4948-1287.
□ A: 맞아요?	A: Is that right?
□ B: 네, 맞아요.	B: Yes, it is.
● 생일	birthday
□ A: 알아요?	A: Do you know (something)?
□ B: 네, 알아요.	B: Yes, I do.
□ A: 생일이 며칠이에요?	A: What date is (someone's) birthday?
□ B: 7월 15일이에요.	B: It's July 15.

Preparatory Unit 4

말하기 Speaking

숫자 ② Numbers ②

◆ 하나	one
◆ 둘	two
◆ 셋	three
◆ 넷	four
◆ 다섯	five
◆ 여섯	six
◆ 일곱	seven
◆ 여덟	eight
◆ 아홉	nine
◆ 열	ten
◆ 한 개	one (of something)
◆ 두 개	two (of something)
◆ 세 개	three (of something)
◆ 네 개	four (of something)

금액 Amount of Money

◆ 십 원	10 won
◆ 오십 원	50 won
◆ 백 원	100 won
◆ 오백 원	500 won
◆ 천 원	1,000 won
◆ 오천 원	5,000 won
◆ 만 원	10,000 won
◆ 오만 원	50,000 won

문법 Grammar

● 커피	coffee
● 물	water
● 콜라	cola
● 오렌지 주스	orange juice
● 레몬차	lemon tea
● 녹차	green tea
□ A: 몇 개 있어요?	A: How many do you have?
□ B: 한 개 있어요.	B: I have one.
□ A: 얼마예요?	A: How much is it?
□ B: 이만 삼천팔백오십 원이에요.	B: It's 23,850 won.

대화 Dialogue

□ 여기요.	Excuse me (said to the server)
□ 물 좀 주세요.	Could I have some water?
● 된장찌개	doenjang jjigae
● 비빔밥	bibimbap
● 김치찌개	kimchi jjigae
● 냉면	naengmyeon
● 삼계탕	samgyetang
● 빨대	straw (for drinking)
□ 저기 있어요.	It's over there.
● 아메리카노	Americano coffee
● 카페라테	café latte
● 레모네이드	lemonade
● 아이스티	iced tea

듣고 말하기 Listening and Speaking

● 라면	ramen noodles
● 우유	milk
● 맥주	beer
● 사과	apple
● 바나나	banana
● 포도	grapes
□ 어서 오세요.	Welcome.
□ 모두 얼마예요?	How much is it?

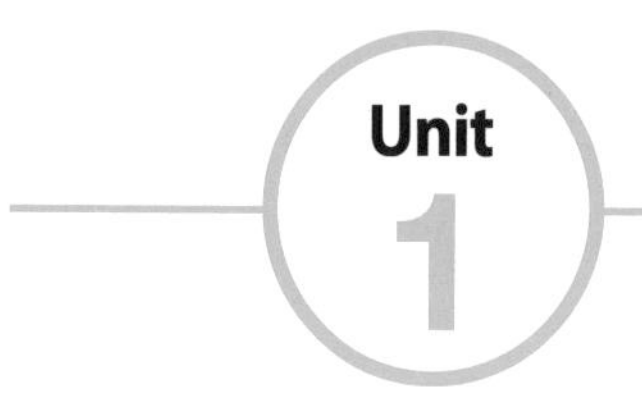

말하기 Speaking

장소 Places

● 학교	school
● 교실	classroom
● 도서관	library
● 카페	café
● 편의점	convenience store
● 식당	restaurant
● 회사	company
● 영화관	movie theater
● 서점	bookstore
● 은행	bank
● 대사관	embassy
● 우체국	post office
□ A: 여기가 어디 예요?	A: Where is this?
□ B: 학교예요.	B: This is a school.

위치 Location

● 위	up
● 아래	down
● 앞	in front of
● 뒤	behind
● 옆	next to
● 왼쪽	the left side
● 오른쪽	the right side
● 안	in, inside
● 밖	out, outside

문법 Grammar

● 직업	job
● 오늘	today
◆ 몇 명	how many people
◆ 1 층	first floor
● 화장실	bathroom
● 지하	basement, underground
● 고양이	cat
● 쓰레기통	trash can
● 강아지	puppy
● 침대	bed
● 모자	hat

대화 Dialogue

□ 실례합니다.	Excuse me.
□ 여보세요.	Hello? (on the phone)
◆ 혹시	by any chance

◆ 제 책	my book
● 문	door
◆ 이 근처	around here
● 빌딩	building
□ A: 감사합니다.	A: Thank you.
□ B: 아니에요.	B: Don't mention it.

읽고 말하기 Reading and Speaking

● 고향	hometown
● 집	house, home
● 파리	Paris
● 상파울루	São Paulo
□ 한국 영화를 좋아해요.	I like Korean movies.
● 백화점	department store
● 공원	park

듣고 말하기 Listening and Speaking

◆ 스터디 카페	study café
◆ 참!	I just remembered something!
□ 시간이 있어요?	Are you free?
□ 왜요?	Why do you ask?
□ 제 생일이에요.	It's my birthday.
◆ 친구들하고	with my friends
□ 같이 식사해요.	Let's have a meal together.
□ 좋아요.	That sounds good.

Unit 2

말하기 Speaking

시간 Time

● 오전	morning, AM
● 오후	afternoon, PM
● 시	(marks the hour when telling time)
● 분	(marks the minute when telling time)
□ A: 몇 시예요?	A: What time is it?
□ B: 한 시예요.	B: It's 1:00.
□ 한 시 삼십 분이에요.	It's 1:30.
□ 한 시 반이에요.	It's half past one.

행동① Actions①

■ 공부하다 - 공부해요	to study
■ 일하다 - 일해요	to work
■ 요리하다 - 요리해요	to cook
■ 식사하다 - 식사해요	to have a meal
■ 이야기하다 - 이야기해요	to talk
■ 전화하다 - 전화해요	to make a phone call
■ 운동하다 - 운동해요	to exercise

■ 쇼핑하다 - 쇼핑해요	to shop
■ 숙제하다 - 숙제해요	to do one's homework
■ 세수하다 - 세수해요	to wash one's face
■ 샤워하다 - 샤워해요	to take a shower
■ 게임하다 - 게임해요	to play video games

문법 Grammar

□ 일어나요.	(Someone) gets up.
□ 자요.	(Someone) sleeps.
□ 가요.	(Someone) goes.
● 체육관	gymnasium
● 공항	airport
● 병원	hospital
□ 와요.	(Someone) comes.
◆ 학생 식당	student cafeteria
◆ 저녁 식사하다	to have dinner

대화 Dialogue

◆ 저도	I/me too
◆ 보통	usually
□ 아침 식사해요.	(Someone) has breakfast.
□ 점심 식사해요.	(Someone) has lunch.

읽고 말하기 Reading and Speaking

◆ 사람들	people
◆ 학생들	students
● 길	way, road
□ 자동차가 많아요.	There are a lot of cars.
● 시험	test
● 호주	Australia
● 시드니	Sydney
● 베를린	Berlin
● 친구	friend
● 수업	class
● 밤	night
□ 조용해요.	It is quiet.
● 방	room
● 회의	meeting

듣고 말하기 Listening and Speaking

◆ 내일	tomorrow
● 저녁	evening
□ 미안해요.	I'm sorry.
□ 약속이 있어요.	I have plans.
◆ 다음에	next time, another time
◆ 제 친구	my friend
□ 내일 같이 만나요.	See you tomorrow.

Unit 3

말하기 Speaking

행동② Actions ②

◆ (비자를) 받다 - 받아요	to receive (a visa)
◆ (친구를) 만나다 - 만나요	to meet (a friend)
◆ (옷을) 사다 - 사요	to buy (clothing)
◆ (영화를) 보다 - 봐요	to watch (a movie)
◆ (밥을) 먹다 - 먹어요	to eat (rice)
◆ (책을) 읽다 - 읽어요	to read (a book)
◆ (영어를) 가르치다 - 가르쳐요	to teach (English)
◆ (커피를) 마시다 - 마셔요	to drink (coffee)
◆ (책을) 빌리다 - 빌려요	to borrow (a book)
◆ (테니스를) 배우다 - 배워요	to learn (tennis)
◆ (춤을) 추다 - 춰요	to dance
◆ (음악을) 듣다 - 들어요	to listen (to music)

문법 Grammar

□ 싫어해요	(I) don't like (something).
◆ 한국 음식	Korean food
● 김밥	gimbap
● 요가	yoga
● 테니스장	tennis court

대화 Dialogue

● 일본어	Japanese language
◆ 테니스를 치다	to play tennis
◆ 요가를 하다	to do yoga
◆ 한국 요리	Korean cooking
◆ 요리 교실	culinary classroom
◆ 친구 집	a friend's house
◆ 댄스 교실	dance classroom
■ 축구하다	to play football/soccer
● 운동장	sports field
■ 산책하다	to take a walk

읽고 말하기 Reading and Speaking

● 월요일	Monday
● 화요일	Tuesday
● 수요일	Wednesday
● 목요일	Thursday
● 금요일	Friday
● 토요일	Saturday
● 일요일	Sunday
● 태권도	Taekwondo
◆ 중국 음식	Chinese food
◆ 아주	very
● 불고기	bulgogi
■ 만들다	to make
■ 여행하다	to travel

◆ 월요일부터	from Monday
◆ 금요일까지	to Friday
□ 바빠요.	I'm busy.
■ 등산하다	to go hiking

듣고 말하기 Listening and Speaking

● 영화표	movie tickets
□ 무슨 영화예요?	What movie is it?
◆ 그 영화	that movie
□ 재미있어요.	It's fun.
□ 몰라요.	(I) don't know (something).
◆ 용산 역	Yongsan Station
◆ 1번 출구	Exit 1

말하기 Speaking

과거 시간 Past Time Periods

● 오늘	today
● 어제	yesterday
◆ 2일 전	two days ago
◆ 이번 주	this week
● 지난주	last week
◆ 이번 달	this month
● 지난달	last month
● 올해	this year
● 작년	last year

집안일 Housework

◆ 요리(를) 하다	to cook
◆ 청소(를) 하다	to clean
◆ 설거지(를) 하다	to do the dishes
◆ 빨래(를) 하다	to do the laundry
◆ 다리미질(을) 하다	to do the ironing
◆ 책상 정리(를) 하다	to organize my desk

문법 Grammar

□ 날씨가 좋아요.	The weather is nice.
□ 교실이 조용해요.	The classroom is quiet.
● 매일	every day
● 주말	the weekend
□ 피곤해요.	(I) am tired.
□ 수업 후	after class

대화 Dialogue

◆ 언제	when
● 수영	swimming
◆ 이사를 하다	to move (to a new house)
◆ 왜	why
◆ 점심을 먹다	to eat lunch
▲ 바쁘다	to be busy
◆ 다리가 아프다	to have pain in one's leg
◆ 일이 많다	to have a lot of work
◆ 시간이 없다	to not have any spare time

읽고 말하기 Reading and Speaking

◆ 그래서	for that reason, so
■ 초대하다	to invite
● 파티	party
■ 준비하다	to prepare, to get ready
◆ 그리고	and (beginning of a sentence)
● 마트	supermarket
● 과일	fruit
● 주스	juice
◆ 다 같이	all together
◆ 맛있게	deliciously
◆ 많이	many, a lot
□ 아홉 시쯤	around 9 o'clock
■ 끝나다	to end, to be over
◆ 그다음에	after that
■ 노래하다	to sing
◆ 정말	really, truly
■ 말하다	to talk, to say, to speak
□ 맛있어요.	(Something) is delicious.
◆ 하지만	but (beginning of a sentence)
◆ 기분이 좋다	to be in a good mood

듣고 말하기 Listening and Speaking

□ 우와!	Wow!
◆ 그런데	By the way
■ 기다리다	to wait

Unit 5

말하기 Speaking

교통수단 Means of Transport

● 버스	bus
● 지하철	subway
● 자동차	car
● 택시	taxi
● 자전거	bicycle
● 오토바이	motorcycle
● 기차	train
● 비행기	airplane
◆ 걸어서	(going somewhere) on foot

문법 Grammar

◆ 친구하고 놀다	to hang out with a friend
◆ 방학 때	during school vacation
● 선물	present, gift
□ 어떻게 가요?	How do you get (somewhere)?
◆ 공항에서 집까지	from the airport to one's house
◆ 이름을 쓰다	to write one's name
■ 쉬다	to rest
◆ 23쪽	page 23
◆ 잘 듣다	to listen carefully
◆ 문장을 만들다	to make a sentence

◆ 자리에서 일어나다	to get up from one's seat
◆ 노래를 하다	to sing a song
◆ 인사를 하다	to greet (someone)
◆ 창문을 열다	to open the window
◆ 친구 얼굴을 그리다	to draw a friend's face

대화 Dialogue

◆ 저기	over there
■ 타다	to get on, to take (e.g., a bus)
□ 얼마나 걸려요?	How long does it take?
◆ 30분쯤	about 30 minutes
◆ 2호선	Line 2 (on the subway)
■ 갈아타다	to transfer (e.g., buses)
■ 내리다	to get off (e.g., the bus)
● KTX	Korea Train eXpress (a high-speed train)
◆ 세 시간	three hours
● ITX	Intercity Train eXpress (a high-speed train)
● 고속버스	express bus

읽고 말하기 Reading and Speaking

■ 다니다	to go regularly, to attend
■ 시작하다	to begin
▲ 멀다	to be far
● 첫날	the first day
◆ 왜냐하면	that's because
● 정류장	(bus) stop
▲ 가깝다	to be close
◆ 길이 막히다	there is bad traffic
■ 늦다	to be late
◆ 다음 날	the next day
● 지하철역	subway station
◆ 조금	a little
■ 걷다	to walk
▲ 빠르다	to be fast
◆ 일찍	early
■ 도착하다	to arrive
◆ 요즘	nowadays
◆ 이제	now, anymore

듣고 말하기 Listening and Speaking

◆ 친구들한테서	from one's friends
◆ 자주	frequently
□ 정말요?	Really?
□ 와!	Wow!
□ 다음 주 어때요?	How about next week?

Unit 6

말하기 Speaking

미래 시간 Future Time Periods

● 내일	tomorrow
◆ 2일 후	two days later
◆ 다음 주	next week
◆ 다음 달	next month
● 내년	next year

문법 Grammar

◆ 환전을 하다	to change money
◆ 사진을 찍다	to take a photograph
◆ 옷을 바꾸다	to change clothes
◆ 택배를 보내다	to send a package
◆ 머리를 자르다	to get a haircut
● 쇼핑몰	shopping mall
● 영어	English language

대화 Dialogue

■ 구경하다	to look around, to sightsee
● 휴가	vacation, leave (from work or school)
◆ 서핑을 하다	to surf
◆ 시티투어버스를 타다	to take the city tour bus

읽고 말하기 Reading and Speaking

◆ 아르바이트를 하다	to do a part-time job
□ 새 친구들	new friends
□ 반 친구들	friends from class
◆ 낮잠을 자다	to take a nap
◆ 주중	during the week
● 손님	guest, customer
◆ 이번	this (time)

듣고 말하기 Listening and Speaking

● 유럽	Europe
● 혼자	by oneself, alone
● 박물관	museum
□ 그리고 또	And then
◆ 파리에만	only in/to Paris
◆ 이탈리아에도	also in/to Italy
● 로마	Rome
● 베네치아	Venice
◆ 나중에	later
□ 사진을 보여주세요.	Please show me your photographs.
□ 여행 잘 다녀오세요.	Have a nice trip.

English Translations

(Dialogue / Reading Texts / Listening Transcripts)

Preparatory Unit 1

It's Nice to Meet You

<Speaking>

Dialogue 1: What Country Are You From?

Mina: Hello! I'm Mina. What's your name?
Andy: I'm Andy.
Mina: Andy, what country are you from?
Andy: I'm from the United States.
Mina: Ah, is that so? It's nice to meet you.

Dialogue 2: What Work Do You Do?

Susan: Hello! I'm Susan.
Andy: Hello, Susan. I'm Andy.
Susan: Andy, what work do you do?
Andy: I'm a student.

<Reading and Speaking>

Who Is This?

Andy

Hello!
I'm Andy.
I'm from the United States.
I'm a student.
I like exercise.
It's nice to meet you.

Haruka

Hello!
I'm Haruka.
I'm from Japan.
I'm a Japanese teacher.
I like dramas.
It's nice to meet you.

It's a Korean Language Book

<Speaking>

Dialogue 1: What's This?

Andy: What's this?
Haruka: It's a pencil.
Andy: Then what's that?
Haruka: It's a clock.

Dialogue 2: Whose Is this?

Hans: Whose umbrella is this?
Wan: It's mine.
Hans: Here you go.
Wan: Thanks.
Hans: Don't mention it.

<Listening and Speaking>

It's an Umbrella

1. A: What's this?
   B: It's soap.
   A: Then what's that?
   B: It's a towel.

2. A: What's this?
   B: It's a spoon.
   A: Then what's that?
   B: It's a dish.

3. A: What's this?
   B: It's a pencil case.
   A: Then what's that?
   B: It's a book.

4. A: Mina, what's this in Korean?
B: It's an umbrella.
A: Whose is it?
B: It's Sarah's.

Do You Have a Cell Phone?

<Speaking>

Dialogue 1: What's Your Phone Number?

Andy: Susan, do you have a Korean phone number?
Susan: Yes, I do.
Andy: What's your phone number?
Susan: It's 010-4948-1387.
Andy: 010-4948-1297. Is that right?
Susan: Yes, it is.

Dialogue 2: What Date Is Your Birthday?

Andy: Wan, do you know Lenping's birthday?
Wan: Yes, I do.
Andy: What date is Lenping's birthday?
Wan: It's July 15.

<Reading and Speaking>

What Number Is It?

1. PIN code
   It's 2580.

2. Credit card number
   It's 2374 7456 8732 2437.

3. Bank account number
   It's 647 910288 00707.

4. Bus number
   It's Number 7.

5. Bus number
   It's Number 14-1.

6. Floor number
   It's the ninth floor.

7. Subway line number
   It's Line 2.

8. Subway station exit number
   It's Exit 6.

9. Room number
   It's Room 105.

I'd Like Some Coffee

<Speaking>

Dialogue 1: I'd Like Two Servings of Bibimbap

Andy: Excuse me. I'd like some water.
Employee: OK.
Andy: I'd like one serving of *doenjang jjigae* and two servings of *bibimbap*.
...
Employee: Here you are.

Dialogue 2: It's 3,000 Won

Lenping: I'd like an Americano. How much is that?
Employee: It's 3,000 won.
...
Employee: Here you are.
Lenping: Do you have any straws?
Employee: Yes, they're over there.

<Listening and Speaking>

How Much Is That Altogether?

1.
Employee: Welcome!
Andy: How much are your apples?
Employee: four apples are 17,000 won.
Andy: How much are your grapes?
Employee: One bunch of grapes is 7,800 won.
Andy: In that case, I'd like some apples.

2.
Employee: Welcome!
Andy: I'd like two cartons of milk. How much is that?
Employee: That's 5,700 won.
Andy: I'd like five packs of ramen noodles. How much is that?
Employee: That's 4,500 won.
Andy: How much is that altogether?
Employee: That's 10,200 won.

Andy Is in the Cafeteria

<Speaking>

Dialogue 1: Is Andy Here?

Mina: Excuse me. Is Andy here?
Hans: No, he's not.
Mina: Then where is he?
Hans: He's in the cafeteria.

Dialogue 2: Is My Book in the Classroom by Any Chance?

Susan: Hello? Gabriela, where are you right now?
Gabriel: I'm in the classroom.
Susan: Oh, really? Is my book in the classroom by any chance?
Gabriel: Yes, it's on your desk.

Dialogue: Is There an ATM Around Here?

Andy: Mina, is there an ATM around here?
Mina: Yes, there's one in C Building.
Andy: Where is C Building?
Mina: Do you know K Building? It's next to K Building.
Andy: Thanks.
Mina: Don't mention it.

<Reading and Speaking>

My House Is in Gwanghwamun

I'm Wan.
I'm from Thailand.
My hometown is Bangkok.
I'm a student.
My birthday is October 19.
My cellphone number is 010-9490-6788.
My house is in Gwanghwamun.

I'm Sarah.
I'm from France.
My hometown is Paris.
I'm a student. I like Korean movies.
My birthday is July 28.
My phone number is 010-5920-7245.
My house is in Sinchon.
It's behind Hyundai Department Store.

I'm Gabriel.
My hometown is São Paulo.
São Paulo is in Brazil.
I'm a programmer.
My birthday is September 30.
My cellphone number is 010-3575-1154.
My house is in Jamsil.
There is a park in front of my house.

<Listening and Speaking>

Where Is the Study Café?

Andy: Hello?
Mina: Hi Andy, It's Mina.

Andy: Hi Mina.
Mina: Andy, where are you right now?
Andy: I'm at school. I'm in the study café.
Mina: Where is the study café?
Andy: It's in A Building.
Mina: There's a study café in A Building?
Andy: Yes, it's on the third floor. Mina, where are you right now?
Mina: I'm at the restaurant in front of the school.
Andy: Ah, OK.
Mina: I just remembered something! Andy, are you free on April 15?
Andy: April… 15… Yes, I am. Why do you ask?
Mina: April 15 is my birthday.
Andy: Oh, really?
Mina: Let's have a meal with my friends.
Andy: OK, that sounds good.

Unit 2 I Get Up at 6:00

<Speaking>

Dialogue 1: Where Are You Going?

Susan: Hello, Andy. Where are you going right now?
Andy: I'm going to the gym. Where are you going, Susan?
Susan: I'm going to the gym, too.
Andy: Ah, is that so? Let's go together.

Dialogue 2: Are You Studying This Afternoon?

Haruka: Lenping, are you studying this afternoon?
Lenping: No.
Haruka: So what are you doing?
Lenping: I'm going to Myeongdong.

Dialogue 3: What Time Are You Exercising?

Yunho: Hans, what time do you usually get up?
Hans: I get up at 6:30. What about you, Yunho?
Yunho: I get up at 6:00. So what time do you go to bed?
Hans: I go to bed at 11:00.

<Reading and Speaking>

It's 8:00 AM in Seoul

Right now it is 8:00 am in Seoul, Korea.
People are going to the office.
Students are going to school.
There are a lot of cars on the road.
Mina is at the library.
She's studying.
She has a test this afternoon.

Right now it's 9:00 am in Sydney, Australia.
Andy has a friend in Sydney.
Her name is Jenny.
Jenny is at the park right now.
She's exercising.
She doesn't have class in the morning.
She goes to school in the afternoon.

Right now it's 12:00 midnight in Berlin, Germany.
There's nobody on the street.
It's quiet.
Hans is in his room.
He's asleep right now.
He gets up at 6:00.
He has a meeting at 7:00.

<Listening and Speaking>

Are You Free Tomorrow at 6:00 PM?

Andy: Wan, what are you doing tomorrow? Are you free tomorrow evening? Let's have a meal.
Wan: I'm going to the airport tomorrow. My friend is coming to Korea.
Andy: What time are you going to the airport?
Wan: I'm going to the airport at 5:00 pm.
Andy: Ah, is that so?

Andy: Sarah, are you free tomorrow at 6:00 pm?
Sarah: Why do you ask?
Andy: Let's have a meal with my friend.
Sarah: I'm sorry. I have plans tomorrow evening. I'm going to the movies with Bayar.
Andy: Ah, is that so?

Sarah: I'm sorry. Let's have a meal another time.

Andy: Hans…
Hans: Yes, Andy.
Andy: Are you going to the office tomorrow afternoon?
Hans: No, why do you ask?
Andy: So will you be free at 6:00 pm tomorrow?
Hans: 6:00 pm… Yes, I will.
Andy: Let's have a meal with my friend tomorrow. She's a student at Sogang University.
Hans: Ah, is that so? That sounds good. See you tomorrow.

Unit 3 I Meet My Friend at the Cafe

<Speaking>

Dialogue 1: Are You Teaching Japanese Today?

Tuan: Haruka, are you teaching Japanese today?
Haruka: No.
Tuan: Then what are you doing?
Haruka: I'm watching a movie.

Dialogue 2: Where Are You Learning Korean Cooking?

Tuan: Wan, what are you doing tomorrow?
Wan: I'm learning Korean cooking.
Tuan: Where are you learning Korean cooking?
Wan: At the culinary classroom.

Dialogue 3: What Are You Doing on Friday?

Sarah: Gabriel, what are you doing on Friday?
Gabriel: I'm playing football.
Sarah: Where do you play football?
Gabriel: At the school sports field. What are you doing on Friday, Sarah?
Sarah: I'm meeting a friend.

<Reading and Speaking>

I Learn Taekwondo at the Gym

Lenping

On Monday, I learn taekwondo at the gym.
On Tuesday, I have lunch with a friend.
We eat Chinese food at a restaurant.
On Friday, I watch a movie at my friend's house.
On Sunday, I play video games.
I really like video games.

Bayar

On Monday, I check out books from the library.
On Tuesday, I have plans with a friend.
On Wednesday, I shop at a department store.
On Friday, I cook at home.
I make *bulgogi*.
On Sunday, I travel.
I like traveling.

Hans

I am very busy from Monday to Friday.
In the morning, I study at school.
Then in the afternoon, I work at the office.
At 7:00 am on Wednesday, I play tennis at the tennis court.
On Friday evening, I see a friend.
On Sunday, I go hiking.

<Listening and Speaking>

Let's Go to the Movie Theater

Sarah: Andy!
Andy: Yes, Sarah.
Sarah: Are you busy today?
Andy: No, why do you ask?
Sarah: Do you like movies?
Andy: Yes, I do.
Sarah: So let's go to the movie theater. I have tickets.
Andy: Ah, is that so? What movie is it?
Sarah: It's *Harry Potter*.
Andy: Is that movie fun?
Sarah: Yes, it's very fun.

Andy: Is that so? Great. Let's watch it.
Sarah: Then let's meet at the Yongsan CGV at six o'clock.
Andy: I'm sorry. I don't know the Yongsan CGV.
Sarah: Um, do you know Yongsan Station?
Andy: Yes, I do.
Sarah: Then let's meet at Exit 1 of Yongsan Station.

I Bought a Mobile Phone Yesterday

<Speaking>

Dialogue 1: When Did You Buy It?

Susan: Lenping, did you buy a mobile phone?
Lenping: Yes, I did.
Susan: When did you buy it?
Lenping: I bought it three days ago.

Dialogue 2: Why Didn't You Go?

Sarah: Tuan, did you go to the library on Monday?
Tuan: No, I didn't.
Sarah: Why didn't you go?
Tuan: I was tired.

Dialogue 3: I Cooked and I Also Cleaned

Bayar: Gabriel, what did you do yesterday?
Gabriel: I stayed at home.
Bayar: What did you do at home?
Gabriel: I cooked, and I also cleaned.

<Reading and Speaking>

The Party Ended at 11:00 PM

Susan moved to a new house last week, so she invited her friends to her house yesterday.

Susan got ready for the party yesterday morning. She cleaned her house. Then she went to the supermarket.

She bought fruit at the supermarket. She also bought juice. She cooked at 3:00 pm. She made *bulgogi*.

Her friends came at 7:00. They all ate a delicious dinner together. They also talked a lot. The meal ended around 9:00. After that, they sang some songs. They listened to music, and they danced, too. The party was really fun.

Tuan said, "Susan, you have a very nice house."

Wan said, "The food is very delicious."

"Thank you," Susan said.

The party ended at 11:00 pm. Susan was tired, but she was in a very good mood.

<Listening and Speaking>

What did you do at Susan's house?

Haruka: Gabriel, did you go to Susan's house yesterday?
Gabriel: Yes, I did. The party was very fun.
Haruka: Really? What did you do there?
Gabriel: We talked a lot, and we also listened to music.
Haruka: Wow, did you have dinner, too?
Gabriel: Yes, Susan made some Korean food, so we all had some of that.
Haruka: What time did you get home?
Gabriel: The party ended at 11:00, so I got home at 11:30.
Haruka: 11:30?
Gabriel: Yes. By the way, why didn't you come to the party yesterday?
Haruka: I was busy yesterday.
Gabriel: Did you have Japanese class?
Haruka: Yes, I taught Japanese.
Gabriel: Ah, is that so? Our friends were all looking forward to seeing you.
Haruka: I'm sorry. Work ended at 9:00 pm.
Gabriel: Don't mention it. Let's have a meal with our friends anther time.
Haruka: Sure.

Unit 5 Take Subway Line 2

<Speaking>

Dialogue 1: How Do I Get to Myeongdong?

Andy: Mina, how do I get to Myeongdong?

Mina: Take Bus 604 over there.
Andy: How long does it take to get to Myeongdong?
Mina: It takes about 30 minutes.
Andy: Thank you.

Dialogue 2: Take Subway Line 2.

Wan: Excuse me. How do I get to Insadong?
Employee: Take Subway Line 2. Then transfer to Line 3 at Euljiro 3-ga Station.
Wan: Where do I get off?
Employee: Get off at Anguk Station.
Wan: Thank you.

Dialogue 3: Take the KTX

Andy: Bayar, I want to travel to Busan during the school vacation. How do I get to Busan?
Bayar: Take the KTX.
Andy: How long does it take to get to Busan?
Bayar: It takes about three hours on the KTX.
Andy: Ah, is that so? Thank you.

<Reading and Speaking>

I Take the Subway to School

Andy has been going to school since last month. Class starts at nine o'clock. The thing is, Andy's house is far from school.

So on the first day, Andy took the bus to school because the bus stop is close to his house. But there was bad traffic. It took 50 minutes to get from his house to school, so he was late to class.

The next day, Andy took the subway. The subway station is a little far from his house. He had a long walk to the subway station. But the subway was very fast. It took about 25 minutes, so he arrived at school early.

Nowadays, Andy takes the subway to school. He's not late to school anymore.

<Listening and Speaking>

Take Bus 273

Andy: Mina, do you know this area? Where is this?
Mina: Ah, this area? It's Insadong.
Andy: This is Insadong? I've heard a lot about it from my friends.
Mina: Ah, is that so? I often go to Insadong, too.
Andy: Really? I want to go to Insadong, too. By the way, how do you get to Insadong?
Mina: Take Bus 273 from Sinchon. It takes about 40 minutes by bus.

Andy: Wow, that takes a long time.
Mina: Is that so? Take the subway then.
Andy: How do you get there on the subway?
Mina: Take Subway Line 2 from Sinchon Station. Then transfer to Line 3 at Euljiro 3-ga Station.
Andy: Where do you get off?
Mina: Get off at Anguk Station.
Andy: How long does the subway take?
Mina: It takes about 25 minutes.
Andy: Wow, the subway is fast. By the way, Mina, are you free this weekend by any chance? I want to go to Insadong with you.
Mina: I'm sorry, Andy. I have plans this weekend. How about next week ?
Andy: Sure. Let's go next week then.

Unit 6 I'm Going to Go Hiking Tomorrow

<Speaking>

Dialogue 1: Are You Going to Take a Walk?

Sarah: Andy, where are you going?
Andy: I'm going to the park.
Sarah: Are you going to take a walk?
Andy: No, I'm going to ride a bicycle.

Dialogue 2: I'm Going to Go to Mt. Bukhansan or Mt. Gwanaksan

Wang: What are you going to do this Saturday?
Hans: I'm going to go hiking.
Wan: Where are you going to go?
Hans: I'm going to go to Mt. Bukhansan or Mt. Gwanaksan.

Dialogue 3: What Are You Going to Do on Vacation?

Gabriel: When is your vacation?
Susan: From this Friday until next Tuesday.
Gabriel: What are you going to do on vacation?
Susan: I'm going to go to Busan.
Gabriel: What are you going to do in Busan?
Susan: I'm going to go to Haeundae.

<Reading and Speaking>

I Came to Korea to Learn Korean

I really like Korean movies, so I came to Korea last month to learn Korean. I learn Korean in the morning, and I do a part-time job in the evening.

I've met a lot of new friends at school. I talk to my friends in Korean, so Korean class is very fun. After class, I go to a restaurant to eat lunch with my friends from class. We eat at the student cafeteria or at a restaurant near the school. Then I go home to take a nap.

During the week, I go to a café in the evening for my part-time job. I started working part-time at the café two weeks ago. It takes about 15 minutes to walk from my house to the café. There's a park in front of the café. There are a lot of people in the park, so there are a lot of customers in the café. It's very busy.

On the weekend, I usually watch movies at my house. But this weekend, I'm going to meet a friend from class. I'm going to study Korean with my friend because we have a test next week.

<Listening and Speaking>

I'm Going to Take a Trip to Europe

Andy: Mina, what are you going to do during the school vacation?
Mina: I'm going to travel in Europe.
Andy: Are you going to travel by yourself?
Mina: Yes, but I have a friend in Paris, France. So I'm going to stay at my friend's house.
Andy: You have a friend in Paris?
Mina: Yes, I went to Paris to study last year.
Andy: Ah, is that so? What are you going to do in Paris?
Mina: I'm going to go to museums.
Andy: Museums? What else are you going to do?
Mina: I'm going to go shopping. I'm also going to eat a lot of French food.
Andy: Are you only going to go to Paris?
Mina: No, I'm also going to go to Italy.
Andy: Where are you going to go in Italy?
Mina: I'm going to go to Rome or Venice. I'm going to take a lot of photographs in Italy.
Andy: In that case, please show me your photographs later.
Mina: OK, sure.
Andy: Have a safe trip.
Mina: Thank you.

Ganada Order Index

● Noun ■ Verb ▲ Adjective ◆ Other □ Expression

0 공	◆	zero	1A준비 3과	말하기
010-4948-1287이에요.	□	It's 010-4948-1287.	1A준비 3과	말하기
1 일	◆	one	1A준비 3과	말하기
10 십	◆	ten	1A준비 3과	말하기
100 백	◆	one hundred	1A준비 3과	말하기
10월 시월	●	October	1A준비 3과	말하기
11월 십일월	●	November	1A준비 3과	말하기
12월 십이월	●	December	1A준비 3과	말하기
1번 출구	◆	Exit 1	1A 3과	듣고 말하기
1월 일월	●	January	1A준비 3과	말하기
1층	◆	first floor	1A 1과	말하기
2 이	◆	two	1A준비 3과	말하기
20 이십	◆	twenty	1A준비 3과	말하기
23쪽	◆	page 23	1A 5과	말하기
2월 이월	●	February	1A준비 3과	말하기
2일 전	◆	two days ago	1A 4과	말하기
2일 후	◆	two days later	1A 6과	말하기
2호선	◆	Line 2 (on the subway)	1A 5과	말하기
3 삼	◆	three	1A준비 3과	말하기
30 삼십	◆	thirty	1A준비 3과	말하기
30분쯤	◆	about 30 minutes	1A 5과	말하기
3월 삼월	●	March	1A준비 3과	말하기
4 사	◆	four	1A준비 3과	말하기
40 사십	◆	forty	1A준비 3과	말하기
4월 사월	●	April	1A준비 3과	말하기
5 오	◆	five	1A준비 3과	말하기
50 오십	◆	fifty	1A준비 3과	말하기
5월 오월	●	May	1A준비 3과	말하기
6 육	◆	six	1A준비 3과	말하기
60 육십	◆	sixty	1A준비 3과	말하기
6월 유월	●	June	1A준비 3과	말하기

7 칠	◆	seven	1A준비 3과	말하기
70 칠십	◆	seventy	1A준비 3과	말하기
7월 15일이에요.	□	It's July 15.	1A준비 3과	말하기
7월 칠월	●	July	1A준비 3과	말하기
8 팔	◆	eight	1A준비 3과	말하기
80 팔십	◆	eighty	1A준비 3과	말하기
8월 팔월	●	August	1A준비 3과	말하기
9 구	◆	nine	1A준비 3과	말하기
90 구십	◆	ninety	1A준비 3과	말하기
9월 구월	●	September	1A준비 3과	말하기
ITX	●	Intercity Train eXpress (a high-speed train)	1A 5과	말하기
KTX	●	Korea Train eXpress (a high-speed train)	1A 5과	말하기

ㄱ

가깝다	▲	to be close	1A 5과	읽고 말하기
가방	●	bag	1A준비 2과	말하기
가브리엘 씨예요.	□	This is Gabriel.	1A준비 1과	말하기
가수	●	singer	1A준비 1과	말하기
가요.	□	(Someone) goes.	1A 2과	말하기
가위	●	scissors	1A준비 2과	말하기
가이드	●	guide	1A준비 1과	말하기
간호사	●	nurse	1A준비 1과	말하기
갈아타다	■	to transfer (e.g., buses)	1A 5과	말하기
감사합니다.	□	Thank you.	1A 1과	말하기
강아지	●	puppy	1A 1과	말하기
같이 식사해요.	□	Let's have a meal together.	1A 1과	듣고 말하기

거울	●	mirror	1A준비 2과	듣고 말하기
걷다	■	to walk	1A 5과	읽고 말하기
걸어서	◆	(going somewhere) on foot	1A 5과	말하기
게임하다 - 게임해요	■	to play video games	1A 2과	말하기
경찰	●	police officer	1A준비 1과	말하기
고마워요.	□	Thanks.	1A준비 2과	말하기
고속버스	●	express bus	1A 5과	말하기
고양이	●	cat	1A 1과	말하기
고향	●	hometown	1A 1과	읽고 말하기
공부	●	studying	1A준비 1과	읽고 말하기
공부하다 - 공부해요	■	to study	1A 2과	말하기
공원	●	park	1A 1과	읽고 말하기
공책	●	notebook	1A준비 2과	말하기
공항	●	airport	1A 2과	말하기
공항에서 집까지	◆	from the airport to one's house	1A 5과	말하기
과일	●	fruit	1A 4과	읽고 말하기
교실	●	classroom	1A 1과	말하기
교실이 조용해요.	□	The classroom is quiet.	1A 4과	말하기
교통카드	●	transportation card	1A준비 3과	말하기
구경하다	■	to look around, to sightsee	1A 6과	말하기
군인	●	soldier	1A준비 1과	말하기
그 영화	◆	that movie	1A 3과	듣고 말하기
그다음에	◆	after that	1A 4과	읽고 말하기
그래서	◆	for that reason, so	1A 4과	읽고 말하기
그런데	◆	By the way	1A 4과	듣고 말하기
그럼	◆	in that case, then	1A준비 2과	말하기
그리고	◆	and (beginning of a sentence)	1A 4과	읽고 말하기

그리고 또	□	And then	1A 6과	듣고 말하기
금요일	●	Friday	1A 3과	읽고 말하기
금요일까지	◆	to Friday	1A 3과	읽고 말하기
기다리다	■	to wait	1A 4과	듣고 말하기
기분이 좋다	◆	to be in a good mood	1A 4과	읽고 말하기
기차	●	train	1A 5과	말하기
길	●	way, road	1A 2과	읽고 말하기
길이 막히다	◆	there is bad traffic	1A 5과	읽고 말하기
김밥	●	gimbap	1A 3과	말하기
김치찌개	●	kimchi jjigae	1A준비 4과	말하기
끝나다	■	to end, to be over	1A 4과	읽고 말하기

ㄴ

나중에	◆	later	1A 6과	듣고 말하기
날씨가 좋아요.	□	The weather is nice.	1A 4과	말하기
낮잠을 자다	◆	to take a nap	1A 6과	읽고 말하기
내년	●	next year	1A 6과	말하기
내리다	■	to get off (e.g., the bus)	1A 5과	말하기
내일	◆	tomorrow	1A 2과	듣고 말하기
내일	●	tomorrow	1A 6과	말하기
내일 같이 만나요.	□	See you tomorrow.	1A 2과	듣고 말하기
냉면	●	naengmyeon	1A준비 4과	말하기
네 개	◆	four (of something)	1A준비 4과	말하기
네, 맞아요.	□	Yes, it is.	1A준비 3과	말하기
네, 알아요.	□	Yes, I do.	1A준비 3과	말하기
넷	◆	four	1A준비 4과	말하기
노래하다	■	to sing	1A 4과	읽고 말하기
노트북	●	laptop computer	1A준비 2과	말하기
녹차	●	green tea	1A준비 4과	말하기

누구 거예요?	□	Whose is this?	1A준비 2과	말하기
늦다	▲	to be late	1A 5과	읽고 말하기

ㄷ

다 같이	◆	all together	1A 4과	읽고 말하기
다니다	■	to go regularly, to attend	1A 5과	읽고 말하기
다리가 아프다	◆	to have pain in one's leg	1A 4과	말하기
다리미질(을) 하다	◆	to do the ironing	1A 4과	말하기
다섯	◆	five	1A준비 4과	말하기
다음 날	◆	the next day	1A 5과	읽고 말하기
다음 달	◆	next month	1A 6과	말하기
다음 주	◆	next week	1A 6과	말하기
다음 주 어때요?	□	How about next week?	1A 5과	듣고 말하기
다음에	◆	next time, another time	1A 2과	듣고 말하기
달력	●	calendar	1A준비 2과	말하기
대사관	●	embassy	1A 1과	말하기
댄스 교실	◆	dance classroom	1A 3과	말하기
도서관	●	library	1A 1과	말하기
도착하다	■	to arrive	1A 5과	읽고 말하기
독일	●	Germany	1A준비 1과	말하기
된장찌개	●	doenjang jjigae	1A준비 4과	말하기
두 개	◆	two (of something)	1A준비 4과	말하기
둘	◆	two	1A준비 4과	말하기
뒤	●	behind	1A 1과	말하기
드라마	●	TV drama	1A준비 1과	읽고 말하기
등산하다	■	to go hiking	1A 3과	읽고 말하기

ㄹ

라면	●	ramen noodles	1A준비 4과	듣고 말하기
레모네이드	●	lemonade	1A준비 4과	말하기
레몬차	●	lemon tea	1A준비 4과	말하기
로마	●	Rome	1A 6과	듣고 말하기

ㅁ

마트	●	supermarket	1A 4과	읽고 말하기
만 원	●	10,000 won	1A준비 4과	말하기
만나서 반갑습니다.	□	It's nice to meet you.	1A준비 1과	읽고 말하기
만들다	■	to make	1A 3과	읽고 말하기
많이	◆	many, a lot	1A 4과	읽고 말하기
말하다	■	to talk, to say, to speak	1A 4과	읽고 말하기
맛있게	◆	deliciously	1A 4과	읽고 말하기
맛있어요.	□	(Something) is delicious.	1A 4과	읽고 말하기
맞아요?	□	Is that right?	1A준비 3과	말하기
매일	◆	every day	1A 4과	말하기
맥주	●	beer	1A준비 4과	듣고 말하기
머리를 자르다	◆	to get a haircut	1A 6과	말하기
멀다	▲	to be far	1A 5과	읽고 말하기
몇 개 있어요?	□	How many do you have?	1A준비 4과	말하기
몇 명	◆	how many people	1A 1과	말하기
몇 시예요?	□	What time is it?	1A 2과	말하기
모두 얼마예요?	□	How much is it?	1A준비 4과	듣고 말하기
모자	●	hat	1A 1과	말하기
목요일	●	Thursday	1A 3과	읽고 말하기

몰라요.	◆	(I) don't know (something).	1A 3과	듣고 말하기
몽골	●	Mongolia	1A준비 1과	말하기
무슨 영화예요?	□	What movie is it?	1A 3과	듣고 말하기
무슨 일을 하세요?	□	What work do you do?	1A준비 1과	말하기
문	●	door	1A 1과	말하기
문장을 만들다	◆	to make a sentence	1A 5과	말하기
물	●	water	1A준비 4과	말하기
물 좀 주세요	□	Could I have some water?	1A준비 4과	말하기
미국	●	United States	1A준비 1과	말하기
미국 사람이에요.	□	I'm from the United States.	1A준비 1과	말하기
미안해요.	□	I'm sorry.	1A 2과	듣고 말하기

ㅂ

바나나	●	banana	1A준비 4과	듣고 말하기
바빠요.	□	I'm busy.	1A 3과	읽고 말하기
바쁘다	▲	to be busy	1A 4과	말하기
박물관	●	museum	1A 6과	듣고 말하기
밖	●	out, outside	1A 1과	말하기
반 친구들	◆	friends from class	1A 6과	읽고 말하기
반갑습니다.	□	It's nice to meet you.	1A준비 1과	말하기
밤	●	night	1A 2과	읽고 말하기
밥을 먹다 - 먹어요	◆	to eat (rice)	1A 3과	말하기
방	●	room	1A 2과	읽고 말하기
방학 때	◆	during school vacation	1A 5과	말하기
배우	●	actor	1A준비 1과	말하기
백 원	●	100 won	1A준비 4과	말하기

백화점	●	department store	1A 1과	읽고 말하기
버스	●	bus	1A 5과	말하기
베네치아	●	Venice	1A 6과	듣고 말하기
베를린	●	Berlin	1A 2과	읽고 말하기
베트남	●	Vietnam	1A준비 1과	말하기
병원	●	hospital	1A 2과	말하기
보통	◆	usually	1A 2과	말하기
볼펜	●	ballpoint pen	1A준비 2과	말하기
분	●	(marks the minute when telling time)	1A 2과	말하기
불고기	●	bulgogi	1A 3과	읽고 말하기
브라질	●	Brazil	1A준비 1과	말하기
비누	●	soap	1A준비 2과	듣고 말하기
비빔밥	●	bibimbap	1A준비 4과	말하기
비자를 받다 - 받아요	◆	to receive (a visa)	1A 3과	말하기
비행기	●	airplane	1A 5과	말하기
빌딩	●	building	1A 1과	말하기
빠르다	▲	to be fast	1A 5과	읽고 말하기
빨대	●	straw (for drinking)	1A준비 4과	말하기
빨래(를) 하다	◆	to do the laundry	1A 4과	말하기

ㅅ

사과	●	apple	1A준비 4과	듣고 말하기
사라 씨 거예요.	□	It's Sarah's.	1A준비 2과	듣고 말하기
사람들	◆	people	1A 2과	읽고 말하기
사진을 보여 주세요.	◆	Please show me your photographs.	1A 6과	듣고 말하기
사진을 찍다	◆	to take a photograph	1A 6과	말하기
산책하다	■	to take a walk	1A 3과	말하기
삼계탕	●	samgyetang	1A준비 4과	말하기

상파울루	●	São Paulo	1A 1과	읽고 말하기
새 친구들	◆	new friends	1A 6과	읽고 말하기
생일	●	birthday	1A준비 3과	말하기
생일이 며칠이에요?	□	What date is (someone's) birthday?	1A준비 3과	말하기
샤워하다 - 샤워해요	■	to take a shower	1A 2과	말하기
샤프	●	mechanical pencil	1A준비 2과	말하기
서점	●	bookstore	1A 1과	말하기
서핑을 하다	◆	to surf	1A 6과	말하기
선글라스	●	sunglasses	1A준비 3과	말하기
선물	●	present, gift	1A 5과	말하기
선생님	●	teacher	1A준비 1과	말하기
설거지(를) 하다	◆	to do the dishes	1A 4과	말하기
세 개	◆	three (of something)	1A준비 4과	말하기
세수하다 - 세수해요	■	to wash one's face	1A 2과	말하기
세 시간	◆	three hours	1A 5과	말하기
셋	◆	three	1A준비 4과	말하기
손님	●	guest, customer	1A 6과	읽고 말하기
쇼핑몰	●	shopping mall	1A 6과	말하기
쇼핑하다 - 쇼핑해요	■	to shop	1A 2과	말하기
수건	●	towel	1A준비 2과	듣고 말하기
수업	●	class	1A 2과	읽고 말하기
수업 후	□	after class	1A 4과	말하기
수영	●	swimming	1A 4과	말하기
수요일	●	Wednesday	1A 3과	읽고 말하기
수정 테이프	●	correction tape	1A준비 2과	말하기
숙제하다 - 숙제해요	■	to do one's homework	1A 2과	말하기
숟가락	●	spoon	1A준비 2과	듣고 말하기
쉬다	■	to rest	1A 5과	말하기
스터디 카페	●	study café	1A 1과	듣고 말하기

시	●	(marks the hour when telling time)	1A 2과	말하기
시간이 없다	◆	to not have any spare time	1A 4과	말하기
시간이 있어요?	□	Are you free?	1A 1과	듣고 말하기
시계	●	clock	1A준비 2과	말하기
시드니	●	Sydney	1A 2과	읽고 말하기
시작하다	■	to begin	1A 5과	읽고 말하기
시티투어버스를 타다	◆	to take the city tour bus	1A 6과	말하기
시험	●	test	1A 2과	읽고 말하기
식당	●	restaurant	1A 1과	말하기
식사하다 - 식사해요	■	to have a meal	1A 2과	말하기
실례합니다.	□	Excuse me.	1A 1과	말하기
싫어해요	□	(I) don't like (something).	1A 3과	말하기
십 원	●	10 won	1A준비 4과	말하기
쓰레기통	●	trash can	1A 1과	말하기

ㅇ

아, 그래요?	□	Ah, is that so?	1A준비 1과	말하기
아니에요.	□	Don't mention it.	1A 1과	말하기
아니에요.	□	Don't mention it.	1A준비 2과	말하기
아래	●	down	1A 1과	말하기
아르바이트를 하다	◆	to do a part-time job	1A 6과	읽고 말하기
아메리카노	●	Americano coffee	1A준비 4과	말하기
아이스티	●	iced tea	1A준비 4과	말하기
아주	◆	very	1A 3과	읽고 말하기
아침 식사해요.	□	(Someone) has breakfast.	1A 2과	말하기
아홉	◆	nine	1A준비 4과	말하기

아홉 시쯤	□	around 9 o'clock	1A4과	읽고 말하기
안	●	in, inside	1A 1과	말하기
안경	●	glasses	1A준비 3과	말하기
안녕하세요?	□	Hello/How are you?	1A준비 1과	말하기
알아요?	□	Do you know (something)?	1A준비 3과	말하기
앞	●	in front of	1A 1과	말하기
약속이 있어요.	□	I have plans.	1A 2과	듣고 말하기
어느 나라 사람이에요?	□	What country are you from?	1A준비 1과	말하기
어떻게 가요?	□	How do you get (somewhere)?	1A 5과	말하기
어서 오세요.	□	Welcome.	1A준비 4과	듣고 말하기
어제	●	yesterday	1A 4과	말하기
언제	◆	when	1A 4과	말하기
얼마나 걸려요?	□	How long does it take?	1A 5과	말하기
얼마예요?	□	How much is it?	1A준비 4과	말하기
에어컨	●	air conditioner	1A준비 2과	말하기
여권	●	passport	1A준비 3과	말하기
여기	●	here	1A 1과	말하기
여기 있어요.	□	Here you go.	1A준비 2과	말하기
여기가 어디예요?	□	Where is this?	1A 1과	말하기
여기요.	□	Excuse me (said to the server)	1A준비 4과	말하기
여덟	◆	eight	1A준비 4과	말하기
여보세요.	□	Hello? (on the phone)	1A 1과	말하기
여섯	◆	six	1A준비 4과	말하기
여행 잘 다녀오세요.	◆	Have a nice trip.	1A 6과	듣고 말하기
여행하다	■	to travel	1A 3과	읽고 말하기
연필	●	pencil	1A준비 2과	말하기
열	◆	ten	1A준비 4과	말하기

영어	●	English language	1A 6과	말하기
영어를 가르치다 - 가르쳐요	◆	to teach (English)	1A 3과	말하기
영화관	●	movie theater	1A 1과	말하기
영화를 보다 - 봐요	◆	to watch (a movie)	1A 3과	말하기
영화표	●	movie tickets	1A 3과	듣고 말하기
옆	●	next to	1A 1과	말하기
오늘	●	today	1A 1과	말하기
오늘	●	today	1A 4과	말하기
오렌지 주스	●	orange juice	1A준비 4과	말하기
오른쪽	●	the right side	1A 1과	말하기
오만 원	●	50,000 won	1A준비 4과	말하기
오백 원	●	500 won	1A준비 4과	말하기
오십 원	●	50 won	1A준비 4과	말하기
오전	●	morning, AM	1A 2과	말하기
오천 원	●	5,000 won	1A준비 4과	말하기
오토바이	●	motorcycle	1A 5과	말하기
오후	●	afternoon, PM	1A 2과	말하기
올해	●	this year	1A 4과	말하기
옷을 바꾸다	◆	to change clothes	1A 6과	말하기
옷을 사다 - 사요	◆	to buy (clothing)	1A 3과	말하기
와!	□	Wow!	1A 5과	듣고 말하기
와요.	□	(Someone) comes.	1A 2과	말하기
왜	◆	why	1A 4과	말하기
왜냐하면	◆	that's because	1A 5과	읽고 말하기
왜요?	□	Why do you ask?	1A 1과	듣고 말하기
왼쪽	●	the left side	1A 1과	말하기
요가	●	yoga	1A 3과	말하기
요가를 하다	◆	to do yoga	1A 3과	말하기
요리 교실	◆	culinary classroom	1A 3과	말하기
요리(를) 하다	◆	to cook	1A 4과	말하기

요리사	●	cook	1A준비 1과	말하기
요리하다 - 요리해요	■	to cook	1A 2과	말하기
요즘	◆	nowadays	1A 5과	읽고 말하기
용산 역	◆	Yongsan Station	1A 3과	듣고 말하기
우산	●	umbrella	1A준비 2과	말하기
우와!	□	Wow!	1A 4과	듣고 말하기
우유	●	milk	1A준비 4과	듣고 말하기
우체국	●	post office	1A 1과	말하기
운동	●	exercise	1A준비 1과	읽고 말하기
운동장	●	sports field	1A 3과	말하기
운동하다 - 운동해요	■	to exercise	1A 2과	말하기
월요일	●	Monday	1A 3과	읽고 말하기
월요일부터	◆	from Monday	1A 3과	읽고 말하기
위	●	up	1A 1과	말하기
유럽	●	Europe	1A 6과	듣고 말하기
은행	●	bank	1A 1과	말하기
음악을 듣다 - 들어요	◆	to listen (to music)	1A 3과	말하기
의사	●	doctor	1A준비 1과	말하기
의자	●	chair	1A준비 2과	말하기
이 근처	◆	around here	1A 1과	말하기
이게 한국어로 뭐예요?	□	What's this in Korean?	1A준비 2과	듣고 말하기
이름을 쓰다	◆	to write one's name	1A 5과	말하기
이름이 뭐예요?	□	What is your name?	1A준비 1과	말하기
이만 삼천팔백오십 원이에요.	□	It's 23,850 won.	1A준비 14	말하기
이번	◆	this (time)	1A 6과	듣고 말하기
이번 달	◆	this month	1A 4과	말하기
이번 주	◆	this week	1A 4과	말하기
이분이 누구예요?	□	Who is this?	1A 준비1과	말하기
이사를 하다	■	to move (to a new house)	1A 4과	말하기

이야기하다 - 이야기해요	■	to talk	1A 2과	말하기
이제	◆	now, anymore	1A 5과	읽고 말하기
이탈리아에도	◆	also in/to Italy	1A 6과	듣고 말하기
인사하다	■	to greet (someone)	1A 5과	말하기
일곱	◆	seven	1A준비 4과	말하기
일본	●	Japan	1A준비 1과	말하기
일본어	●	Japanese language	1A 3과	말하기
일본어 선생님	●	Japanese language teacher	1A준비 1과	말하기
일어나요.	□	(Someone) gets up.	1A 2과	말하기
일요일	●	Sunday	1A 3과	읽고 말하기
일이 많다	◆	to have a lot of work	1A 4과	말하기
일찍	◆	early	1A 5과	읽고 말하기
일하다 - 일해요	■	to work	1A 2과	말하기

ㅈ

자동차	●	car	1A 5과	말하기
자동차가 많아요.	□	There are a lot of cars.	1A 2과	읽고 말하기
자리에서 일어나다	◆	to get up from one's seat	1A 5과	말하기
자요.	□	(Someone) sleeps.	1A 2과	말하기
자전거	●	bicycle	1A 5과	말하기
자주	◆	frequently	1A 5과	듣고 말하기
작가	●	writer, artist	1A준비 1과	말하기
작년	●	last year	1A 4과	말하기
잘 듣다	◆	to listen carefully	1A 5과	말하기
재미있어요.	□	It's fun.	1A 3과	듣고 말하기
저기	◆	over there	1A 5과	말하기
저기 있어요.	□	It's over there.	1A준비 4과	말하기
저녁	●	evening	1A 2과	듣고 말하기

저녁 식사하다	◆	to have dinner	1A 2과	말하기
저도	◆	I/me too	1A 2과	말하기
전화번호	●	phone number	1A준비 3과	말하기
전화번호가 몇 번이에요?	□	What's your phone number?	1A준비 3과	말하기
전화하다 - 전화해요	■	to make a phone call	1A 2과	말하기
점심 식사해요.	□	(Someone) has lunch.	1A2과	말하기
점심을 먹다	◆	to eat lunch	1A 4과	말하기
접시	●	dish, plate	1A준비 2과	듣고 말하기
젓가락	●	chopsticks	1A준비 2과	듣고 말하기
정류장	●	(bus) stop	1A 5과	읽고 말하기
정말	◆	really, truly	1A 4과	읽고 말하기
정말요?	□	Really?	1A 5과	듣고 말하기
제 거예요.	□	It's mine.	1A준비 2과	말하기
제 생일이에요.	□	It's my birthday.	1A 1과	듣고 말하기
제 책	◆	my book	1A 1과	말하기
제 친구	◆	my friend	1A 2과	듣고 말하기
조금	◆	a little	1A 5과	읽고 말하기
조용해요.	□	It is quiet.	1A 2과	읽고 말하기
좀 주세요.	□	I would like some (noun).	1A준비 4과	말하기
좋아요.	□	That sounds good.	1A 1과	듣고 말하기
좋아해요.	□	I like (something).	1A준비 1과	읽고 말하기
주말	◆	the weekend	1A 4과	말하기
주스	●	juice	1A 4과	읽고 말하기
주중	◆	during the week	1A 6과	읽고 말하기
준비하다	■	to prepare, to get ready	1A 4과	읽고 말하기
중국	●	China	1A준비 1과	말하기
중국 음식	◆	Chinese food	1A 3과	읽고 말하기
지금	◆	now	1A준비 3과	말하기
지난달	●	last month	1A 4과	말하기

지난주	●	last week	1A 4과	말하기
지우개	●	eraser	1A준비 2과	말하기
지하	●	basement, underground	1A 1과	말하기
지하철	●	subway	1A 5과	말하기
지하철역	●	subway station	1A5과	
직업	●	job	1A1과	말하기
집	●	house, home	1A1과	읽고 말하기

ㅊ

참!	□	I just remembered something!	1A 1과	듣고 말하기
창문을 열다	◆	to open the window	1A 5과	말하기
책	●	book	1A준비 2과	말하기
책상	●	desk	1A준비 2과	말하기
책상 정리(를) 하다	◆	to organize my desk	1A 4과	말하기
책을 빌리다 - 빌려요	◆	to borrow (a book)	1A 3과	말하기
책을 읽다 - 읽어요	◆	to read (a book)	1A 3과	말하기
천 원	●	1,000 won	1A준비 4과	말하기
첫날	●	the first day	1A 5과	읽고 말하기
청소(를) 하다	◆	to clean	1A 4과	말하기
체육관	●	gymnasium	1A 2과	말하기
초대하다	■	to invite	1A 4과	읽고 말하기
축구하다	■	to play football/soccer	1A 3과	말하기
춤을 추다 - 춰요	◆	to dance	1A 3과	말하기
충전기	●	charger (for electronic devices)	1A준비 2과	말하기
치약	●	toothpaste	1A준비 2과	듣고 말하기
친구	●	friend	1A 2과	읽고 말하기
친구 얼굴을 그리다	◆	to draw a friend's face	1A 5과	말하기
친구 집	◆	a friend's house	1A 3과	말하기

친구들하고	◆	with my friends	1A 1과	듣고 말하기
친구들한테서	◆	from one's friends	1A 5과	듣고 말하기
친구를 만나다 - 만나요	◆	to meet (a friend)	1A 3과	말하기
친구하고 놀다	◆	to hang out with a friend	1A 5과	말하기
침대	●	bed	1A1과	말하기
칫솔	●	toothbrush	1A준비 2과	듣고 말하기

ㅋ

카페	●	café	1A 1과	말하기
카페라테	●	café latte	1A준비 4과	말하기
커피	●	coffee	1A준비 4과	말하기
커피를 마시다 - 마셔요	◆	to drink (coffee)	1A 3과	말하기
컴퓨터	●	computer	1A준비 3과	말하기
컵	●	cup	1A준비 2과	듣고 말하기
콜라	●	cola	1A준비 4과	말하기

ㅌ

타다	■	to get on, to take (e.g., a bus)	1A 5과	말하기
태국	●	Thailand	1A준비 1과	말하기
태권도	●	Taekwondo	1A 3과	읽고 말하기
택배를 보내다	◆	to send a package	1A 6과	말하기
택시	●	taxi	1A 5과	말하기
테니스를 배우다 - 배워요	◆	to learn (tennis)	1A 3과	말하기
테니스를 치다	◆	to play tennis	1A 3과	말하기
테니스장	●	tennis court	1A 3과	말하기
텔레비전	●	television	1A준비 2과	말하기

토요일	●	Saturday	1A 3과	읽고 말하기

ㅍ

파리	●	Paris	1A 1과	읽고 말하기
파리에만	◆	only in/to Paris	1A 6과	듣고 말하기
파티	●	party	1A 4과	읽고 말하기
패션 디자이너	●	fashion designer	1A준비 1과	말하기
편의점	●	convenience store	1A 1과	말하기
포도	●	grapes	1A준비 4과	듣고 말하기
프랑스	●	France	1A준비 1과	말하기
프로그래머	●	programmer	1A준비 1과	말하기
피곤해요.	□	(I) am tired.	1A 4과	말하기
필통	●	pencil case	1A준비 2과	말하기

ㅎ

하나	◆	one	1A준비 4과	말하기
하지만	◆	but (beginning of a sentence)	1A 4과	읽고 말하기
학교	●	school	1A 1과	말하기
학교예요.	□	That's the school.	1A 1과	말하기
학생	●	student	1A준비 1과	말하기
학생 식당	◆	student cafeteria	1A 2과	말하기
학생들	◆	students	1A 2과	읽고 말하기
한 개	◆	one (of something)	1A준비 4과	말하기
한 개 있어요.	□	I have one.	1A준비 4과	말하기
한 시 반이에요.	□	It's half past one.	1A 2과	말하기
한 시 삼십 분이에요.	□	It's 1:30.	1A 2과	말하기
한 시예요.	□	It's 1:00.	1A 2과	말하기
한국	●	Korea	1A준비 1과	말하기

한국 영화를 좋아해요.	□	I like Korean movies.	1A 1과	읽고 말하기
한국 요리	◆	Korean cooking	1A 3과	말하기
한국 음식	◆	Korean food	1A 3과	말하기
핸드폰	●	mobile phone	1A준비 2과	말하기
호주	●	Australia	1A 2과	읽고 말하기
혹시	◆	by any chance	1A 1과	말하기
혼자	●	by oneself, alone	1A 6과	듣고 말하기
화요일	●	Tuesday	1A 3과	읽고 말하기
화장실	●	bathroom	1A 1과	말하기
환전을 하다	◆	to change money	1A 6과	말하기
회사	●	company	1A 1과	말하기
회사원	●	office worker	1A준비 1과	말하기
회의	●	meeting	1A 2과	읽고 말하기
휴가	●	vacation, leave (from work or school)	1A 6과	말하기
휴지	●	toilet paper	1A준비 2과	듣고 말하기